國家社科基金
GUOJIA SHEKE JIJIN HOUQI ZIZHU XIANGMU
後期資助項目

《史記》三家音注與《資治通鑑音注》的比較研究

廖秋華 著

ZHEJIANG UNIVERSITY PRESS
浙江大學出版社
·杭州·

圖書在版編目 (CIP) 數據

《史記》三家音注與《資治通鑒音注》的比較研究 /
廖秋華著. -- 杭州：浙江大學出版社，2025. 8.
ISBN 978-7-308-26514-0

Ⅰ. H11

中國國家版本館 CIP 數據核字第 2025NZ6852 號

《史記》三家音注與《資治通鑒音注》的比較研究
廖秋華　著

責任編輯	宋旭華	
責任校對	胡　畔	
封面設計	周　靈	
出版發行	浙江大學出版社	
	（杭州市天目山路 148 號　郵政編碼 310007）	
	（網址：http://www.zjupress.com）	
排　　版	大千時代(杭州)文化傳媒有限公司	
印　　刷	杭州高騰印務有限公司	
開　　本	710mm×1000mm　1/16	
印　　張	21.75	
字　　數	384 千	
版 印 次	2025 年 8 月第 1 版　2025 年 8 月第 1 次印刷	
書　　號	ISBN 978-7-308-26514-0	
定　　價	98.00 元	

國家社科基金後期資助項目
出版説明

　　後期資助項目是國家社科基金設立的一類重要項目，旨在鼓勵廣大社科研究者潛心治學，支持基礎研究多出優秀成果。它是經過嚴格評審，從接近完成的科研成果中遴選立項的。爲擴大後期資助項目的影響，更好地推動學術發展，促進成果轉化，全國哲學社會科學工作辦公室按照"統一設計、統一標識、統一版式、形成系列"的總體要求，組織出版國家社科基金後期資助項目成果。

全國哲學社會科學工作辦公室

序

廖秋華於 2011 年考入浙江大學漢語史研究中心攻讀博士學位，專攻漢語音韻學。當時，我們選取史書音注比較作爲學位論文選題，初步認爲《史記》三家音注與《資治通鑑音注》的時空差異或可爲音韻演變研究提供獨特的切入點。2014 年，秋華完成博士學位論文《〈史記〉三家音注與〈資治通鑑音注〉的比較研究》，順利通過答辯並獲外審專家及答辯委員會一致好評。此後十餘年，他在原稿基礎上屢作修訂，終成此書，即將付梓，我深感欣慰，並樂於向學界推薦。

經史注解中的音注是漢語語音史研究的重要材料，然其隨文釋義、零散分佈，未必反映完整音系，且常新作音與傳統音並存，學界慣用的反切系聯法或比較法難以盡揭其特點，亦易忽略不同時期音注聲韻切合關係的變化及其隱含的語音信息。若對音義匹配關係認識不足，更易流於表面。

秋華此書爲切合材料性質，在方法上銳意創新，並取得多項創獲。

其一，將《史記》三家音注（裴駰《史記集解》、司馬貞《史記索隱》、張守節《史記正義》）分別與《資治通鑑音注》作跨文本比較，細梳音注來源，發現《史記》三家音注對所徵引的前人反切而鮮再加注，尤以裴駰《史記集解》引徐廣音切遠超自注，似在徐廣音基礎上"增演"而成；胡三省《資治通鑑音注》未取裴駰反切，對《史記索隱》《史記正義》反切大體依從，而對徐廣《史記音義》、史炤《通鑑釋文》的某些反切卻別持己見。作者指出，三家注音方式雖不全同，但音韻地位卻是以一致者爲主，而其音韻地位歧異的成因也有多種，秋華已另撰《〈史記〉三家音注的異同及其價值》一文詳考（待刊）。

其二，深入剖析反切結構，歸納新型反切類型：四家音注皆見"等第及開合一致"型、"準直音"型反切，後者大都遵循"上下字不得同調"之律；又見"重字型"（被切字與切上字全同）及《資治通鑑音注》獨有之"同音反切"（被切字與切上字同音而破律），作者強調此類反切非盡訛誤，當據規則與文獻慎辨，由此豐富了對當時反切面貌的認識。

其三，從反切結構入手比較四家音注重紐，繞過系聯法難窺舌齒音歸類之弊,發現重紐歸屬規律:若切上字爲重紐脣牙喉音,其 A/B 類決定被切字歸屬,但切下字聲母類型比 A/B 上字更具區分力。下字若是章組、精組、以母字或 A 類,被切字即爲 A 類;下字若是莊組、云母字或 B 類,被切字即爲 B 類,諸家情況一致。

在方法層面,秋華綜合運用定量與定性分析,對四家音注中的反切進行統計,揭示其用字規律,並從聲母、開合、洪細、等第、韻類、聲調等多維剖析上下字與被切字關係,系統討論重紐韻系及舌齒音歸屬。運用歷史比較法將四家音注與前代韻書和注疏進行比較,考察繼承與創新。

書末附《空間量形容詞的變讀》,以胡三省《資治通鑒音注》中的異讀材料爲切入點,研討"高、長、廣、深、厚"等正向空間度量形容詞在古漢語中變讀去聲現象,展示特定語音形式與語義—句法的系統關聯,爲音韻—語義—句法層面研究提供新視角。

本書學術價值與創新意義可概括爲:系統揭示《史記》三家音注內部差異,呈現注者音韻理念與風格之微妙及其反映的語音細節;闡明胡三省審音非簡單承襲,而以《廣韻》爲準繩,擇善而從;其反切結構分析法爲歷史音韻材料的系統研究提供了可資借鑒的實踐。全書拓展了音韻學研究廣度與深度,開啓了新的議題與思路。

當然,秋華亦坦言,本書重材料整理與共時分析,於音系特點及其與既有研究之關聯、中古音空間特徵與歷時音變規律的探討尚待深入,未來需結合更多文獻,追蹤中古音韻動態演變。

總之,本書憑藉嚴謹的材料整理、創新的方法及一系列重要觀點,在深化《史記》三家音注與《資治通鑒音注》研究、推進古代音韻體系及其演變規律認識方面作出了貢獻。我衷心期盼秋華續其志業,拓境增新,再惠學林。

黃笑山

2025 年 6 月 20 日

目　錄

第1章 緒 論

1.1 《史記》三家音注與《資治通鑒音注》的概況

1.1.1 《史記》及其歷代注解情況

《史記》作爲我國第一部紀傳體通史，記載了上自傳説中的黄帝，下迄漢武帝太初年間（公元前 104 年—公元前 101 年）約三千年的政治、經濟、文化等方面的歷史，是我國古代歷史的偉大總結。

《史記》成書之時，由於被封建統治者視作"謗書"而不被世人重視，當時關心《史記》的學者很少，注家也就更少。司馬貞《史記索隱後序》云："然古今爲注解者絶省，音義亦希。始後漢延篤乃有《音義》一卷，又别有《音隱》五卷，不記作者何人，近代鮮有二家之本。"據此可知，東漢時期《史記》注本只有延篤的《史記音義》一卷和無名氏的《史記音隱》五卷。

《史記》歷經傳承，自漢宣帝時太史公外孫楊惲祖述其書，其流傳影響力逐漸擴大，讀史注史之風也因其蔚然興起。自後漢到隋唐爲《史記》作注的多達十幾家，據司馬貞《史記索隱後序》、《唐書·藝文志》及鄭樵《通志》所載，唐以前的《史記》注解，除上述兩家外，可考見的有：吴張瑩《史記正傳》九卷、南朝宋徐廣《史記音義》十二卷、南朝宋裴駰《史記集解》八十卷、梁鄒誕生《史記音義》三卷、隋柳顧言《史記音解》三十卷、唐許子儒《史記注》一百三十卷、劉伯莊《史記音義》二十卷及《史記地名》二十卷、王元感《史記注》一百三十卷、李鎮《史記注》一百三十卷及《史記義林》二十卷、陳伯宣《史記注》一百三十卷、徐堅《史記注》一百三十卷、裴安時《史記纂訓》二十卷、司馬貞《史記索隱》三十卷、張守節《史記正義》三十卷等。以上注解，現在大都已經亡佚，唯有南朝宋裴駰的《史記集解》、唐司馬貞的《史記索隱》和張守節的《史記正義》保存了下來，世稱《史記》"三家注"。

1.1.2 　裴駰及其《史記集解》

　　裴駰,字龍駒,河東聞喜(今山西聞喜)人,仕至南中郎参軍。其父裴松之,以《三國志注》著稱於世。據《宋書·裴松之傳》記載:"上使注陳壽《三國志》,松之鳩集傳紀,增廣異聞,既成奏上,上善之,曰:'此爲不朽矣。'……子駰,南中郎参軍。松之所著文論及《晉紀》,駰注司馬遷《史記》,並行於世。"據《宋書》和《南史》中《裴松之傳》及《隋志》、《史記索隱序》的有關記載,裴駰生卒年大致在東晉末年至宋末這一期間,撰有《史記集解》、《史記音義》二書,後書亡佚,前書猶存。

　　裴駰在其自序中具體談到《集解》的注釋體例,大致有以下幾點:首先,"聊以愚管,增演徐氏。""以徐爲本,號曰《集解》。"《集解》以徐廣《史記音義》爲基礎,增演而成。徐廣注爲《集解》的主幹部分,裴駰對徐廣注十分重視,《五帝本紀》解題《集解》曰:"凡是徐氏義,稱徐姓名以別之,餘者悉是駰注解,並集衆家義。"其次,"採經傳百家並先儒之説,豫是有益,悉皆抄内。"《集解》多取徐廣之説外,復繁徵博引,廣採衆家之説以注釋《史記》。《集解》所引典籍,今日大都亡佚,保存在《集解》中的引文,爲後世輯佚提供了極爲豐富的原始材料。引證繁富,多存軼書遺説是《集解》的一個突出特點。再次,"删其游辭,取其要實。"《集解》引各家説解,皆去其浮言游辭,取其精旨要義。最後,"或義在可疑,則數家兼列","未詳則闕,弗敢臆説"。衆説往往不同,孰是孰非,有時未便下斷語。凡遇此等情形,裴駰則俱列衆説以供讀者自擇。當然,裴駰在兼採衆家之説以爲注的同時,亦間下己意,其自注以案語或直接注解的形式出現。裴駰之"己意",每每糾正《史記》或其他注家之誤,體現了其求真的精神和嚴謹的態度。

　　該書原本爲八十卷,《隋書·經籍志》和《新唐書·藝文志》著錄相同,後爲毛氏汲古閣所刊,析爲一百三十卷,原書次第遂不可考。現有汲古閣刊本、金陵局本和點石齋本。

1.1.3 　司馬貞及其《史記索隱》

　　司馬貞,字子正,自號"小司馬",新舊唐書無傳,生平事跡不詳。《史記索隱序》自題"朝散大夫國子博士弘文館學士河内司馬貞",可知他是河内(今河南沁陽)人。又《唐書·藝文志》注云:"貞,開元潤州(今江南鎮江)別駕。"又據程金造考證,"司馬貞是高宗、武后、中、睿、玄宗時代的人,約生於顯慶、龍朔之時（高宗）"①。據司馬貞《史記索隱序》及《史記索隱後序》記載，他少時從崇文館學士張嘉會初學《史記》，因褚少孫補《史記》多有誣謬，裴駰《集解》年代久遠，散佚衆多，鄒誕生、柳顧言的書又失傳，而劉伯莊、許子儒的注疏又多有疏漏，於是潛心研究《史記》，採各家舊注撰《史記索隱》三十卷。其中，前二十八卷採集徐廣、裴駰、鄒誕生、劉伯莊的舊注，兼述己意，後兩卷作《史記》一百三十卷之《述贊》及補序一篇，自述其補寫的理由，逐段論述其刪改之意。

該書廣集異聞，注音、釋義並重，提出了不少新見解。現有汲古閣單行本《史記索隱》，乃明末汲古閣主人毛晉得北宋秘書省本後爲之重刊行世。此外還有廣雅書局本。

1.1.4 張守節及其《史記正義》

《史記正義》的作者張守節於史書無傳，《四庫提要》云："始末未詳。"從他的《史記正義序》中可知他當過諸王侍讀、率府長史。據張氏此序，《史記正義》書成於唐玄宗開元二十四年（736），其時"守節涉學三十餘年"，程金造因而推想其生年"大約在武后'天授'以後。而其涉學之年，當在'長安'（則天）之際。"②《史記正義》乃張氏畢生精力所撰，該書旁徵博引，訓釋詳備，卷首有"論字例"、"論音例"，是當時《史記》注釋的集大成之作。《正義》標字列注，類於《索隱》，後人將其散入正文句下，失去其本來面目。"三家注"自北宋合刊後，《正義》散失更多。清代學者對此非常重視，他們或者通過三家注版本校勘，或者依據他書輯佚，顧炎武、錢泰吉、張文虎等在《正義》佚文的輯佚上作出了貢獻。後有日本學者瀧川資言、水澤利忠等增輯《正義》佚文一千餘條（詳下）。《正義》單行本曾有明震澤王氏刊本、金陵局本、湖北局本、同文局本和竹簡齋本。

三家注本原是各自單行，且卷數互不相同。現在《集解》有宋淳化、紹興朱中奉、淮南路、蜀大字本，《索隱》還存有汲古閣單行本，《正義》的單行本惜已不存。宋人刻書，將三家注釋散入《史記》正文之下，於是三家各書卷帙錯亂，其條文注解也有所脫落。據清《四庫全書總目提要》，將三家注釋散列在正文之下始於北宋元豐年間。然而舊本都已失傳，現存最早的本子是南宋寧宗慶元中黃善夫本，經商務印書館影印收入百衲本《二十四史》。清同治

① 程金造《〈史記正義〉、〈索隱〉關係證》（上），《文史哲》，1962 年第 6 期，32—33 頁。
② 程金造《〈史記正義〉、〈索隱〉關係證》（上），《文史哲》，1962 年第 6 期，32—33 頁。

年間,金陵書局刊刻《史記集解索隱正義合刻本》一百三十卷,此本是張文虎在錢泰吉校本基礎上參照衆本形成,是清朝後期較好的本子。本課題我們選用的中華書局點校本以金陵局本爲底本,由顧頡剛等分段標點。

1.1.5 胡三省及其《資治通鑑音注》

胡三省(1203—1302),浙江寧海人。原名滿孫,字身之,又字景參,以《論語》中曾參"吾日三省吾身"之意,取名三省。因所居狹小,澗旁多古梅,世稱梅澗先生[①]。據其子胡幼文所作墓誌,他曾做過吉州泰和縣尉、慶元慈溪縣尉、揚州江都丞、江陵縣令、懷寧縣令、壽春府府學教授,在李庭芝下佐淮東幕府,咸淳六年(1270)回到杭州。德祐元年(1275)因薦入賈似道軍,言不獲用而歸。官終朝奉郎。

胡三省案牘之餘,致力於《資治通鑑》校勘。宦遊所至,見有不同版本之《資治通鑑》,務必搜羅,遇有《資治通鑑》方家,即登門求教。他做照陸德明《經典釋文》的體例,編就《資治通鑑廣注》97卷,論著10篇。按胡三省自序所述,自南宋寶祐四年(1256)考中進士後,遂"大肆其力於是書"[②]。德祐二年(1276),由於浙東騷亂,在避難新昌的路途中,凝結多年心血的《通鑑》文注全部散佚。於是變賣家産,"復購得他本爲之注。始以《考異》及所注者散入《資治通鑑》各文之下;曆法、天文則隨《目錄》所書而附注焉"[③]。與前次校注不同的是,注文不再獨立完成,而是散入相應的正文中。至元二十一年(1284),稿將成,又寄居鄞縣南湖袁桷家,最後完成《資治通鑑》校勘。據胡三省自序稱"汔(迄)乙酉冬(至元二十二年),乃克徹編"[④]。胡三省用三十年時間,爲《資治通鑑》作注,每遇一難字,即注出音義,精審宏博,對《資治通鑑》進行校勘、補充,糾正錯誤,考證詳備。其著作除《資治通鑑音注》外,尚有《通鑑釋文辨誤》12卷,《通鑑小學》2卷,《竹素園稿》100卷。

自至元二十七年(1290)刊刻以來,《資治通鑑音注》歷代不斷印製,元興文署本是官刻祖本,彌足珍貴。民國以來主要版本有涵芬樓鉛印本、商務印書館本、上海國學整理社影印本、《四部備要》本等。這些版本和各種重要印本,乃至日本傳刻本,基本上都承襲或源於元興文署本。本課題我們選用的中華書

---

① (元)胡幼文.三省公墓碑文[A].光緒《寧海縣志》(藝文類編墓碑類)[Z]清光緒二十八年刻本:卷二十。

② (元)胡三省.新注資治通鑑序.《資治通鑑》第一冊,中華書局,1956。

③ (元)胡三省.新注資治通鑑序.《資治通鑑》第一冊,中華書局,1956。

④ (元)胡三省.新注資治通鑑序.《資治通鑑》第一冊,中華書局,1956。

局點校本是以清胡克家翻刻的元刊胡三省注本爲底本，參覈衆多版本而成。

1.2　本課題的研究現狀

1.2.1　《史記》三家音注研究現狀

學界已有《史記》三家音注的研究，主要集中在整體與局部兩方面。

(1)整體的研究主要集中在三家音注音系的探討上。首先，必須提及的是黄坤堯的一系列研究。《史記三家注異常聲紐之考察》(1987)採集收錄各家讀音與《廣韻》比較，以黄侃 41 聲紐爲標準，得異常聲紐 366 條，且將這些異常聲紐歸納爲八類，認爲其中清濁不同者 102 條尤其值得注意，或與方言現象有關，值得進一步研究。《史記三家注異常韻母及聲調之考察》(1993)可視作上文的姊妹篇。該文收錄《史記》三家注讀音資料 466 條，分韻攝、開合、聲調三部分統計歸類，文章認爲《史記》三家注中韻母及聲調變異情況亦頗嚴重，是傳注讀音與韻書讀音的不同之處。《徐廣音系分析》(1991)主要以裴駰《集解》、司馬貞《索隱》徵引徐廣的 359 條注音材料爲對象，分聲紐、韻部、聲調三方面分析徐廣的音系，認爲有些反映的是東晉末年某些南方讀音的特點。《史記三家注之開合現象》(1994)將三家注音切與《廣韻》反切下字比較，得開合異讀音切 45 條，其中唇音字佔 25 條，可爲唇音字不分開合的明證。文章認爲，徐廣審音開合相混絕少，可能顯示早期開口、合口區别清楚，唐代以後因爲唇音字的性質發生了變化，纔出現開合分韻而唇音開合混切的問題。司馬貞、張守節開合混切較多，可能展示過渡期一些語音變化的特點。《〈史記〉三家注的重紐現象》(1999)全面考察了重紐八韻唇牙喉音的讀音狀況以及重紐跟重紐韻舌齒音的關係。文章認爲重紐三等的唇牙喉及爲紐自成一類，重紐四等跟精、照兩系舌齒音自成一類，其他來、日、莊組、知組則或通重紐三等，或通四等及其他舌齒音字。舌齒音與重紐三、四等只能是有條件的相通。文章還附錄了《史記三家注重紐韻表》。黄氏嘗據《史記》中華書局新標點本(1959)編訂《史記三家注讀音通檢》一稿(未刊)，凡收 2322 字。

其次，[韓]申雅莎的學位論文《史記三家注音注研究》(1998)將《史記》三家注作爲一個整體，研究考察得出三十六聲母，韻母部分則以十五攝討論，聲調方面有一部分上聲字歸入去聲。申雅莎《〈史記〉三家注中所反映的濁音清化現象》(2002)認爲三家注可以分爲兩個音系，即《集解》所反映的音系和《索隱》、《正義》所反映的音系,且後者的濁音清化現象很明顯,《正義》的例子有五分之四符合漢語共同語的清化規律,文章由此推斷張守節出生在北方方言區,受到了北方方言影響。鄧可人《〈史記〉"三家注"之音義匹配研究》(2021)採用音義匹配法和計算機輔助等方法梳理《史記》三家音注,梳理出其中的音義匹配情況及其特殊情況,認爲音義匹配的特殊情況大體可以分爲明通假異文、不爲原文被注字注音、《廣韻》未見音義及其他等四種類型。

此外,董玉琨《〈史記〉三家注的假借字調查》(1990)表明三家共注出假借字776字,其中重文228字,文章將它們分爲形似、音同、義近、形音相近、音義相近等7類假借字,輔之以實例説明。方心棣《〈史記〉三家注通假瑣議》(1995)就三家注的通假體例展開陳述,總結歸納出用通用的本字讀借字以明通假、對比異文明通假等7種通假體例。馮玉濤《〈史記〉三家注"直音"作用淺析》(1998)通過對《史記》三家注中"直音"的全面分析,認爲長期以來對"直音"存在誤解,發現它有5種作用:説明古今字、系聯同音同義詞、確定多義詞義項、溝通異體字,注解生字讀音等。吳澤順、夏菁菁《〈史記〉三家注音訓材料整理與研究》(2012)考察整理音訓材料600多條,認爲這些材料在一定程度上反映了漢以後至唐代之間音訓的運用及發展概況。

最後,王華寶《〈史記〉三家注音切疑誤辨證》(2003)、劉一夢《〈史記〉"三家注"音切疑誤考》(2014)、孫立政《〈史記〉三家注音注校注》(2020)是訂正《史記》三家注反切訛誤的專文,匡正條目達數十條。2014年,中華書局曾對點校本《史記》(1959)進行修訂,修訂以清同治年間金陵書局校刻本爲底本,參校衆本,考訂音注的條目亦達數十條,大都信而有徵,堪稱定論。

(2)局部研究主要集中在《正義》。主要有兩方面:一是《正義》音類的研究與音韻特徵的探討。這方面的研究始於日本學者。大島正二《〈史記〉索隱正義音韻考》(1972)對《索隱》、《正義》中的音注材料分音系加以研究,考察其中反映的聲類、韻類特徵,同時將《索隱》、《正義》與《一切經音義》、《切韻》及顔師古《漢書注》進行比較,認爲它們反映的音韻特徵相近。大島正二《〈史記〉索隱正義音韻考——資料表》(1973)還發表了《索隱》、《正義》音韻研究的資料表。該表以《廣韻》爲標準,對《索隱》、《正義》音注中的聲類、韻類進行了歸納整理。平山久雄《〈史記正義〉"論音例"的"清濁"》(1975)對《論音例》中的清濁問題進行了歸納研究。該文全面考察了《論音例》中的33對清濁對立的字組,將它們分爲"字同音異"、"異字類音"兩大組類,在此基礎上與《切韻》系韻書及《廣韻》附載的《辨四聲輕清重濁法》進行了比較。

文章認爲,《論音例》對"清"、"濁"還没有明確的區分,但與《廣韻》附載的《辨四聲輕清重濁法》中的"輕清""重濁"的觀察具有相似性。

國内研究上,龍異騰《〈史記〉索隱正義反切考》(1988)通過系聯《索隱》與《正義》的反切材料,得出《索隱》聲類 38 個,《正義》聲類 39 個,並將之與《廣韻》對比,得出《索隱》《正義》在聲韻類别上的一些特點。龍異騰《〈史記正義〉反切考》(1994)對《史記》讀音狀況作了探討,得出《正義》反切 39 聲類,考察了其與《廣韻》韻類的異同,認爲《正義》從反切用字到整個音系結構都與《切韻》(《廣韻》)有著明顯的共同性,但是張氏自身因不能完全擺脱所處時代的實際語言,包括自身方言的影響,因而《正義》的音切有時有方言的特點。蕭黎明《張守節〈史記正義〉聲類考》(2008)認爲《史記正義》聲類 38 個,代表中唐時期的官話音,接近《切韻》,不同的是:唇音分化清楚;泥娘完全不分;喻三、喻四完全獨立。該文與龍文的主要不同點在於泥、娘母的分合上結論不一致,龍文分泥、娘而蕭文則完全不分。游尚功《張守節〈史記正義〉中的重紐》(1995)將《正義》中出現重紐的五個韻系全部列成圖表,重點討論了《正義》中重紐與舌齒音的關係以及重紐反切上的對立差異究竟何在,文章的結論是:舌齒音中精章兩系和日組與 B 類的關係密切;莊系知系和來紐與 A 類的關係密切;重紐 A、B 兩類的不同是介音的不同[1]。東玲《〈史記正義〉反切研究》(2005)指出,張守節在《論音例》中明確説反切是"並依孫反音",孫炎是第一個大量使用反切的人,文章從聲韻調三方面將《正義》反切與《廣韻》及《爾雅音義》孫炎反切進行比較,討論張氏反切的特殊之處,並歸納出其反切用字的特點,認爲《正義》音注的性質是繼承了孫炎的反切用字,張氏音系反映了初唐北方讀書音系統。劉一夢《〈史記正義〉音系性質研究(附:〈史記〉三家注韻編)》(2012)結合張守節《正義》音系特點,列出《正義》音節表,歸納其他諸家的音節與張氏音節系統的關係,分析張氏語音系統的音系特點,從新的角度探討音系性質綜合的可能。文章認爲音系的綜合没有存在的基礎,並由此類推《切韻》音系也不可能是綜合的,只能是單一的音系。

二是對日本學者發現的一批《正義》佚文真僞及價值等問題的討論。20世紀初,日本學者瀧川資言搜輯了一千多條《正義》佚文,並徵引在他所編撰的《史記會注考證》中,但其佚文不具出處以致真僞難辨。後來水澤利忠在

---

[1] 爲了稱述方便,游文將中古韻圖列在三等的唇牙喉音字稱爲 A 類,列在四等的唇牙喉音字稱爲 B 類。這跟傳統的稱呼剛好相反,本書我們遵從的是傳統的稱呼歸類。

此基礎上又增補二百多條,並一一注明出處,成《史記會注考證校補》。對於
這批佚文材料,國內學者主要有兩種意見:一是以程金造爲代表的否定派,
他認爲這批佚文可靠的只有十之一二,其餘多數是日本人讀書時留下的批
注。程氏的代表性論著有《史記會注考證新增正義之來源與真偽》(1960)、
《史記管窺》(1985)等。一是以袁傳璋爲代表的肯定派,他認爲這批佚文大
體可信。袁氏代表性的論著有《程金造之"〈史記正義佚存〉偽託説"平議》
(2000)、《宋人著作五種徵引〈史記正義〉佚文考索》(2016)等。袁氏還校點
由日本學者瀧川資言著、小澤賢二錄文的《唐張守節史記正義佚存》(2019),
該書被認爲是瀧川資言編撰《史記會注考證》新增《正義》佚文的原始依據。
此外,1985 年,張衍田輯錄瀧川資言《史記會注考證》中《正義》佚文 1418
條、水澤利忠《史記會注考證校補》227 條,共計 1645 條佚文,輯校而成《史
記正義佚文輯校》一書。2021 年,張氏在原作的基礎上,增收日本學者小澤
賢二《史記正義佚存訂補》所收《正義》佚文 29 條,總計佚文 1674 條,後輯成
《史記正義佚文輯校(增訂本)》一書。對於日本學者輯佚的這批《正義》佚
文,張氏與其學生撰文認爲"絕大部分爲真,極少數可存疑"①。

　　单一以《集解》或《索隱》为研究对象的论著较少。游尚功《司馬貞〈史記
索隱〉聲類》(1988)輯得不重複音切 1854 條,主要運用系聯法整理《索隱》聲
類的音切,得出《索隱》音切 36 聲紐並構擬了音值。《〈史記索隱〉中的"濁上
變去"》(1991)通過分析注音資料指出,司馬貞作《索隱》時,已經出現了"濁
上變去"的音變現象,這比已經發現的反映"濁上變去"現象的最早文獻——
《韓愈》的《諱變》要早出近 100 年。范新幹的專著《東晉劉昌宗音研究》
(2003)將劉昌宗音系跟裴駰《集解》的音系作了比較。

1.2.2　《資治通鑒音注》研究現狀

　　《資治通鑒音注》的研究始於江灝。江灝(1982;1985)運用反切系聯的
方法考定《資治通鑒音注》音系的聲韻調系統,認爲《資治通鑒音注》是以《切
韻》音系爲基礎,並夾雜有吳、北方方言特點的混合音系。

　　馬君花是《資治通鑒音注》的主要研究者。馬君花的博士學位論文《〈資
治通鑒音注〉音系研究》(2008a)通過輯錄《資治通鑒音注》的 7577 條反切和
直音材料,將之與《廣韻》的反切(《廣韻》不收的字則以《集韻》爲參考)進行
比較,分析歸納出了《資治通鑒音注》音系的聲韻調系統:31 個聲母,23 個韻

---

① 張衍田《史記正義佚文輯校(增訂本)》,中華書局,2021 年,604 頁。

部 61 個韻母，8 個調類，平上去入各分陰陽。文章將歸納出的系統與《蒙古字韻》、《中原音韻》音系進行比較，在此基礎上得出它的性質：《資治通鑒音注》反映宋末元初共同語讀書音的文獻材料，其音系承襲了五代、宋初、南宋讀書人遞相傳承的雅音系統，但由於地域、時代的因素，音系間或表現出吳語的方言特點。與江灝的研究結論相比，兩者在聲韻調的類別與數量、音系的性質等方面都不盡一致，馬氏認爲造成這種差異的原因是江灝在運用反切系聯分析音注時，沒有完全遵守反切系聯的規則與理論基礎。比如，在知莊章三母的分合問題上，江灝忽略了知莊章三母的混注用例，因而將知莊章三母分立。

馬君花還就《資治通鑒音注》發表了一系列論文：《胡三省〈資治通鑒音注〉輕唇音的研究》（2008b）認爲《資治通鑒音注》語音系統中唇音反切上字有 3 條明顯的選用原則，胡三省時代共同語的標準讀書音系統中輕唇音的分化已經徹底完成，輕唇音在胡注的演變中已經有清化現象，即非、敷已經合流，微、奉母混同，微、明母不分的現象也存在。《胡三省〈資治通鑒音注〉中的重紐問題》（2009a）考察《資治通鑒音注》中重紐反切的切上字、切下字以及重紐字作反切上字的情形，發現《資治通鑒音注》中重紐 A、B 類不互相用作反切上字，重紐 A、B 類都與唇、牙、喉音字以外的三等韻關係密切，且胡注中重紐 B 類字與一、二、四等韻也有混切現象。胡氏力求恪守《廣韻》的重紐韻的區別特徵，但也透露出他所處時代的共同語的實際變化。《〈資治通鑒音注〉特殊音切韻母關係的研究》（2010a）認爲《資治通鑒音注》中的一些特殊音注所反映的韻母關係不同於中古以後語音的發展與演變。釐清這些特殊音切，可以幫助更好地研究和構擬《資治通鑒音注》的語音系統。《〈資治通鑒音注〉知照合流問題的研究》（2011a）則從知、莊、章三組聲母相混的現象入手考察，分析其合併現象及其條件，認爲《資治通鑒音注》中知₂、莊、知₃章已經合流，而且知₃章在某些韻中與莊₂混同，即知、莊、章三組聲母已經合流，這一結論與胡三省時代共同語語音演變一致。

此外，《胡三省〈資治通鑒音注〉及其語音特點》（2008c）、《論〈資治通鑒音注〉聲母系統反映宋末元初的幾個方音特點》（2009b）、《論〈資治通鑒音注〉韻母系統所反映宋末元初方言特點》（2010b）、《〈資治通鑒音注〉音系性質的研究》（2010c）、《〈資治通鑒音注〉音系特點研究——兼與江灝先生商榷》（2011b）、《中古入聲韻在〈資治通鑒音注〉中的演變》（2012）等論文是她博士論文的節選，茲不贅述。

其他研究方面，主要是對《資治通鑒音注》版本的考察，張常明《〈資治通鑒音注〉版本考》(2009)對該書的成書以及各種版本之間的流傳脈絡做出了考述。楊郁《宋元史學家胡三省及其〈資治通鑑音注〉版本》(2012)也對該書的成書、版本和内容價值進行了考述。

從以上可以看出,關於《史記》三家音注和《資治通鑑音注》的研究目前學界已經有了很多成果,這些研究有很大的借鑒意義和參考價值。然而在研究方法與研究視角上本課題都有進一步探討的必要。

就研究方法而言,上述研究主要運用系聯法和反切比較法來進行。我們認爲,由於音注材料隨文注解的性質,單純用系聯法無法得出比較令人信服的結論來。比如,關於《正義》聲類的研究上,龍異騰、蕭黎明兩位學者在泥、娘母是否分合這一問題上意見不一致,實質在於系聯法在音注材料的整理上存在缺陷:當一種音注材料含反切數量較少時,往往難以用系聯反切上下字的方法考定出它的聲韻系統。另一方面,音義書中的反切往往沿用舊注,而舊注因注者不同,方言不同,注解目的不同以及一字多注等原因,其性質非常複雜,若不加分析地進行系聯,得出的結論也值得懷疑。反切比較法也有一定的缺陷,韻書、字書以及音義書由於各自編寫的目的不同,在字形收集、字音、字義的訓釋上有著較大的差別,音義書重在疏通文意,明確其讀音,所訓釋義項或爲本義,或爲假借義,或爲引申義,或者隨文釋義,因此在與韻書進行比較時,如何確保比較的有效是一個棘手的問題,必須按照一定的步驟或方法來確保比較有效進行。否則,不同研究者運用反切比較法研究同一語音材料時可能得出不同的結論。

從研究角度來看,《史記》三家音注的已有研究中有一部分把裴駰、司馬貞、張守節作爲一個整體來討論,有一些則把他們分開來研究,三家異同的討論較少,三家自注的音切與各自徵引前人的音切也沒有分開處理;《資治通鑑音注》的研究也未將胡三省承襲前代的音注分別處理。

基於上述認識,我們將《史記》三家音注與《資治通鑑音注》進行比較,把研究的著力點放在以下這些方面:

首先,《史記》和《資治通鑑》記載重合的歷史時期內,即從周威烈王二十三年(前403)起到漢武帝元狩元年(前122)止,胡三省《資治通鑑音注》跟已有的《史記》三家音注是一個什麼關係:是完全承襲三家音注還是完全不同?如果是有同有異,差異有多大?取捨之間是否有一個自己的標準?差異背後是否蘊涵著語音演變的信息?其次,《史記》三家音注中,各家自注的音切跟徵引前人的音切是什麼關係?胡三省自注的音切跟前人的音切是什麼關係?在有前注可以參考的情況下跟沒有注解參考的情況下,同一注者的注解風格有沒有變化,是一以貫之還是有所變異? 再者,兩大音注在反切結構上是否存在差異? 兩家都是傳統型反切結構還是出現了新型反切結構? 如果既有傳統反切又有新型反切,那麽新型反切的數量及比例多大? 是否預示著語音的發展與演變? 最後,兩大音注在聲韻配合規律、介音的歸屬、重紐等音韻專題上是否一致,差異何在? 這種細微的差異背後是否蘊含著語音的演變信息?

以上問題都值得研究,然而目前學界少見這方面的討論。在其他方面,諸如韻尾問題、多音字音義配應問題、個別字音問題等,如果問題突出,也擬進行專題討論。

1.3　本課題的研究價值、材料和方法

1.3.1　研究價值

本課題以構建新的處理音注材料的研究模式爲目標,採用反切結構分析法重新分析《史記》三家音注和《資治通鑒音注》兩大材料,具有以下研究價值。

首先,凸顯反切結構分析法在音注材料處理上的獨特性。反切結構分析法,指的是分析被切字、切上字與切下字的特點,在關注切上字聲母與切下字韻、呼、等的信息的基礎上,也探究切上字韻、呼、等的信息和切下字聲母的信息。它關注被注字、切上字與切下字的内在關係,探討音注切語的構造規律,通過規律的把握,揭示蘊含於其中的語音特徵及其性質,這些隱含於反切結構中的語音信息難以通過傳統的反切系聯或反切比較獲得。

其次,對音系性質的轉變提供反切結構分析上的依據。《切韻》式傳統反切的切上字與被切字之間存在"洪細一致""後舌元音"等規則,這些反切上字的分用現象、韻母的細微差別大都有實際語音作爲基礎。考察兩大音注材料中的反切結構,我們發現其中存在"等第及開合一致"型反切[①]以及"準直音"型反切[②]等新型反切,這些新型反切的出現蘊含著語音的演變信息。而對於一些音韻專題的探討,本研究也有參考價值。比如,有學者認爲

---

① 　平山久雄(1990)將這種反切的結構稱作"類一致"和"開合一致"的反切,楊軍、黃笑山、儲泰松 (2017)稱作"等第及開合一致"的反切,本書從後者。

② 　楊軍、黃笑山、儲泰松《〈經典釋文〉反切結構的類型、層次及音韻性質》,《歷史語言學研究》,第 十一輯,2017 年 10 月。

重紐現象是《切韻》之前的現象,《切韻》之後重紐現象已經消失①。通過整理分析兩大音注中的音切材料,我們可以對《切韻》之後重紐現象是否消失以及重紐如果存在是何性質、《切韻》前後重紐表現有何不同等論題提供反切結構上的證據。

再者,反切結構分析在音值構擬、音切辨誤上有應用價值。新型反切中的"類相關原則""開合一致原則"(詳下)可對同時期的音值構擬起到佐證的作用,如魚韻、蒸韻、之韻的音值特點可從反切結構上找到構擬的依據。同時,反切用字是否訛誤也需要借助反切結構規則來仔細甄別,不能簡單地以文字形體的相近或相關作爲依據。

最後,我們輯錄《史記》三家音注和《資治通鑒音注》的所有注音材料(包括三家自注及引用前人的音切),可以爲學者們進一步研究提供語料參考。

1.3.2 研究材料和方法

本課題《史記》三家音注的音切材料從中華書局點校本(1959)②和張衍田《史記正義佚文輯校》(1985)兩書中輯得,《資治通鑒音注》的音切材料從中華書局點校本(1956)中輯得。本課題的研究方法有以下幾種。

1. 音切材料的整理與審定

研究音義書中的音切,首先必須保證材料的準確。材料的準確主要有以下兩方面的内涵:一是文字沒有出現錯訛或誤寫;二是保證所有音切材料都是真性音切。古代典籍由於輾轉傳抄或口耳相傳難免出現錯誤,更有甚者往往間下己意,擅自竄改文字,此外版本的不同也往往造成音切失去其本來面目。《史記》三家注最初各自單行,後宋人將三家注散入《史記》正文之下,其條文注解有所脱落,出現錯誤在所難免。《資治通鑒音注》的原稿散佚後,胡氏後來也將注文散入正文之下,也難免出現遺漏或錯誤。因此,音切材料的審理是首先要做的工作之一。我們的具體做法是:一是以最善本爲底本,盡可能多地參校其他版本;二是充分利用學界已有的校勘成果;三是從音切通例、音切特點入手,結合音理分析識別正誤。

在確保文字的準確後,接下來就是判別音切的真假,鑒別被注字與注解

---

① 薛鳳生(1999)提出"重紐"是《切韻》之前的現象,《切韻》時重紐的區別已不存在。此外,薛氏還從音變的角度解釋了止蟹兩攝重紐是如何消失的。又王爲民(2012)也支持薛氏的意見。

② 中華書局 2014 年曾對點校本(1959)進行修訂,我們按照修訂本對全部音注進行了複核,發現修訂本對音注沒有改動,只有極個別校勘涉及音注,下文如涉及則隨文註明,故文中音注頁碼仍採自點校本(1959)。

字之間的真正關係。音注因其隨文作注的性質,被注字與注解字之間的關係複雜,或注音,或通假,或古今,或異文,或釋義,需要仔細甄別纔能準確判斷。

2. 窮盡性的語料分析法

音切是研究漢語語音史的重要文獻資料。史書中的音切不像韻書中的反切那樣分門別類,它們散見於文獻之中,隨文注解,要研究這類文獻資料首先要做好初步的輯錄、篩選、分類等基礎工作。我們建立《史記》三家音注和《資治通鑒音注》各自的語料庫,語料以 EXCEL 表格的形式儲存,表格設計字段包括:卷次、頁碼、被切字、被切字的聲母①、被切字的韻母、被切字的開合、被切字的等呼、被切字的廣韻上字、被切字的廣韻下字、反切上字、上字聲母、上字韻母、上字開合、上字等呼、反切下字、下字聲母、下字韻母、下字開合、下字等第、音注、被切字所在原文、原文釋義、音注出處、注者,等等。

3. 反切比較法

一般而言,系聯法是研究中古韻書反切的重要方法。而《史記》三家音注和《資治通鑒音注》都是注釋類作品,不是專門的韻書,加之方言因素、注解中的沿襲風氣以及一字多讀等情況的存在,使得我們認爲單純用傳統的系聯法是不可行的,因此反切比較在這時就有明顯的優勢。反切比較法的目的在於通過兩種反切的對比(往往是把某一反切系統的反切逐個地與《切韻》系韻書的反切加以比較),考察出該反切系統的音系或找出它在聲韻系統上的主要特點。

4. 反切結構分析法

反切比較法的局限前已涉及,解決這些問題可以採用反切結構分析法。反切結構分析法的特點前亦已述及,它主要是分析反切上字、反切下字的特點,探究反切上字韻、呼等的信息和反切下字聲母的信息。

國內外學者早就有這方面的研究。周法高(1952)較早運用這種方法分析重紐唇音字切上字的韻母情況。日本學者辻本春彥(1954)全面分析了重紐切上字的韻母,指出切上字屬重紐字時,由上字定歸屬(上字是"匹"時例外);切上字屬普三(C)時,由下字定歸屬。日本學者上田正(1957)將辻本春彥的研究進一步概括爲七項公式。後來日本學者平山久雄(1966)將上述現

---

① 被切字、反切上字、反切下字的音韻地位參照其在《廣韻》中的地位,《廣韻》不收的字參照《集韻》。

象命名爲"反切上字跟被切字的類相關",建立了"類相關"學説。這些觀察角度打破了切上字只管聲母的局限,使人們認識到,切上字也能反映韻母的部分信息,即反映有關介音的信息。無獨有偶,國内學者陸志韋(1963)系統地運用了這種方法分析《王三》、徐邈、《字林》以及郭璞的反切,主要從反切的總體結構,切上、下字的特點,切上、下字在等次、聲母、清濁上的搭配關係等角度全面分析反切的結構。平山久雄(1990;2009;2010)運用這一方法分析了敦煌《毛詩音》中的反切,提出"類一致原則"和"開合一致原則"。此後學界又對重紐切下字的聲母情況進行分析,觀察其在重紐中的分佈。黃笑山(2012)重新審視了上田的七項公式,認爲各個類型在重紐反切中的數量及所佔的比重"被許多研究者忽略",因而造成"反切上字定歸屬"的假象。他進而認爲,"反切上字雖然可以在一定程度上反映重紐介音的信息,但那不是實質性的,而是介音和諧的結果","《切韻》重紐的區別主要是由反切下字表現的"。黃笑山還就《切韻》A、B兩類不相關卻都大量用C類字作切上字的現象提出了"呼讀假説"[1]。該假説認爲,A、B兩類都用C類反切上字可能並不是因爲C類具有不同於A、B兩類而又居於A、B兩類之間的介音,而是因爲反切的實質是拼音,爲了把聲母讀得清晰響亮,在創造反切的時候可能採用的是"呼讀"的方法,類似于梵文發輔音字母的時候總帶著元音。反切上字表聲、下字表韻是音韻常識,但爲了瞭解切語在表示介音時的狀況,黃笑山還同時關注了切上字的韻母類別和切下字的聲母類別,以期發現不同韻類(如A、B類)在反切上的區分方式及其語音實質。

被切字的信息(包括聲母、介音、韻腹、韻尾、聲調等)都通過反切上、下字體現出來,通過分析反切上、下字的信息以及它們之間的搭配關係就是對被切字進行"解構"的過程。我們擬先將反切全部輯錄出來製成EXCEL表格,以《廣韻》爲參照系,標出每條音切的被切字、切上字和切下字的音類,歸納反切結構類型,總結出各類音注材料中反切的結構特點。由於直音性質複雜,運用反切結構分析法時一般不涉及直音。

5.統計法

研究文獻中的語音資料,是爲了解釋音變現象,揭示其音變的原因,考察其音變的進程。而判斷變還是不變,變多還是變少,必須建立在有效的統計之上。在窮盡分析材料的同時,輔之以算術統計,纔能使論證更有説服力。

---

[1] 黃笑山《〈切韻〉三等韻ABC——三等韻分類及其聲、介、韻分佈和區別特徵擬測》,《中文學術前沿(第五輯)》,浙江大學出版社,2012年,88頁。

1.4　其他相關説明

1.爲稱述方便，如非特別説明，本書涉及文獻大都採用簡稱。其中，《集解》=《史記集解》，《索隱》=《史記索隱》，《正義》=《史記正義》，《佚文》=《史記正義佚文輯校》，《音注》=《資治通鑒音注》。

2.本書韻部名稱以平賅上、去、入，單稱時加上聲調，如"東韻平聲"指東韻，"東韻上聲"則指董韻，餘可類推。

3.本書按照被切字的"類"或聲母、韻母的特徵採用"某類反切"、"某母反切"、"某韻反切"等術語，例如被切字屬於一等的反切稱爲"一等反切"，被切字聲母屬於幫組的反切稱爲"幫組反切"。反切上、下字亦做此，例如本身屬於 A 類的反切上字稱爲"A 類上字"，本身屬魚韻的反切下字稱爲"魚韻下字"。

4.爲節省篇幅，本書音注一律簡寫。如"費/祕"="費，音祕"，"番/普寒"="番，普寒反"，"（又）"表示該音注屬於又音，音注後括弧中的數字表示該音注所在原書頁碼，餘可類推。

5.爲求行文簡潔，文中稱引前修時賢觀點時，皆直書姓名，不贅"先生"字樣，敬請諒解。

第 2 章 《集解》音系及其反切結構

據我們的統計,裴駰《集解》一共有音注 696 條,去除重複後得 662 條,其中反切 225 條,直音"音某"、"音某某之某"及其他注音方式 437 條。從音注來源看,662 條不重複音注中,裴駰自注的 151 條,其他都是徵引前人的音注,大致情況是:引自徐廣《史記音義》309 條,郭璞《子虛賦注》、《上林賦注》38 條,如淳《漢書注》28 條,韋昭《漢書音義》23 條,無名氏《漢書音義》22 條,服虔《漢書音訓》18 條,蘇林《漢書注》12 條,孟康《漢書音義》9 條,晉灼《漢書集注》8 條,應劭《漢書集解音義》8 條,《史記音隱》7 條。其餘徵引的音注都在 5 條以下。

2.1 裴駰音系與徐廣音系的異同

本書所説的裴駰音系,指的是裴駰《集解》自注音切所反映的語音系統。徐廣音系,指的是徐廣《史記音義》所反映的語音系統。一般認爲,裴駰《集解》是在徐廣音系的基礎上博取百家之説而成,裴駰在其序言中提到説"聊以愚管,增演徐氏""以徐爲本,號曰《集解》。"目前學界已有關於徐廣、裴駰音系的整理。黄坤堯(1991)整理《史記》三家注中徐廣音例 359 條,從聲紐、韻部、聲調三方面分析了徐廣的音系。范新幹(2002)將劉昌宗音與裴駰音進行了比較,得出了兩者音系的異同。這些研究無疑是很有意義的,而關於徐廣、裴駰音系的異同則似乎没有引起學者的興趣,我們擬作出細緻的考察,看看裴駰是在多大程度上"增演"徐氏的。以下將裴駰自注音切和徐廣的音切分别與《廣韻》反切加以比較,在此基礎上整理出裴駰、徐廣音系在聲韻系統上的主要特點,從而得出兩者音類上的異同。

2.1.1 裴駰音系的聲韻系統

《集解》中,裴駰自注音切共有 151 條,據此可考察出裴駰音系的聲韻特點。

2.1.1.1 裴駰音系的聲母

1. 唇音

唇音音切共有 29 條,其中以幫切幫之類 26 條。即:<u>以幫切幫</u>:費/祕(2312)。<u>以滂切滂</u>:澧/豐(66);抱(抛)①/普茅(506);鈹/披(1464);番/普寒(2177);瀵②浦拜(3019);滂/浦橫(3019)。<u>以並切並</u>:庳/鼻(45);鄙/婆(1960);比/鼻(2193);賻/附(2252);吠(敝)/伐(2253);薄/白洛(2261);並/白浪(2345);賁/肥(2710);<u>並</u>/蒲浪(2886)。<u>以明切明</u>:莽/莫朗(2200);汶/眉貧(2272);鄳/盲(2275);湎/綿善(2295);芒/莫印(2327);卯/陌飽(2327);坲/没(2342);媚/冒(2607);靡/糜(3006);鱸/瞢(3027)。

以下 3 條音切可能屬於混切,即:<u>以滂切並</u>:符/孚(1246);<u>以並切幫</u>:番/婆(2177)(又);<u>以並切滂</u>:批/白結(2529)③。這些混切不能簡單地視作出現了濁音清化,一是音切較少不成系統,二是被切字可能另有他字。范新幹(2002:208)④根據上下文意認爲"符"字本字作"稃","番"字本字爲"鄱","批"字本字作"摕"。總的來看,唇音幫、非分切 23 條,幫、非混切 6 條,可見重、輕唇是分立的。

2. 舌音

(1)端組

舌音端組音切共有 11 條,都是以端切端之類。即:<u>以端切端</u>:褍/端(1631);葴/點(2210);篒/登(2371);襜/都甘(2450);渾/都奉(2899)。<u>以透切透</u>:隋/他果(1301)。<u>以定切定</u>:軑/大(978);蹋/徒獵(2257);踥/徒(2293);迵/洞(2803);喋/諜(2900)。

(2)知組

舌音知組音切共有 6 條,都是以知切知之類。即:<u>以知切知</u>:張/帳(2743);<u>以徹切徹</u>:侘/丑亞(2858);適(謫)/丁革(2887);<u>以澄切澄</u>:澤/澤(1325);直/值(2829);阤/遲(3023)。

(3)來母

來母音切共有 9 條,其中以來切來之類 7 條。即:<u>以來切來</u>:枊/力(999);鏤/錄于(2180);率/律(2231);錄/祿(2368);襤/路談(2450);厲/賴

---

① 括號中的字表示被切字本字,下同。
② 雙綫體表示從音義匹配角度看應參照該字在《集韻》中的音韻地位,下同。
③ "批"字《集韻》收並母屑韻一讀,如參《集韻》則不屬於混切。
④ 范新幹《東晉劉昌宗音研究》,崇文書局,2002 年,208 頁。

（2520）；蘢/龍（2864）。

以下屬於混切，即：以曉切來：釐/僖（2503）；以透切來：鬵/胎（2656）。這2條直音音切都不表明音變，它們都表明兩者是古今字關係。總的來看，舌音端、知組、來母各自獨立，個別混切應屬於例外，並不表明音變出現。

3.齒音

（1）精組

精組音切共有11條，都是以精切精之類。即：<u>以精切精</u>：樵/醉（1468）；湫/椒（2178）。<u>以清切清</u>：樅/七容（326）；怚（粗）/麄（2340）；毳/此芮（2523）；疽/七如（2797）。<u>以從切從</u>：沮/自呂（2180）；疵/自移（2211）；裁/在（2298）。<u>以心切心</u>：選/思兗（1243）；騷/埽（2601）。

（2）莊組

莊組音切共有5條，都是以莊切莊之類。即：<u>以莊切莊</u>：喈/莊白（2381）；<u>以初切初</u>：創/楚良（2178）；<u>以生切生</u>：鍛/所拜（282）；闟/所及（2236）；省/所幸（2837）。

（3）章組

章組及日母音切共有13條，都是以章切章之類。即：<u>以章切章</u>：蜄/之慎（1246）；氏（焉氏）/支（2661）。<u>以昌切昌</u>：瘛/充志（940）；哆/赤者（2220）；佔/昌占（2900）；<u>以書切書</u>：醳/釋（2279）；郝/釋（2372）；説/式絀（2420）；俞/舒（2663）<u>以禪切禪</u>：嬗/善（759）；單/善（2223）；<u>以日切日</u>：蝡（蠕）/而兗（1243）；郚/若（2177）。綜上，齒音精、莊、章組都是本母自切，可見精、莊、章組各母獨立，日母也是本母自切，也當獨立。

4.牙音

牙音見組共有音切24條，都是以見切見之類。即：<u>以見切見</u>：權/紀錄（又）（52）；繳/結堯（2199）；矯/橋（2211）；觀/貫（2285）；跔/俱（2293）；解/己買（2316）；甄/絹（2352）；媾/古后（2371）；過/光臥（2375）；奇/羈（2797）；咳/該（2797）；句/鉤（2886）；奸/干（2905）；呴/鉤（2916）；魽（魧）/互（3021）。<u>以溪切溪</u>：虛/墟（2200）；鄔/苦堯（2222）；卷/丘權（2246）；蒯/苦怪（2359）。<u>以羣切羣</u>：鞠/求六（2257）；渠/詎（2281）；胊/衢（2916）；揭/桀（2896）；矜/勤（2957）。見組都是本母自切，以上幾母顯然是獨立的。

5.喉音

喉音音切共有41條，都是以曉切曉之類。即：<u>以曉切曉</u>：詢/火候（2173）；愒/呼曷（2248）；猲/呼葛（2258）；驩/歡（2359）；驩（爰）/許袁

（2359）；曤/海 各（2538）；嫗/凶 于（2613）；雩/火 胡（2897）；响/吁（又）（2916）；洶/許 勇（3019）；焄/薰（3150）。**以匣切匣**：繣/獲（355）；函/含（1168）；礉/胡 革（2156）；洹/桓（2285）；龁/紇（2334）；鉶/刑（2554）；昆/魂（2868）；胻/衡（3234）。**以云切云**：䣝/云（2176）；洧/于 鬼（2251）；爲/于 僞（2294）。**以以切以**：隃/踰（114）；邪/餘（1259）；繇/遙（2210）；衍/以 善（2286）；與/余（2339）；施/移（3006）；湧/勇（3019）。**以影切影**：媼/烏 老（342）；歐/惡 后（2315）；院/戹 賣（1243）；貫/烏 還（2173）；宛/於 袁（2251）；闕/烏 曷（2315）；嚘/烏 百（2381）；軋/乙（2499）；坱/央（2499）；嗌/益（2804）；宛/鬱（2809）；頞/案（2993）。以上喉音音切都是本母自切，顯然都是獨立的。

裴駰音系中可以確定的聲母有 35 類，即：幫、滂、並、明，非、敷、奉、微、端、透、定、來，知、徹、澄，精、清、從、心，莊、初、生，章、昌、書、禪、日，見、溪、羣、影、曉、匣、云、以。

與《廣韻》35 聲母[1]相比，裴駰音系的聲類多了非、敷、奉、微、云 5 類，少了泥（娘）、邪、崇、船、疑 5 類，而從系統整齊性的角度看，既然並、定、澄、從、羣、匣等全濁聲母在裴駰音系中仍然存在（雖有一些混切存在，如滂並混切，但音例較少不足以影響分立），我們可以類推崇、船母也存在，音切中沒有出現可能是裴駰《集解》音切字少的緣故。同理，泥（娘）、疑母也可以推論得出。而關於泥娘、從邪、船禪是否合一的問題，我們推論認爲泥、娘當分，理由是裴駰音系中，端知組共有 17 條音切，全部同類相切，泥、娘分立符合系統一致性。從邪、船禪是否合一因音例沒有出現邪、船母字而無法得出，只能存疑。云、以從音切看也是各自獨立，沒有混切，云、匣母也是分立的。

范新幹（2002：216）考察認爲，裴駰音重唇音和輕唇音、端和知、定和澄、船和禪等類聚分立[2]。這跟我們上述的考察結論基本一致。

2.1.1.2 裴駰音系的韻母

1.通攝

通攝音切 10 條，其中本韻自切 9 條。即：**以東切東**[3]：灃/豐（66）；迵/洞（2803）；鞠/求 六（2257）；**以鍾切鍾**：槿/紀 錄（又）（52）；樅/七 容（326）；蘢/蘢

---

① 唐作藩《音韻學教程（第三版）》，北京大學出版社，2002 年，109—110 頁。
② 范新幹《東晉劉昌宗音研究》，崇文書局，2002 年，216 頁。范新幹《輕唇音聲母發端於南朝之宋考》（2000）亦認爲，“早在南朝時代，注釋家裴駰的反切中即已呈露輕唇聲母萌生之跡象”。
③ “以東切東”中的“東”指的是韻系，以平該上、去、入，下同。

（2864）；湩/都奉（2899）；洶/許勇（3019）；湧/勇（3019）。

此外混切 1 條，即以屋切燭：錄/祿（2368）。因混切例少且與同類相切的音切不能系聯，可見東、鍾韻應是分立的。

2. 止攝

止攝音切共有 15 條，其中本韻自切 14 條。即：以支切支：鈹/披（1464）；爲/于僞（2294）；氏（焉氏）/支（2661）；奇/羈（2797）；靡/糜（3006）；阤（扡）/移（3006）；阤/遲（3023）。以脂切脂：庳/鼻（45）；檇/醉（1468）；比/鼻（2193）；疵/自移（2211）；費/祕（2312）。以之切之：鰲/僖（2503）；以微切微：蕡/肥（2710）；

另有混切 1 條，即以尾切旨：洧/于鬼（2251）。因混切例少，故而支脂之微分立。

3. 遇攝

遇攝音切共有 19 條，其中本韻自切 18 條。即：以魚切魚：予/與（97）；邪/魚（1259）；沮/自呂（2180）；虛/墟（2200）；渠/詎（2281）；與/余（2339）；疽/七如（2797）。以虞切虞：隃/踰（114）；符/孚（1246）；鏤/錄于（2180）；賻/附（2252）；跔/俱（2293）；嘔/凶于（2613）；俞/舒（2663）；朐/衢（2916）；呴/吁（又）（2916）。以模切模：踄/徒（2293）；怚（粗）/麁（2340）。

另有 1 條混切，即以模切虞：雩/火胡（2897）。可見魚虞模應是分立的。

4. 蟹攝

蟹攝音切共有 13 條，其中本韻自切 12 條。即：以祭切祭：說/式紲（2420）；毳/此芮（2523）。以佳切佳：阨/戹賣（1243）；解/己買（2316）。以皆切皆：鍛/所拜（282）；蒯/苦怪（2359）；潰/浦拜（3019）。以泰切泰：軑/大（978）；厲/賴（2520）。以咍切咍：裁/在（2298）；鼕/胎（2656）；咳/該（2797）。

另有混切 1 條，即以志切祭：瘱/充志（940）。混切很少，可見蟹攝各母是獨立的。

5. 臻攝

臻攝音切共有 13 條，其中本韻自切 12 條。即：以真切真：蜄/之慎（1246）；汶/眉貧（2272）；軋/乙（2499）。以諄切諄：率/律（2231）。以魂切魂：圽/没（2342）；昆/魂（2868）。以文切文：郇/云（2176）；焄/薫（3150）。以欣切欣：矜/勤（2957）。以元切元：宛/於袁（2251）；呟（厥）/伐（2253）；驪（煖）/許袁（2359）。

另有混切 1 條，即以文切欣：宛/鬱（2809），查《康熙字典》，"宛"、"鬱"應爲通假關係，可見臻攝各母都是獨立的。

6. 山攝

山攝音切共有 22 條，其中本韻自切 21 條。即：<u>以寒切寒</u>：愒/呼曷
(2248)；猲/呼葛(2258)；閼/烏曷(2315)；奸/干(2905)。<u>以桓切桓</u>：褍/端
(1631)；番/普寒(2177)；觀/貫(2285)；洹/桓(2285)；驩/歡(2359)。<u>以刪切</u>
<u>刪</u>：貫/烏還(2173)；<u>以仙切仙</u>：嬗/善(759)；蠕（蝡）/而兗(1243)；選/思兗
(1243)；單/善(2223)；卷/丘權(2246)；衍/以善(2286)；漣/綿善(2295)；齗/
紁(2334)；甄/絹(2352)；揭/桀(2896)。<u>以先切先</u>：批/白結(2529)。

另有 1 條混切，即以翰切曷：頩/案(2993)，是對人名的注音。山攝各韻
顯然是獨立的。

7. 效攝

效攝音切共有 10 條，都是本韻自切。即：<u>以蕭切蕭</u>：繳/結堯(2199)；
鄡/苦堯(2222)。<u>以宵切宵</u>：湫/椒(2178)；繇/遙(2210)；矯/橋(2211)。<u>以</u>
<u>肴切肴</u>：抱（抛）/普茅(506)；卯/陌飽(2327)。<u>以豪切豪</u>：媼/烏老(342)；騷/
埽(2601)；媢/冒(2607)。效攝各韻顯然各自獨立。

8. 果攝

果攝音切共有 4 條，都是本韻自切。即：<u>以戈切戈</u>：鄱/婆(1960)；番/婆
（又）(2177)；隋/他果(1301)；過/光臥(2375)。歌韻沒有出現音切，根據戈
韻獨立的事實，推測歌也是分立的。

9. 假攝

假攝共有音切 2 條，都是本韻自切。即：<u>以麻切麻</u>：哆/赤者(2220)；佗/
丑亞(2858)。可見麻韻也是獨立的。

10. 宕攝

宕攝共有音切 11 條，其中本韻自切 10 條。即：<u>以陽切陽</u>：鄀/若
(2177)；創/楚良(2178)；張/帳(2743)。<u>以唐切唐</u>：莽/莫朗(2200)；薄/白
洛(2261)；芒/莫印(2327)；<u>並</u>/蒲浪(2345)；曤/海各(2538)；<u>並</u>/白浪
(2886)；滂/浦橫(3019)。

另有混切 1 條，即以陽切唐：<u>坱</u>/央(2499)，該條音註原作"坱音若央"，
注音只是近似。可見，宕攝陽、唐韻分立。

11. 梗攝

梗攝共有音切 13 條，其中本韻自切 12 條。即：<u>以庚切庚</u>：澤/澤

（1325）；䁃/盲（2275）；嚄/烏百（2381）；啞/莊白（2381）；胻/衡（3234）。<u>以耕切耕</u>：繣/獲（355）；礐/胡革（2156）；嗌/益（2804）；適（謫）/丁革（2887）。<u>以清切清</u>：醳/釋（2279）；郝/釋（2372）。<u>以青切青</u>：銒/刑（2554）。

　　另有混切 1 條，即以耿切梗：省/所幸（2837）。梗攝各韻都是獨立的。

　　12. 曾攝

　　曾攝共有音切 5 條，都是本韻自切。即：<u>以蒸切蒸</u>：枊/力（999）；直/值（2829）。<u>以登切登</u>：䇺/登（2371）；䰵（魶）/亙（3021）；鱛/曾（3027）。

　　13. 流攝

　　流攝共有音切 6 條，都是以侯切侯之類本韻自切。即：歐/惡后（369）；詢/火候（2173）；緵/候（2359）；媾/古后（2371）；句/鉤（2886）；呴/鉤（2916）。

　　尤韻缺音切用例，根據侯韻與尤韻不混切的事實，可以推測尤韻也獨立。

　　14. 深攝

　　深攝只有 1 條音切，即以緝切緝：闟/所及（2236）。

　　15. 咸攝

　　咸攝共有音切 7 條，都是本韻自切。即：<u>以覃切覃</u>：函/含（1168）。<u>以談切談</u>：蹹/徒獵①（2257）；襜/都甘（2450）；襤/路談（2450）。<u>以鹽切鹽</u>：佔/昌占（2900）。<u>以添切添</u>：莢/點（2210）；喋/諜（2900）。顯然，咸攝各韻沒有混切，顯然獨立，沒有出現音切的韻也應獨立。

　　與《廣韻》142 韻母②相比，裴駰音系中 151 條音例分佈在除江攝外的所有韻攝中，它們大都本韻自切。混切的音例有 8 條，約佔音切總量的 5%。一方面，這些混切數量及佔比均較少、大都不成系統。另一方面，有些混切中音切注的不是被切字本字，其中存在假借、異讀、異文等現象，需要結合原文來仔細辨別。總體來看，我們認爲裴駰音系的韻母跟《廣韻》韻母是一致的，沒有出現的韻母應該是被注字量少的緣故。

　　范新幹（2002：216）考察認爲，裴駰音支脂之微、魚虞模、尤侯、元先仙等全都分立，脂（部分）和齊、蕭和宵（部分）、清和青裴駰音也分立③。這跟我們上述的考察結論基本一致。

---

① 　該條反切疑切下字有誤，或作"臘"。
② 　唐作藩《音韻學教程》（第三版），北京大學出版社，2002 年，132 頁。
③ 　范新幹《東晉劉昌宗音研究》，崇文書局，2002 年，216 頁。

2.1.2 徐廣音系的聲韻系統

《集解》中，裴駰徵引徐廣《史記音義》309 條，從中可考察出徐廣音系的聲韻特點。

2.1.2.1 徐廣音系的聲母

1. 唇音

唇音音切共有 41 條，其中以幫切幫之類 37 條。即：以幫切幫：披（陂）/詖（6）；坺/服（1340）；碆/波（1732）；箯/便（2585）；煸/班（3028）；璸/彬（3028）；尃/布（3066）。以滂切滂：掊/仆（412）；奅/匹孝（1032）；嚭/披美（1465）；被/披（2079）；辟/芳細（2852）；窌/匹孝（2927）；猼/匹沃（3006）；仆/赴（3036）；剽/扶召（3145）；拌/判（3233）；藩/普寒（3317）。以並切並：番/盤（1798）；賁/肥（2604）；鉼/白丁（2901）；坿/符（3005）；蘗/扶戾（3008）；嫳/拔（3031）；僰/扶逼（3044）；肞/魆（3050）；硼/扶萌（3097）；摓/逢（3225）；鄱/皮（3294）；以明切明：暝/亡丁（1805）；鄚/莫（1816）；甿/亡丁（1946）；亡/無（2336）；旄/耄（2399）；沕/亡筆（2495）；犛/茅（3025）；旼/旻（3071）。

此外本母混切 3 例，即：以幫切並：辯/班（25）；以幫切滂：拊/府（281）；以滂切幫：福/副（3236）。其他混切 1 條：以見切幫：搏/戟[1]（2291）。總的來看，幫、非組共有音切 41 例，其中兩組聲母混切 9 例，幫、非組傾向分立。

2. 舌音

（1）端組

舌音端組共有音切 27 條，其中以端切端之類 24 條。即：以端切端：泜/丁禮（2582）；沾（怗）/當牒（又）（2841）；驒/顛（2880）；榙/荅（3029）；抵/底（3066）。以透切透：蕩/湯（181）；弢/韜（1232）；鰨（鰨）/榻（3021）；魹/託（3021）；誕（訑）/吐和（3233）；跕/帖（3264）；躡（跕）/吐協（3271）；蹋/吐合（3275）；台/胎（3301）。以定切定：罴/憚（170）；跳/逃（374）；洮/道（390）；蹏/蹄（453）；逿/唐（2799）；提/徒抵（2814）；窴/田（2936）；楟/亭（3029）。以泥切泥：魶/納（3021）；臑/乃毛（3228）。

另有混切 3 條：以定切端：適/敵（2412）；以端切定：闒/搗（2903）；以透切定：壇/坦（3060）。

---

[1] 原書 2163 頁"救鬥者不搏撠"，司馬貞《索隱》作"博戟二音"。案：《索隱》中"戟"爲"撠"注音。查《廣韻》："搏，擊也"，"戟，刀戟"，"撠，持也"，因而"搏"、"戟"二字意義相近，則徐廣注音"搏或音戟"屬用直音釋義。

(2)知組

知組共有音切 20 條,其中以知切知之類 18 條。即:以知切知:剟/丁劣(2585);胝/竹移(3050);著/貯(3258)。以徹切徹:彨/勑知(1478);跮/丑栗(3058);踱/勑略(3058);式/栻(3218);式/勑(3299);紬/抽(3296)。以澄切澄:暘/塲(225);適(謫)/逐革(2493);泜/遲(2582);牏/住(2766);涂/邪(2918);腄/縋(2955);湛/沈(3020);芧/佇(3025);虒/豸(3031)。

其他混切 2 條,即以透切徹:臭(臭)/他略(3058);眙/吐甑(3199)。

(3)來母

來母音切共有 19 條,其中來母自切 18 條。即:嫘/力追(10);橑/老(231);游/流(1307);澇/勞(1374);鸗/龍(1731);癃/隆(2366);犂/力奚(2976);轔/吝(3003);玏/勒(3005);荔/力詣(3006);浰/力詣(3010);將/鸞(3014);犛/貍(3025);莅/栗(3031);轔/躪(3036);谾/力工(3137);緺/螺(3209);連/蓮(3254)。

其他混切 1 條,即以以切來:鰧/台(3137)。總的來看,舌音各組儘管有個別混切,但不成系統,舌音各母應是獨立的。

3. 齒音

(1)精組

精組音切共有 40 條,都是以精切精之類。即:以精切精:秭/姊(1255);嚼/子笑(3186);鐫/子旋(3233);呰/紫(3270);駔/祖朗(3277)。以清切清:狙/千恕(2034);鯫/此垢(2038);淒/七見(3010);錯/措(3012);淬/千内(3014);椄/湊(3029);腠/湊(3050);錯/厝(3069);造/竈(3240);茜/倩(3273)。以從切從:嶕/在妙(357);蕞/子外(2723);瘠(脊)/才亦(2812);筰/昨(2992);螹/漸(3021);鵃(鷩)/斯(3022);磼/雜(3028);螹/在廉(3032);嶕/寂笑(3091);鯫/輙(3276)。以心切心:熄/息(263);嵴/先許(1375);洒/先典(2406);銛/思廉(2494);騷/埽(2541);殺/蘇葛(2807);薛/先結(3007);纖/芟(3012);孅/孅(3063);算/先管(3112);潟/昔(3255);肖/痟(3307)。以邪切邪:公(訟)/松(2559);羠/囚几(3264);羠/兕(3264)。

(2)章組

章組音切共有 22 條,都是以章切章之類。即:以章切章:政/征(2412);葴/針(3006);繳/斫(3013);鱵(鷠)/斟(3022);裖/振(3027);蛭/質(3027);雉/支(3037);禔/支(3052);郅/質(3065);諄/止純(3072);巵/支(3262)。以昌切昌:燀/充善(250);沾(怗)/昌兼(又)(2841);瞋/丑人(3025)。以船切船:揲/舌(2789);楯/食尹(3027)。以書切書:鬺/觴(466);眴/舜(1694);

狐/翅（1733）；俞/始喻（2811）。<u>以禪切禪</u>：裋/豎（284）；脪/慎（2374）。

（3）莊組

莊組音切共有 10 條，都是以莊切莊之類。即：<u>以莊切莊</u>：綪/爭（1732）；

陬/騶（1905）。<u>以初切初</u>：娍（齯）/七角（2685）；蒴/策（3240）。<u>以崇切崇</u>：

䰸/士垢（312）；柴/差（3031）。<u>以生切生</u>：率/刷（140）；滲/色蔭（3070）；糈/

所（3220）；屣/山耳（3271）。

（4）日母

日母音切共有 8 條，都是日母自切。即：<u>蕘/茸（19）；蟯/饒（2809）；蹂/</u>

而九（2901）；蝚/柔（3008）；橪/而善（3029）；蹂/人九（3038）；嫋/弱（3040）；

姌（姌）/乃弇（3040）。綜上，齒音各母都是獨立的。

4. 牙音

見組音切共有 51 條，其中以見切見之類 50 條。即：<u>以見切見</u>：據/戟

（405）；泊/居器（470）；鮫/交（1163）；鳩/規（1255）；橋（葦）/己足（1405）；橋/

近遙（1405）；膾/膾（1425）；玃/己足（1889）；敫/皎（1901）；篝/溝（1951）；顑/

古項（2031）；顑/較（2031）；徼/皎（2919）；郟/古洽（2974）；瑊/古咸（3005）；

蜷/詭（3032）；轕/葛（3038）；骱/介（3058）；假/古下（3063）；葦/己足（3076）；

鞠/雛（3184）；韝/溝（3199）；緺/瓜（3209）；篝（篝）/溝（3227）；蚗/決（3227）；

涫/館（3235）；个/古賀（3275）。<u>以溪切溪</u>：榷（橋）/丘遙（52）；都（鄃）/苦堯

（996）；袴/胯（2610）；綺/袴（3035）；蹻/苦弔（3275）。<u>以羣切羣</u>：鐻/巨

（240）；臼/白（764）；跼/窮（1520）；扏/者（1608）；蠷/劬（3008）；瓵（瓱）/劇

（3011）；鱋/虔（3021）；橛（橜）/巨月（3054）；嚙/祈（3063）；膌/其紀（3199）。

<u>以疑切疑</u>：犧/俄（336）；犧/儀（336）；鸏（鸏）/睰（2682）；倪/詣（2852）；圁/銀

（2883）；鯢/娛匈（3021）；礏/五合（3028）；剴/五哀（3091）。

其它混切 1 條，即以羣切見：枸/宴（2994）。綜上，見組各母都是獨

立的。

5. 喉音

喉音音切共有 68 條，其中以影切影之類 67 條。即：<u>以影切影</u>：櫌/憂

（277）；唉/烏來（315）；鄢/於乾（1870）；鄔/烏古（2027）；甌/於㦎（2254）；歇/

烏轄（2578）；暍/烏邁（3014）；浥/烏狹（3019）；嬽/娟（3040）；輵/烏葛

（3058）；櫌/憂（3233）。<u>以曉切曉</u>：兄/況（409）；羂/呼見（1163）；鄦/許

（1770）；姁/況羽（1969）；胸/詡（2884）；鴞/火交（3022）；縠/呼谷（3032）；訇/

空政（3083）；懁（儇）/翾（3264）；髹/休（3275）。<u>以匣切匣</u>：楛/怙（62）；洨/下

交(333);瓟(瓠)/胡(1056);鞤/轄(1296);還/宦(1732);巠/胡鼎(1819);
巚/核(2051);駻/寒(2211);慁/溷(2408);擐/華板(2501);觳/學(2554);貙
(獂)/丸(2884);鬟/環(3021);轄/曷(3058);曤(嶉)/下沃(3062);熀/晃
(3071);煇/魂(3071);嗛/衛(3147);鉝/項(3150);詢/近(3314)。以云切
云:邘/于(118);棫/域(197);杅/一孤(2304);韡/衛(2454);轊(轊)/銳
(3010);轊/銳(3032)。以以切以:懌/亦(23);鎔/容(1427);敿/躍(1901);
圯/怡(2035);鋖/由尋(2274);窬/庾(2927);余(斜)/邪(2918);樿/郢
(3008);揄/臾(3011);袘(袘)/迤(3012);枻/曳(3013);鷊(鶡)/容(3022);
犝/容(3025);樿/弋井(3029);蚰/于季(3031);抴/曳(3040);埏/衍(3066);
苔(台)/貽(3276);嶧/亦(3294);台/怡(3303)。

此外其它混切1條,即以見切匣:擐/脘(2501)。總的來看,曉組各母都
是獨立的。

徐廣的聲母可以從反切比較直接得出的有40類聲母,即幫、滂、並、明、
非、敷、奉、微、端、透、定、泥、來、知、徹、澄、精、清、從、心、邪、莊、初、崇、生、
章、昌、船、書、禪、日,見、溪、羣、疑、影、曉、匣、云、以。與《廣韻》聲母相比,
多了非、敷、奉、微4母,因爲音切較少船禪、泥娘是否合一也只能存疑。

徐廣聲母的特點是:

(1)聲母大都分切,也出現了部分混切音例,其中有些表明了濁音清化
的開始,有些則是上古音的遺留。即:

A、濁音清化:

以幫切並:辯/班(25)。以定切端:適/敵(2412);以端切定:闖/擒
(2903)。以透切定:壇/坦(3060)。以羣切見:枸/窶(2994);

B、上古音的保留

以透切徹:臭/他略(3058);眙/吐甁(3199)。

(2)存在發音部位相同、發音方法相近的混切音例。即:

以幫切滂:柎/府(281);以滂切幫:福/副(3236)。

(3)其它混切:

以見切幫:搏/戟(2291);以以切來:釐/台(3137);以見切匣:擐/脘
(2501)。

黃坤堯(1991:161)通過分析《史記》三家音注中徵引徐廣的359條音
注後認爲,徐廣幫非二系不分、精莊二系不分;端知不分,但透徹、定澄則完

全不混①。這跟我們的考察不完全一致。我們認爲,上述三組聲母儘管有混切,但分立音切明顯多於混切數量,因而上述三組聲母還是以分立爲宜。造成這種差異的原因是多方面的,其中之一就是反切比較的參照音系不一致,黃坤堯(1991)完全以《廣韻》爲比較對象,沒有注意到音義的匹配問題。

比如,"獉"字出現的語境是"其東則有蕙圃,衡蘭,芷若射干,穹窮昌蒲,江離麋蕪,諸蔗獉且。"《集解》:徐廣曰:"獉音匹沃反。"駰案:《漢書音義》曰"江離,香草,麋蕪,蘄芷也,似蛇床而香。諸蔗,甘柘也。獉且,襄荷也"(3007)。

"獉"字《廣韻》只收"補各切"一讀,義爲"犬名",黃坤堯據此認爲徐廣"匹沃反"是以滂切幫。"獉"字《集韻》收三讀:一是幫母鐸韻"伯各切",義作"獸名,似人有翼。一曰地名,信都有下獉縣。或从豸。"該讀音韻地位等同與《廣韻》"補各切",而且意義也匹配;二是滂母鐸韻"匹各切",義作"艸名,《博雅》'蓴萓襄荷'也。或作獉,亦省";三是滂母沃韻"匹沃切",義作"蓴且,艸名,襄荷也。或作獉"。顯然,根據音義匹配的原則,結合上下文語境以及裴駰的按語,跟徐廣"匹沃切"對應的韻書中的音讀應是《集韻》所收的"匹沃切",因而徐廣注音是以滂切滂之類的本母自切,並不涉及音變。

2.1.2.2 徐廣音系的韻母

1. 通攝

通攝共有音切 19 例,都屬本韻自切。即:以東切東:坄/服(1340);舸/窮(1520);癃/隆(2366);毃/呼谷(3022);箜/力工(3055);福/副(3236)。以冬切冬:獉/匹沃(3006);曨(雐)/下沃(3062)。以鍾切鍾:蘢/茸(19);橋(輂)/己足(1405);鎔/容(1427);鸞/龍(1731);攫/己足(1889);公(訟)/松(2559);鯛/娛匃(3021);鷴(鱅)/容(3022);牅/容(3025);葦/己足(3076);攏/逢(3225)。

2. 江攝

江攝共有音切 5 條,都屬本韻自切。即:顄/古項(2031);顄/較(2031);彀/學(2554);娳(齀)/七角(2685);缿/項(3150)。

3. 止攝

止攝共有音切 36 條,其中本韻自切 33 條。即:以支切支:披(陂)/詖(6);儀(儀)(336);鳻/規(1255);彲/勑知(1478);瓡/翅(1733);被/披

---

① 黃坤堯《徐廣音系分析》,《香港中文大學中國文化研究所學報》,1991 年,22 卷,161 頁。

(2079);氏/支(2896);腄/縋(2955);袘(祂)/迆(3012);嶋(鸄)/斯(3022);褫/豸(3031);蚫/詭(3032);雉/支(3037);禔/支(3052);巵/支(3262);呰/紫(3270);鄱/皮(3294)。以脂切脂:嫘/力追(10);洎/居器(470);秭/姊(1255);嚭/披美(1465);阢/耆(1608);泜/遲(2582);蜼/于季(3031);蛦/囚几(3264);蛦/兕(3264)。以之切之:圯/怡(2035);犛/貍(3025);虆/台(3137);菭(台)/貽(3276);台/怡(3303)。以微切微:賁/肥(2604);嘰/祈(3063)。

其他混切 3 條,即以支切脂:胝/竹移(3050);以止切紙:屣/山耳(3271);以止切旨:曆/其紀(3199)。

4. 遇攝

遇攝共有音切 33 條,其中本韻自切 31 條。即:以魚切魚:鐻/巨(240);嵋/先許(1375);鄦/許(1770);狙/千恕(2304);與/余(2614);苧/佇(3025);糈/所(3220);著/貯(3258)。以虞切虞:邘/于(118);拊/府(281);裋/豎(284);掊/仆(412);姁/況羽(1969);亡/無(2336);窳/庾(2927);牏/住(2766);俞/始喻(2811);朐/詡(2884);枸/窶(2994);坿/符(3005);蠼/劬(3008);揄/臾(3011);仆/赴(3036)。以模切模:楛/怙(62);瓠(瓠)/胡(1056);鄔/烏古(2027);袴/胯(2610);錯/措(3012);絝/袴(3035);尃/布(3066);錯/厝(3069)。

其他混切 2 條,即以模切虞:杅/一孤(2304);以陌切御:據/戟(405)。

5. 蟹攝

蟹攝音切共有 26 條,都是本韻自切。即:以齊切齊:蹏/蹄(453);洒/先典(2406);泜/丁禮(2582);提/徒抵(2841);倪/詣(2852);辟/芳細(2852);犁/力奚(2976);荔/力詣(3006);蘗/扶戾(3008);浰/力詣(3010);抵/底(3066)。以皆切皆:類(顪)/蕢(2682);柴/差(3031);艐/介(3058)。以祭切祭:轊/衛(2454);轗(轊)/鋭(3010);枻/曳(3013);轊/鋭(3036);抴/曳(3040)。以泰切泰:膾/膾(1425);蕞/子外(2723)。以夬切夬:喝/烏邁(3014)。以灰切灰:滜/千内(3014);以咍切咍:唉/烏來(315);剴/五哀(3091);台/胎(3301)。

6. 臻攝

臻攝音切共有 21 條,其中本韻自切 20 條。即:以真切真:脊/慎(2374);沕/亡筆(2495);圁/銀(2883);轔/吝(3003);瞋/丑人(3025);裖/振(3027);瓆/彬(3028);莅/栗(3031);蛭/質(3032);轔/躪(3036);跮/丑栗

(3065);郅/質(3065);旼/旻(3071)。以諄切諄:眴/舜(1694);楯/食尹(3027);諄/止純(3072)。以元切元:鄢/於幰(2254)。橛/巨月(3054)。以魂切魂:慁/溷(2408);煇/魂(3071)。

其他混切 1 條,即以寒切元:藩/普寒(3317)。

7. 山攝

山攝音切共有 43 條,其中本韻自切 39 條。即:以寒切寒:悬/憚(170);骭/寒(2211);殺/蘇葛(2807);輵/葛(3038);輵/烏葛(3058);轄/曷(3058);壇/坦(3060)。以桓切桓:番/盤(1798);貒(貛)/丸(2884);癹/拔(3031);胈/魃(3050);算/先管(3112);拌/判(3233);涫/館(3235)。以刪切刪:還/宦(1732);擐/華板(2501);鬟/環(3021);媥/班(3028)。以山切山:犖/轄(1296);歍/烏轄(2578)。以先切先:鬒/呼見(1163);驒/顛(2880);寘/田(2936);淒/七見(3010);缺/決(3227);茜/倩(3273)。以仙切仙:率/刷(140);燀/充善(250);鄢/於乾(1870);箯/鞭(2585);劙/丁劣(2585);揲/舌(2789);脟/臠(3014);鱓/虔(3021);橪/而善(3029);嬛/娟(3040);埏/衍(3066);鐫/子旋(3233);懁(儇)/翾(3264)。

其他混切 4 條,即以先切仙:薛/先結(3007);連/蓮(3254);以刪切獮:辯/班(25);以緩切潸:擐/脘(又)(2501)。

8. 效攝

效攝音切共有 27 條,都是本韻自切。即:以蕭切蕭:郗(鄡)/苦堯(996);敫/皎(1901);徼/皎(2919);皦/苦弔(3275)。以宵切宵:橇(橋)/丘遙(52);噍/在妙(357);橋/近遙(1405);蟯/鐃(2809);譙(噍)/寂笑(3091);剽/扶召(3145);嚼/子妙(3186);肖/痟(3307)。以肴切肴:洨/下交(333);奅/匹孝(1032);鮫/交(1163);窌/匹孝(2927);鵁/火交(3022);犛/茅(3025)。以豪切豪:橑/老(231);跳/逃(374);洮/道(390);弢/韜(1232);澇/勞(1374);旄/耄(2399);騷/埽(2541);臑/乃毛(3228);造/竈(3240)。

9. 果攝

果攝音切共有 5 條,都是本韻自切。即:以歌切歌:檥/俄(336);个/古賀(3275)。以戈切戈:嶓/波(1732);緺/螺(3209);誕(訑)/吐和(3233)。

10. 假攝

假攝音切共有 4 條,都是本韻自切。即:以麻切麻:涂/邪(2918);余(斜)/邪(2918);假/古下(3063);緺/瓜(3209)。

11. 宕攝

宕攝音切共有 16 條,其中本韻自切 15 條。即:以陽切陽:暘/場(225);兄/況(409);鸘/鶬(466);斂/躍(1901);繳/斫(3013);嫋/弱(3040);臭(奐)/他略(3058);瓥/劫略(3058)。以唐切唐:蕩/湯(181);鄭/莫(1816);遏/唐(2799);笮/昨(2992);魠/託(3021);熿/晃(3071);駔/祖朗(3277)。

其他混切 1 條,即以陌切鐸:搏/戟(2291)。

12. 梗攝

梗攝音切共有 20 條,其中本韻自切 19 條。即:以庚切庚:汯(瓴)/劇(3011)。以耕切耕:綪/爭(1732);覈/核(2051);適(謫)/逐革(2493);翖/扶萌(3097);蒴/策(3240)。以清切清:懌/亦(23);政/征(2412);瘠(眷)/才亦(2812);樗/郢(3008);樗/弋井(3029);訇/空政(3083);潟/昔(3255);嶧/亦(3294)。以青切青:瞑/亡丁(1805);坙/胡鼎(1819);適/敵(2412);銒/白丁(2901);檉/亭(3029)。

其他混切 1 條,即以庚切耕:甿/亡更(1964)。

13. 曾攝

曾攝音切共有 7 條,都是本韻自切。即:以蒸切蒸:棫/域(197);熄/息(263);棘/扶逼(3044);眙/吐甑(3199);式/杙(3218);式/勑(3229)。以登切登:玏/勒(3005)。

14. 流攝

流攝音切共有 20 條,其中本韻自切 19 條。即:以尤切尤:檽/憂(277);咎/臼(764);游/流(1307);阰/騮(1905);蹂/而九(2901);蛫/柔(3008);蹂/人久(3038);檽/憂(3233);髤/休(3275);紬/抽(3296)。以侯切侯:鰸/士垢(312);篝/溝(1951);鰸/此垢(2038);樓/湊(3029);媵/湊(3050);輈/雛(3184);輨/溝(3199);簍(篝)/溝(3233);詢/逅(3314)。

其他混切 1 條,即以葉切侯:鰸/軛(3276)。

15. 深攝

深攝音切共有 4 條,都是本韻自切。即:葴/針(3006);湛/沈(3020);鱷(鸏)/斟(3022);滲/色蔭(3070)。

16. 咸攝

咸攝音切共有 23 條,其中本韻自切 22 條。即:以覃切覃:魶/納(3021);礏/五合(3028);礏/雜(3028);榙/荅(3029)。以談切談:闒/撢

（2903）；鱫（鰯）/楊（3021）；楊/吐合（3275）。**以鹽切鹽**：禣/之涉（1056）；鋏/由冄（2274）；銛/思廉（2494）；沾（怗）/昌兼（又）（2841）；沾（怗）/當楪（又）（2841）；蜥/漸（3021）；蜥/在廉（3032）；姌（姏）/乃冄（3040）；嬮/孅（3063）。**以添切添**：跕/帖（3264）；跕/吐協（3271）。**以咸切咸**：郟/古洽（2974）；瑊/古咸（3005）；浛/烏狹（3019）。**以銜切銜**：嗛/銜（3147）。

其他混切 1 條，即**以銜切鹽**：纎/芟（3012）。

跟《廣韻》韻母比，徐廣 309 條音例分佈在 53 個韻系中，這些音例大都本韻自切，與《廣韻》韻母基本一致。而其中的混切音例則預示著語音的發展演變，主要有以下幾點。

（1）支脂之韻的開口出現部分混切，即：

以止切紙：屣/山耳（3271）；**以支切脂**：胝/竹移（3050）；**以止切旨**：膍/其紀（3199）。

（2）先仙韻出現部分混切，即：

以先切仙：連/蓮（3254）；**以屑切薛**：薛/先結（3007）。

（3）部分韻系出現本韻系內的混切現象。即：

以虞切虞：胊/詡（2884）；**以遇切虞**：俞/始喻（2811）；**以薺切霽**：提/徒抵（2841）；**以薺切齊**：泜/丁禮（又）（2582）；**以獮切仙**：挻/衍（3066）；**以宵切笑**：肖/痟（3307）；**以清切勁**：政/征（2412）。

黃坤堯（1991）考察徐廣注音後認爲，徐廣分韻較細，趨近《切韻》。比較明顯的特點是歌戈麻不分，侯近模魚虞，而尤幽、仙先、咸銜、合盍緝、曷黠等或亦不分①。上述結論跟我們的考察不盡一致，我們同意"徐廣分韻較細，趨近《切韻》"的論斷，然而根據我們的觀察，除去支脂之韻的開口、仙先韻有部分混切外，其他韻大都本韻自切，應屬分立。

造成這種差異的原因仍舊可能是參照音系的選擇問題。比如"涂"字，原文是"漢復使因杆將軍敖出西河，與彊弩都尉會涿涂山，毋所得。《集解》徐廣曰："涂音邪。"（2918）。

"涂"字《廣韻》收兩讀，一是定母模韻"同都切"，義作"水名，在益州"。二是澄母魚韻"直魚切"，義作"水名，在堂邑"。"涂"字《集韻》收三讀，一是定母模韻"同都切"，義作"《說文》水名，出益州牧靡南山，西北入滇"。二是澄母麻韻"直加切"，義作"沮洳也。一曰飾也，或省。"三是以母麻韻"以遮切"，義作"涿涂山名，在匈奴中"。黃坤堯（1991）用來比較的音讀取的是《廣

_____

韻》"直魚切",因而得出徐廣"音邪"是以麻切魚。然而根據上下文意,用來跟徐廣"音邪"比較的音讀應取《集韻》"以遮切"一讀最爲合適,如果取此音讀作爲參照音,則徐廣"涂音邪"就是以麻切麻的本韻自切,無關音變。

2.1.3 裴駰、徐廣音系的比較

2.1.3.1 聲母系統的異同

首先,兩種聲母系統中都有幫、滂、並、明等 35 聲母,不同的是徐廣的聲類多了泥(娘)、邪、崇、船、疑等 5 個聲母,這種現象可能是裴駰《集解》自注音切中被注字數量少所致,兩者在聲母上是一致的。其次,在濁音清化現象上,裴駰、徐廣的音系中都有所表現,不同的是徐音中濁音清化幾乎在所有發音部位都出現,範圍比較大,裴駰音系中則只有脣、牙音表現較顯著,這種現象也可能是裴駰自注中音例較少所致。此外,兩種聲母系統中都殘存有個別上古音。而徐音中發音部位相同、發音方法相近的字以及發音方法相同、發音部位相近的字也存在混用現象,裴駰音系中完全沒有這種現象。

2.1.3.2 韻母系統的異同

首先,兩種韻母系統基本一致,只是音例分佈範圍中裴駰音系因爲字少而沒有徐音廣泛。其次,兩者都出現了部分混切音例,這些混切中都有部分音例存在假借、異讀、異文等現象,需要仔細甄別是否屬於語音現象。徐音中有些混切用例則表明了語音的發展演變,如:支脂之的開口開始出現合併;先仙有部分混切;部分韻系出現本韻系内的混切現象。裴駰音系中的混切用例因缺乏系統性而無法整理出明顯的規律。

一般而言,音注多有沿襲前代的可能,但很多情況是以認同前代的音切爲前提。以上我們比較了裴駰、徐廣兩種音系,發現兩者大同小異,《集解》中引用徐廣音例 309 條,大大超出了裴駰自注的音例,這表明了裴駰《集解》音對徐音的沿襲,《集解》以徐廣《史記音義》爲基礎,其序云"聊以愚管,增演徐氏"。通過上述比較發現,裴駰《集解》音確實是以徐音爲基礎"增演"而成的。

2.2 《集解》反切中切上下字與被切字的關係

本節主要討論《集解》反切中切上下字與被切字的關係。先列出《集解》223 條反切中的反切結構類型,再分別討論切上字與被切字的關係、切下字

與被切字的關係,在此基礎上總結歸納出《集解》反切的結構特點。

　　本書主要運用反切結構分析法來研究各類音注中的反切材料。先歸納出各種反切結構類型,考察反切中被切字、切上字與切下字三者之間的結構關係,從而總結出各類反切的結構特點。主要關注以下三方面:一是切下字與被切字的聲母關係;二是切上字與被切字的開合、洪細、等第、韻類及聲調關係;三是切上下字的和諧程度。

　　反切結構類型,是指從反切結構上看切上字和切下字的拼合關係,主要是從聲母、開合、洪細、等第、韻類及聲調等角度分析考察切上字和切下字的拼合關係。下列結構類型中,"-"前表示被切字的類別,"-"後首字母表示切上字的類別,"-"後末字母表示切下字的類別,如"開-開開"代表的反切類型是開口被切字由開口切上字和開口切下字拼合而成,"平-平平"表示平聲被切字由平聲切上字和平聲切下字拼合而成,餘可類推。

　　本書將反切用字從韻母角度分爲Ⅰ、Ⅱ、Ⅳ、A、B、C 六類,其中Ⅰ、Ⅱ、Ⅳ分別代表一、二、四等字。A、B 指的是傳統上的"支、脂、祭、真(諄)、仙、宵、侵、鹽"八韻系中的脣牙喉音字,其中 A 表示重紐四等,B 表示重紐三等,本書重紐的歸屬參照李榮(1956)的意見。C 類表示普通三等韻,本書的三等韻指的是"微、廢、欣、文、元、嚴、凡、東₃、鍾、之、魚、虞、臻、戈₃、陽、尤"16 個韻系,其中"微、廢、欣、文、元、嚴、凡"即李榮所說的子類,"東₃、鍾、之、魚、虞、臻、戈₃、陽、尤"即李榮所說的丑類。而"麻₃、庚₃、清、蒸、幽"則依黃笑山(1991;1996a)的觀點①,認爲它們是具有重紐性質的韻系,即"麻₃、清"兩韻系歸入重四,"庚₃"韻系歸入重三,"幽"韻系脣音歸重三而牙喉音歸重四(其中的"烋"小韻歸重紐三等,跟"飍"小韻對立),"蒸"韻系歸重三但"抑"小韻歸重四。反切用字從聲母的角度分爲幫組(P)、端組(T)、來母(L),知組(Tr)、精組(S)、莊組(R),章組(Sj,含日母)、見組(K),曉組(H),以母(J)和云母(W)等十一類。

　　《集解》223 條反切中,裴駰自注反切 65 條,徵引前人反切 158 條。裴氏徵引的反切中,其中 154 字裴氏沒有加注。裴氏與前人對同一字都有反切的僅 4 條,其中"樺:己足/紀録②(又)(1405/52③)、鄩:苦堯/苦堯(996/2221)"兩者反切用字地位一致,而"歐:於友/惡后(2773/369)、適(謫):逐革/丁革(2493/2886)"兩者反切用字不完全一致。

---

① 黃笑山《切韻和中唐五代音位系統》(1991)和《〈切韻〉三等韻的分類問題》(1996a)。
② "/"前表示徵引前人的反切,"/"後表示裴駰自注的反切,下同。
③ "/"前表示徵引反切的頁碼,"/"後表示裴駰自注反切的頁碼,下同。

上述數據表明,裴氏對前人的反切大都沒有加注,表明他對前人音切的肯定,如果他對前人的音切持否定的意見,他應該加上自己的注音。正是由於裴氏對前人的音切的肯定態度,以下分析中將裴氏自注反切與徵引反切統一處理。

2.2.1 《集解》反切中切上下字與被切字的聲母關係

2.2.1.1 切上字與被切字的聲母關係

從《廣韻》的角度看,《集解》223條反切中,被切字涉及除幫母外的所有聲母。切上字與被切字聲母一致的反切有206條,佔反切總數的92%,這表明,切上字決定被切字的聲母,符合傳統反切"上字取聲定清濁"的原理。而切上字與被切字聲母不一致的反切有17條,佔反切總數的8%。又可分爲兩種情況:

(1)切上字跟被切字聲母有關係,或是中古同聲組,如並滂,這些反切表明實際語音開始出現變化,或是切上字與被切字上古同聲母,如透徹,這些反切可能是古音的保留。即:

以並切滂:湏/傍沛(2986);剽/扶召(3145);以昌切透:沾/昌兼(又)(2841);以透切徹:詫/託夏(3003);臭/他略(3058);眙/吐甄(3199);以精切從:戚/將毒(353);蕞/子外(2723);以清切初:齺/七角(2685);以徹切昌:瞋/丑人(3025);以泥切日:姍/乃卙(3040);以溪切羣:橋/去喬(1405);以影切匣:嚄/烏百(2381);以影切云:杅/一孤(2304);以云切以:蜼/于季(3031)。

(2)切上字跟被切字聲母完全沒有關係,這些反切可能是被切字另有它字,如崇透,需要回歸原文作出進一步的鑒別。即:

以崇切透:懟/士介(2502);以溪切曉:詞/空政(3083)。

2.2.1.2 切下字與被切字的聲母關係

接下來考察切下字與被切字的聲母關係,看看切下字的聲母分佈是否有規律可循。以下先給出切下字與被切字聲母關係表,表2.1中首行表示切下字的類別,首列表示被切字的類別,空格表示沒有出現該類型。

表 2.1　切下字與被切字聲母關係表

切下字 被切字	P	T	L	Tr	S	Sj	K	H	W	J	總計
P	9	2	5	1	1	1	5	6	1		31
T	2	4	4				4	3			17

續表

切下字 被切字	P	T	L	Tr	S	Sj	K	H	W	J	總計
L		1		2			4	1	1		9
Tr			5	1	1		5	4		1	17
S	2	3	6		3	4	7	2		5	32
R	2		2			1	3	3			11
Sj		1		2		10	2			5	20
K	2	2	2		4	1	13	10		2	36
H	4	1	2			2	14	12	4	2	41
W	1						3				4
J	1				1	2	1				5
總計	23	14	26	6	10	21	61	41	6	15	223

從上表可以發現：

（1）對大多數被切字而言，除去本組下字外，切下字主要集中在見、曉組及來母，即切下字喜用牙喉音與來母字（原因分析詳見 6.3）。例外是章組、云、以母反切的切下字沒有出現喉音、來母下字。

（2）大多數反切中，切下字可以跟被切字聲母同組，但一般要避免完全一致①。來、云、以母反切迴避使用本母下字。

（3）切下字中沒有出現莊組下字。

（4）唇牙喉音字關係密切：大多數唇音反切喜用牙喉音下字，而牙喉音反切也多用唇音下字；精、章組跟以母關係密切：精、章組反切喜用以母下字，而以母反切中精、章組下字出現也較多。

（5）端、知、莊組反切都喜用見組、曉組和來母下字，而除去本身外，端組下字主要作精、見、幫組反切的切下字，知組下字主要作來母、章組反切的切下字。不過由於見組、曉組、來母下字幾乎作所有被切字的切下字，因而不能認爲端、知、莊組跟見組、來母關係密切。

（6）來母反切喜用見組、知組下字，而來母下字可以作大多數反切的切下字，其中作端、知組反切切下字的 9 例，作精組反切切下字的 6 例，可見來母跟端、知組關係更密切。

---

① 例外情況是滂、日母反切中各有 1 例與被切字聲母一致的切下字，不過滂母下字"沛"字有幫、滂兩讀，如作幫母讀時則不屬例外。

（7）云母反切中的切下字主要是見組下字，而云母下字主要作曉組反切的切下字；以母反切的切下字主要是幫、見、精、章組下字，而以母下字主要作精、章、見、曉組反切的切下字。又，云母反切中的見組下字是 B 類字，以母反切中的見組下字是 A 類字，相對而言，以母跟脣牙喉音、齒音精、章組關係密切，云母則跟這些聲組關係較遠。

由上述分析可以初步推論出：《集解》反切中，切下字的聲母大體上有分組的趨勢，其中幫、見、曉、精、章組及以母爲一組。而端、知、莊組及來、云母爲另一組，它們幾乎不用精、章、以母下字。因而，由切下字的聲母類型可以大致推出被切字的類別。

2.2.1.3 切上下字的和諧程度在聲母上的表現

《集解》反切中，有些切下字的聲母可以跟被切字同聲組，而被切字的聲母由切上字決定，因而這些切下字的聲母跟切上字同聲組，這種切上下字同聲組的反切是反切和諧在聲母上的表現。《集解》反切中，切上下字聲母同聲組的反切共有 50 例，佔全部反切的 22％。儘管《集解》反切中，切上下字在聲母上的和諧程度並不高，但是值得重視。

以上討論了《集解》反切中切上下字與被切字的聲母關係。可以發現：一般來説，切上字決定被切字的聲母；切下字的聲母可以跟被切字同類，但一般要避免跟完全一致；切下字聲母有二分的趨勢，根據切下字的聲母類型可大致推出被切字的類別；切上下字在聲母上的和諧情況值得重視。

2.2.2 《集解》反切中切上下字與被切字的開合關係

一般而言，傳統反切中“下字取韻定聲調”，這裏的“韻”包括韻的開合、洪細、等第、韻類及聲調。那麼，《集解》反切中切上下字與被切字的韻母關係又如何呢？以下從反切結構類型的角度考察《集解》反切中的開合、洪細、等第關係。先列出所有反切類型，得出各種關係的總表，在此基礎上總結出切上下字的特點。由於脣音字無所謂開合，本節考察反切開合關係時實際關注的是 192 條非脣音反切[①]。

下表 2.2 是《集解》中非脣音反切的開合結構類型。其中首列表示切上字音類，首行表示切下字音類，表心是被切字開合的統計，其中表心上格表示開口被切字的出現的次數，表心下格表示合口被切字出現的次數，空格表示沒有出現相應的開合類型。如表心第一行第一列，表示“開-開開”型反切

---

① 非脣音反切指的是被切字不屬於脣音字的反切，餘可類推。

有 58 例(上格),"合-開開"型反切未出現(下格),餘可類推。最右、最下列是合計情況,均上下格分類統計。下文在考察其它音注反切中的開合關係時亦做此列表,不再贅述。

表 2.2 非唇音反切的開合結構類型

下字 上字	開口	合口	唇音	合計
開口	58	2	6	66
		33	1	34
合口	61	1	3	65
		23	4	27
合計	119	3	9	131
		0	56	5	61

2.2.2.1 切上字與被切字的開合關係

由表 2.2 可知,《集解》非唇音反切中,切上字有開、合兩類。開口上字共 66＋34＝100 例,其中用於開口反切的開口上字 66 例,佔總數的 66％。合口上字共 65＋27＝92 例,其中用於合口反切的合口上字 27 例,佔總數的 29％。反之,用於開口反切的合口上字佔總數的 71％,這些數據表明,《集解》非唇音反切中,切上字不論開合都傾向用於開口反切。

另一方面,《集解》非唇音反切中,開口反切共 131 條,其中切上字爲開口的 66 條,佔總數的 50％強。合口反切共 61 條,其中切上字爲合口的 27 條,佔總數的 44％。這些數據表明,《集解》非唇音反切中,開、合口反切都傾向採用開口字作切上字。

總起來看,《集解》非唇音反切中,48％((66＋27)/192)的切上字的開合跟被切字一致。而切上字不論開合都傾向用於開口反切以及開、合口反切都傾向採用開口上字的事實表明,切上字無法確定被切字的開合。

2.2.2.2 切下字與被切字的開合關係

《集解》非唇音反切中,切下字有開、合、唇三類。開口下字共 119 例,這些字全部用於開口反切。合口下字共 3＋56＝59 例,其中用於合口反切的有 56 例,佔總數的 95％。唇音下字共 9＋5＝14 例,其中用於開口反切的唇音下字 9 例,佔總數的 64％。這些數據表明,《集解》非唇音反切中,開口下字全部用於開口反切,95％的合口下字用於合口反切,唇音下字則傾向用於開口反切。

《集解》非唇音反切中共有 14 例唇音下字,其被切字的開合與切上字有一定關係:當切上字爲開口字時,被切字的開合比例是 6:1;當切上字爲合口字時,被切字的開合比例是 3:4。顯然,切上字爲開口時,被切字絕大多數是開口。切上字爲合口時,被切字只是偏向合口,此時下字的唇音性質會干擾被切字開合的確定。

另一方面,《集解》非唇音反切中,開口反切共 131 條,其切下字爲開口的開口反切 119 例,佔總數的 91%。合口反切共 61 條,其切下字爲合口的合口反切 56 例,佔總數的 92%。這些數據表明,《集解》非唇音反切中,91% 的開口反切採用開口下字,92% 的合口反切採用合口下字。

總起來看,《集解》非唇音反切中,91%[(119+56)/192]的切下字的開合跟被切字一致。這一比例要大大高於切上字與被切字開合一致的比例,因而,《集解》非唇音反切中,被切字的開合由切下字決定,只是當切下字爲唇音字時,單憑切下字不易確定被切字的開合,此時需考察切上字的開合情況。

2.2.2.3　切上下字的和諧程度在開合上的表現

表 2.2 中,開-開開、合-合合型反切中切上下字與被切字的開合完全一致,這是反切和諧在開合上的表現。這些反切共有 58+23=81 條,佔反切總數的 42%。可見,《集解》非唇音反切中,切上下字在開合上的和諧程度並不高。

2.2.2.4　《集解》非唇音反切中"開合一致原則"的成立範圍

上已論及,《集解》非唇音反切中,僅 48% 的切上字的開合跟被切字一致,這表明,切上字的開合傾向跟被切字不一致。那麼,這種傾向性在一定條件下是否有變化呢? 切上字與被切字開合不一致的反切中其切上字的分佈是否有規律可循? 我們可以將被切字的類別進一步細化,在更細的類別上考察切上字的開合情況,從而探尋"開合一致原則"的成立範圍。

"開合一致原則"指的是:將切上字選得跟被切字的開合一致,即開口反切中採用開口上字,合口反切中採用合口上字。以下列表中,表格首行表示被切字的類別,數字表示被切字的用例總數,首列表示切上字的類別,數字表示切上字的用例總數,表心表示反切出現的次數,開合一致率指的是該類開口反切或合口反切中切上字的開合與被切字一致的百分比。下文考察其它音注材料"開合一致原則"的成立範圍時亦做此,不再贅述。

《集解》192 條非唇音反切中,開口反切 131 條,合口反切 61 條,以下分開考察。

1. 開口反切的開合一致率

《集解》非唇音開口反切中,洪音(非三等韻)開口反切 77 條,細音(三等韻)開口反切 54 條,以下也分開考察,先看洪音開口反切的情況:

(1)洪音開口反切的開合一致率

表 2.3　洪音開口反切的開合一致率

	I 類開口反切	II 類開口反切	IV 類開口反切
開口上字	5	8	12
合口上字	25	17	10
開合一致率	17	32	55

由表 2.3 可以看出,洪音開口反切中的開合一致率整體偏低,且 I 類開口反切的開合一致率要明顯低於其它兩類反切。此類反切中,合口上字 52 例,其中遇攝上字 48 例,佔總數的 92％。

(2)細音牙喉音開口反切的開合一致率

細音開口反切可分爲細音牙喉音開口反切與細音舌齒音開口反切兩大類。《集解》54 條細音開口反切中,細音牙喉音開口反切 15 條,細音舌齒音開口反切 39 條,以下分開考察:

表 2.4　細音牙喉音開口反切的開合一致率

	A 類開口反切	B 類開口反切	C 類開口反切
開口上字	4	4	0
合口上字	2	3	2
開合一致率	67	57	0

由表 2.4 可知,細音牙喉音開口反切中,A、B 類反切的開合一致率明顯大於 C 類反切,C 類反切的開合一致率爲零,可能跟用例較少有關。細音牙喉音開口反切中,合口上字共 7 例,其中遇攝上字 6 例,佔總數的 86％。

(3)細音舌齒音開口反切的開合一致率

《切韻》重紐韻舌齒音的歸屬問題,各家説法不一。董同龢認爲四等喉、牙、唇音和舌齒音一類,三等喉、牙、唇音爲另一類[1]。陸志韋認爲三等喉、

---

[1]　董同龢《廣韻重紐試釋》,《中央研究院歷史語言研究所集刊》,第十三本,1948 年,1—20 頁。

牙、唇音和來母、莊組爲一類,四等喉、牙、唇音和同韻其它舌齒音爲一類[①];邵榮芬認爲三等喉、牙、唇音,包括喻母,和同韻的舌齒音爲一類[②],四等的喉、牙、唇音單獨爲一類。黄笑山在對《王三》的反切作了統計之後,認爲精章組和以母跟重紐四等一致,知組和來母偏向於四等一類,莊組和云母跟重紐的三等一致[③]。對重紐韻舌齒音的歸屬,本書採用黄笑山的意見,同時將知組、來母也視作四等。下文涉及重紐韻舌齒音的歸類問題時皆依此,不再贅述。

表 2.5　細音舌齒音開口反切的開合一致率

	A 類開口反切	B 類開口反切	C 類開口反切
開口上字	24	2	7
合口上字	4	1	1
開合一致率	86	67	88

由表 2.5 可以看出,細音舌齒音 A、C 類開口反切的開合一致率較高,B 類舌齒音開口反切的開合一致率略低。此類反切中,合口上字共 6 例,其中遇攝上字 3 例,佔總數的 50%,其餘通攝上字 3 例。

綜合來看,《集解》131 條開口反切中,合口上字共 65 例,其中遇攝上字 57 例,佔總數的 88%。遇攝是獨韻攝,其韻部開合情況會影響到開合一致率的統計,因而需要對《集解》中遇攝的開合情況進一步考察。

2. 合口反切的開合一致率

《集解》61 條合口反切中,洪音合口反切 18 條,細音合口反切 43 條,以下分開考察:

(1)洪音合口反切的開合一致率

表 2.6　洪音合口反切的開合一致率

	I 類合口反切	II 類合口反切	IV 類合口反切
開口上字	7	0	0
合口上字	6	4	1
開合一致率	46	100	100

---

① 陸志韋《古音説略》,《燕京學報》專號之二十,哈佛燕京學社出版,1947 年,24—29 頁。

② 邵榮芬《切韻研究(校訂本)》,中華書局,2008 年,69—88 頁。

③ 黄笑山《于以兩母和重紐問題》,《語言研究》,1996 年增刊,241—244 頁。

由表 2.6 所示,洪音合口反切中,II、IV 類合口反切的開合一致率都是 100%,儘管兩類反切總數都不算多。而 I 類合口反切的開合一致率不到 50%,其中開口上字 7 字,其中先 2①、陽、歌、止、職、禡。

(2)細音牙喉音合口反切的開合一致率

《集解》非唇音反切中,細音合口反切共計 43 條,其中細音牙喉音合口反切 21 條,細音舌齒音合口反切 22 條,以下分開考察,見表 2.7:

表 2.7 細音牙喉音合口反切的開合一致率

	A 類合口反切	B 類合口反切	C 類合口反切
開口上字	0	1	7
合口上字	2	2	9
開合一致率	100	67	56

細音牙喉音合口反切中,A、B 類合口反切用例不多,統計意義不大。總的來看,細音牙喉音合口反切中,開口上字共 8 例,其中止 4、尤 3、質。這些字都是非低元音韻字。

(3)細音舌齒音合口反切的開合一致率

表 2.8 細音舌齒音合口反切的開合一致率

	A 類合口反切	B 類合口反切	C 類合口反切
開口上字	12	0	7
合口上字	0	1	2
開合一致率	0	100	22

由表 2.8 可以看出,細音舌齒音合口反切中,B 類舌齒音合口反切因用例太少而失去統計意義,A、C 類舌齒音合口反切的開合一致率偏低。此類反切中,開口上字共 19 例,其中職 5;之 3、止 4;質 2;先 2;紙;至;耕。這些字都是非低元音韻字。

總的來看,《集解》合口反切共 61 條,開口上字共計 34 字:之 3、止 9;紙;至;職 6;先 4;質 3;尤 3;陽;歌;耕;禡,這些字主要是非低元音韻字,不過並沒有集中分佈在某個韻或攝。然而,其合口上字仍然呈現出集中分佈的趨勢:合口上字共 27 例:模 7、姥 2、暮;魚 2、語 4;虞 5;鍾、燭;唐;漾;麻;果,遇攝上字共 21 例,佔總數的 78%。

---

① 表示平聲先韻上字 2 例,只有 1 例的上字不標數字,下同此。

上述考察情況可綜合成表 2.9:

表 2.9 《集解》非唇音反切的開合一致率

	洪音反切						細音牙喉音反切						細音舌齒音反切					
	I		II		IV		A		B		C		A		B		C	
	開	合	開	合	開	合	開	合	開	合	開	合	開	合	開	合	開	合
開	5	7	8	0	12	0	4	0	4	1	0	7	24	12	2	0	7	7
合	25	6	17	4	10	1	2	2	3	2	2	9	4	0	1	1	1	2
一致率	17	46	32	100	55	100	67	100	57	67	0	56	86	0	67	100	88	22

由上表可知,整體上看,各類反切的開合一致率參差不齊,不過我們可以按照其開合一致率分成不同的層次:

第一層次(>=90%),包括 II、IV 類合口反切,A 類牙喉音合口反切及 B 類舌齒音合口反切。這些反切的開合一致率等於 100%,"開合一致原則"對這些反切是成立的,不過 IV 類合口反切與 B 類舌齒音反切都只有 1 條反切,統計意義不大。

第二層次(70%—89%),包括 A、C 類舌齒音開口反切,"開合一致原則"對這些反切大體成立。

第三層次(50%—69%),包括 IV 類開口反切,A、B 類牙喉音開口反切,B、C 類牙喉音合口反切以及 B 類舌齒音開口反切,"開合一致原則"對這些反切傾向成立。

第四層次(<50%),包括 I 類反切,II 類開口反切,C 類牙喉音開口反切及 A、C 類舌齒音合口反切,"開合一致原則"對這些反切不成立。

3. 遇攝上字的特殊性及其對"開合一致率"的影響

《集解》反切中,遇攝上字是一個特殊的存在:遇攝字既常作開口反切的切上字,又常作合口反切的切上字,似乎處在可開可合的境地。遇攝是所謂的獨韻攝,沒有開合對立,那麼,《集解》反切中,遇攝模、魚、虞韻字是否有開合上的偏向呢?

《集解》反切中,模韻反切 2 條,其切上字均爲模韻字。反過來看,模韻上字 55 例,其中 45 例用於開口反切,8 例用於合口反切,2 例用於模韻反切。這些數據表明,《集解》反切中,模韻字是偏向開的。《集解》反切中,魚韻反切 7 條,其切上字中魚韻上字 1 例,開口上字 6 例。反過來看,魚韻上字共 17 字,其中用於開口反切的 11 字,用於合口反切的 5 字,用於魚韻反切的 1 字。這些數據表明,《集解》反切中,魚韻字也是偏向開口的。《集解》反切中,虞韻反切 7 條,其切上字中開口上字 3 例,合口上字 4 例。反過來看,虞韻上字 6 字,其中用於開口反切的 1 字,用於合口反切的 5 字。這些數據表明,《集解》反切中,虞韻字偏向合口。

　　既然《集解》中模、魚韻偏向開口,假設兩者擬音爲開口的話(虞韻字仍作合口),則《集解》中開口反切的開合一致率會大幅提高。上表 2.9 也會改寫成爲表 2.10:

表 2.10　《集解》非唇音反切的開合一致率更新

	洪音反切						細音牙喉音反切						細音舌齒音反切					
	I		II		IV		A		B		C		A		B		C	
	開	合	開	合	開	合	開	合	開	合	開	合	開	合	開	合	開	合
開	28	12	23	3	22	1	4	0	7	1	2	12	25	12	3	1	8	8
合	2	1	2	1	0	0	2	2	0	2	0	4	3	0	0	0	0	1
一致率	93	8	92	25	100	0	67	100	100	67	100	33	89	0	100	0	100	11

　　與表 2.9 相比,大多數反切的開合一致率有了明顯的變化,大致情況是開口反切的開合一致率大大提升,而合口反切的開合一致率則有所下降。開口反切中,除去 A 類牙喉音開口反切外,其它開口反切全部躋身至第一層次,"開合一致原則"對這些開口反切均成立[①]。合口反切中,除去 A、B 類牙喉音合口反切外,其餘合口反切全部處於第四層次,"開合一致原則"對這些合口反切均不成立。不過 B 類舌齒音合口反切用例太少,其統計失去意義。

　　此時,《集解》非唇音反切中"開合一致原則"的成立範圍可如下表所示:

表 2.11　《集解》非唇音反切中"開合一致原則"的成立範圍

	I	II	IV	C1	B2	C2	A2	B1	A1
開口反切	成立								傾向成立
合口反切	不成立							傾向成立	成立

（注:表中 A1 表示 A 類牙喉音反切、A2 表示 A 類舌齒音反切,B、C 可類推。）

①　A 類舌齒音開口反切的開合一致率接近 90%,也可視爲適用"開合一致原則"。

由表 2.11 可知,《集解》非唇音反切中,"開合一致原則"只對開口反切成立,即開口反切用開口上字幾乎在所有條件下都成立。而合口反切用合口下字的情況只集中在重紐韻的牙喉音裏,這表明合口介音不能通過切上字表現出來。

4. 與《切韻》反切結構的對比

以《王三》爲代表的《切韻》反切系統中基本上不適用"開合一致原則",大部分反切不論被切字是開口還是合口,大都採用開口上字,只有模韻上字除外。模韻上字雖是合口,卻跟開口上字一樣廣泛而大量地用於洪音反切。《集解》反切中,模韻上字基本上用在洪音開口反切中,部分用在洪音合口反切中,少數用於唇音反切中。

《王三》部分反切也採用模韻以外的合口上字。李榮(1956:96)統計表明,《王三》反切中共有 36 個合口上字,用於 72 個小韻,其中 56 個小韻是合口,14 個小韻是獨韻,2 個小韻是開口[1]。李氏的"獨韻"包括模韻、虞韻和一些唇尾韻。《集解》192 條非唇音反切中共有 92 個合口上字,除去 55 個模韻上字外,其它合口上字共 37 字:魚 17,虞 6;通攝 7;戈 4;麻、唐、陽。這 37 個合口上字中,用於開口反切的 20 字,用於獨韻反切的 7 字,用於合口反切的 10 字。可見,《集解》非唇音反切的結構方式跟《切韻》反切不一致。

5. "開合一致原則"在韻母擬音上的價值

"開合一致原則"可以爲《集解》中一些韻母音值的擬定提供線索。

(1)魚韻

關於《切韻》魚韻音值的討論,前輩學者已多有涉及(羅常培 1931;高本漢 1940;陸志韋 1947;李榮 1956)。他們所選用的研究材料包括日譯漢音、朝鮮借音、汕頭和廈門方言、韻圖以及佛經材料等。高本漢(1940:519)把魚韻的音值擬測爲[iwo]等合口音[2]。中國學者對高本漢的擬音有所修正,羅常培、陸志韋、李榮都認爲魚韻屬於開口,擬音作[o]或[io]。陸志韋(1963)在研究反切構造時,將遇攝三韻擬成:模[o],魚[io],虞[iu][3]。

近年來有學者運用新的材料繼續對魚韻音值展開討論。平山久雄(1990)研究敦煌《毛詩音》殘卷的反切結構後認爲,《毛詩音》反映的是中唐

---

① 李榮《切韻音系》,科學出版社,1956 年,96 頁。
② 高本漢《中國音韻學研究》,商務印書館,1940 年,519 頁。
③ 陸志韋《古反切是怎樣構造的》,《中國語文》,1963 年,第 5 期。

以前的語音,其中模、虞韻是合口,而魚韻是開口①。黄笑山(1995：89)考察古漢越語中的材料後亦認爲,魚韻和模虞韻的區别正是開合不同,他把遇攝三韻擬作:模[uo]、虞[uɪo]、魚[ɪo]②。平山久雄(1995)根據各種材料包括《毛詩音》反切指出,魚韻是開口,其音值是[ɪə]③。

　　《集解》中的情况與《切韻》音系不盡一致。一方面,根據上述我們的考察分析,《集解》反切中,模韻上字中,82％(45/55)的切上字用於開口反切。魚韻上字中,65％(11/17)的切上字用於開口反切。虞韻上字中,83％(5/6)的切上字用於合口反切。换言之,《集解》反切中,模韻、魚韻都偏向開口,虞韻則偏向合口。另一方面,《集解》17 個魚韻上字中,用於細音反切的 13 字,佔總數的 76％,這一數據表明,《集解》細音反切中並不迴避魚韻上字,此時魚、虞韻並没有出現合流。《顏氏家訓·音辭篇》云“北人以‘庶’爲‘戍’,以‘如’爲‘儒’”,表明六朝末年有些方言中已有魚韻讀作虞韻的現象。《集解》反切中顯然没有這種現象。如果《集解》反切中魚、虞韻已經出現合流,那麽作切者應該迴避或少用魚韻字。因爲如果魚韻上字用於開口反切的話,就有可能把該被切字錯讀爲合口虞韻。

　　綜合來看,《集解》反切中,遇攝字既常作開口反切又常作合口反切切上字的特性,表明遇攝字處於可開可合的中間狀態,其主要元音可能是[o]④。《集解》反切的合口上字中,除去遇攝上字外,其它上字 18 例:通攝 7;宕攝 6;果攝 4;麻韻。其中通攝的主元音也可能是[o],如果這一假設成立,則《集解》反切中的合口上字傾向於用主元音爲[o]的字。

　　(2)侯韻

　　《集解》反切中,侯韻反切共 6 條,其切上字的分佈情况是:模 2,魚;戈;支;之。反過來看,《集解》中没有出現侯韻上字的情况。如果上述模、魚韻擬作開口,則《集解》中侯韻也偏向開口,其開口的性質可從侯韻反切中83％(5/6)的切上字都屬開口字得以證明。

　　(3)齊韻

　　《集解》反切中,齊韻反切共 10 條,其切上字的分佈情况是:職 3;模 3;陽;虞;先;青。反過來看,齊韻上字僅 1 例,用於開口反切的切上字。如果上述模韻擬作開口,則《集解》中齊韻也屬於開口,其開口的性質可從齊韻反

①　平山久雄《敦煌〈毛詩音〉殘卷反切的結構特點》,《古漢語研究》,1990 年,第 3 期。
②　黄笑山《〈切韻〉和中唐五代音位系統》,文津出版社,1995 年,89 頁。
③　平山久雄《中古漢語魚韻的音值——兼論人稱代詞“你”的來源》,《中國語文》,1995 年,第 5 期。
④　羅常培(1931)認爲,《切韻》音系中模韻讀開口音[o],魚韻讀開口音[io],虞韻讀合口音[iu]。

切中 80％(8/10)的切上字都屬開口字得以證明。

（4）東韻

《集解》反切中，東韻反切 4 條，其切上字的分佈情況是：陽、尤、職、模。反過來看，東韻上字 5 字，全部用於開口反切。如果上述模韻擬作開口，則《集解》中東韻明顯屬於開口。

（5）鍾韻

《集解》反切中，鍾韻反切 8 條，其切上字的分佈情況是：止 4、質、模、魚、虞。反過來看，東韻上字 2 例，全部用於合口虞韻反切。如果上述模、魚韻擬作開口而虞韻擬作合口，則《集解》中鍾韻反切也屬於開口，其開口的性質可從鍾韻反切中 88％(7/8)的切上字都屬於開口字得以證明。

以上從反切用字的角度對《集解》中一些韻的音值構擬提出了假設，然而必須承認，我們用以構擬某韻開合的依據建立在遇攝韻值的推測上，遇攝字既常作開口反切的切上字，又常作合口反切的切上字，除去其實際音值處於可開可合的中間狀態[o]外，這種特殊性的語音學含義還有一種可能，即選用遇攝字作切上字是自反切創製之初就有的傳統（詳下 2.2.5）。如果屬於後者，那麼上述的設想必須重新檢討。

2.2.2.5　唇音反切的開合類型

《集解》中共有 31 條唇音反切，從反切開合類型的角度考察唇音反切的情況，得表 2.12，其中"唇唇"表示唇音上字拼唇音下字，餘可類推：

表 2.12　唇音反切的開合結構類型

開合類型	滂母反切	並母反切	明母反切	總計
唇唇	4	2	3	9
唇開	7	7	6	20
唇合	2	0	0	2
總計	13	9	9	31

由上表，不論是整體著眼還是分開考察，《集解》中唇音反切的切下字除去唇音下字外，主要是開口字，極少用合口字。其中，開口下字共 20 字，佔下字總數的 65％。合口下字僅 2 字，佔下字總數的 6％。可見，《集解》中唇音字是偏向開口的，跟合口字關係相對較遠，但跟開、合口字皆有關係。李榮"唇音字無所謂開合，同時又可開可合"[①]的深意也許正在此。

---

① 李榮《切韻音系》，商務印書館，2020 年，97 頁。

2.2.3　《集解》反切中切上下字與被切字的洪細關係

《集解》反切中，一、二、四等屬洪音字，三等是細音字。以下按此標準考察《集解》223 條反切中的洪細關係。請看表 2.13。

表中首列表示切上字類別，首行表示切下字類別，表心是被切字洪細的統計，其中表心上格表示洪音被切字的出現的次數，表心下格表示細音被切字出現的次數，空格表示沒有出現相應的開合類型。如表心第一行第一列，表示"洪-洪洪"型反切有 87 例（上格），"細-洪洪"型反切 4 例（下格），餘可類推。最右列和最下列是合計情況，均以上下格分類統計。下文在考察其它音注反切中的開合關係時亦做此列表，不再贅述。

表 2.13　《集解》反切的洪細結構類型

上字 ＼ 下字	洪音	細音	合計
洪音	87	0	87
	4	14	18
細音	29	1	30
	2	86	88
合計	116	1	117
	6	100	106

2.2.3.1　切上字與被切字的洪細關係

由表 2.13 可知，《集解》反切中，切上字從洪細角度看有洪、細音上字兩類。洪音上字共 87＋18＝105 例，其中 87 例用於洪音反切，佔總數的 83％。細音上字共 30＋88＝118 例，其中 88 例用於細音反切，佔總數的 75％。這些數據表明，《集解》反切中，洪音上字傾向用於洪音反切，細音上字傾向用於細音反切。

另一方面，《集解》中洪音反切共 117 條，其中切上字爲洪音的洪音反切 87 條，佔總數的 74％。細音反切共 106 條，其中切上字爲細音的細音反切 88 條，佔總數的 83％。這些數據表明，《集解》反切中，洪音反切傾向用洪音字作上字，細音反切傾向用細音字作切上字。

總起來看，《集解》反切中，78％（(87＋88)/223）的切上字的洪細與被切字一致。

2.2.3.2　切下字與被切字的洪細關係

《集解》反切中,切下字從洪細角度分爲洪、細下字兩類。洪音下字共116＋6＝122例,其中用於洪音反切的116例,佔總數的95％。細音下字共1＋100＝101例,其中用於細音反切的100例,佔總數的99％。這些數據表明,《集解》反切中,洪音下字絕大多數用於洪音反切,細音下字幾乎都用於細音反切。

另一方面,《集解》中洪音反切共117條,其中切下字爲洪音的洪音反切有116條,佔總數的99％。細音反切共106條,其中切下字爲細音的細音反切有100條,佔總數的94％。這些數據表明,《集解》反切中,洪音反切幾乎都用洪音下字,細音反切絕大多數用細音下字。

總起來看,《集解》反切中,97％((116＋100)/223)的切下字的洪細跟被切字一致。這一比例要大大超過切上字與被切字洪細一致的比例,可見,《集解》反切中,被切字的洪細由切下字決定。

2.2.3.3　切上下字的和諧程度在洪細上的表現

《集解》反切中,洪-洪洪、細-細細型反切中切上下字的洪細跟被切字一致,這是反切和諧在洪細上的表現,這樣的反切共87＋86＝173條,佔反切總數的78％。可見,《集解》反切中,切上下字在洪細上的和諧程度較高。

2.2.4　《集解》反切中切上下字與被切字的等第關係

接下來考察切上下字與被切字在等第上的關係,請看下表。表中首列表示切上字的類別,首行表示切下字的類別,表心表示被切字等第的統計,其中第二列中的表心數字表示 I 類被切字的次數,第三列中的表心數字表示 II 類被切字的次數。如表心第一行第一列,數字"40"表示 I-I I 型反切出現 40 例,表心第一行第二列,數字"19"表示"II-I II"型反切出現 19 例,餘可類推。例外反切則單獨統計,如例外部分第二列中的"CC_1"表示"I-CC"型反切出現 1 例,而例外部分第五列中的"CC_1"表示"A-CC"型反切出現 1 例,餘亦可類推。表心空格表示沒有出現該類型。下文考察其它音注材料的等第關係時亦做此列表,不再贅述。

表 2.14　《集解》反切的等第結構類型

下字／上字	I	II	IV	A	B	C	合計
I	40	19	13	6		2	80

續表

上字 \ 下字	I	II	IV	A	B	C	合計
II	3	4	3	1			11
IV	2		3	1		3	9
A	3	3	4	11		6	27
B					3	1	4
C	4	10	5	24	10	21	74
常例合計	52	36	28	43	13	33	205
特殊等第類型				I IV$_1$、IVIV$_1$、CIV$_1$		AI$_1$、I I$_2$	18
				AB$_1$、CB$_1$	CA$_3$	CA$_1$	
	CC$_1$			CC$_1$	IIC$_1$、CC$_3$		
總計	53	36	28	49	20	37	223

2.2.4.1 切上字與被切字的等第關係

由表 2.14 可以看出,《集解》反切中,一、二、四等和 A 類被切字不用 B 類上字,B 類被切字也不用一、二、四等和 A 類上字。按理,這種情況很正常:一、二、四等字和三等字分組,B 類字屬三等字,所以不與一、二、四等字發生關係;A、B 類字也可分組,所以 B 類字不與 A 類字發生關係。然而,A、C 類字也是三等韻,它們卻都和一、二、四等字發生關係:A、C 類字可作一、二、四等被切字的切上字,也可用一、二、四等字作 A、C 類被切字的切上字。B 類字則沒有這種性質。這種情況是《集解》反切中特有的,還是在其它系統中也存在呢? 這值得我們進一步考察。

接下來考察各類上字用於各類反切的情況。先看非三等上字的情況。《集解》反切中,一等上字共 80+3=83 例,用於非三等反切的有 40+19+13=72 例,佔一等上字總數的 87%,其中用於一等反切的 40 例,佔一等上字總數的 48%,這表明,一等上字大都用於非三等反切,特別是一等反切。二等上字共 11+1=12 例,用於非三等反切的有 3+4+3=10 例,佔二等上字總數的 83%,其中用於二等反切的 4 例,佔二等上字總數的 33%,這表明,二等上字主要用於非三等反切,但是用於二等反切的不多。四等上字共 9+3=12 例,用於非三等反切的 2+3=5 例,佔四等上字總數的 42%,其中用於四等反切的 3 例,佔四等上字總數的 25%,這表明,四等上字中有一半弱用於非三等反切,但用於四等反切的也不多。

再看三等上字的情況。《集解》反切中，A 類上字共 27＋2＝29，用於三等反切的 11＋6＋1＋1＝19 例，佔 A 類上字總數的 66％，其中用於 A 類反切的 12 例，佔 A 類上字總數的 41％。這表明，A 類上字傾向用於三等反切，但用於 A 類反切的也不多。B 類上字共 3＋1＝4 例，用於三等反切的共 4 例，佔 B 類上字總數的 100％，其中用於 B 類反切的有 3 例，佔 B 類上字總數的 75％，這表明，B 類上字都用於三等反切，其中主要用於 B 類反切。C 類上字共 74＋11＝85 例，用於三等反切的共 24＋10＋21＋10＝65 例，佔 C 類上字總數的 76％，其中用於 C 類反切的 22 例，佔 C 類上字總數的 26％，這表明，C 類上字傾向用於三等反切，但用於 C 類反切的也不多。

上述分析表明，非三等上字傾向用於非三等反切，三等上字傾向用於三等反切，但除去一等、B 類上字外，其他同類上字用於同類反切的比例都較低。

接下來反觀各類反切中的各類上字的運用情況。先看非三等反切的情況。53 條一等反切中，非三等上字共 40＋3＋2＝45 例，佔一等反切上字總數的 85％，其中一等上字共 40 例，佔一等反切上字總數的 75％，這表明一等反切傾向於用一等上字。36 條二等反切中，非三等上字共 19＋4＝23 例，佔二等反切上字總數的 64％，其中一等上字 19 例，佔二等反切上字總數的 53％，二等上字 4 例，僅佔二等反切上字總數的 11％，這表明二等反切傾向用非三等上字，但主要是一等上字，而不是二等上字。28 條四等反切中，非三等上字共 13＋3＋3＝19 例，佔四等反切上字總數的 68％，其中一等上字 13 例，佔四等反切上字總數的 46％，四等上字 3 例，僅佔四等反切上字總數的 11％，這表明四等反切也傾向用非三等上字，但主要也是一等上字，而不是四等上字。

再看三等反切的情況。49 條 A 類反切中，三等上字共 11＋24＋4＝39 例，佔 A 類反切上字總數的 80％，其中 C 類上字 24＋3＝27 例，佔 A 類反切上字總數的 55％，A 類上字 12 例，僅佔 A 類反切上字總數的 24％，這表明 A 類反切傾向於用三等上字，但主要是 C 類上字，而不是 A 類上字。20 條 B 類反切中，三等上字共 3＋10＋3＋3＝19 例，佔 B 類反切上字總數的 95％，其中 C 類上字 16 例，佔 B 類反切上字總數的 80％，B 類上字僅 3 例，佔 B 類反切上字總數的 15％，這表明 B 類反切傾向於用三等上字，但主要也是 C 類上字，而不是 B 類上字。37 條 C 類反切中，三等上字共 6＋1＋21＋2＝30 例，佔 C 類反切上字總數的 81％，其中 C 類上字 22 例，佔 C 類反切上字總數的 59％，這表明 C 類反切傾向於用三等 C 類上字。

上述分析表明,《集解》反切中,非三等反切傾向於用非三等上字,其中主要是一等上字,三等反切傾向於用三等上字,其中主要是 C 類上字,而一等反切用一等上字、C 類反切用 C 類上字的情況尤其突出。

總起來看,切上字與被切字等第一致的反切共有 40＋4＋3＋12＋3＋22＝84 條,佔反切總數的 38％。這表明,《集解》反切中,38％的切上字的等第與被切字完全一致。

2.2.4.2　切下字與被切字的等第關係

《集解》反切中,切下字有一、二、四、A、B、C 六種類型。先考察各類下字用於各類反切的情況。一等下字共 52＋3＝55 例,其中用於一等反切的 52 例,佔總數的 95％。二等下字共 36 例,全部用於二等反切。四等下字共 28＋3＝31 例,其中用於四等反切的 28 例,佔總數的 90％。A 類下字共 43＋4＝47 例,其中用於 A 類反切的有 43 例,佔總數的 91％。B 類下字共 13＋2＝15 例,其中用於 B 類反切的 13 例,佔總數的 87％。C 類下字共 33＋6＝39 例,其中用於 C 類反切的 33 例,佔總數的 85％。這些數據表明,《集解》反切中,某類下字幾乎都用於某類反切。

接下來反觀各類反切中各類下字的運用情況。53 條一等反切中,一等下字有 52 例,佔總數的 98％。36 條二等反切中,切下字 100％是二等下字。28 條四等反切中,切下字 100％是四等字。49 條 A 類反切中,A 類下字共 43 例,佔總數的 88％。20 條 B 類反切中,B 類下字共 13 例,佔總數的 65％。37 條 C 類反切中,C 類下字共 33 例,佔 C 總數的 89％。這些數據表明,《集解》反切中,某類反切傾向於採用某類下字。

總起來看,切下字與被切字的等第一致的反切共 205 例,佔反切總數的 92％,可見,《集解》反切中,有 92％的切下字決定被切字的等第,這一比例大大超過切上字決定被切字等第一致的比例,可見,《集解》反切中,被切字的等第由切下字決定。

2.2.4.3　切上下字的和諧程度在等第上的表現

《集解》反切中,I-I I、II-II II、IV-IV IV、A-AA、B-BB、C-CC 型中,切上下字的等第完全一致,這是反切和諧在等第上的表現,這樣的反切共有 40＋4＋3＋11＋3＋21＝82 條,佔所有反切總數的 37％。這表明,《集解》反切中切上下字的和諧程度在等第上的表現並不明顯。

2.2.5　《集解》反切中切上下字與被切字的韻類關係

接下來以韻攝爲單位,考察切上下字與被切字的韻類關係,下表中,第三列的比例指的是各類切下字跟各類反切下字總數的的百分比,末列的比例指的是各類切上字與各類反切上字總數的百分比。下述考察其它音注材料的反切韻類結構類型時亦做此列表,不再贅述。

表 2.15　切上下字與被切字的韻類關係

被切字	切下字	比例	切上字	比例
通攝 13	通攝 13	100	止 4;模 2、虞、語	100
			職、質、陽、尤、禡	
江攝 2	江攝 2	100	質、姥	100
止攝 18	止攝 18	100	支、之、至	17
			職 5;魚 2、虞 3、語	83
			齊、山、尤、屋	
遇攝 16	遇攝 16	100	模、姥、語	19
			止 2、至;質 3、鍾、燭	81
			先 2、漾、尤、果	
蟹攝 28	蟹攝 24	86	之、止 3、紙;職 4	
			模 5、姥 3、暮、虞、語	100
	志、銑、術、屑	14	耕、麥、陌	
			宥、陽、先 2、東	
臻攝 9	臻攝 9	100	脂、之、止;職	100
			虞、麌、有 2;陽	
山攝 34	山攝 34	100	先 2、仙	9
			之 5、止 2	91
			模 10、姥 3、魚 3、語 2	
			質、耕、東、尤、麻、海	
效攝 22	效攝 22	100	之、止、質 2	100
			模 2、姥 4、虞、御	
			海、代;陌、錫	
			鐸、陽;尤、隱、屑、果	
果攝 7	果攝 7	100	歌	14
			模、姥 3、暮;唐	86
假攝 6	假攝 6	100	模 2、姥;昔、有、鐸	100

續表

被切字	切下字	比例	切上字	比例
宕攝 12	宕攝 12	100	<u>鐸 2</u>；	13
			模、姥 2、語；陌 2；歌、果、職、海	87
梗攝 19	梗攝 19	100	<u>耕、青、陌</u>	16
			模 4、語 2、虞、麌	84
			陽 3、東、屋、之、職、咍	
曾攝 2	曾攝 2	100	姥、虞	100
流攝 10	流攝 10	100	之、止、紙；真 2；果	100
			模、姥、魚、虞	
深攝 3	深攝 3	100	職 2、語	100
咸攝 22	咸攝 20	91	之 4；陽 3；唐	100
	仙、薛	9	模 5、姥 5、暮；海、代；尤	

從表 2.15 可以發現：

（1）《集解》反切中，切下字的韻母類別跟被切字一致的反切 219 條，佔總數的 98%，這符合傳統反切"下字取韻定聲調"的原理。而一般來説，切上字的韻母類別要避免跟被切字一致，只有少數例外（表中加下劃線標出，下同）。這些例外共 15 字，佔反切總數的 7%。進一步考察這些字發現，它們都遵循著"同韻異調原則"，即切上字的韻類跟被切字一致，但是調類相異。

（2）從韻類的角度看，《集解》中切上字呈現集中分佈的趨勢，即：模 62；之 29；魚 17；職 15；虞 12；陽 11；真 10；尤 9；咍 7；先 7；唐 7；陌 5；東 4；果 4；耕 4；支 3；脂 3；歌 2；鍾 2；青 2；麻 2；昔；隱；山；仙；齊。

這種切上字集中分佈的現象早有學者論及。陸志韋（1963）統計表明，《切韻》喜歡用模 910、魚 316、之 274、鐸 192、虞 168、陽 149、支 93、尤 89、歌 88、脂 70、唐 63 等韻系的字作反切上字[1]。黃笑山（2012）將陸氏的這個統計理解爲起自漢代的"呼讀"傳統，進而提出"呼讀假説"，即反切的實質是拼音，爲了把聲母讀得清晰響亮，在創造反切的時候可能採用的是"呼讀"的方法[2]。他認爲正是由於這一傳統，所以從韋昭、吕忱、徐邈、陸法言到裴務、

---

① 陸志韋《古反切是怎樣構造的》，《中國語文》，1963 年，第 5 期。

② 黃笑山《〈切韻〉三等韻 ABC——三等韻分類及其聲、介、韻分佈和區別特徵擬測》，《中文學術前沿》，2012 年，第五輯。

司馬貞、張守節的時代人們都喜歡用"模魚(虞)、職之(支脂、尤)、陽(歌唐)"等內轉字作反切上字,這些反切上字可進一步概括爲上古魚(鐸)陽、之職(蒸)部字。到後來上下字漸漸講究介音和諧,再往後更講究易於拼讀,慢慢纔有所不同。

儘管這一假説還有待進一步證實,但黃笑山認爲目前至少可以得到兩個方面的支持。首先,梵文中輔音的讀法總是帶著元音的,反切產生在佛教傳入的漢代,選擇之職(蒸),魚(鐸)陽部字來"呼讀"可能是從梵文傳統學來的。而衆所周知,反切的大量出現跟外來拼音文字的影響有很大關係。其次,這種"呼讀"的傳統到現在仍然可見。在學習《漢語拼音方案》中的聲母時,爲了讀得響亮,各個聲母會自然帶上一個與之相匹配的韻母,例如 p、ph、m、f、k、kh、x 這些聲母,與之匹配的韻母都是中古歌韻字,如"波、哥"等,對應早期中古的魚部音。t、th、n、l 這些聲母,與之匹配的韻母大致是中古德韻字,如"德、特、勒"等,這些字更早屬於職部字。tɕ、ts、tʂ 等聲母則用 i 類音,如"茲、知、即"等,這些字相當於中古止攝之、支、脂和職韻。雖然不同的聲組後面所跟的韻母不一樣,但是共同目的都在於使得聲母聽起來更爲響亮,更爲順耳。

(3)從韻尾的角度看,切上字中有部分陽聲韻字,如收-ŋ 尾的東、鍾、唐、陽、耕韻字,收-n 尾的如真、隱、山、先、仙韻字,卻沒有收-m 尾的字;切上字中有部分入聲韻字,如收-k 尾的屋、燭、鐸、陌、麥、錫、職韻字,收-t 尾的質、屑韻字,也沒有收-p 尾的字,結構上非常整齊;此外,收-ŋ 尾、-k 尾的字明顯多於收-n 尾、-t 尾的字,其中收-k 尾的字又比收-ŋ 尾的字要多。對於-k 尾的字比-ŋ 尾字多的現象,陸志韋(1963:332)認爲"這-k 不能有很強的除阻,更不能是像有些語言裏的送氣音"[1]。

2.2.6 《集解》反切中切上下字與被切字的聲調關係

最後考察《集解》反切中切上下字與被切字的聲調關係,請看表 2.16,表中首列表示切上字的類別,首行表示切下字的類別,表心是被切字調類的統計,其中表心第一列是平聲被切字的數量,表心第二列是上聲被切字的數量。如表心第一行第一列,數字"28"表示"平-平平"型反切出現 28 例,表心第一行第二列,數字"32"表示"上-平上"型反切出現 32 例,餘可類推。特殊類型則單獨統計,如特殊類型部分,表心第二列中的"平上₁"表示"平-平上"

---

[1]　陸志韋《古反切是怎樣構造的》,《中國語文》,1963 年,第 5 期。

型反切出現 1 例,餘亦類推。下述考察其它音注材料的反切聲調結構類型時亦做此列表,不再贅述。

表 2.16 《集解》反切中的聲調結構類型

上字 ＼ 下字	平聲	上聲	去聲	入聲	合計
平聲	28	32	18	25	103
上聲	24	11	15	14	64
去聲	4	3	3	1	11
入聲	12	5	14	6	37
常例合計	67	50	50	46	215
特殊類型（8）		平平$_1$			1
	平上$_1$		平上$_2$、上上$_1$		4
	入入$_1$		平入$_1$、入入$_1$		3
總計	70	52	55	46	223

《集解》反切中,切上字與被切字聲調一致的反切有 $29+11+3+6=49$ 例,佔總數的 22%。這表明,切上字不能決定被切字的聲調。切下字與被切字聲調一致的反切有 215 例,佔總數的 96%。這一比例大大超過切上字與被切字聲調一致的比例。這表明,《集解》反切中,被切字的聲調由切下字決定。

《集解》反切中,平-平平、上-上上,去-去去,入-入入型反切中,切上字與切下字的聲調一致,這樣的反切共 $28+11+3+6=48$ 例,佔總數的 22%。這表明,《集解》反切中,切上下字的和諧程度在聲調上的表現並不明顯。進一步考察發現,這些反切中的切上字雖然跟切下字同聲調,但是都不同韻,遵循著"同調異韻"的原則。

那麼,《集解》反切中,切上字的聲調分佈是否有規律可循?《集解》223個切上字中,平聲上字 $103+5=108$ 例,佔總數的 48%;上聲上字 $64+1=65$ 字,佔總數的 29%;去聲上字 11 字,佔總數的 5%;入聲上字 $37+2=39$ 字,佔總數的 17%。這些數據表明,《集解》反切中,切上字多用平、上聲字,少用去聲字。

對於切上字少用去聲字的這種現象,陸志韋(1963：341)曾據現代方言的零星現象,作出一個大膽的假設:中古的去聲調,在好多方言裏(比現在更多),是曲折的高聲調。因而關於反切裏要迴避去聲上字的現象,陸氏

(1963：342)認爲原因在於，"去聲字説起來要拐彎。聲調的拐彎，正像字音在別方面的拐彎，叫切上、下字聯説起來不順口"。① 我們同意陸氏的意見。

2.2.7 《集解》反切的結構特點

以上從聲母、開合、洪細、等第、韻類和聲調等方面考察了切上下字與被切字的關係。我們可以在此基礎上總結出《集解》反切的結構特點：

(1)從聲母角度看，切下字的聲母呈現出分組的趨勢，其中幫、見、曉、精、章組及以母爲一組。而端、知、莊組及來、云母爲另一組，它們幾乎不用精、章、以母下字。因而，由切下字的聲母類型可大致推出被切字的類別。

(2)從開合上看，《集解》非脣音反切中，切上字的開合偏向於跟被切字不一致，這種傾向性在更細的類別上表現得更爲明顯。"開合一致原則"在不同條件下的成立範圍是不同的，遇攝上字既常作開口反切的切上字又常作合口反切切上字的特殊性影響"開合一致原則"成立的範圍，如果將遇攝模、魚韻處理爲開口，則"開合一致原則"對《集解》非脣音反切中大多數開口反切均成立，對大部分合口反切則均不成立。

(3)從洪細上看，切上字的洪細偏向於跟被切字一致，這種傾向性在更細的類別上表現不盡一致。

(4)從等第上看，切上字的等第傾向跟被切字不一致。不過，這種傾向性在不同的反切中表現是不一樣的：一等反切中，一等上字是最主要的；三等反切中，三等上字是最主要的。而在二、四等反切中，切上字出現最多的不是二等或四等上字，而主要是一等上字，其次是三等上字。

(5)從韻類的角度看，切上字的韻類傾向跟被切字不一致。不過，仍有15條反切其切上字跟被切字韻類一致，這些反切佔總數的7％，都遵循著"同韻異調"的原則。切上字集中分佈在以下韻中：模 62；之 29；魚 17；職 15；虞 12；陽 11；真 10；尤 9；咍 7；先 7；唐 7；陌 5；東 4；果 4；耕 4；支 3；脂 3。這些字大都來自上古魚鐸陽、之職蒸部字；絕大多數是陰聲韻字，在陽、入聲韻字中，收-ŋ尾、-k尾的字明顯多於收-n尾、-t尾的字，其中收-k尾的字又比收-ŋ尾的字要多，沒有收-m尾、-p尾的字。

(6)從聲調的角度看，平聲上字用得最多，上聲上字次之，去聲上字用得極少。切上字跟被切字聲調一致的反切有 49 條，佔總數的 22％，它們都遵循著"同調異韻"的原則。

---

① 陸志韋《古反切是怎樣構造的》，《中國語文》，1963 年，第 5 期。

2.3　《集解》中的新型反切結構

2.3.1　《集解》新型反切的基本類型

除去傳統反切外，《集解》中還存在"等第及開合一致"型及"準直音"型反切等新型反切。其中"等第及開合一致"型反切的結構特點是，切上字的等第和開合往往跟被切字一致，切上字僅韻類、聲調跟被切字不一致。"準直音"型反切的結構特點是，切上字的等第、開合、韻類跟被切字一致，只有聲調有差別。顯然，"準直音"型反切是"等第及開合一致"型反切的一個小類。傳統反切中，遇攝字常用作切上字，因而本書下列新型反切中都不列舉切上字爲遇攝字的反切。《集解》共收不重複反切 223 條，其中"等第與開合一致"型反切 47 條，佔總數的 21.08％。其中"準直音"型反切 5 條（詳下）。以下是各種新型反切的詳細情況：

（一）I-I I[①] 型反切

1. 開口。

（1）"等第及開合一致"型反切。1）唇音：淇/傍沛（2986）。2）舌音：臑/乃毛（3228）。3）牙喉音：曤/海各（2538）。

（2）"準直音"型反切。1）唇音：莽/莫朗（2200）；芒/莫印（2327）。

《集解》中，被切字與切下字都爲開口一等字的反切共計 34 條，其切上字的分佈情況是：合一 24[②]、開一 5、開二 2、開三 3。其中，遇攝上字 22 字，佔據切上字總數的 64.71％。而開口一等上字 5 字，佔據切上字總數的 14.71％。

2. 合口。（1）"等第及開合一致"型反切。1）牙喉音：過/光臥（2375）。

《集解》中，被切字與切下字都爲合口一等字的反切共計 14 條，其切上字的分佈情況是：合一 6、開一 1、開二 1、開三 4、開四 2。其中，遇攝上字共 5 字，佔據上字總數的 35.71％。除去遇攝的合口一等字 1 字，佔據上字總數的 7.14％。

（二）II-II II 型反切

1. 開口。

---

① "-"前表示被切字的等第，"-"後依次表示切上字、切下字的等第，下同。

② "合一"表示合口一等字，"24"表示該類反切上字的用字總數，下同。

(1)"等第及開合一致"型反切。1)脣音:卯/陌飽(2327)。2)牙喉音:陀/尼賣(1243)。

(2)"準直音"型反切。1)舌音:適(謫)/丁革(2886)。

《集解》中,被切字與切下字都爲開口二等字的反切共計 32 條,其切上字的分佈情況是:合一 15、合三 6、開一 1、開二 3、開三 7。其中,遇攝上字共 18 字,佔據上字總數的 56.25％。而開口二等字共 3 字,佔據上字總數的 9.38％。

(三)IV-IV IV 型反切

1. 開口。

(1)"等第及開合一致"型反切。1)舌音:泜/丁禮(2582)。2)齒音:洒/先典(2406)。3)牙喉音:徼/結堯(2199)。

(2)"準直音"型反切。1)牙喉音:到/經鼎(330)。

《集解》中,被切字與切下字都爲開口四等字的反切共計 27 條,其切上字的分佈情況是:合一 10、合三 3、開一 2、開二 2、開三 6、開四 4。其中,遇攝上字共 11 字,佔據上字總數的 40.74％。而開口四等上字 4 字,佔據上字總數的 14.81％。

(四)A-AA 型反切

1. 開口。

(1)"等第及開合一致"型反切。1)舌音:膘/勑知(1478);泔/勑立(3020)。3)齒音:疵/自移(2211);哆/赤者(2220)。4)牙喉音:樗/弋井(3029)。

(2)"準直音"型反切。1)脣音:湎/緜善(2295)。

《集解》中,被切字與切下字都爲開口三等 A 類字的反切一共 29 條,其反切上字的分佈情況是:開三 18、開一 4、開四 1、合一 2、合三 4。其中,開口三等 A 類上字 6 字,佔據上字總數的 20.69％。開口三等 C 類上字 12 字,其中止攝上字 8 字,佔據上字總數的 27.59％。

(五)A-CA 型反切

1. 開口。

(1)"等第及開合一致"型反切。1)舌音:鄲/持益(361);踜/丑栗(3058)。3)齒音:欇/之涉(1056);娠/之慎(1246);銛/思廉(2494);佔/昌占(2900);瞋/丑人(3025);樿/而善(3029);嚼/子妙(3186)。4)牙喉音:鍂/由尹(2274);衍/以善(2286);獟/欺譙(2934)。

(六)B-BB 型反切

1. 開口。

(1)"等第及開合一致"型反切。1)脣音：嚭/披美(1465)；汶/眉貧(2272)。2)齒音：渗/色蔭(3070)。

《集解》中，被切字與切下字都爲開口三等 B 類字的反切共計 10 條，其切上字的分佈情況是：合三 7、開三 3。其中 B 類上字 3 字，佔據上字總數的 30%。遇攝上字 6 字，佔據上字總數的 60%。

(七)C-CC 型反切

1. 開口。

(1)"等第及開合一致"型反切。1)齒音：蹂/而九(2901)。

《集解》中，被切字與切下字都爲開口三等 C 類字的反切共計 10 條，其切上字的分佈情況是：合三 3、開一 1、開三 5、開四 1。其中開口三等 C 類上字 1 字，佔據上字總數的 10%。表 2.17 表明有不同的反切層次：

表 2.17

字頭	反切對比	被切字地位	切上字對比	切下字地位	出處	反切類型
蹂	而九/人久	日有開 3	日之開 3/日真開 3	見有開 3	2901/3038	等/等①

2. 合口。

(1)"等第及開合一致"型反切。1)舌音：鏤/錄于(2180)。2)牙喉音：姁/況羽(1969)；嘔/凶于(2613)。

《集解》中，被切字與切下字都爲合口三等 C 類字的反切共計 22 條，其被切字的分佈情況是：開三 11、開四 2、合一 1、合三 8。其中合口三等非遇攝 C 類上字 3 字，佔據上字總數的 13.64%。

(八)C-AC 型反切

1. 開口。

(1)"等第及開合一致"型反切。1)舌音：踱/勑略(3058)；2)齒音：遒/秦由(3037)；蹂/人久(3038)。

(九)C-BC 型反切

1. 開口。

---

① 反切類型中"傳"是"傳統型"的縮寫，"等"是"等第及開合一致型"的縮寫，"準"是"準直音型"的縮寫，下同。

（1）"等第及開合一致"型反切。1）齒音：葴/側吏（2078）。

（十）其他類型

（1）B-CC：膌/其紀（3199）。（2）B-CA：樺（橋）/丘遙（52）；橋/近遙（1405）；揭/其逝（2977）。（3）A-CB：羬/囚几（3264）。

以上反切都是"等第及開合一致"型反切，其中"膌/其紀"是以 C 類下字切 B 類字，可能表明止、旨韻的合併。其他反切中，被切字與切下字的開合一致，但被切字與切下字的歸類不一致。

2.3.2 《集解》中新型反切的特點及價值

以上羅列了《集解》中新型反切的詳細分佈情況，那麼上述新型反切的分佈有無特點？這類新型反切有何價值呢？以下在切上字與切下字等第開合完全一致的情況下進一步考察，"準直音"型反切是"等第及開合一致"型反切的一個次類，以下考察時一併計入，詳見表 2.18。

表 2.18

反切類型	開/合	新型反切數	新型反切佔比（％）	"準直音"型反切數	"準直音"型反切
I-I I	開	5	5/34（14.71）	2	莽/莫朗；芒/莫印
	合	1	1/14（7.14）	/	/
II-II II	開	3	3/32（9.38）	1	適（謫）/丁革
	合	/	/	/	/
IV-IV IV	開	4	4/27（14.81）	1	剄/經鼎
	合	/	/	/	/
A-AA	開	6	6/29（20.69）	1	澠/縣善
	合	/	/	/	/
B-BB	開	3	3/10（30）	/	/
	合	/	/	/	/
C-CC	開	1	1/10（10）	/	/
	合	3	3/22（13.64）	/	/
總計	開	22	22/142（15.49）	5	/
	合	4	4/36（11.11）	/	/

從上表可以看出：

(1)切上字與被切字都爲三等字時,更有可能出現新型反切,其中又以B-BB 型反切最爲突出。當切上字與被切字都爲開口字時,出現新型反切的幾率要大於切上字與被切字都爲合口字的情況,不過這跟本節不考慮遇攝字作爲切上字有直接聯繫,如果考慮遇攝上字,則上述結論會改變。

(2)《集解》共有 5 例“準直音”型反切,它們全部遵循“上下字不得同調”的原則,其中切上字爲平聲上字的反切 3 條,佔據總數的 60%。此外,還有 3 條切上字爲遇攝字的“準直音”型反切,即:俉/五故(1340);鄔/烏古(2027);陜/去車(3034)。

2.4 《集解》重紐反切的結構特點與重紐韻舌齒音的歸屬

本節以《集解》重紐及重紐韻舌齒音音切爲材料,嘗試運用反切結構分析法對《集解》重紐特點與重紐韻舌齒音的歸屬問題作出探討。

本書在被切字重紐韻的判定上遵從以下原則:當被切字爲一字多切時,結合音切來判定是否屬於重紐;對於非重紐韻字切重紐被切字,仍按被切字處理爲重紐;我們同意黃笑山(1996)的意見,認爲中唐五代時期喻母字也有重紐;重紐韻的歸屬參照李榮(1956)的觀點。在此基礎上主要討論傳統重紐八韻系,即支、脂、祭、真、仙、宵、侵、鹽韻系唇牙喉音的對立。

鑒於裴駰《集解》成書的年代從語音史的角度看隸屬於中古《切韻》時期,這一時期喻三(于)和喻四(以)是不同的聲母,因而于、以兩母沒有重紐問題。文中《集解》音切從中華書局點校本(1959)輯得,去除重複後,一共輯得重紐音切 50 條、重紐韻舌齒音音切 116 條。

2.4.1 《集解》重紐及重紐韻舌齒音的分佈

(一)支韻系

1 開口。(1)三等。A. 唇音:陂/詖(6),鈹/披(1464),鄪[1]/皮(3294);被/披(2079),靡/糜(3006),貏/被(3023)。B. 牙喉音:犧/儀(336);埼/祁(3019);犧/蟻(336),錡/蟻(3023)。(2)舌齒音。A. 精組:疵/自移(2211),觜/斯(3022);呰/紫(3270)。B. 莊組:纚/灑(3031);屣/山耳(3271)。C. 章組:氏/支(2661),提/支(3052),扊/支(3262);狋/翄(1733),訑/施(3030)。

---

[1] 被切字從音義匹配的角度考慮採取的是《集韻》的音韻地位,文中雙綫體標出,下同。

D. 知組：髟/勑知（1478）；柂/遲（3023），胣/豸（3031）。E. 來母：蠡/離（2891）。(3)以母：蛇/移（476），袘/迤（3012）；柂/移（3006）；施/移（2769）。

2 合口。(1)三等。牙喉音：蛫/詭（3032）；觤/委（3031）。(2)四等。牙喉音：鳺/規（1255）。(3)舌齒音。A. 莊組：揣/初委（2701）。B. 知組：甄/直偽（289）；腄/縋（2955）。(4)云母：爲/于偽（2294）。

支韻系開口中，由於重紐字較少且大都採用直音，其重紐韻舌齒音的歸屬無法系聯得出。支韻系合口中，舌齒音莊組"揣"字跟三等牙喉音"觤"字同用切下字"委"，"揣"字聯三等。總的來看，支韻系沒有對立的重紐出現，重紐韻舌齒音的歸屬大都無法系聯得出。

(二)脂韻系

1 開口。(1)三等。A. 唇音：嚭/披美（1465）；濞/帔（390），費/祕（2312）。B. 牙喉音：阞/耆（1608）；譏/其紀（3199）；洎/居器（470），慨/慨（3264）。(2)四等。唇音：比/鼻（2193）；貔/毗（3034）。(3)舌齒音。A. 精組：秭/姊（1255），羠/囚几（3264），羠/兕（3264）。B. 知組：祁/坻（2022），泜/遲（2582），胝/竹移（3050）。

2 合口。(1)舌齒音。A. 精組：樵/醉（1468）。B. 章組：脽/誰（462）。C. 來母：纍/力追（10）；欙/力追（1405）。(2)云母：洧/于鬼（2251）。(3)以母：蜼/于季（3031）

脂韻系重紐分佈較廣，但沒有對立重紐出現，其重紐韻舌齒音的歸屬無法系聯得出。

(三)祭韻

1 開口。(1)三等。牙喉音：揭/其逝（2977）。(2)四等。唇音：蔽/蔽（2616）。

(3)舌齒音。A. 章組：瘈/充志（941）。B. 知组：跇/逝（1179）。C. 來母：厲/賴（2520）。(4)以母：枻/曳（3013），抴/曳（3040）。

2 合口。(1)舌齒音。A. 精組：毳/此芮（2523）。B. 章組：說/式絀（2420）。(3)云母：鞙/衛（2454），轊/銳（3010），鞙/銳（3036）。

祭韻開口中，舌齒音知組"跇"字跟三等牙喉音"揭"字同用切下字"逝"，"跇"字聯三等。祭韻合口沒有重紐出現。總的來看，祭韻重紐出現較少，也沒有出現對立重紐，其重紐韻舌齒音字大都無法系聯。

(四)真韻系

1 開口。(1)三等。A. 唇音：汶/眉貧（2272），閩/武巾（2979），玭/彬

（3028），吺/旻（3071）；沟/亡筆（2495），泌/筆（3019）。B. 牙喉音：圓/銀（2883）；軋/乙（2499）。（2）舌齒音。A. 章組：瞋/丑人（3025）；蜄/之慎（1246），眘/慎（2374），裖/振（3027）；郅/室（2942），蛭/質（3032），䣛/丑栗（3058），郅/質（3065）。B. 來母：轔/吝（3003），轔/躏（3036）；莅/栗（3031）。

2 合口。（1）舌齒音。A. 精組：旬/詢（2661）。B. 章組：諄/止純（3072）；楯/食尹（3027）；眴/舜（1694）。C. 來母：率/律（2231）。（2）云母：隕/于粉（2981）

真韻系開口重紐主要出現在真、質韻中，其重紐韻舌齒音的歸屬大都無法系聯得出。真韻系合口中則沒有重紐字出現。

（五）仙韻系

1 開口。（1）三等。A. 脣音：辯/班（25）。B. 牙喉音：鰋/虔（3021），闕/焉（216），鄢/於乾（1870），嫣/鄢（2636）；揭/桀（2896）。（2）四等。A. 脣音：篇/鞭（2585）；灈/縣善（2295）。B. 牙喉音：甄/絹（2352）。（3）舌齒音。A. 精組：鋋/時年（2881），嬐/孅（3063），譱/宰顯（2549），揃/翦（2998）。B. 章組：燀/充善（250），單/善（2223）；嬗/善（759），嬗/蟬（2498）；㩣/舌（2789）。C. 日母：橪/而善（3029），姌/乃冉（3040）。D. 來母：連/蓮（3254）。（4）以母：埏/延（3066）；衍/以善（2286），埏/衍（3066）。

仙韻系開口中，舌齒音章組"燀"、"單"、"嬗"、日母"橪"字以及以母"衍"字跟脣音四等"灈"字同用切下字"善"，這些字都聯四等，此外以母"埏"字也聯四等。

2 合口。（1）三等。牙喉音：卷/丘權（2246）。（2）四等。牙喉音：嬽/娟（3040），儇/翾（3264）。（3）舌齒音。A. 精組：鐫/子旋（3233）；選/思兗（1243）；橇/藱（52），薛/先結（3007）。B. 章組：準/拙（343）。C. 莊組：率/刷（140）。D. 知組：剟/丁劣（2585）。E. 來母：朎/臠（3014）。F. 日母：壖/而緣（1411）；蝡/而兗（1243），壖/愞（2684）。（4）以母：說/悅（2701）。

仙韻系合口中，其重紐韻舌齒音的歸屬無法系聯得出。仙韻系沒有對立重紐出現。

（六）宵韻系

1 開口三等。牙喉音：橋/丘遙（52），橋/近遙（1405），橋/去喬（1405）；矯/橋（2211）。2 開口四等。A. 脣音：剽/扶召（3145）。B. 牙喉音：獟/欺譙（2934）。3 舌齒音。A. 精組：湫/椒（2178）；噍/在妙（357），噍/寂笑（3091），嚼/子妙（3186），肖/痟（3307）。B. 日母：擾/柔（88），蟯/饒（2809）。4 以母：

䜌/遙(2210)。

宵韻系中,以母"䜌"字跟三等牙喉音"橋"字同用切下字"遙","䜌"字聯三等,其重紐韻舌齒音字的歸屬無法系聯得出。宵韻系沒有出現對立重紐。

(七)侵韻系

(1)舌齒音。A. 精組:侵/寢(2844);濺/緝(3020)。B. 章組:葴/針(3006),鍼/斟(3022);汁/什(906)。C. 莊組:闟/所及(2236);渗/色蔭(3070)。D.知組:郴/綝(320),湛/沈(3020);涪/勅立(3020)。

侵韻系沒有重紐出現,其重紐韻舌齒音字的歸屬也無法系聯得出。

(八)鹽韻系

(1)舌齒音。A. 精組:銛/思廉(2494),纖/芟(3012),蝍/在廉(3032);蝍/漸(3021)。B. 章組:福/之涉(1056);佔/昌占(2900)。C. 日母:染/而沿(3003);染/而悦(又)(3003)。(2)以母:銚/由尋(2274);楪/葉(2992)

鹽韻系沒有重紐出現,其重紐韻舌齒音字的歸屬無法系聯得出。

2.4.2 《集解》重紐反切的結構特點

以上羅列了《集解》音切中重紐及重紐韻舌齒音的分佈情況,可以發現,由於音注材料隨文作注的性質,重紐韻舌齒音和重紐韻大都無法系聯。我們可運用反切結構分析法可以解決這一問題。

本書將音注中所有重紐音切全部輯錄出來製成 EXCEL 表格,以《廣韻》爲參照系,標出每條音切的被切字、切上字和切下字的音類[1],最後進行統計。本節反切上下字的具體類型可參 2.2 節相關説明。例如"比,必寐反",則標記爲"A-AA",其中"-"前爲被切字,"-"後依次爲切上字、切下字,A代表重四。在此基礎上對音注中重紐反切結構類型進行統計,下文在涉及其它音注材料的重紐問題時亦做此,不再贅述。表 2.19 是《集解》重紐反切的結構類型表:

表 2.19 《集解》重紐反切的結構類型表

上字 ＼ 下字	A	J	Sj	S	T	B	合計
A	8		1				9
							0

續表

上字＼下字	A	J	Sj	S	T	B	合計
B							0
						27	27
C				1	1		2
	2	1				7	10
I							0
						1	1
II							0
						1	1
合計	8	0	1	1	1	0	11
	0	2	1	0	0	36	39

上表中，首列列出切上字音類，首行列出切下字音類，表心是被切字的統計，表心上格顯示 A 類被切字出現的次數，下格顯示 B 類被切字出現的次數，空格表示没有出現相應的反切結構。如表心第一行第一列，表示 A-AA 型反切有 9 條，B-AA 型反切則没有出現，最右列和最下行是合計情况，均以上下格分類統計。根據上表的統計，《集解》重紐音切中，重四被切字共有 11 例，重三被切字共有 39 例，兩者合計 50 例。

從上表可以看出《集解》重紐音切結構的幾個特點：

(1)從切上字的角度看，當切上字爲 A 類時，被切字全部爲 A 類。如果用 X 表示任意切下字，則 AX＝A。當切上字爲 B 類時，被切字全部爲 B 類，用公式表示即 BX＝B。當切上字爲 C 類時，被切字爲 A 類的 2 例，被切字爲 B 類的 10 例，被切字顯然偏向 B 類。切上字還可能是 I 或 II 等字，但因用例太少而無法看出其偏向。

(2)從切下字的角度看，當切下字的聲母爲 A、S、T 時，被切字爲 A 類，如果用 X 表示任意切上字，則 X(A/S/T)＝A。當切下字的聲母爲 B 或 J 時，被切字爲 B 類，用公式表示即 X(B/J)＝B。當切下字的聲母爲 Sj 時，被切字爲 A、B 類各有 1 例，無法看出其偏向。整體上看，切下字的聲母爲 J、S、T、Sj 的用例非常少，因而以這些聲母爲切下字的被切字其歸屬存在較大的偶然性。

(3)綜合來看，當切上字爲 A 或 B 類時，切上字決定被切字的歸屬，即

AX＝A，BX＝B，這樣的重紐音切共 9＋27＝36 條，佔重紐音切總數的 72％；當切下字的聲母爲 A、S、T、B、J 時，切下字的聲母類型決定被切字的歸屬，即 X(A/S/T)＝A，X(B/J)＝B，這樣的重紐音切共 8＋2＋1＋1＋36 ＝48 條，佔重紐音切總數的 96％。可見，切下字的聲母類型比 A、B 類上字更能區分重紐。

2.4.3 《集解》重紐韻舌齒音的歸屬

上文已經提及，本書在重紐韻舌齒音的歸屬問題上採取黃笑山的意見，即精章組和以母跟重紐 A 類一致，知組和來母偏向於 A 類，莊組和云母跟重紐 B 類一致。以下統計了《集解》傳統重紐八韻系反切下字的聲母類型，得下表，我們可以在此基礎上檢驗《集解》中重紐韻舌齒音的歸屬是否支持這一説法。

表 2.20　《集解》重紐及重紐韻舌齒音反切下字聲母表

被切字＼切下字	A	J	Sj	S	L	T	R	W	B	C	II	IV	合計
A	8		1	1		1							11
J	1	11	2										14
Sj		5	30			2			1			1	39
S	2	2	1	16	2				1		1	2	27
L				6	2							1	9
T		1	1	1	3	8			1				15
R							2		3	1			6
W		2						1	1	2			6
B		2	1						36				39
合計	11	23	36	18	11	13	2	1	42	4	1	4	166

表 2.20 中，首列列出被切字的聲母類型，首行列出切下字的聲母類型，空格表示沒有出現該類型。從上表可以看出：

（1）A 類反切的切下字除去本身外，還有章、精、知組下字各 1 例，絕不用 B 類和云母下字；B 類反切的切下字除去本身外，還有以、章組下字共 3 例，絕不用 A 類、精組下字。整體上看，A、B 兩類反切的切下字大都是其本身，以、章、精、知組下字出現的數量較少，無法看出各自的傾向性。

（2）章組反切的切下字除去本身以外，主要集中在以母，絕不出現莊組、云母和 B 類下字。精組反切的切下字除去本身以外,主要是以母、A 類和來母,絕不出現莊組、云母下字,極少用 B 類下字。以母反切的切下字除去本身外,主要是章組和 A 類,絕不出現莊組、云母和 B 類下字。這些事實説明精、章組、以母和 A 類關係密切,這些聲組聯 A 類。

(3)莊組反切的切下字除去本身外,主要是 B 類,絕不出現 A 類、精、章組和以母下字,所以莊組應聯 B 類。云母反切的切下字除去本身外,主要是以母、C 類及 B 類下字,絕不出現 A 類、章和精組下字,所以云母聯 B 類。云母反切中出現以母、C 類下字,可能表明實際語音開始出現變化。

(4)來母反切的切下字除去本身外,主要是知組。知組反切的切下字除去本身外,主要是來母,此外章、精、以母下字各 1 例,B 類下字 1 例。顯然,知組是偏向 A 類的,而來母的切下字除去本身外主要也是知組,則來母也偏向 A 類。

上述分析表明,《集解》重紐韻舌齒音的歸屬支持黃笑山的意見。又結合表 2.19 中的統計數據,我們可以發現,《集解》重紐及重紐韻舌齒音切下字的聲母類型大致可以分成兩類:章、精組、以母字一類,它們跟 A 類被切字關係密切,莊組、云母字一類,它們跟 B 類被切字關係密切。知組、來母字則偏向 A 類。

第 3 章　《索隱》音系及其反切結構

據我們的統計,司馬貞《索隱》一共有音注 2719 條,去除重複後共有音注 2251 條,其中反切 1005 條,直音及其他注音方式 1246 條。從音注的來源看,2251 條不重複音注中,司馬貞自注的音切 1833 條,引自前人的音注共 418 條。引自前人音注情況大體如下:鄒誕生《史記音義》66 條,劉伯莊《史記音義》的 55 條,韋昭《漢書音義》35 條,郭璞《司馬相如傳注》29 條,呂忱《字林》27 條,徐廣《史記音義》24 條,蘇林《漢書注》21 條,包愷《漢書音》、服虔《漢書音訓》各 15 條,顏師古《漢書注》12 條,其餘引用音切都在 10 條以下。

3.1　《索隱》音注聲韻系統的特點

本節我們以《索隱》2251 條音注材料爲考察對象,運用反切比較法,將《索隱》音注逐一與《廣韻》音系進行比較,考察得出《索隱》音注聲韻系統的特點。其中,《廣韻》不收或音義不匹配的字則以《集韻》中音韻地位爲參照,文中雙綫體標出。

3.1.1　《索隱》音注聲母系統的特點

3.1.1.1　發音部位相同、發音方法相近的混切

1. 全清、次清聲母混切

(1)幫滂混切

以幫切滂:偏/遍(1167);肺/廢(2844)。

以滂切幫:蔽/疋結(2530);陂/披(3273)。

(2)知徹混切

以徹切知:郎/楨(1003);奼/丑亞(2858)。

以知切徹:踔/卓(3265)。

(3)精清混切

以精切清:取/子臾(1958);塹/漸(2556);造/竈(3240)。

（4）莊初混切

以莊切初：娷/側角（2685）；測/側（3019）；齜/側角（3266）；齜/側斲（3266）。

（5）見溪混切

以溪切見：監/苦濫（1883）；弓/穹（2937）

2. 全清、全濁聲母混切

（1）幫並混切

以並切幫：傅/附（440）；祕/符蔑（962）；萠/佩（1349）；搏/附（1721）；拊/附（2807）；鉼/白丁（2901）；搏/並卜（3006）；陂/皮（3023）。

以幫切並：蚡/債（537）；便/鞭（977）；肥/匪（2116）；復/福（2256）；草/蔽；比/必利（2806）；頻/賓（3030）；悖/布内（3288）。

（2）端定混切

以定切端：適/敵（1659）；羝/但（1692）。

以端切定：黗/點（502）；癉/亶（2801）；提/底（2823）；毒/篤（2996）。

（3）知澄混切

以澄切知：著/宁（286）；貯/佇（1426）；箸/持略（1610）；砧/宅（2552）；箸/持慮（3234）。

以知切澄：紵/張呂（2754）。

（4）精從混切

以精切從：聚/姬（1262）；藉/子夜（1952）；從/足容（2280）；從/蹤（2526）；藉/積夜（2545）；瘠/稷（2718）；蕞/纂（2723）；蕞/子外（2723）；籍/子亦（2732）；藉/積（3002）；愀/作西（3043）；疵/貲（3216）。

以從切精：進/才刃（2506）；鬓/才爾（3276）；鬓/薺（3276）。

（5）莊崇混切

以莊切崇：眦/債（2415）；齰/側革（2853）。

（6）見羣混切

以見切羣：句/拘（2886）；噤/禁（3220）。

以羣切見：九/仇（107）；蹶/巨月（2165）；跔/竘（2293）；屈/其勿（2900）；居/渠（3158）。

3. 次清、全濁聲母混切

（1）滂並混切

以並切滂：披/皮彼（1101）；披/皮（1101）；剽/頻妙（2928）；湢/滂沛

(2986)。

以滂切並：服/仆（2262）；襒/敷蔑（2345）；襒/疋結（2368）；培/普來（3118）。

(2)透定混切

以定切透：梲/奪（2103）；踏/徒答（3058）。

以透切定：跳/他彫（1997）；闒/吐臘（2236）；馳/託（2880）。

(3)溪羣混切

以羣切溪：羌/彊（2488）；揭/其逝（2977）。

4.全濁、濁聲母混切

(1)從邪混切

以從切邪：雋/松兖（2649）；聚/似喻（2760）。

以邪切從：羢/慈紀（3264）。

(2)船禪混切

以禪切船：貰/時夜（343）；射/石（1731）；杼/墅（2370）。

5.其它混切

以泥切日：壖/奴亂（2094）；壖/乃戀（2747）；㘝/女輒（2850）。

以定切以：怠/銅綦（250）；余/徒（2938）。

以禪切章：真/慎（1526）；遄/逝（2495）；褆/市支（3052）。

以影切見：趹/烏穴（2293）；決/烏穴（2524）；冊/彎（110）；輵/烏葛（3058）。

以匣切溪：苦/怙（2139）；礉/胡革（2156）。

以云切影：扜/汙（1056）；嘔/吁（2614）；嫈/榮（2984）。

以影切匣：嚄/烏白（2381）；罫/烏卦（2605）。

以疑切影：貉/五額（1654）；矸/岸（2474）。

3.1.1.2 發音方法相同、發音部位相近的混切

1.舌頭、舌上混切

以澄切定：魋/直追（2698）；繵/直延（2791）。

2.齒頭、正齒混切

以莊切精：齋/側奚（2320）。

以精切莊：菑/災（2710）。

以清切初：齺/麁角（2692）；齺/促（2692）；鏦/七江（2835）。

3．舌上、正齒混切

以知切章：純/屯（2250）；派/丁禮（2582）；郅/室（2942）。

《索隱》音注聲母系統跟《廣韻》音系基本一致。上述出現的混切主要表現爲濁音清化現象較爲突出，它幾乎涉及所有發音部位，表明濁音清化在這一時期全面出現。此外，部分混切則是上古音遺留的表現。

3.1.2 《索隱》音注韻母系統的特點

3.1.2.1 同等韻系的混切

1．一等重韻的混切

（1）盍合混切

以合切盍：鰈/荅（1363）；榻/吐合（3275）；蓋/古合（3320）。

2．二等重韻的混切

（1）庚二耕混切

以麥切陌：䵶/側革（2853）。

以陌切麥：適/宅（803）；適/磔（1950）；砳/宅（2552）。

（2）山刪混切

以山切刪：赧/尼簡（733）；潸/山（2791）。

（3）咸銜混切

以狎切洽：歃/所甲（2368）。

以咸切銜：鑱/士咸（2789）。

3．三等重韻的混切

1）支脂之微混切例

（1）支脂混切

以脂切支：累/壘（1035）；枝/衹（1491）；倭/人唯（1536）；痿/耳誰（2635）；觖/冀（2638）；蠡/犁（2936）；離/力致（3030）；鮆/薺（3276）。

以支切脂：雌/徐爾（3093）。

（2）脂之混切

以之切脂：踑/其紀（314）；比/必以（1183）；郪/七絲（1854）；譆/喜（2175）；比/必耳（2229）；遲/值（2393）；机/紀（2464）；肆/異（2723）；茬/栗（3031）；膌/其紀（3200）；羡/慈紀（3264）；紕/匹之（集序3）。

以脂切之：台/夷（354）；泆/泯（1002）；圯/夷（2035）；頤/夷（2391）；眙/丑二（3199）。

（3）之微混切

以微切之：嘻/希（2441）；喜/許既（2789）。

以之切微：幾/其紀（396）；稀/虛紀（902）；衣/意（2256）；鑯/吾裏（3091）。

上述混切主要發生在支脂之微韻的開口，這表明，《索隱》音切中支脂之微韻的開口開始出現合併。

2）魚虞混切

以遇切語：語/寓（2354）。

以魚切虞：愉/舒（1890）。

3）尤幽混切

以尤切幽：糾/九（2499）；蟵/許救（3058）；繆/亡救（3122）；繆/亡又（3307）。

4）嚴凡混切

以嚴切凡：凡/扶嚴（6）。

4. 寒桓混切

以寒切桓：謾/木干（1035）；番/普寒（2177）；昧/莫葛（2429）；沫/亡葛；拔/白曷（2607）。

5. 歌戈混切

以戈切歌：鱓/陀（1638）；摩/姥何（2242）；磨/莫何（2557）；陂/普何（3055）。

6. 真殷混切

以真切殷：靳/紀覲（883）；釿/銀（1548）；忔/疑乙（2799）；靳/紀釁（3287）。

7. 真諄混切

以諄切真：比/鼻律（1341）；比/頻律（1903）；率/律（2700）。

3.1.2.2 不同等韻系的混切

1. 仙先混切

以仙切先：批/白滅（2164）；懁/絹（3264）。

以先切仙：偏/遍（1167）；卷/丘玄（2065）；譴/宰殄（2549）；便/婢見（2765）；連/蓮（3254）。

2. 清青混切

以青切清：辟/壁（717）；鉼/白丁（2901）。

3. 蕭豪混切

以蕭切豪:逃/徒凋(327);刀/貂(2870);刀/雕(3279)。

《索隱》音注韻母系統跟《廣韻》音系基本一致,不同的地方主要是一些相近的韻系出現混切現象。這些混切現象,有些可能表明韻系之間出現合併,比如支脂之微的開口,仙先韻等。至於其他混切現象,或因混切用例太少,或因被切字不是常用字,或注者以方音作注,還不足以作爲分合的依據。

3.2　司馬貞徵引反切與自注反切的比較

本節考察司馬貞徵引反切與自注反切的關係,主要從切上字、切下字以及反切用字地位等方面展開比較。具體做法是:以徵引前人的反切爲出發點,考察對同一字的注音司馬氏自注的反切與其徵引的反切中有無差異,如果有差異,其表現形式怎樣。爲求比較的準確,我們只選擇那些司馬氏與前人都注解過的字,而且該字在各自的語境下語義一致。據我們的統計,去除重複後,司馬貞《索隱》共有反切 1005 條,其中自注反切 826 條,徵引前人的反切 179 條。以下比較中,有些字在前人反切中重複注解,如果沒有意義的差別,不再比較。

3.2.1　與劉伯莊《史記音義》反切的比較

《索隱》徵引劉伯莊《史記音義》反切 39 條,其中"告、僄、贖、鱄、奇、膐、披、睢、提、靡、轉、累、畏、詢、誶、譖、廁、疹、憚、婪、詷、鑯、鑿、踔"共 24 字司馬氏沒有加注,而"亢、杓、卷、揭"共 4 字雖都有注解,但是意義不一致,沒有可比性。可比的反切有 8 條,其中反切用字地位一致的反切 4 條,即:度:田各/徒各[1](66/130[2]);藉:子夜/積夜(1952/2545);誹:方未/方味(363/2433);措:爭陌/側格(1562/2087)。反切用字地位不一致的反切 4 條。即:箸:直慮/治略(510/510);碏:千臥/赤座(2671/2070);貫:古患/烏還(2173/1964);瞿:九具/九縛(2826/2826)。

3.2.2　與鄒誕生《史記音義》反切的比較

《索隱》引鄒誕生《史記音義》反切 30 條,其中"僿、猶、噍、搥、抏、鄏、鷨、

---

① "/"前表示徵引的反切,"/"之後表示司馬貞自注的反切,下同此。
② "/"前表示徵引反切的原書頁碼,"/"之後表示司馬貞自注反切的原書頁碼,下同此。

棁、睢、畏、闟、俾、頗、吟、鄹、診、囁、呫、湟、豻、培”共 21 字司馬氏没有注音，無法比較。而“鶩、比”2 字都有反切，但是意義不一致，也無法比較。可比的反切有 6 條，其中反切用字地位一致的反切 3 條。即：祋：丁活/都活(440/2944)；倪：五弟/五計(2379/2379)；數：所主/疏主(2991/1961)。反切用字地位不一致的反切 3 條。即：箸：直慮/治略(510/510)；輅：五額/五嫁(1654/1654)；斜：直牙/士嗟(2907/2907)。

3.2.3 與吕忱《字林》反切的比較

《索隱》引《字林》反切 21 條，其中“嫈、洄、鈇、娙、鏃、擻、骭、袷、湩、窌、繭、迟、箕”共 13 字司馬氏没有加注，而“瘛、卷”也由於意義不一致而無法比較。可比的反切有 5 條，其中反切用字地位一致的反切 2 條。即：適：丈戹/直革(2493/1950)；茝：昌亥/昌改(3006/1881)。反切用字地位不一致的反切 3 條。即：鏦：七凶/七江(2973/2835)；礫：五市/魚揖(3028/3028)；礫：才市/士劫(3028/3028)。

3.2.4 與韋昭《漢書音義》反切的比較

《索隱》引韋昭《漢書音義》16 條，其中“洛、鉼、廝、擻、喋、蕞、蹕、窌、呷、檄、臭、顔”共 12 字司馬氏没有加注，而“秋、揭”2 字意義不一致也無法比較。可比的反切有 2 條，都爲反切用字地位一致的反切，即：堧：而緣/儒緣(2684/849)；僰：蒲北/白北(2993/2960)。

3.2.5 與徐廣《史記音義》反切的比較

《索隱》引徐廣《史記音義》反切 11 條，其中“驪、歇、彫、娙、窈、揕、剟、蕞、檄、躑”共 10 字司馬氏没有加注，無法比較。可比的反切僅 1 條，其反切用字地位不一致，即：齗：五艱/魚斤(1548/1548)。

3.2.6 與顔師古《漢書注》反切的比較

《索隱》引顔師古《漢書注》反切 9 條，其中“洄、孱、喋、專”4 字司馬氏没有加注，無法比較。“蒯、累、格、數”因意義不一致而没有可比性。可比的反切僅 1 條，其反切用字地位不一致，即：沾：他兼/當牒(2841/2841)。

3.2.7 與包愷《漢書音》反切的比較

《索隱》徵引包愷《漢書音》反切 8 條，其中“覺、妲、肆、蕞、披”5 字司馬

氏没有加注,可比的反切有 3 條,其中反切用字地位一致的反切 2 條,即:
選:息變/宣變(1427/2932);惡:一故/烏故(3050/510)。反切用字地位不一
致反切 1 條,即:棧:士版/士諫(367/367)。

3.2.8 與《説文》小徐反切的比較

《索隱》徵引《説文》小徐反切 5 條,其中"奇"字出現兩次,司馬氏都没有
加注,"杓、甕"2 字司馬氏也没有加注。可比的反切僅 1 條,其反切用字地
位不一致,即:跳:徒調/他彫(374/1997)。

3.2.9 與郭璞反切的比較

《索隱》徵引郭璞反切 4 條,其中"澔、潝、摧"3 字司馬氏没有加注,可比
的反切僅 1 條,其反切用字地位不一致,即:瘗:胡計/尺制(941/941)。

3.2.10 與顏游秦《漢書決疑》反切的比較

《索隱》徵引《漢書決疑》反切 4 條,其中"姚"字司馬氏没有加注,"椎、
剽"字兩者皆有反切,但是意義不一致,無法比較。可比的反切僅 1 條,其反
切用字地位不一致,即:榻:吐盍/吐合(3275/3275)。

3.2.11 與服虔《漢書音訓》反切的比較

《索隱》引服虔《漢書音訓》反切 3 條,其中"屛、軋"2 字司馬氏没有加
注,可比的反切僅 1 條,其反切用字地位一致,即:僦:子就/即就(1441/
3113)。

3.2.12 與晉灼《漢書集注》反切的比較

《索隱》引晉灼《漢書集注》反切 3 條,其中"沘、潝"2 字司馬氏没有加注,
可比的反切僅 1 條,其反切用字地位不一致,即:蒯:簿催/苦壞(2712/927)。

3.2.13 與如淳《漢書注》反切的比較

《索隱》引如淳《漢書注》反切 3 條,其中"騎"字司馬氏没有加注,"卒"字
音義匹配不一致,無法比較。可比的反切僅 1 條,其反切用字地位一致,即:
塅:乃喚/乃段(2684/2876)。

3.2.14 與蕭該《史記音義》反切的比較

《索隱》引蕭該《史記音義》反切 2 條,其中"奇"字司馬氏没有注音,可比

的反切僅 1 條,其反切用字地位一致,即:汙:一故/烏故(2583/2079)。

3.2.15　與其它文獻反切的比較

1.反切用字地位一致的反切 2 條

《索隱》徵引司馬彪反切 1 條,即:犖:洛角/力角(3028/1349);徵引應劭《漢書集解音義》反切 1 條,即:豅/亡江/武江(2992/2894)。

2.反切用字地位不一致的反切 3 條

《索隱》徵引崔浩《漢書音義》反切 1 條,即:蒯:簿壞/苦壞(2712/927);徵引呂靜《韻集》反切 1 條,即:鰌:此垢/昨苟(2038/3276);徵引王劭反切 1 條,即:赧:奴板/尼簡(160/733)。

3.司馬氏沒有加注的反切 15 條

《索隱》引褚詮反切 2 條,即"夢"字 2 次、張揖《廣雅》反切 2 條,即"猝、虙"字、《別錄注》"蹴"字、無名氏《漢書音義》"邵"字、顧野王《玉篇》"玃"字、許慎《説解字林》"梲"字、李登《聲類》"戚"字、李奇《漢書注》"裖"字、李頤注的"肵"、鄭德《漢書注》"僬"字、鄭玄注"奇"字,樂彥注"累"字的反切共計 14 條,司馬氏對這些字都沒有加注,無法比較。

此外,《索隱》引王羲之注音"漸"字反切 1 條,司馬氏也有對該字的注音,且用字地位一致,不過兩者意義不一致。

綜上,一方面,從可比的 39 條反切來看,反切用字地位一致的反切 18 條,佔可比反切總數的 46%,這似乎表明司馬氏對前人音切傾向於不認可。然而另一方面,司馬氏對前人的音切大都不再加注,這些反切共 116 條,佔徵引反切總數的 65%,這些字纔最終決定司馬氏對前人音注的態度。司馬氏直接引用前人音切,表明他認可他們的音切,因而下文在討論反切結構時將司馬氏自注反切與其徵引反切統一處理。

3.3　《索隱》反切中切上下字與被切字的關係

本節主要討論《索隱》反切中切上下字與被切字的關係。先列出《索隱》1005 條反切中的反切結構類型,再分別討論切上字與被切字的關係、切下字與被切字的關係,在此基礎上總結歸納出《索隱》反切的結構特點。

3.3.1 《索隱》反切中切上下字與被切字的聲母關係

3.3.1.1 切上字與被切字的聲母關係

從《廣韻》的角度看,《索隱》1005 條反切中,被切字涉及到所有聲母。切上字與被切字聲母一致的反切有 898 條,佔反切總數的 89%,這表明,切上字決定被切字的聲母,符合傳統反切"上字取聲定清濁"的原理。而切上字與被切字聲母不一致的反切有 107 條,佔反切總數的 11%。表 3.1 是切上字與被切字聲母不一致的反切統計情況:

表 3.1　切上字與被切字聲母不一致的反切統計表

被切字	切上字	被切字	切上字
幫	滂、並 3	崇	莊、清、從
滂	並 3	生	心
並	幫、滂 4	章	昌、禪、知、澄 2、見
端	羣	昌	澄、透
透	定	船	書、禪
定	透 2、澄 2、昌	書	曉、日
來	匣 2	禪	書、匣
知	徹、澄 2、透	日	泥 3
徹	曉	見	溪、羣 2、疑、影 3、定、章
澄	知、精、邪、以	溪	羣、匣、並、以
精	從 2、莊	羣	溪、影、徹
清	精、心、昌	疑	羣
從	精 6、邪 2、莊、崇	影	日、以
心	初、以	曉	疑 2、徹
邪	從、崇、書	匣	疑、影 2、溪
莊	崇	云	影
初	莊 3、清 2、昌	以	定
		總計	107

由表 3.1 可以看出,被切字與切上字聲母不一致的反切大致可以分成兩種情況:一種情況是,切上字聲母跟被切字聲母有關係,或者是中古同聲組(系),如幫並、精從,或者上古同聲,如定澄、以定,這樣的反切或者表明音

變出現,或者存留古音。另一種情況是,切上字聲母跟被切字聲母完全沒有關係,這樣的反切共計 28 條。這些反切或是反切上字用字訛誤,或是被切字另有它字,可結合原文作出進一步解釋。

3.3.1.2 切下字與被切字的聲母關係

接下來考察切下字與被切字聲母的情況,看看切下字的聲母分佈情況是否有規律可循,我們先給出切下字與被切字聲母情況的總表,表 3.2 中首行表示切下字的類別,首列表示被切字的類別,空格表示沒有出現該類型:

表 3.2　切下字與被切字的聲母情況總表

被切字＼切下字	P	T	L	Tr	S	R	Sj	K	H	W	J	總計
P	52	5	9		4		11	35	12	7	9	144
T	1	26	20	1	1			39	25	1	1	115
L		7		6	1		1	8	3	1	2	29
Tr		1	33	7	3		8	16	6		5	79
S	4	10	16		31		10	21	16	1	35	144
R	4	1	8	2	1	1	5	38	6		2	68
Sj		1	10	4		3	35	6	2		21	82
K	14	13	26	4	4		5	62	43	7	1	179
H	13	4	15		3		7	64	22	6	9	143
W	3							3				6
J				1	2		11	2				16
總計	91	68	137	25	53	1	93	294	135	23	85	1005

由上表可以看出:

(1)不論哪種反切,切下字的聲母除去本組聲母外,主要以見、曉組及來母爲主,即切下字喜用牙喉音字與來母字,例外情況是云、以母反切中沒有來母、曉組下字,來母反切也不用來母下字。

(2)一般情況下切下字要避免跟被切字聲母完全一致,例外情況有 12 例,即見母反切中有 3 例見母下字,幫母反切中有 2 例幫母下字,滂、並、定、從、心、章、羣母反切各有 1 例與被切字聲母完全一致的切下字。此外,被切字喜用本組其它聲母字作切下字,例外情況是來、云、以母反切完全不用本組聲母字作切下字。

(3)莊組反切中出現 1 例莊組下字,該反切是"莊/側狀",被切字爲陽韻莊母字,原文作人名"莊敖"的姓。

(4)唇牙喉音字關係密切:唇音反切喜用牙喉音字作切下字,而牙喉音反切也喜用唇音字作切下字;精、章組跟以母關係密切:精、章組反切喜用以母字作切下字,而以母反切中精、章組切下字出現也較多。

(5)端、知、莊組反切都喜用見組、來母字作切下字;而除去本身外,端組下字主要作精、見組、來母反切的切下字,知組下字主要作來母、見組反切的切下字,莊組下字僅 1 例,作莊母反切的切下字;由於見組、來母下字幾乎作所有反切的切下字,因而不能認爲端、知跟見組、來母關係密切。

(6)來母反切中,其切下字除去見、曉組字外,主要是端、知組字。來母下字主要作端、知、精、見、曉組反切的切下字,可見,來母跟端、知組和見、曉組都關係密切。

(7)云母反切中切下字主要是見、幫組字,而云母下字主要作幫、見、曉組反切的切下字;以母反切的切下字主要是章、見、精組和日母字,而以母下字主要作精、章組、幫、曉組反切的切下字。可見,以母跟齒音精章組關係密切,云母則較遠。

由上可以初步推論出:《索隱》反切中,切下字的聲母大體上有二分的趨勢,其中幫、見、曉、精、章組及以、日母爲一組,端、知、莊組及云母爲另一組,來母處在兩者之間。因而,由切下字的聲母類型可大致推出被切字的類別。

3.3.1.3 切上下字的和諧程度在聲母上的表現

《索隱》反切中,有些切下字的聲母可以跟被切字聲母同類,而被切字的聲母由切上字決定,因而這些切下字的聲母跟切上字同類,這種切上下字聲母同類的反切可能是反切和諧在聲母上的表現。《索隱》反切中,切上下字聲母同類的反切共有 227 例,佔全部反切的 23%,可見,《索隱》反切中,切上下字的和諧程度在聲母上的表現並不明顯。

上述分析表明,《索隱》反切中切上下字與被切字的聲母關係跟《集解》中的情況基本一致。

3.3.2 《索隱》反切中切上下字與被切字的開合關係

以下從反切結構類型的角度考察《索隱》反切中的開合、洪細、等第關係。先列出所有反切類型,得出各種關係的總表,在此基礎上總結切上下字的特點。由於唇音字無所謂開合,去除 144 條唇音反切,本節考察反切開合關係時實際關注的是 861 條非唇音反切。先請看表 3.3(表格説明請參 2.2.2):

表 3.3 《索隱》非唇音反切開合結構類型

上字 ＼ 下字	開口	合口	唇音	合計
開口	309	1	16	326
	2	140	9	151
合口	215	2	4	221
	2	151	10	163
合計	524	3	20	547
	4	291	19	314

3.3.2.1　切上字與被切字的開合關係

由表 3.3 可知,《索隱》非唇音反切中,切上字有開、合兩類。開口上字共 326＋151＝477 例,其中用於開口反切的 326 例,佔總數的 68％。合口上字共 221＋163＝384 例,其中用於合口反切的 163 例,佔總數的 42％,反之,用於開口反切的合口上字佔總數的 58％。這些數據表明,《索隱》非唇音反切中切上字不論開合都傾向用於開口反切。

另一方面,《索隱》非唇音反切中,開口反切共 547 條,其中切上字爲開口的 326 條,佔總數的 60％。合口反切共 314 條,其中切上字爲合口的 163 條,佔總數的 52％。這些數據表明,《索隱》非唇音反切中,60％的開口反切採用開口上字,52％的合口反切採用合口上字。

總起來看,《索隱》非唇音反切中,有 49％((326＋163)/1005)的切上字的開合與被切字一致。

3.3.2.2　切下字與被切字的開合關係

《索隱》非唇音反切中,切下字有開、合、唇三類。開口下字共 524＋4＝528 例,其中用於開口反切的 524 例,佔總數的 99％。合口下字共 3＋291＝294 例,其中用於合口反切的有 291 例,佔總數的 99％。唇音下字共 20＋19＝39 例,其中用於開口反切的有 20 例,佔總數的 51％。用於合口反切的 19 例,佔總數的 49％。這些數據表明,《索隱》非唇音反切中,99％的開口下字用於開口反切,99％的合口下字用於合口反切,唇音下字則偏向用於開口反切。

《索隱》非唇音反切中共有 39 例唇音下字,其被切字的開合與切上字有一定關係:當切上字爲開口字時,被切字中的開合比例是 16：9;當切上字爲合口字時,被切字的開合比例是 4：10。顯然,切上字爲開口時,被切字偏向是開口。切上字爲合口時,被切字偏向合口,此時切上字大致能決定被切字的開合。

另一方面,《索隱》非脣音反切中,開口反切共 547 條,其切下字爲開口的開口反切有 524 例,佔總數的 96％。合口反切共 314 例,其切下字爲合口的合口反切 291 例,佔合口反切總數的 93％。這些數據表明,《索隱》非脣音反切中,96％的開口反切採用開口下字,93％的合口反切採用合口下字。

總起來看,《索隱》非脣音反切中,有 81％((524＋291)/1005) 的切下字的開合與被切字一致。這一比例要大於切上字與被切字開合一致的比例,可見,《索隱》非脣音反切中,被切字的開合由切下字決定。只是當切下字爲脣音字時,單憑切下字不易確定被切字的開合,此時需考察切上字的開合情況。

3.3.2.3　切上下字的和諧程度在開合上的表現

表 3.3 中,開-開開、合-合合型反切中切上下字與被切字的開合完全一致,這是反切和諧在開合上的表現。這些反切共有 309＋151＝460 條,佔反切總數的 46％。可見,《索隱》非脣音反切中,切上下字在開合上的和諧程度並不高。

3.3.2.4　《索隱》非脣音反切中"開合一致原則"的成立範圍

上已論及,《索隱》非脣音反切中,有 49％的切上字的開合與被切字一致。這些數據表明,切上字的開合傾向跟被切字不一致。那麼,這種傾向性在一定條件下是否有變化呢? 切上字與被切字開合不一致的反切其切上字的分佈是否有規律可循? 我們可以將被切字的類別進一步細化,在更細的類別上考察切上字的開合情況,從而探尋"開合一致原則"的成立範圍("開合一致原則"及下文開合一致率的界定請參 2.2.2.4)。

《索隱》861 條非脣音反切中,開口反切共 547 條,合口反切 314 條,以下分開考察它們各自的開合一致率。

1. 開口反切中的開合一致率

《索隱》547 條開口反切中,洪音(非三等韻)開口反切 303 條,細音(三等韻)開口反切 244 條,以下也分開考察,先看洪音開口反切的情況:

(1)洪音開口反切中的開合一致率

《索隱》303 條洪音開口反切中,各類洪音開口反切的開合一致率請看下表:

表 3.4 洪音開口反切的開合一致率

	I 類開口反切	II 類開口反切	IV 類開口反切
開口上字	52	64	29
合口上字	84	48	26
開合一致率	38	57	53

由表 3.4 可以看出，洪音開口反切中，I 類開口反切的開合一致率要低於其它兩類反切。此類反切中，合口上字共 158 例，其中遇攝上字 151 例，佔總數的 96％，其餘果攝 4 例，通攝 3 例。

（2）細音牙喉音開口反切的開合一致率

接下來考察細音開口反切中的情況，細音開口反切分爲細音牙喉音開口反切與細音舌齒音開口反切兩大類。《索隱》反切中，細音開口反切一共有 244 條，其中細音牙喉音開口反切 99 條，細音舌齒音開口反切 145 條，以下分開考察：

《索隱》99 條細音牙喉音開口反切中，各類牙喉音開口反切的開合一致率請看表 3.5：

表 3.5 細音牙喉音開口反切的開合一致率

	A 類開口反切	B 類開口反切	C 類開口反切
開口上字	18	23	18
合口上字	4	18	18
開合一致率	82	56	50

細音牙喉音開口反切中，A 類反切的開合一致率要大於其它兩類，C 類反切最低。此類反切中，合口上字共 40 例，其中遇攝上字 36 例，佔此類合口上字總數的 90％，其餘果攝 2 例，東、麻韻各 1 例。可進一步考察各類反切的開合一致率，先看 A 類牙喉音開口反切的情況（表 3.6）：

表 3.6 A 類牙喉音開口反切的開合一致率

	支韻	真韻	仙韻	宵韻	侵韻	鹽韻	清韻	幽韻
開口上字	2	1	4	2	0	3	5	1
合口上字	0	0	0	0	1	1	0	2
開合一致率	100	100	100	100	0	75	100	33

　　A 類牙喉音開口反切中,真、侵韻反切因用例太少而失去統計意義,支、仙、宵、清韻反切的開合一致率都是 100%,"開合一致原則"對這些反切均成立。幽韻反切的開合一致率最低,"開合一致原則"對它不成立。此類反切中,合口上字共 4 例,100% 來自遇攝。再看 B 類牙喉音開口反切的情況(表 3.7):

表 3.7　B 類牙喉音開口反切的開合一致率

	支韻	脂韻	祭韻	真韻	仙韻	宵韻	侵韻	鹽韻	蒸韻
開口上字	2	2	3	0	7	2	2	1	4
合口上字	3	0	0	1	5	2	6	0	1
開合一致率	40	100	100	0	58	50	25	100	80

　　B 類牙喉音開口反切中,真、鹽韻反切因用例太少而失去統計意義,脂、祭韻反切的開合一致率是 100%,其餘反切的開合一致率普遍不高,侵韻反切的開合一致率最低。此類反切中,合口上字共 18 例,其中魚 10、語 5、虞;果、麻。遇攝上字佔此類合口上字的 89%。最後看 C 類牙喉音開口反切的情況(表 3.8):

表 3.8　C 類牙喉音開口反切的開合一致率

	之韻	微韻	欣韻	尤韻	元韻	陽韻
開口上字	3	2	5	2	3	3
合口上字	4	4	1	1	3	5
開合一致率	43	33	83	67	50	38

　　C 類牙喉音開口反切中,欣韻反切的開合一致率超過 80%,"開合一致原則"對這一反切大體成立,對尤韻反切則傾向成立。其它反切的開合一致率則等於或低於 50%,"開合一致原則"對這些反切傾向不成立。此類反切中,合口上字共 18 例,其中魚 10、語 6;東、果。遇攝上字佔此類合口上字總數的 89%。

　　(3)細音舌齒音開口反切的開合一致率

　　《索隱》145 條細音舌齒音開口反切中,各類舌齒音開口反切的開合一致率請看表 3.9:

表 3.9　細音舌齒音開口反切的開合一致率

	A 類開口反切	B 類開口反切	C 類開口反切
開口上字	92	2	28
合口上字	8	6	9
開合一致率	92	25	76

由上表可以看出,B 類舌齒音開口反切的開合一致率低於其他兩類。細音舌齒音開口反切中,合口上字共 23 例,其中遇攝字 19 例,佔此類合口上字總數的 83%。其他屋韻 3 例,果韻 1 例。可進一步考察各類舌齒音開口反切,先看 A 類舌齒音開口反切的情況:

表 3.10　A 類舌齒音開口反切的開合一致率

	支韻	脂韻	祭韻	真韻	仙韻	宵韻	侵韻	鹽韻	清韻	麻韻	蒸韻
開口上字	16	7	2	5	10	10	6	14	8	11	3
合口上字	0	3	0	1	1	0	0	2	1	0	0
開合一致率	100	70	100	83	91	100	100	88	100	100	100

由表 3.10 可以看出,A 類舌齒音開口反切的開合一致率普遍較高,大多數反切的開合一致率是 100%,脂韻反切的開合一致率相對偏低。此類反切中,合口上字共 8 例,其中魚 3、語 3;果;屋。可見,6 例來自遇攝,佔此類合口上字總數的 75%。再看 B 類舌齒音開口反切的情況(表 3.11):

表 3.11　B 類舌齒音音開口反切的開合一致率

	支韻	真韻	仙韻	侵韻	鹽韻
開口上字	0	0	1	0	1
合口上字	4	1	0	1	0
開合一致率	0	0	100	0	100

B 類舌齒音開口反切中,除去支韻反切外,其餘反切因用例太少而失去統計意義。此類反切中,合口上字共 6 例,全部來自遇攝魚韻。最後看 C 類舌齒音開口反切的情況(表 3.12):

表 3.12　C 類舌齒音開口反切的開合一致率

	之韻	陽韻	尤韻	嚴韻
開口上字	7	10	10	1
合口上字	1	3	5	0
開合一致率	88	77	67	100

　　C 類舌齒音開口反切中,嚴韻反切因用例太少而失去統計意義,其餘反切中之韻反切明顯高於其它反切。此類反切中,合口上字共 9 例,其中遇攝上字 8 例,佔此類合口上字總數的 89%,其餘 1 例屋韻。

　　整體上看,《索隱》非脣音開口反切中,合口上字共 221 例,其中模 64、姥 64、暮 6;魚 32、語 38、御;虞;東 4、屋 3;果 7;麻。遇攝上字共 206 例,佔總數的 93%。

　　2.合口反切中的開合一致率

　　《索隱》非脣音反切中,合口反切共 314 條,其中洪音合口反切 118 條,細音合口反切 196 條,先看洪音合口反切的情況:

　　(1)洪音合口反切中的開合一致率

　　《索隱》118 條洪音合口反切中,各類合口反切的開合一致率請看表 3.13:

表 3.13　洪音合口反切的開合一致率

	I 類合口反切	II 類合口反切	IV 類合口反切
開口上字	33	0	0
合口上字	66	12	7
開合一致率	67	100	100

　　由上表可以看出,洪音合口反切中,I 類合口反切的開合一致率要低於其它兩類反切的開合一致率,II、IV 類合口反切的開合一致率均達到 100%。此類反切中,開口上字共 33 例,其中質 7;唐 4;歌 4;之、止 4;青 3;海 2、代;職 2;先 2;泰;厚;馬。可進一步考察洪音各類合口反切中的情況,先看 I 類合口反切的情況(表 3.14):

表 3.14　I 類合口反切的開合一致率

	東韻	冬韻	模韻	泰韻	灰韻	魂韻	戈韻	桓韻	唐韻
開口上字	1	0	6	4	4	4	7	7	0
合口上字	6	2	12	5	9	12	4	14	2
開合一致率	86	100	67	56	69	75	36	67	100

　　I 類合口反切中,冬、唐韻反切中開合一致率均為 100%,戈韻反切的開合一致率最低,其餘反切的開合一致率都在 50% 以上。此類反切中,開口上字共 33 例,其中質 7;唐 4;歌 4;之、止 4;青 3;海 2、代;職 2;先 2;泰;厚;馬。

II 類、IV 合口反切中，所有反切的開合一致率均是 100%，表明"開合一致原則"在此類反切中是成立的。這兩類反切中沒有開口上字。

（2）細音牙喉音合口反切的開合一致率

接下來考察細音合口反切中的情況，《索隱》非唇音反切中，細音合口反切共 196 條，其中細音牙喉音合口反切 67 條，細音舌齒音合口反切 129 條。以下分開考察：

《索隱》67 條細音牙喉音合口反切中，各類牙喉音合口反切的開合一致率請看表 3.15：

表 3.15　細音牙喉音合口反切的開合一致率

	A 類合口反切	B 類合口反切	C 類合口反切
開口上字	7	6	16
合口上字	7	7	24
開合一致率	50	54	60

細音牙喉音合口反切中，所有反切的開合一致率都在 50% 或 50% 以上，表明"開合一致原則"對這些反切傾向成立。此類反切中，開口上字共 29 例，其中尤 12、有 5；之 3、止 3；質 2；職；陽 2；真。可進一步考察各類反切的開合一致率，先看 A 類牙喉音合口反切的情況（表 3.16）：

表 3.16　A 類牙喉音合口反切的開合一致率

	支韻	脂韻	真韻	仙韻	清韻
開口上字	1	1	0	4	1
合口上字	1	3	1	0	2
開合一致率	50	75	100	0	67

A 類牙喉音合口反切中，真韻反切因用例太少而失去統計意義，仙韻反切的開合一致率是零。此類反切中，開口上字共 7 字，其中尤 3；真、質；職；止。再看 B 類牙喉音開口反切的情況（表 3.17）：

表 3.17　B 類牙喉音合口反切的開合一致率

	支韻	脂韻	祭韻	真韻	仙韻
開口上字	1	0	0	2	3
合口上字	2	1	1	2	1
開合一致率	67	100	100	50	25

B 類牙喉音合口反切中,脂、祭韻反切因用例太少而失去統計意義,其餘反切的開合一致率不一。此類反切中,開口上字共 6 例,其中尤 5,止。接下來看 C 類牙喉音合口反切的情況(表 3.18):

表 3.18　C 類牙喉音合口反切的開合一致率

	東韻	鍾韻	微韻	魚韻	虞韻	廢韻	文韻	元韻	陽韻
開口上字	1	1	0	2	7	0	4	1	0
合口上字	2	2	2	0	5	2	1	8	2
開合一致率	67	67	100	0	42	100	25	89	100

C 類牙喉音合口反切中,廢、陽韻反切的開合一致率爲 100%,可能與用例少有關。其餘反切中,東、鍾、元韻反切的開合一致率較高,其餘反切的開合一致率均在 50% 以下。此類反切中,開口上字共 16 字,其中尤 5、有 4;之 3、止;陽 2;質。尤韻字 9 例,佔總數的 56%,其它也都是高元音韻字,只有 2 例陽韻字屬例外,不過也都是"內轉"韻。

(3)細音舌齒音合口反切的開合一致率

《索隱》129 條細音舌齒音合口反切中,各類反切的開合一致率請看表 3.19:

表 3.19　細音舌齒音合口反切的開合一致率

	A 類合口反切	B 類合口反切	C 類合口反切
開口上字	38	2	49
合口上字	17	2	21
開合一致率	31	50	30

由上表可以看出,各類細音舌齒音合口反切的開合一致率普遍較低。舌齒音合口反切中,開口上字共 89 例,其中職 22;之 12、止 17;陽 10、養;真 5、質 9;哈 5、海;耕 3;先 2;至;江。可見,此類反切的開口上字主要分佈在職、之、陽、真韻這些"內轉"韻中,它們主要是高元音韻,尤其是 i 類元音韻。可進一步考察各類舌齒音合口反切的開合一致率,先看 A 類舌齒音合口反切的情況(表 3.20):

表 3.20　A 類舌齒音開口反切的開合一致率

	支韻	脂韻	祭韻	諄韻	仙韻
開口上字	6	7	0	4	21
合口上字	1	1	1	4	10
開合一致率	14	13	100	50	37

　　A 類舌齒音開口反切中,祭韻反切因爲字少而失去統計意義,其他反切的開合一致率都偏低。此類反切中,開口上字共 38 例,其中職 9;之 8、止 5;陽 5、養;真 3、質 3;哈、代;耕 2。開口上字主要是 i 類元音韻字,這些字共 28 例,佔總數的 77%,另外陽韻 6 例,外轉字 4 例。

　　B 類舌齒音合口反切僅 4 條,支、脂、祭、真韻反切各一,其中祭、真韻反切的切上字爲開口字,即陽、江韻各 1 字。最後看 C 類舌齒音合口反切的情況(表 3.21):

表 3.21　C 類舌齒音合口反切的開合一致率

	東韻	鍾韻	魚韻	虞韻
開口上字	1	13	25	10
合口上字	3	9	1	8
開合一致率	75	41	4	44

　　C 類舌齒音合口反切中,除去東韻反切外,其餘反切中開合一致率普遍偏低。此類反切中,開口上字共 49 例,其中之 4、止 12;職 13;陽 4;哈 4;真 2、質 6;先 2;至;耕。開口上字主要是 i 類元音韻字,這些字共 37 例,佔總數的 76%。除了 3 例"外轉"韻字外,其餘都是"內轉"韻字。

　　整體來看,《索隱》合口反切中,開口上字共 151 例,其中職 25;之 16、止 24;至;尤 12、有 5;陽 12、養;真 6、質 18;哈 5、海 3、代;唐 4;先 4;厚;歌 4;耕 3;青 3;江;馬;泰。可見,合口反切中,開口上字主要是 i 類元音字,這些字共有 90 例,佔總數的 60%。

　　上述情況可綜合成表 3.22:

表 3.22　《索隱》非唇音反切的開合一致率

		洪音反切						細音牙喉音反切						細音舌齒音反切					
		I		II		IV		A		B		C		A		B		C	
		開	合	開	合	開	合	開	合	開	合	開	合	開	合	開	合	開	合
開		52	33	64	0	29	0	18	7	23	6	18	16	92	38	2	2	28	49
合		84	66	48	12	26	7	4	7	18	7	18	24	8	17	6	9	9	21
一致率		38	67	57	100	53	100	82	50	56	54	50	60	92	31	25	50	76	30

由上表,我們發現:各類反切的開合一致率參差不齊,不過我們可以按照其開合一致率分成不同的層次:

第一層次(＞＝90％),包括 II、IV 類合口反切及 A 類舌齒音開口反切。這幾類反切的開合一致率等於或近於 100％,"開合一致原則"對它們是成立的。

第二層次(70％—89％),包括 A 類牙喉音開口反切和 C 類舌齒音開口反切,"開合一致原則"對這兩類反切大體成立。

第三層次(50％—69％),包括 I 類合口反切,II、IV 類開口反切,所有細音牙喉音合口反切,B、C 類牙喉音開口反切及 B 類舌齒音合口反切,"開合一致原則"對這幾類反切傾向成立。

第四層次(＜50％),包括 I 類開口反切,B 類舌齒音開口反切及 A、C 類舌齒音合口反切,"開合一致原則"對這幾類反切是不成立的。

3.遇攝上字的特殊性及對"開合一致原則"的影響

《索隱》非唇音反切中,開口反切共 547 條,其中合口上字共 221 例,而遇攝字 206 例,佔合口上字總數的 93％。合口反切共 314 條,其開口上字 151 例,並沒有集中的分佈,不過其合口上字的分佈仍然呈現出集中的趨勢:洪音合口反切中,合口上字共 85 例,其中遇攝上字 78 例,佔此類合口上字總數的 92％。細音牙喉音合口反切中,合口上字共 38 例,其中遇攝上字 29 例,佔此類合口上字總數的 76％。細音舌齒音合口反切中,合口上字 40 例,其中遇攝上字 13 例,佔此類合口上字總數的 33％。通攝上字 23 例,佔此類合口上字總數的 56％。遇、通攝兩類上字共 36 例,佔此類合口上字總數的 90％。整體上看,《索隱》非唇音反切中,合口反切共 314 條,其中合口上字共 163 例,而遇攝字共 120 例,佔合口上字總數的 74％。如果加上通攝上字 27 例,則共佔合口上字總數的 90％。

上述統計表明,《索隱》非唇音反切中,遇攝上字是一個特殊的存在:遇攝字既常作開口反切的切上字,又常作合口反切的切上字,似乎處在可開可合的境地。遇攝是獨韻攝,沒有開合對立,那麼,《索隱》非唇音反切中,模、魚、虞韻字是否有開合上的偏向呢?

《索隱》非唇音反切中,模韻反切 18 條,其切上字中模韻上字 12 例,開口上字 6 例,沒有合口上字。反過來看,模韻上字 215 字,其中 134 例用於開口反切,68 例用於合口反切,13 例用於模、魚、虞韻反切。這些數據表明,模韻字是偏向開口的。《索隱》非唇音反切中,魚韻反切 28 條,其切上字中魚韻上字 1 例,開口上字 27 例,沒有合口上字。反過來看,魚韻上字共 98

例,其中用於開口反切的 71 例,用於合口反切的 19 例,用於魚、虞韻反切的 8 例。這些數據表明,魚韻字也是偏向開口的。《索隱》非唇音反切中,虞韻反切 30 條,其切上字模韻上字 1 例,魚韻上字 7 例,開口上字 17 例,合口上字 5 例。反過來看,虞韻上字 13 例,其中用於開口反切的 1 例,用於合口反切的 12 例。這些數據表明,虞韻字没有表現出明顯的開合偏向。

上述統計表明,《索隱》非唇音反切中模、魚韻字是偏向開口的[1],如果將司馬貞的時代[2]的模、魚韻字擬音作開口的話,那麼《索隱》非唇音反切中的開合一致率會出現變化,即下表 3.23 所示:

表 3.23　《索隱》非唇音反切中的開合一致率更新

	洪音反切						細音牙喉音反切						細音舌齒音反切					
	I		II		IV		A		B		C		A		B		C	
	開	合	開	合	開	合	開	合	開	合	開	合	開	合	開	合	開	合
開	133	95	109	12	54	7	22	13	38	8	34	31	98	39	8	4	35	57
合	3	4	3	0	1	0	0	1	3	5	2	9	2	16	0	0	2	13
一致率	98	4	97	0	98	0	100	7	93	38	94	23	98	29	100	0	95	19

與表 3.22 相比,所有反切的開合一致率有了明顯的變化:所有開口反切的開合一致率接近或等於 100%,“開合一致原則”對開口反切全部成立。而合口反切中,所有合口反切的開合一致率都在 40% 以下,“開合一致原則”對這些合口反切均不成立。總結上述討論,《索隱》反切中“開合一致原則”的成立範圍可以用表 3.24 表示如下:

表 3.24　《索隱》非唇音反切中“開合一致原則”的成立範圍

	I	II	IV	A1	A2	B2	C1	C2	B1
開口反切	成立								
合口反切	不成立								

(注:表中 A1 表示 A 類牙喉音反切、A2 表示 A 類舌齒音反切,B、C 可類推。)

---

[1] 考察《索隱》中所有反切,魚、虞韻反切共 58 例,没有出現魚、虞混切,因而不能認爲兩韻已經合併,下述統計中仍視虞韻爲合口。

[2] 程金造認爲,“司馬貞是高宗、武后、中、睿、玄宗時代的人,約生於顯慶、龍朔之時(高宗時)”。詳見程金造《〈史記正義〉、〈索隱〉關係證》(上),《文史哲》,1962 年,32—33 頁。

　　由上表可知,《索隱》非唇音反切中,此時"開合一致原則"只對開口反切成立,即開口反切用開口上字在所有條件下都成立。而合口反切用合口下字的情況完全不成立,這表明合口介音不能通過切上字表現出來。

3.3.2.5　唇音反切的開合類型

　　《索隱》中共有 144 條唇音反切。從反切開合類型的角度考察唇音反切的情況,得表 3.25,其中"唇唇"表示唇音上字拼唇音下字,餘可類推:

表 3.25　唇音反切的開合關係總表

開合類型	幫母反切	滂母反切	並母反切	明母反切	總計
唇唇	5	16	24	7	52
唇開	13	21	22	19	75
唇合	1	5	9	2	17
總計	19	42	55	28	144

　　由上表,不論是整體著眼還是分開考察,《索隱》中唇音反切的切下字除去唇音下字外,主要是開口字,極少用合口字。《索隱》唇音反切中,開口下字共 75 字,佔下字總數的 52%。合口下字 17 字,佔下字總數的 12%。可見,《索隱》中唇音字是偏向開口的,跟合口字關係相對較遠。

3.3.3　《索隱》反切中切上下字與被切字的洪細關係

　　《索隱》反切中,一、二、四等仍屬洪音字,三等是細音字。我們按此標準考察《索隱》1005 條反切中的洪細關係,得表 3.26(表格説明請參 2.2.3):

表 3.26　《索隱》反切的洪細結構類型

上字＼下字	洪音	細音	合計
洪音	358	5	363
	9	32	41
細音	116	12	128
	11	462	473
合計	474	17	491
	20	494	514

3.3.3.1　切上字與被切字的洪細關係

　　《索隱》反切中,切上字從洪細角度看有洪、細音上字兩類。洪音上字共

363＋41＝404 例,其中 363 例用於洪音反切,佔總數的 90％。細音上字共 128＋473＝601 例,其中 473 例用於細音反切,佔總數的 79％。這些數據表明,《索隱》反切中,洪音上字大都用於洪音反切,細音上字大都用於細音反切。

另一方面,《索隱》中洪音反切共 491 條,其中切上字爲洪音的 363 條,佔總數的 74％。細音反切共 514 條,其中切上字爲細音的 473 條,佔總數的 92％。這些數據表明,《索隱》反切中,洪音反切傾向用洪音字作切上字,細音反切傾向用細音字作切上字。

總起來看,《索隱》反切中,有 83％((363＋473/1005)的切上字的洪細與被切字一致。

3.3.3.2 切下字與被切字的洪細關係

《索隱》反切中,切下字從洪細角度分爲洪、細下字兩類。洪音下字共 474＋20＝494 例,其中用於洪音反切的 474 例,佔總數的 96％。細音下字共 17＋494＝511 例,其中用於細音反切的 494 例,佔總數的 97％。這些數據表明,《索隱》反切中,洪音下字幾乎都用於洪音反切,細音下字幾乎都用於細音反切。

另一方面,《索隱》中洪音反切共 491 條,其中切下字爲洪音的 474 條,佔總數的 97％。細音反切共 514 條,其中切下字爲細音的 494 條,佔總數的 96％。這些數據表明,《索隱》反切中,洪音反切幾乎都用洪音下字,細音反切幾乎都用細音下字。

總起來看,《索隱》反切中,有 96％〔(474＋494)/1005〕的切下字的洪細與被切字一致。這一比例要超過切上字與被切字洪細一致的比例,可見,《索隱》反切中,被切字的洪細由切下字決定。

3.3.3.3 切上下字的和諧程度在洪細上的表現

《索隱》反切中,洪-洪洪、細-細細型反切中切上下字的洪細跟被切字一致,這是反切和諧在洪細上的表現,這樣的反切共 358＋462＝820 條,佔反切總數的 82％。可見,《索隱》反切中,切上下字在洪細上的和諧程度較高。

3.3.4 《索隱》反切中切上下字與被切字的等第關係

接著考察切上下字與被切字在等第上的關係,請看表 3.27(表格説明請參 2.2.4):

表 3.27 《索隱》反切的等第結構類型

上字＼下字	I	II	IV	A	B	C	合計
I	196	53	46	10	1	10	316
II	5	14	3	4	2	3	31
IV	22	1	11			2	36
A	23	16	4	86	2	29	160
B		10	2	2	8	9	31
C	15	39	7	99	36	144	340
常例合計	261	133	73	201	49	197	914
	$I I_1$	$II I_1$		$I I_2$		$I I_1$、CI_2	7
	$I II_3$			$II II_1$、CII_1		$I II_1$	6
	$I IV_1$	$I IV_1$		$I IV_1$、$II IV_2$、$IV IV_1$、AIV_3、CIV_1	CIV_2	CIV_2	14
特殊等第類型(91)	IA_1、AA_2、CA_2	IA_1、CA_1	IIA_1、IVA_2、CA_1		BA_2、CA_{22}	CA_2	37
		CB_1	CB_1	AB3、CB4		CB_3	12
		BC_2	AC_1、CC_1	AC_4、CC_3	CC_4		15
總計	270	140	81	227	79	208	1005

3.3.4.1 切上字與被切字的等第關係

由上表可以看出，《索隱》反切中，切上字有一、二、四、A、B、C 六種類型。我們先考察各類上字用於各類反切的情況。先看非三等上字的情況。《索隱》反切中，一等上字共 316＋13＝329 例，用於非三等反切的 196＋53＋46＋8＝303 例，佔總數的 92％，其中用於一等反切的 196＋5＝201 例，佔總數的 61％，這表明，一等上字大都用於非三等反切，特別是一等反切。二等上字共 31＋5＝36 例，用於非三等反切的有 5＋14＋3＋2＝24 例，佔總數的 67％，其中用於二等反切的 14 例，佔總數的 39％，這表明，二等上字主要用於非三等反切，其中用於二等反切的不多。四等上字共 36＋3＝39 例，用於非三等反切的 22＋1＋11＋2＝36 例，佔總數的 92％，其中用於四等反切的 11＋2＝13 例，佔總數的 33％，這表明，四等上字中主要用於非三等反切，但用於四等反切也不多。

再看三等上字的情況。《索隱》反切中，A 類上字共 160＋13＝173，用於三等反切的 86＋2＋29＋10＝127 例,佔總數的 73％,其中用於 A 類反切的 96 例,佔總數的 55％。這表明,A 類上字主要用於三等反切,其中一半以上用於 A 類反切。B 類上字共 31＋4＝35 例,用於三等反切的共 2＋8＋9＋2＝21 例,佔總數的 60％,其中用於 B 類反切的有 10 例,佔總數的 29％,這表明,B 類上字主要用於三等反切,但用於 B 類反切的也不多。C 類上字共 340＋53＝393 例,用於三等反切的 99＋36＋144＋46＝325 例,佔總數的 83％,其中用於 C 類反切的 144＋9＝153 例,佔總數的 39％,這表明,C 類上字主要用於三等反切,用於 C 類反切的也不多。

上述統計表明,非三等上字傾向用於非三等反切,三等上字傾向用於三等反切。其中一等上字傾向用於一等反切,A 類上字傾向用於 A 類反切。

接下來反觀各類反切中的各類上字的運用情況。先看非三等反切的情況。270 條一等反切中,非三等上字共 196＋5＋22＋5＝228 例,佔一等反切上字總數的 84％,其中一等上字共 201 例,佔一等反切上字總數的 74％,這表明一等反切傾向於用一等上字。140 條二等反切中,非三等上字共 53＋14＋1＋3＝71 例,佔二等反切上字總數的 51％,其中一等上字 56 例,佔二等反切上字總數的 40％,二等上字 14 例,僅佔二等反切上字總數的 10％,這表明二等反切傾向於用非三等上字,但主要是一等上字,而不是二等上字。81 條四等反切中,非三等上字共 46＋3＋11＋4＝64 例,佔四等反切上字總數的 79％,其中一等上字 46 例,佔四等反切上字總數的 57％,四等上字 13 例,僅佔四等上字總數的 16％,這表明四等反切傾向於用非三等上字,但主要也是一等上字,而不是四等上字。

再看三等反切的情況。227 條 A 類反切中,三等上字共 86＋2＋99＋19＝206 例,佔 A 類反切上字總數的 91％,其中 C 類上字 108 例,佔 A 類反切上字總數的 48％,A 類上字 96 例,佔 A 類反切上字總數的 42％,這表明 A 類反切傾向於用三等上字,其中用 C 類上字的數量超過 A 類上字。79 條 B 類反切中,三等上字共 2＋8＋36＋30＝76 例,佔 B 類反切上字總數的 96％,其中 C 類上字 64 例,佔 B 類反切上字總數的 81％,B 類上字僅 10 例,佔 B 類反切上字總數的 13％,這表明 B 類反切傾向於用三等上字,但主要也是 C 類上字,而不是 B 類上字。208 條 C 類反切中,細音上字共 29＋9＋144＋9＝191 例,佔 C 類反切上字總數的 92％,其中 C 類上字 153 例,佔 C 類上字總數的 74％,這表明 C 類反切傾向於用 C 類上字。

上述統計表明,《索隱》反切中,非三等反切傾向於用非三等上字,其中主要是一等上字,三等反切傾向於用三等上字,其中主要是 C 類上字,而一等反切中用一等上字,B、C 類反切用 C 類上字的情況尤其突出。

總起來看,切上字與被切字等第一致的反切共 201＋14＋13＋96＋10 ＋153＝487 條,佔總數的 48％,這表明,《索隱》反切中,切上字並不決定被切字的等第。

3.3.4.2　切下字與被切字的等第關係

《索隱》反切中,切下字有一、二、四、A、B、C 六種類型。先考察各類下字用於各類反切的情況。一等下字共 261＋7＝268 例,其中用於一等反切的 261 例,佔總數的 97％。二等下字共 133＋6＝139 例,其中用於二等反切的 133 例,佔總數的 96％。四等下字共 73＋14＝87 例,其中用於四等反切的 73 例,佔總數的 84％。A 類下字共 201＋37＝238 例,其中用於 A 類反切的有 201 例,佔總數的 84％。B 類下字共 49＋12＝61 例,其中用於 B 類反切的 49 例,佔總數的 80％。C 類下字共 197＋15＝212 例,其中用於 C 類反切的 197 例,佔總數的 93％。上述數據表明,《索隱》反切中,某類下字幾乎都用於某類反切。

接下來反觀各類反切中各類下字的運用情況。270 條一等反切中,一等下字共 261 例,佔總數的 97％。140 條二等反切中,二等下字共 133 例,佔總數的 95％。81 條四等反切中,四等下字共 73 例,佔總數的 90％。227 條 A 類反切中,A 類下字共 201 例,佔總數的 89％。79 條 B 類反切中,B 類下字共 49 例,佔總數的 62％。208 條 C 類反切中,C 類下字共 197 例,佔總數的 95％。這些數據表明,《索隱》反切中,某類反切傾向於採用某類下字。

總起來看,切下字與被切字等第一致的反切共 914 條,佔反切總數的 91％。這一比例大大超過切上字與被切字等第一致的比例,因而《索隱》反切中,被切字的等第由切下字決定。

3.3.4.3　切上下字的和諧程度在等第上的表現

《索隱》反切中,I-I I、II-II II、IV-IV IV、A-AA、B-BB、C-CC 型中,切上下字的等第完全一致,這是反切和諧在等第上的表現,這樣的反切共有 196 ＋14＋11＋86＋8＋144＝459 條,佔反切總數的 46％。這表明,《索隱》反切中切上下字和諧程度在等第上並不明顯。

3.3.5　《索隱》反切中切上下字與被切字的韻類關係

接下來以韻攝爲單位,考察切上下字與被切字的韻類關係,請看表 3.28(表格說明請參 2.2.5):

表 3.28　切上下字與被切字的韻類關係

被切字	切下字	比例	切上字	比例
通攝 47	通攝 47	100	屋 5、燭 4	19
			之 3、止 3；職 3；質 3、真	81
			模 4、姥 2、暮 2、魚 3、語 3、虞 3	
			鐸、陽 3；哈；耕；薛	
江攝 22	江攝 19	86	之、止 2、支；職 6；質	100
	殷、緝、志	14	模、姥 2、魚、語 2、虞；鐸、陽；山；豔	
止攝 117	止攝 113	97	支 4、真；脂 3、至；之 9、止 11；尾	26
	薺、祭、薛、屑	3	真、質 13；職 17；陽 7、養；	74
			模；魚 10、語 10、御；虞 10、屋 3	
			尤 2、有 3；耕 2；清；東；果；麻；哈	
遇攝 78	遇攝 73	94	模 8、姥 5；語 5、御 3	27
	侯、麻、陌、藥	6	之 2、止 11；至 2；真、質 8；職 10	73
			尤 3、有 3；陽 7、漾 2；燭	
			哈 2；先 2；果；馬；泰	
蟹攝 90	蟹攝 82	91	代；薺；佳；泰	4
	德 2、曷、薛、未、屑、支、脂	9	真、質 4；職 4；之 3、止 8	96
			模 12、姥 21、暮 4、魚、語 2、虞	
			青 4、陌；先 5；陽 3、養 2；	
			尤 2、有；東 2、屋、代；唐、鐸；果；昔	
臻攝 60	臻攝 60	100	真 3、質 3；諄	12
			之 5、止 4；至	88
			模 6、姥 3、暮 3；魚、語、御；虞 8、東、屋 2、燭；	
			唐、陽 4、養；尤 4、有；	
			歌；厚；江；哈；	
山攝 178	山攝 175	98	寒、仙、先 5	4
	戈、蕭、諄	2	模 28、姥 11、暮 2、魚 11、語 7、虞 3；東 2、屋 6；鍾、燭 2	96
			之 12、止 14、支、紙 3、脂、旨；真 4、質 8；職 8	
			哈、海 5、代；唐、鐸 2、陽 8、漾 2；尤 7、有；青 3、耕 2、陌 3；麻、馬、禡 3；歌 3、戈；寒；覺	

續表

被切字	切下字	比例	切上字	比例
效攝82	效攝81	98	之、止3、脂2；質16、真；職6	100
	麥	2	模12、姥14、暮3、魚、語3、虞	
			唐、鐸、陽4；尤、有2；哈、海2；青2；歌、果；東；寒；齊	
果攝24	果攝23	96	歌、戈	8
	馬	4	模4、姥6、暮；唐4；鐸、海、代；青、昔；先；質	92
假攝27	假攝27	100	麻	4
			之、止3、實；職3；模4、姥3、語	96
			庚、昔4；果2；覺；有；哈	
宕攝57	宕攝55	96	鐸、陽2	5
	屋、覺	4	模13、姥7、魚3、語4、虞2；屋；	95
			之6、至2；職5；質2	
			青、迥；馬、禡；先2；歌、果、海	
梗攝61	梗攝58	95	耕3、陌2	8
	宕、鐸、緝	5	模5、姥10、暮、魚、語2、虞2	92
			真、質5；職7；之3、止5	
			仙、先3；陽2、養；尤、有；海、佳；果；寒；禡	
曾攝18	曾攝18	100	質；支3、止4、脂	100
			模、姥、暮2、語	
			陌；先；有；陽	
流攝40	流攝39	98	有2	5
	嘯	2	職3；之、止5、紙、至；質	95
			模3、姥4、暮4、魚2、語4、虞、麌	
			鐸、陽2；屋；耕；果；哈	
深攝16	深攝14	88	之3、至；職2；	100
	洽、職	12	魚3、語4；陽、耕、麻	
咸攝88	咸攝88	100	質5；職3；之6、止11	100
			模16、姥18、暮、魚3、語3、虞	
			哈2、代；先3、仙、；唐2、陽2；	
			歌4；青3；昔2；東	

從上表可以發現：

(1)《索隱》反切中，切下字的韻類跟被切字一致的反切 973 條，佔總數的 97％，這些反切符合傳統反切"下字取韻定聲調"的原理。例外情況共計 32 條，它們需要回歸原文來區分是屬於音變還是有其它原因。

(2)一般而言，切上字的韻類一般要避免跟被切字一致。不過，《索隱》反切中，有 82 條反切其切上字跟被切字韻類完全一致，它們佔總數的 8％。其具體分佈情況是：通攝 9 條、止攝 21 條、遇攝 21 條、蟹攝 4 條、臻攝 7 條、山攝 7 條、果攝 2 條、假攝 1 條、宕攝 3 條、梗攝 5 條、流攝 2 條。這些反切中的切上字雖然韻類跟被切字一致，在聲調上卻不一致，即這些切上字跟被切字的關係遵從"同韻異調"的原則。

(3)從韻類角度考察《索隱》反切切上字的分佈情況，發現切上字集中分佈在以下韻中(出現次數不少於 10 次的韻類)：模 118、姥 107、止 84、職 77、質 71、之 56、語 53、陽 47、魚 40、虞 32、先 22、尤 20、屋 19、真 13、歌 11、唐 10。分佈在這些韻中的切上字共有 780 字，佔切上字總數的 78％。

(4)從韻尾的角度看，切上字中絶大多數是陰聲韻字。陽、入聲韻中，收-ŋ尾、-k 尾的字明顯多於收-n 尾、-t 尾的字，其中收-k 尾的字又比收-ŋ 尾的字要多，而收-m 尾、-p 尾字最少。

3.3.6 《索隱》反切中切上下字與被切字的聲調關係

最後考察《索隱》反切中切上下字與被切字的聲調關係，請看表 3.29 (表格説明請參 2.2.6)：

表 3.29 《索隱》反切中的聲調結構類型

上字 ＼ 下字	平聲	上聲	去聲	入聲	合計
平聲	88	90	127	112	417
上聲	85	37	103	59	284
去聲	14	9	14	12	49
入聲	61	24	75	31	191
常例合計	248	160	319	214	941
特殊類型 (64)		平平$_2$、上平$_2$、去平$_1$、入平$_2$	平平$_1$、上平$_3$、去平$_1$、入平$_2$	入平$_1$	15
	平上$_{11}$、去上$_2$		平上$_2$、上上$_3$、入上$_1$		19

續表

上字＼下字	平聲	上聲	去聲	入聲	合計
	平去$_4$、上去$_2$、去去$_1$、入去$_1$	平去$_6$、上去$_1$、入去$_2$		入去$_1$	18
	上入$_1$	平入$_1$	平入$_6$、上入$_2$、去入$_1$、入入$_1$		12
總計	270	177	342	216	1005

《索隱》反切中，切上字與被切字聲調一致的反切有 $103＋40＋16＋33＝192$ 例，佔總數的 19%。切下字與被切字聲調一致的反切有 941 例，佔總數的 94%。這一比例大大超過切上字與被切字聲調一致的比例。這表明，《集解》反切中，切下字決定被切字的聲調。

《索隱》反切中，平-平平、上-上上，去-去去，入-入入型反切中，切上字與切下字的聲調一致，這樣的反切共 $88＋37＋14＋31＝170$ 例，佔總數的 17%。這表明，《索隱》反切中，切上下字的和諧程度在聲調上的表現並不明顯。

那麼，《索隱》反切中，切上字的聲調分佈是否有規律可循？《索隱》1005 個切上字中，平聲上字 $417＋23＝450$ 例，佔總數的 45%；上聲上字 $284＋15＝298$ 例，佔總數的 30%；去聲上字 $49＋6＝55$ 例，佔總數的 5%；入聲上字 $191＋11＝202$ 例，佔總數的 20%。這些數據表明，《索隱》反切中，切上字主要是平、上聲字，去聲上字的用例明顯少於其他聲調，這跟前述有關《集解》切上字聲調分佈的情況一致。

另一方面，《索隱》反切中，切上字跟被切字聲調一致的反切有 192 條，佔總數的 19%。進一步考察發現，這些反切中的切上字雖然跟被切字同聲調，但大都不同韻，符合"同調異韻"的原則。不過，仍有少量例外，即出現切上字的聲調、韻類跟被切字完全一致的反切。這些共有 5 例：

平聲反切 2 例：鄉曉陽/香曉陽亮來漾(1965)；汙影模/烏影模故見暮(2145)。

上聲反切 2 例：苦溪姥,溪暮/苦溪姥,溪暮梧匣姥(1440)；眯明薺/米明薺移以支(1674)。

去聲反切 1 例：裁從咍,從代/在從海,從代代定代(3011)。

上述反切中，下標部分是反切用字在《廣韻》中的音韻地位。顯然，"苦/苦梧"、"裁/在代"兩條反切中被切字與切上字都是多音字，可以處理成不一致，遵從"同韻異調"原則。"眯"字《左傳》作"彌明支"，該反切可能是對"彌"字的注音。上述 3 例可不作爲例外看待。而平聲反切中的"鄉、汙"兩字屬真正意義上的例外,因爲其反切中切上字與被切字的調類、韻類完全一致。

3.3.7 《索隱》反切的結構特點

以上從聲母、開合、洪細、等第、韻類和聲調等方面考察了切上下字與被切字的關係,我們在此基礎上總結出《索隱》反切的結構特點:

(1)切下字的聲母大體上有二分的趨勢,其中幫、見、曉、精、章組及以、日母爲一組,端、知、莊組及云母爲另一組,來母處在兩者之間。因而,由切下字的聲母類型可大致推出被切字的類別。

(2)從開合上看,《索隱》非脣音反切中,切上字的開合傾向跟被切字不一致。這種傾向性在更細的類別上表現不一。"開合一致原則"在不同條件下的成立範圍是不同的,遇攝上字既作開口反切的切上字又常作合口反切切上字的特殊性影響"開合一致原則"的成立範圍,如果將遇攝模、魚韻處理爲開口的話,則"開合一致原則"對所有開口反切均成立,反之,對所有合口反切均不成立。

(3)從洪細上看,切上字的洪細傾向跟被切字一致。這種傾向性在更細的類別上表現也不盡一致。

(4)從等第上看,切上字的等第偏向跟被切字不一致。不過,這種傾向性在不同等第的反切中表現是不一致的:非三等反切傾向於用非三等上字,其中主要是一等上字,三等反切傾向於用三等上字,其中主要是 C 類上字,而一等反切中用一等上字,B、C 類反切用 C 類上字的情況尤其突出。

(5)從韻類的角度看,切上字的韻類傾向跟被切字不一致。不過,仍有82 條反切其切上字跟被切字韻類一致,這些反切佔總數的 8％,它們都遵從"同韻異調"的原則。切上字集中分佈在以下韻中:模 118、姥 107、止 84、職77、質 71、之 56、語 53、陽 47、魚 40、虞 32、先 22、尤 20、屋 19、真 13、歌 11、唐10。這些韻的特點是:絕大多數是陰聲韻字,在陽、入聲韻字中,收-ŋ 尾、-k尾的字明顯多於收-n 尾、-t 尾的字,其中收-k 尾的字又比收-ŋ 尾的字要多,而收-m 尾、-p 尾字最少。

(6)從聲調的角度看,平、上聲上字用得最多,去聲上字用得極少。切上字跟被切字聲調一致的反切有 193 條,佔總數的 19％,這些反切大都同韻異調。不過,其中有 5 條反切可處理成切上字跟被切字同調又同韻,可作"同調異韻"原則的例外。其中 3 條反切其用字爲多音字或被切字另有它字,可不作例外處理,而"鄉、污"兩字是真正的例外,其反切中切上字與被切字的調類、韻類完全一致。

3.4 《索隱》中的新型反切結構[①]

3.4.1 《索隱》中新型反切的基本類型

除去傳統反切外，《索隱》中也存在"等第及開合一致"型甚至"準直音"型反切等新型反切。兩種新型反切的結構特點上文 2.3 節已經提及，茲不贅述。傳統反切中，遇攝字常用作切上字，因而下列新型反切中都不列切上字爲遇攝字的反切。《索隱》中，上述新型反切一共 282 條，佔反切總數 1005 條的 28.06%。以下是各類反切的詳細情況：

（一）I-I I 型反切

1. 開口。（1）"等第及開合一致"型反切。

1）脣音：冒/莫報（又）（2633）；浿/旁沛（2986）；芒/莫郎（3220）。2）舌音：灘/他丹（1315）；橐/他各（1473）；糯/郎葛（2554）；唉/唐敢（2725）；那/乃何（2759）；難/乃彈（2768）；躭[②]/多藍（2893）；漯/他合（2933）膮/乃高（3228）；臑/乃導（3228）。3）齒音：操/倉高（2713）；磋/才市（3028）；鰦/昨苟（3276）。4）牙喉音：曤/海各（2538）。

（2）"準直音"型反切。

1）齒音：裁/在代（3011）；瓚/殘岸（集序[③]-5）。

《索隱》中，被切字、切下字均爲開口一等字的反切共計 146 條，其切上字的分佈情況是：合一 87、合三 5、開一 19、開二 3、開三 16、開四 16。其中，切上字爲遇攝字的 86 字，佔切上字總數的 58.90%，切上字爲開口一、二、四等字的共計 38 字，佔切上字總數的 26.03%。而切上字爲開口一等字的 19 字，佔切上字總數的 13.01%。表 3.30 表明存在不同的反切層次：

表 3.30

字頭	反切對比	被切字地位	切上字對比	切下字地位	出處	反切類型
操	七高/倉高	清豪開 1	清質開 3/清唐開 1	見豪開 1	2455/2713	傳/等

---

① 本節內容曾以單篇論文發表在《語言研究》，2021 年第 2 期。

② 雙綫體表示該字音韻地位取自《集韻》。

③ "集序"是《史記集解序》的簡稱，下同。

續表

冒	亡報/莫報	明號開1	明陽合3/明鐸開1	幫號開1	537/2633	傳/等
鯫	此垢①/昨苟	崇厚開1	清紙開3/從鐸開1	見厚開1	2038/3276	傳/等

由上表可以發現,《索隱》中,司馬貞對同一被切字在取音相同時採取了不同的反切上字,分別構成傳統型及"等第及開合一致"型反切,這表明司馬貞的反切系統中存在不同的反切層次。而"冒/莫報"的反切表明,《廣韻》中也存在"等第及開合一致"型反切,其中的反切層次並非單一,值得重視。

2.合口。(1)"等第及開合一致"型反切。

1)齒音:焠/恩潰(2534)。2)牙喉音:睔/公遜(1770);過/光臥(2363)。

《索隱》中,被切字與切下字都是合口一等字的反切共計102條,其切上字的分佈情況是:合一69、合三1、開一14、開二1、開三12、開四5。其中,切上字為遇攝字的67字,佔切上字總數的65.69%,跟傳統反切多用遇攝上字的規律一致。其中"惡/烏故(510)"、"苦/苦楷(1440)"2條反切都為"準直音"型反切,而"苦/苦楷"中,其切上字跟被切字重出,屬於"重字型反切"②。表3.31表明存在不同的反切層次:

表3.31

字頭	反切對比	被切字地位	切上字對比	切下字地位	出處	反切類型
惡	烏故/一故	影暮合1	影模合1/影質開3	影暮合1	510/3050	準/傳
過	古臥/光臥	見過合1	見姥合1/見唐合1	疑過合1	510/2363	等/等
睔	古困③/公遜	見恩合1	見姥合1/見唐合1	溪恩合1/心恩合1	624/1770	等/等
脫	吐活/他活	透末合1	透姥合1/透歌開1	匣末合1	2367/3135	等/傳

(二)II-II II型反切

1.開口。(1)"等第及開合一致"型反切。

1)舌音:袒/濁莧(2338);吒/卓嫁(2612);適(謫)④/丁革(2886)。2)齒音:措/爭陌(1562);喳/爭格(2381);齰/叉革(3011)。3)牙喉音:夏/更雅

---

① "鯫/此垢"是司馬貞轉引吕靜的注音。
② 關於"重字型反切",請參黃笑山、韓丹《從〈文選〉音注談中古注音數題》一文,該文曾在2018年7月北京語言大學舉辦的"第四屆文獻語言學國際學術論壇"中宣讀。
③ 原書作"古困反",疑"困"字誤,改作"困"。
④ 括弧中用字為被切字本字,據他書或校補說明改,下同。

(369);憪/下板(423);行/下孟(510);覵/下板(516);鬜/下諫(2474);顏/吾板①(3058);矼/閑江(3274)。

(2)"準直音"型反切。

1)牙喉音:睚/崖賣(2415);瘕/加雅(2803)。

《索隱》中,被切字與切下字都爲開口二等字的反切共計 123 條,其切上字的分佈情況是:開一 3、開二 15、開三 47、開四 1、合一 39、合三 18。其中,切上字爲遇攝字的有 52 字,佔切上字總數的 42.28%。切上字爲開口二等字的 15 字,佔切上字總數的 12.19%。

(三)IV-IV IV 型反切

1.開口。(1)"等第及開合一致"型反切。

1)舌音:抵/丁禮(90);嚏(喋)/丁牒(414);杓/丁了(1338);趯/天歷(2391);溺/年弔(2402);輊/丁啼(2881);湟(涅)/年結(2969);胝/丁禮(3108)。2)齒音:戚/千笠(353);倩/青練(909);洒②/先禮(3282)。

(2)"準直音"型反切。1)牙喉音:見/賢徧(1921)。

《索隱》中,被切字與切上字都爲開口四等字的反切共計 65 條,其切上字的分佈情況是:開一 6、開二 3、開三 10、開四 11、合一 32、合三 3。其中,切上字爲遇攝字的 33 字,佔切上字總數的 50.77%。切上字爲開口四等字的有 11 字,佔切上字總數的 16.92%。表 3.32 表明存在不同的反切層次:

表 3.32

字頭	反切對比	被切字地位	切上字對比	切下字地位	出處	反切類型
溺	年弔/乃弔	泥錫開 4	泥先開 4/泥海開 1	端錫開 4	2402/2692	等/傳
倩	青練/七見	清霰開 4	清青開 4/清質開 3	來霰開 4/見霰開 4	909/2816	等/傳

(四)A-AA 型反切

1.開口。

(1)"等第及開合一致"型反切。

1)唇音:儦/匹妙(357);比/必二(398);嫖/匹妙(973);庇/必二(1042);

---

① "吾"《廣韻》有疑母模韻、疑母麻韻兩讀,《廣韻》中"吾"字用作模韻被切字"䣝"等 2 字的反切下字,因而疑母模韻是"吾"字的常讀音。根據多音字作切語用字時一般讀作常讀音的原則,本條反切中"吾"字應取疑母模韻一讀,因而此例實非"等第及開合一致"型反切,故不計入新型反切總數中。

② "洒","洗"的古字。

杓/匹遙(1293);秌(剽)/匹妙(又)(1597);彌/名卑(1761);嫖/𤱥消(1973);
辟/賓亦(2048);剽/𤱥妙(2076);偏/匹連(2291);便/婢綿(2765);痺/必二
(2794);比/必利(2806);辟/必亦(2811);剽/匹遙(2928);剽/頻妙(2928);
庇/必二(2934);庇/𤱥履(2934);比/必至(2976);剽/匹妙(2998)。2)舌音:
驪/力知(149);膨/勑知(1478);令/力呈(2393);椹/陟林(2405);涾/勑力
(3020);荔/力致(3030)。3)齒音:觬(然)/人扇(160);湛/視林(637);渫/息
列(898);倩/七净(921);瘲/尺制(941);訾/即移(1039);勝/屍證(1171);
刺/七賜(1383);翅/式豉(1733);施/式豉(1965);疵/自移(2211);哆/赤者
(2221);愀/七小(又)(2264);椹/陟林(2405);藉/積夜(2545);恣/資二
(2555);峭/七笑(2556);診/陳忍(2786);幨/尺占(2841);襜/尺占(2855);
省/仙井(2858);少/式紹(2880);懾/式涉(2930);嬗/式戰(2940);車/尺奢
(2962);焦/即消(3092);貰/食夜(3135);哆/尺奢(又)(3175);哆/尺者(又)
(3175);䂮/即妙(3186);4)牙喉音:厭/一冉(又)(349);厭/一涉(349);厭/
一豔(2301);姚(鷂)/弋召(2928);衍/弋戰(3006);樿/弋井(3029)。

(2)"準直音"型反切。

1)唇音:芈/彌是(1691);臏/頻忍(2162)。

《索隱》中,被切字與切下字都是開口三等A類字的反切共計134條,其
反切上字的分佈情況是:開三A65、開三B1、開三C48、開一7、開四2、合三
C11。其中,開口三等A類切上字65字,佔切上字總數的48.51%。開口三
等C類切上字48字,佔切上字總數的35.82%。上述兩項切上字合計113
字,佔上字總數的84.33%。合口三等C類切上字主要是遇攝字。表3.33
表明存在不同的反切層次:

表 3.33

字頭	反切對比	被切字地位	切上字對比	切下字地位	出處	反切類型
藉	子夜/積夜	從禡開3	精止開3/精真開3	以禡開3	1952/2545	等/等
剽	匹妙/敷妙	滂笑開3	滂質開3/滂虞合3	明笑開3	2998/3145	等/傳
嬗	市戰/式戰	禪線開3	禪止開3/書職開3	章線開3	759/2940	等/等
貰	時夜/食夜	船禡開3	禪之開3/船職開3	以禡開3	343/3135	等/等
診	陳忍/丈忍	章軫開3	澄真開3/澄養開3	日軫開3	2786/2786	等/等
訾	即移/子移	精支開3	精職開3/精止開3	以支開3	1039/1042	等/等

2. 合口。

(1)"準直音"型反切。

1)齒音:徇/旬俊(1694)。2)牙喉音:遺/唯季(2353)。

《索隱》中,被切字與切下字都爲合口三等 A 類字的反切共計 62 條,其切上字的分佈情況是:合三 A2、合三 C18、合一 1、開三 A16、開三 B1、開三 C20、開二 2、開四 2。其中,合口上字共計 21 字,其中遇攝上字 6 字,通攝上字 13 字,通攝上字中又以屋韻上字爲最多。

(五)A-CA 型反切

1. 開口。

(1)"等第及開合一致"型反切。

1)舌音:瞴/丑知(2496);摘(擿)/持益(2536);稗/持利(2907);滯/丑制(3020);胎/丑甄(3199)。2)齒音:懾/之涉(297);賈/時夜(343);嬋/市戰(759);帜/章是(820);訾/子移(1042);噍/將妙(1180);顝/耳占(1202);占/之贍(1430);招(詔)/時遙(1567);漸/子廉(1621);鱓/時戰(1638);提/時移(1674);提/市移(1674);椒(湫)/酒小(1740);藉/子夜(1952);乘/始證(2070);肆/以四(2070);蹠/之石(2125);借/子夜(2410);折/之列(2424);譾/將淺(2549);叱/昌栗(2612);籍/子亦(2732);占/之豔(2779);診/丈忍(2786);怗/蚩輒(2850);斜/士嗟(2907);袗/之忍(3028);燃/而善(3029);禔/市支(3052);贍/市豔(3290);摅/之赤(集序-2);3)牙喉音:螾/以慎(1245);羨/以戰(1591);易/以豉(1675);鄭/以正(2176);鄭/以井(又)(2176);獟(嶢)/丘昭(2934);迡/丘亦(3011);羨/怡戰(3043);詷/丑政(3083);施/以豉(3183);羨/羊戰(3264)。

2. 合口。

(1)"等第及開合一致"型反切。

1)舌音:餒/竹内(470);傳/逐宣(511);窋/竹律(1124);屯/竹倫(1546);累/六水(2140);傳/逐緣(2359);傳/竹戀(2795);攣/六緣(2881);腄/逐瑞(2955);掾/逐緣(3264)。2)齒音:鱒/屬沇(717);卒/足律(2520);儁/松兖(2649)。

《索隱》中,被切字與切下字都爲合口三等字的反切一共有 62 條,其切上字的分佈情況是:合一 1、合三 A2、合三 C18、開一 2、開二 2、開三 A16、開三 B1、開三 C20。其中合口三等 C 類上字 18 字,佔切上字總數的 29.03%。

(六)B-BB 型反切

1.開口。

(1)"等第及開合一致"型反切。

1)唇音:靡/眉綺(1683);邳/被眉(2035);愎/皮逼(2180);煏/皮逼(2960);被/皮亦(2968)。

(2)"準直音"型反切。1)唇音:披/皮彼(1101)。

《索隱》中,被切字與切下字都是開口三等 B 類的反切共計 33 條,其反切上字的分佈情況是:開三 A1、開三 B6、開三 C10、合一 1、合二 1、合三 C14。其中,合口三等 C 類切上字全是遇攝字,而開口三等 B 類切上字 6 字,佔上字總數的 15.15%。表 3.34 表明存在不同的反切層次:

表 3.34

字頭	反切對比	被切字地位	切上字對比	切下字地位	出處	反切類型
披	皮彼/疋彼	滂紙開3	並支開3/滂質開3	幫紙開3	1101/2852	準/等

此外,還有 2 條唇音反切值得注意,即:比/頻律(1903)(被切字與反切上字同屬 A 類)、濞/披位(2821)(被切字與反切上字同屬 B 類)。上述反切中,被切字與切下字同韻卻開合不一致,被切字的開合卻跟切上字的開合一致。換言之,重紐韻唇音的反切上字可以決定被切字的類屬。

B-BB 型合口反切中,並沒有發現"等第及開合一致"的新型反切。但也有 1 條反切值得注意,即:卷/軌免(2273)。被切字與切下字的韻一致而開合不一致,被切字的開合與切上字一致。綜合上述 3 條反切來看,它們或者被切字是唇音字,或者切下字是唇音字,此類現象跟唇音字不分開合有關。

(七)B-CB 型反切

1.開口。

(1)"等第及開合一致"型反切。

1)齒音:齰/仕儉(又)(1081);2)牙喉音:蛾/牛綺(9);衿(鈐)/其炎(1296);榉/其免(1413);搴/己免(1414);奇/紀宜(2084);搴/起焉(2722);搴/己勉(又)(2722);噤/其錦(2748);噤/其禁(又)(2748)。

2.合口。(1)"等第及開合一致"型反切。1)牙喉音:塊/鬼毀(1244)。

B-CB 型合口反切中,也有 2 條反切值得注意,即:惲(頵)/紆貧(1696)、卷/紀免(3199)。其特點是被切字跟切下字同韻不同開合,可能跟切下字都屬唇音字有關。

(八)B-AB 型反切

1.開口。(1)"等第及開合一致"型反切。1)脣音:披/疋彼(2852)。

本類也有 1 條反切值得注意,即:濞/匹位(1526),即被切字與切下字的韻類一致而開合不一,被切字的開合由切上字決定。

(九)C-CC 型反切

1.開口。

(1)"等第及開合一致"型反切。

1)舌音:奇(竒)/柳宥(1033);筞/持略(1610);臭/笞略(3058);2)齒音:遒/茲鳩(1019);杓/時酌(1338);湫/子由(1373);僦/子就(1441);幟/昌志(2676);茝/昌里(3006);磼/士劫(3028);上/時兩(3120);茬/仕疑(3149);3)牙喉音:幾/其紀(396);猶/以獸(408);廑/其靳(493);强/其良(883);邔/其己(965);蹻/其略(1165);玘/羊之(1869);頤/以之(2671);近/其靳(2731);軒/九言(2938);樛/紀蚪(2971)。

(2)"準直音"型反切。

1)齒音:遒/酒尤(1473)。2)牙喉音:鄉/香亮(1965)。

《索隱》中,被切字與切下字都爲開口三等 C 類下字的反切一共 70 條,其反切上字的分佈情況是:開一 1、開二 2、開三 A9、開三 B4、開三 C25、合一3、合三 C26。其中,切上字爲開口三等 C 類字的 25 字,佔切上字總數的35.71%。切上字爲合口三等 C 類字的 26 字,其中 24 字爲遇攝字。表 3.35表明存在不同的反切層次:

表 3.35

字頭	反切對比	被切字地位	切上字對比	切下字地位	出處	反切類型
僦	子就/即就	精宥開3	精止開3/精職開3	從宥開3	1441/3113	等/等

2.合口。

(1)"等第及開合一致"型反切。

1)脣音:誹/方未(363);誹/方味(2433);蝮/芳伏(2644);跗/方府(2802);番/芳袁(2810);泛/芳劍(3022);刜/亡粉(3102);放/方往(3218)。2)舌音:重/逐龍(511);中/竹仲(2256);重/逐用(2547);潼/竹用(2899);重/逐隴(3262)。3)齒音:縱/足用(1675);從/足松(1862);蹴/促六(2257);從/足容(2280);輸/束注(2789);4)牙喉音:肝/況于(963);暖/況遠(1039);姁/況羽(1969);煖/況遠(2359)。

　　《索隱》中,被切字和切下字都爲合口三等 C 類字的反切一共有 126 條,其切上字的分佈情況是:開一 5、開二 1、開四 2、開三 A18、開三 B4、開三 C35、合一 1、合三 A1、合三 B1、合三 C58。其中,切上字爲合口三等 C 類字的 58 字,佔總數的 46.03％,這其中遇攝字 36 字,佔合口三等 C 類上字總數的 62.07％。以下反切值得注意,見表 3.36:

表 3.36

字頭	反切對比	被切字地位	切上字對比	切下字地位	出處	反切類型
從	才松/足容	從鍾合 3	從咍開 1/精燭合 3	邪鍾合 3/以鍾合 3	1707/2280	傳/等
數	疏具/色句	生遇合 3	生御合 3/生職開 3	羣遇合 3/見遇合 3	511/2816	等/傳
數	所主/色主	生麌合 3	生語合 3/生職開 3	章麌合 3	2991/3187	等/傳
中	竹仲/丁仲	知送合 3	知屋合 3/知耕開 2	澄送合 3	2256/2874	等/傳
重	逐龍/直龍	澄鍾合 3	澄屋合 3/澄職開 3	來鍾合 3	511/2007	等/傳
重	逐隴/直隴	澄腫合 3	澄屋合 3/澄職開 3	來腫合 3	3262/2799	等/傳

(十)C-AC 型反切

1.開口。(1)"等第及開合一致"型反切。

1)舌音:植/直吏(2065);長/陟兩(2880);佁/勑吏(3058)。2)齒音:槍/七羊(1798);將/即匠(2158);愀/自酉(2264);皭/自若(2483);僦/即就(3113)。

2.合口。(1)"等第及開合一致"型反切。1)齒音:從/絕用(2390)。

(十一)C-BC 型反切

1.開口。(1)"等第及開合一致"型反切。

1)齒音:莊/側狀(1696);使/色吏(2162);斲/側略(2754);縐/側救(3011)。

2.合口。(1)"等第及開合一致"型反切。

1)齒音:數/率腴(2312)。

(十二)其它類型

(1)A-AC:1)脣音:比/必以(1183);比/必耳(2229);紕/匹之(集序-3)。2)齒音:郪/七絲(1854);A-CC:痍/慈紀(3264);B-CC:跽/其紀(314);膍/其紀(3200)。C-CA:眙/丑二(又)(3199)。

　　以上反切中,反切下字與被切字的韻類並不一致,可能表明司馬貞的音系中脂之兩韻已經歸併。

（2）A-AB：朝/直驕（2985）；B-BA：應/乙陵（2760）；C-CB：靳/紀覲（883）；忔/疑乙（2799）；靳/紀覼（3287）。

以上反切中，被切字與切上、下字的開合一致，但被切字的歸屬由切上字決定。

（3）B-CA：亟/己力（759）；棘/紀力（932）；偈/其例（2419）；䪝/丘列（2494）；孱/仕連（2583）；嫣/休延（2636）；撟/九兆（2789）；撟/紀兆（2791）；揭/丘列（2896）；揭/其逝（2977）；揭/求例（2977）；亟/紀力（3046）。A-CB：任/而禁（2730）。

以上反切中，被切字與切上、下字的開合一致，但切下字的歸類跟被切字並不一完全一致，原因在於切下字聲母主要是來母、澄母字，跟兩母字在A、B 兩類之間的搖擺性有關。

3.4.2 《索隱》中新型反切的特點及價值

上已述及，《索隱》中"等第及開合一致"型反切的結構特點是切上字的等第、開合都跟被切字一致，僅韻類跟聲調跟被切字有別。"準直音"型反切是"等第及開合一致"型反切的一個次類，它的結構特點是切上字的韻類也跟被切字一致，切上字與被切字僅在聲調上不一致。那麼上述新型反切的分佈有無特點？這類新型反切有何價值呢？以下在切上字與切下字等第開合完全一致的情況下進一步考察，見表 3.37：

表 3.37

反切類型	開/合	新型反切數	新型反切佔比（%）	"準直音"型反切數	"準直音"型反切
I-I I	開	18	18/146（12.33）	2	裁/在代①；瓚/殘岸
	合	3	3/102（2.94）	2	惡/烏故；苦/苦楛
II-II II	開	15	15/123（12.19）	2	睚/崖賣；瘕/加雅
	合	/	/	/	/
IV-IV IV	開	12	12/65（18.46）	1	見/賢徧
	合	/	/	/	/
A-AA	開	67	67/134（50.00）	2	芈/彌是；臏/頻忍
	合	2	2/62（3.23）	2	徇/旬俊；遺/唯季

---

① "裁/在代"中，"在"字《廣韻》有上、去兩讀，根據"準直音"型反切"上下字不得同調"的原則，此反切中"在"字取上聲一讀。

續表

反切類型	開/合	新型反切數	新型反切佔比 （%）	"準直音"型 反切數	"準直音"型反切
B-BB	開	6	6/33(18.18)	1	披/皮彼
	合	/	/	/	/
C-CC	開	25	25/70(35.71))	2	遒/酒尤；鄉/香亮
	合	22	22/126(17.46)	/	/
總計	開	143	143/570(25.08)	10	/
	合	27	27/290(9.31)	4	/

從上表可以發現以下特點：

（1）切上字與被切字都是三等字時，更有可能出現新型反切，其中又以A-AA型反切最爲突出。切上字與被切字都爲開口字時，出現新型反切的幾率大於切上字與被切字都爲合口字的情況，不過這跟本書不考慮遇攝字作爲切上字有直接聯繫，如果考慮遇攝上字，則出現新型反切的幾率是（109＋27）/290＝46.90％，顯然切上字與被切字同爲合口字時，更容易出現新型反切。

（2）"準直音"型反切遵循"上下字不得同調"的原則，且切上字大都爲平聲字。考察"準直音"反切中切上字與被切字的聲調關係，發現：去/上去：裁/在代；去/平去：瓚/殘岸；惡/烏路；睚/崖賣；見/賢徧①；徇/旬俊；遺/唯季；鄉②/香亮被切字爲上聲——上/去上：苦/苦楛③；上/平上：瘕/加雅；芈/彌是；臏/頻忍；披/皮彼。被切字爲平聲——平/上平：遒/酒尤。《索隱》中，共有14例"準直音"型反切，全部遵循"上下字不得同調"的原則，其中切上字爲平聲字的反切11例，佔總數的78.57％。《正義》中，"準直音"型反切一共有87例，全部遵循"上下字不得同調"的原則，其中切上字爲平聲字的反切一共54例，佔總數的62.07％④。

（3）出現1例"重字"型反切：苦/苦楛，屬真性"重字"型反切⑤。由於

---

① 徧，《廣韻》列線韻，方見切，依反切下字應在霰韻，《王韻》在霰韻，《集韻》也在霰韻，今據改。

② 鄉，《廣韻》列陽韻，《集韻》有去聲一讀，據原文"非及鄉時之士也"，"鄉"字應取去聲一讀。

③ 苦，《廣韻》有上、去兩讀，根據準直音型反切"上下字不得同調"的原則，本例中"苦"字作切上字時取去聲一讀。

④ 《史記正義》"準直音"型反切的相關資料與考察，請參廖秋華《〈史記正義〉中的新型反切結構》，《古漢語研究》，2020年第2期。

⑤ 關於"重字"型反切真假判斷的標準，請參廖秋華《〈史記正義〉中的新型反切結構》，《古漢語研究》，2020年第2期。

"重字"型反切是"準直音"型反切的一個特殊類別,故而也必須符合"準直音"型反切"上下字不得同調"的原則。"苦"字《王三》、《廣韻》都收上聲一讀,都作"康杜切"。又《廣韻》"綺"小韻,切語作"苦故切",該小韻下收"苦"字,可見"苦"字《廣韻》收去聲一讀,即"苦/苦故"。因而,《廣韻》中"苦"字有上、去兩讀。根據上述分析可知,反切"苦/苦楛"中,切下字"楛"讀上聲,因而被切字"苦"取上聲一讀,而切上字的"苦"則應該據"上下字不得同調"的原則取去聲一讀,因而這條反切屬於真性"重字"型反切。

查《王二》、《王三》並沒有"苦"字的去聲讀法,《唐韻》殘卷"袴"小韻最後一字收"苦"字去聲一讀,釋作"困也。今人苦車是。加。",因而該字的去聲讀法系後人所加。《廣韻》"綺"小韻收"苦"字去聲一讀,釋義同《唐韻》殘卷,應該是承襲《唐韻》而來。據徐朝東(2007)考察,唐寫本《唐韻》殘卷又名蔣藏本《唐韻》,成書年代是開元二十一年(733)①。《王三》的成書年代,據唐蘭推斷,當在唐中宗神龍二年(706)②。因而,單從韻書的記載來看,"苦/苦故"這樣的"重字"型反切最早見於孫愐的《唐韻》。另一方面,司馬貞《索隱》中也出現"苦/苦楛"這樣的"重字"型反切,關於司馬貞的生活年代,據程金造考證,"司馬貞是高宗、武后、中、睿、玄宗時代的人,約生於顯慶、龍朔之時(高宗)"③。綜上,上述"重字"型反切集中出現在唐代中期。在新型反切出現的時間節點上,楊軍、黃笑山、儲泰松(2017)認爲,"今本《釋文》後兩類反切與唐玄宗《開元文字音義》、《韻英》等相關,也跟唐玄宗下詔改訂校勘《經典釋文》有關"④,我們的研究對這一結論可起到補充佐證的作用。

3.5　《索隱》重紐反切的結構特點與重紐韻舌齒音的歸屬

本節以《索隱》重紐及重紐韻舌齒音音切爲材料,運用反切結構分析法對《索隱》重紐特點及重紐韻舌齒音的歸屬問題作出探討。我們主要討論傳統重紐八韻系,即支、脂、祭、真、仙、宵、侵、鹽韻系脣牙喉音的對立。上文已經交代,本書同意黃笑山(1996)的意見,認爲中唐五代時期,喻母字也有重

① 徐朝東《蔣藏本〈唐韻〉撰作年代考》,《古籍整理研究學刊》,2007 年第 6 期,第 53 頁。
② 見《續修四庫全書》第 250 卷第 203 頁。
③ 詳見程金造《〈史記正義〉、〈索隱〉關係證(上)》,《文史哲》,1962 年第 6 期,第 32—33 頁。
④ 文中"後兩類反切"即"等第與開合一致"型反切與"準直音"型反切,詳參楊軍、黃笑山、儲泰松《〈經典釋文〉反切結構的類型、層次及音韻性質》,《歷史語言學研究》,第十一輯,2017 年 10 月,第 19 頁。

紐。《索隱》成書年代隸屬於語音史上的中唐五代時期,因而喻母字也有重紐,下文處理《正義》重紐音切時也依此,不再贅述。文中音切從中華書局點校本(1959)中輯得,去除重複後,一共輯得重紐音切 231 條、重紐韻舌齒音音切 305 條。

3.5.1 《索隱》重紐及重紐韻舌齒音的分佈

(一)支韻系

1 開口。(1)三等。A. 唇音:披/如字(6),罷/皮(591),鈹/敷皮(904),披/皮(1101),陂/詖(1183),鈹/披(1464),恃(罷)/皮(2601),糜/縻(2955),陂/皮(3023),陂/詖(3273),陂/披(3273);披/皮彼(1101),靡/如字(1498),靡/眉綺(1683),披/疋彼(2852),貏/被(3023);被/皮義(2968)。B. 牙喉音:蛾/牛綺(9),齮/犧(360),奇/羈(1429),騎/奇(1856),奇/紀宜(2084),戲/義(2111),奇/居宜(2875),犧/宜(3013),崎/倚(3023);齮/蟻(2451),螘/蟻(2495),騎/於岐(2740),倚/於綺(2754);騎/倚(2740)。(2)四等。A. 唇音:彌/弭(1163),卑/如字(1362),彌/名卑(1761),裨/脾(2345),采/彌(3160);庳/婢(3007);芈/彌是(1691),吁/芈(2350)。B. 牙喉音:蛇/移(2727),跂/岐(2903);狄/易(91),易/以豉(1675),施/如字(2177),施/移(2497),跂/企(2632),施/以豉(3183)。(3)舌齒音。A. 精組:訾/即移(1039),訾/子移(1042),虒/斯(1099),疵/自移(2211),廝/斯(2256),虒/惻氏(3031),斯/如字(3048),斯/曳(3048),疵/貲(3216),鷥/才爾(3276),鷥/薺(又)(3276);訿/紫(2144),徙/斯(3167),呰/紫(3270);刺/七賜(1383)。B. 章組:枝/支(1491),枝/如字(又)(1491),枝/衹(1491),提/時移(1674),提/市移(1674),氏/支(2661),褆/市支(3052),卮/支(3273);幟/只(363),幟/紙(363),幟/章是(820);祇/式豉(1733),施/式豉(1965),忮/寘(3264)。C. 莊組:釃/疏跬(1406),纚/所綺(3031),灑/所綺(3050),屣/所綺(3264)。D. 知組:蟠/勑知(1478),瞵/丑知(2496)。E. 來母:驪/力知(149),離/零(1491),離/如字(2273),蠡/離(2891),蠡/黎(2936);離/令(1491),離/力致(3030)。

支韻系開口中,舌齒音精組"訾、疵"、章組"提"字跟四等牙喉音"蛇"字同用切下字"移",章組"幟"字跟四等唇音"芈"字同用切下字"是","祇"字跟四等牙喉音"施"同用切下字"豉",這些字聯四等。莊組中大多數字跟三等牙喉音"蛾、倚"字同用切下字"綺",莊組中的這些字聯三等。總的來看,支韻系開口中,重紐分佈在所有韻的唇牙喉音中,其中對立的重紐有 6 對:卑/

陂；裨/罷；庫/貏；芊/靡；采/麛；跂/騎。

2 合口。(1) 三等。牙喉音：麾/撝(1041)，爲/如字(1464)；烜/毀(126)，攱/紀(2085)，攱/詭(又)(2085)；塊/鬼毀(1244)，爲/于僞(1372)，塊/九毀(1859)，委/餧(2076)，娄/委(3023)，訛/委(3031)。(2) 四等。牙喉音：倭/人唯(1536)，墮/許規(2433)；觖/企(又)(1997)，觖/冀(2638)。(3) 舌齒音。A. 章組：箠/之委(2577)。B. 知組：甀/錘(2822)；甀/丈僞(389)，甀/持瑞(2606)，腄/逐瑞(2955)，腄/縋(2955)。C. 莊組 揣/初委(2242)。D. 來母：累/壘(1035)，累/力委(1049)。E. 日母：痿/耳誰(2635)；痿/耳睡(2635)。

支韻系合口中，舌齒音知組"甀"字跟三等牙喉音"爲"字同用切下字"僞"，知組"腄"字跟"甀"字又同用切下字"瑞"，知組字都可以聯三等。章組"箠"字、莊組"揣"字及來母"累"字都以三等牙喉音"委"字作切下字，這些字聯三等。支韻系合口中，重紐分佈較廣，但沒有對立的重紐出現。

(二)脂韻系

1 開口。(1) 三等。A. 唇音：鈈/丕(904)，邳/被眉(2035)；囂/喜(2175)；費/祕(173)，祕/符蒦(962)，祕/彎(962)，濞/匹位(1526)，鄪/祕(1534)，潰/祕(1637)，濞/披位(2821)。B. 牙喉音：朹/耆(1608)，祁/如字(又)(2022)；跽/其紀(314)，邔/跽(965)，机/紀(2464)，隑/其紀(3200)；幾/冀(1682)，懻/冀(3264)。(2) 四等。A. 唇音：比/如字(407)，比/必以(1183)；比/必耳(2229)，匕/比(2516)，庀/疋履(又)(2934)，紕/匹之(集序3)；比/必二(398)，庀/必二(1042)，比/鼻(1440)，痹/必二(2794)，比/必利(2806)，庀/必二(2934)，比/必至(2976)。B. 牙喉音：肄/異(2723)。(3) 舌齒音。A. 精組：郪/七絲(1854)，恣/資(2125)，粢/資(2554)；羡/慈紀(3264)；肆/如字(2070)，肆/以四(2070)，恣/如字(2125)，恣/資二(2555)。B. 章組 泜/丁禮(2582)，泜/遲(2582)，泜/祇(2582)，泜/脂(2582)，砥/脂(2792)，指/居桀(3057)；氏/至(3154)。C. 知組：祁/遲(426)，遲/値(2393)，胝/丁私(3050)；雉/徐爾(3093)；質/致(592)，鷙/竹二(1654)，質/躓(又)(2249)，稺/持利(2907)，遲/稚(2976)。D. 來母：荔/利(3019)，荔/力致(3030)，荔/如字(3031)，荔/栗(又)(3031)。

脂韻系開口中，舌齒音精組"恣"字、知組"鷙"字跟四等唇音"比、痹、庀"等同用切下字"二"，來母"荔"字、知組"稺"字跟四等唇音"比"字同用切下字"利"，這些字聯四等。脂韻系開口中，對立的重紐有 2 對：庀/鄪；庀/囂。

2 合口。(1) 三等。牙喉音：夔/逵(1912)；洧/于軌(2251)。(2) 四等。

牙喉音:睢/吁唯(1315),濰/維(2621);睢/休季(2125),遺/唯季(2353),睢/呼季(2555),蜼/遺(3032)。(3)舌齒音。A. 精組:睢/雖(2959);禭/式芮(2702),禭/遂(又)(2702)。B. 章組:脽/誰(462),錐/佳(1679),推/昌誰(1996),推/直追(3155)。C. 莊組:率/所類(2683)。D. 知組:椎/如字(2071),椎/直追(2071),椎/即追(3264)。E. 來母:累/力追(1049),纍/力追(1379);壘/如字(97),累/六水(2140),蟲/誄(3032)。

脂韻系合口中,舌齒音精組"睢"字又有四等牙喉音一讀,該字聯四等。脂韻系合口中,沒有對立的重紐出現。

(三)祭韻

1 開口。(1)三等。牙喉音:憩/憩(2248),偈/其例(2419),揭/其逝(2977),揭/求例(2977)。(2)四等。唇音:蔽/疋結(2530)。(3)舌齒音。A. 章組:貰/世(343),忕/誓(803),瘈/尺制(941),遰/逝(2495),貰/逝(3110)。B. 知組:滯/丑制(3020)。C. 來母:厲/賴(2408)。

祭韻開口中,舌齒音章組"遰"、"貰"都以"逝"字作切,跟三等牙喉音"揭"字同用切下字"逝",這兩字理應聯 B 類,不過它們都是直音,其性質複雜,難以定奪。

2 合口。(1)三等。牙喉音:瘚/居衛(2665),轊/衛(2769)。(2)舌齒音。A. 精組:毳/脆(2523)。B. 知組:餟/竹芮(470),毳/昌芮(1405)。C. 日母:內/汭(1648),芮/如字(2253)。

祭韻合口中,其舌齒音字無法系聯得出其歸屬。祭韻也沒有對立重紐出現。

(四)真韻系

1 開口。(1)三等。A. 唇音:濱/旻(558),緡/旻(1430),汶/旻(2272),汶/閔(2486),閩/旻(2979),旼/旻(3071),旼/崏(3278);閔/敏(2406);泌/密(2495),泌/筆(3019),宓/伏(3040),汨/于筆(3056)。B. 牙喉音:圁/闉(2883);厪/覲(87)。(2)四等。A. 唇音:頻/賓(3030);臏/頻忍(2162),電/亡忍(2237)。比/鼻律(1341),比/頻律(1903)。B. 牙喉音:螾/引(9);螾/以慎(又)(1245);軼/逸(431)。(3)舌齒音。A. 精組:訊/貌(139),信/申(2135),信/伸(2452),訊/信(2495),進/才刃(2506)。B. 章組:真/慎(1526),身/捐(2996),身/乾(3164);診/陳忍(2786),診/丈忍(2786),裖/振(3027),裖/之忍(3028);蜄/振(1246),蜄/娠(1246);質/如字(2249),蛭/質(2496),叱/昌栗(2612),郅/質(2864),郅/室(2942)。C. 莊組:齔/楚恡

（1620）。D. 知組：填/鎮（1742）；跧/褚栗（3058）。E. 來母：溧/栗（2174）。

真韻系開口中，舌齒音章組"診"、"裖"字跟四等唇音"臏"、"黽"字同用切下字"忍"，這兩字聯四等。真韻系開口中，對立的重紐僅有 1 對：黽/閔。

2 合口。(1)三等。牙喉音：菌/求隕（975），頵/紆貧（1696）；窘/求殞（2183），僒/去隕（2501），隕/于粉（2981）。(2)舌齒音。A. 精組：枸/荀（937），逡/七巡（1473），馴/巡（1565），郇/荀（1661），逡/七旬（1939），濬/巡（2801），循/巡（2809），恂/詢（2878）；眴/舜（1694），徇/旬俊（1694），鵕/浚（3013）；卒/子律（1255），卒/足律（2520）。B. 章組：純/淳（2250），純/屯（2250），純/旋（2250）；瞬/舜（2791）。C. 莊組：率/律（2700），率/雙筆（2874）。D. 知組：屯/竹倫（1546）；窋/竹律（1124），窋/張律（2030），絀/黜（2143），怵/黜（2501）。

真韻系合口中，舌齒音字的歸屬無法系聯得出，其重紐只出現在三等中，沒有對立重紐出現。

(五)仙韻系

1 開口。(1)三等。A. 唇音：俛/免（3239）。B. 牙喉音：鄢/於連（又）（1680），嫣/嫣（又）（2614），嫣/休延（又）2636），焉/於然（2661），鄢/起焉（2722），嫣/許乾（又）（2876），鄢/於連（2889）；楗/其免（1413），鄢/己免（1414），鄢/己勉（又）（2722）；甄/丘列（2494），揭/傑（2896），揭/丘列（2896），揭/桀（2977），讞/魚列（3108）。(2)四等。A. 唇音：便/婢緣（16），便/鞭（977），偏/遍（1167），偏/匹連（2291），箯/編（2585），便/婢縣（2765），扁/篇（3257）；偭/面（2495），便/婢見（2765），便/去聲（2870），面/慢（3162）。B. 牙喉音：羨/以戰（1591），羨/延（1591），衍/弋戰（3006），羨/怡戰（3043），羨/羊戰（3264）。(3)舌齒音。A. 精組：湔/煎（1122），鮮/仙（1620）；瀸/殘（1744），譾/將淺（2549），譾/宰殄（2549），揃/剪（2998），鮮/殘（3262）；渫/薛（492），渫/息列（898）。B. 章組：鋋/蟬（2881），蟬/善（3019）；單/善（920），鱔/時戰（1638），鱔/善（又）（1638）；嬗/市戰（759），擅/善（1429），禪/如字（2474），禪/膳（2474），嬗/蟬（2498），嬗/式戰（2940）；浙/折（296），折/之列（2424），搮/舌（2789）。C. 莊組：孱/仕連（2583）。D. 知組：輾/輾（3049）。E. 來母：令/連（1439），連/蓮（3254）；連/輦（3058）。F. 日母：然/人扇（160）；橪/而善（3029），橪/汝蕭（3029）。

仙韻系開口中，舌齒音章組"鱔"、"嬗"兩字跟四等牙喉音"羨"字同用切下字"戰"，這兩字聯四等。章組"折"字跟三等牙喉音"讞"等字同用切下字"列"，該字聯三等。莊組"孱"、來母"令"兩字以"連"爲切下字，而"連"字作三等牙喉音"鄹"、"闕"字的切下字,"屦"、"令"兩字理應歸入三等,不過"連"字同時又作四等脣音"偏"字的切下字,因而以"連"爲切下字的字只能説偏向三等。仙韻系開口中沒有對立重紐出現。

 2 合口。(1)三等。牙喉音:圜/員(1295),權/如字(1377),卷/丘玄(2065),卷/丘權(2065),捲/拳(2338);卷/軌免(2273);嬽/眷(2660),帣/紀免(3199)。(2)四等。牙喉音:嬽/休緣(2318),娟/一全(3041),儇/翾(3264);吮/弋軟(2166),嬽/休軟(又)(2318);説/悦(946)。(3)舌齒音。A. 精組:瑄/宣(471),還/旋(1318),悛/七旬(2878),鐫/旋(3021);吮/才軟(2166),雋/松兖(2649),吮/仕兖(3194);選/息戀(1427),選/宣變(2932);蕝/即悦(2723)。B. 章組:鱄/專(又)(717),剸/專(1044),專/剸(2516),專/之兖(2938);鱄/屬沇(717);轉/張戀(2015);挩/之悦(2103),説/税(2148),説/如字(2237),啜/昌悦(2297)。C. 莊組:篹/撰(2960)。D. 知組:傳/逐宣(511),傳/逐緣(2359),掾/逐緣(3264);摶/專(2830);傳/張戀(238),傳/丁戀(423),傳/轉(429),傳/竹戀(2795);剟/丁劣(2585)。E. 來母:孿/李轉(2078),臠/六緣(2881)。F. 日母:壖/儒緣(849),壖/人椽(2094),壖/而緣(2684),壖/而宣(2876);蝡/軟(1243),壖/人兖(又)(1411),壖/奴亂(又)(2094),壖/軟(2094),壖/輭(又)(2684),壖/人絹(2876);壖/而戀(1139),壖/乃戀(2747)。

 仙韻系合口中,舌齒音精組"吮"字、日母"蝡、壖"字同四等牙喉音"嬽"字的又音同用切下字"軟",這些字聯四等。精組"雋"、章組"專"跟精組"吮"字又同用切下字"兖",這兩字也可聯四等。章組"説"字又有四等牙喉音一讀,該字聯四等,而精組"蕝"字、章組"挩""啜"字跟四等牙喉音"説"字同用切下字"悦",這些字也可聯四等。知組"傳""掾"、來母"臠"及日母"壖"字跟四等牙喉音"嬽"字同用切下字"緣",這些字聯四等。可見,仙韻系合口中,舌齒音字大都跟四等相聯。仙韻系合口中,重紐分佈在所有韻的牙喉音中,但沒有對立的重紐出現。

(六)宵韻系

 1 開口三等。牙喉音:蟜/火嬌(3006);撟/九兆(2789),撟/紀兆(2791),橋/矯(3057);驕/居召(3058)。2 開口四等。A. 脣音:杓/匹遙(1293),剽/方遙(1597),要/腰(2388),剽/匹遙(2928);眇/妙(3253);僄/匹妙(357),嫖/匹妙(973),秒/匹妙(又)(1597),剽/疋妙(2076),剽/頻妙(2928),剽/匹妙(2998),剽/敷妙(3145)。B. 牙喉音:要/平聲(277),嫖/疋消(1973),繇/搖(2273),姚/遙(2928),趬/丘昭(2934);鷕/弋召(2928)。

(3)舌齒音。A. 精組：噍/如字（1180），椒/焦（1740），宵/謖（2114），噍/誰（2769），鐎/焦（2870），焦/即消（3092）；湫/酒小（1740），愀/七小（又）（2264）；噍/將妙（1180），峭/七笑（2556），譙/誚（2655），譙/才笑（2764），嚼/即妙（3186），削/肖（3282），肖/痟（3307）。B. 章組：招/韶（44），釗/招（又）（501），韶/時遙（1567）；䚸/紹（1539），少/式紹（2880）。C. 知組：朝/潮（1620），晁/朝（2745），朝/直驕（2985）。D. 日母：蟯/遶（又）（2809），蟯/饒（2809）。

宵韻系中，舌齒音精組"噍"、"嚼"字以"妙"字作切下字，而"妙"字常作四等唇音字的切下字，這兩字聯四等。章組"韶"字跟四等唇音"剽"、牙喉音"姚"同用切下字"遙"，"韶"字聯四等。知組"朝"字以三等牙喉音"驕"字作切下字，該字聯三等。宵韻系重紐分佈較廣，幾乎出現在所有韻的唇牙喉音中，但沒有出現對立的重紐。

（七）侵韻系

1 開口三等。牙喉音：暗/於金（2612），吟/琴（2626），瘖/音（2812）；噤/其錦（2748），僸/魚錦（3063），肣/琴（3238）；吟/拒蔭（2626），噤/其禁（又）（2748），噤/禁（3220）；歆/吸（又）（883），噏/吸（1028），歆/噏（2709），潝/許立（3020），潝/華給（3020），噏/許及（3056）。2 開口四等。牙喉音：揖/集（245），礏/魚揖（3028）。(3)舌齒音。A. 精組：侵/寢（2844），潯/尋（3036）；瘮/浸（1109）；椹/莊洽（1970），濈/緝（3020）。B. 章組：湛/視林（637），鍼/針（2792），蔵/針（3006）；汁/十（906），執/藝（1016），什/十（2043），什/斗（2906）。C. 莊組：參/去聲（73），椹/陟林（2405），湛/沈（2476）；揕/丁鴆（2533）；鈒/所及（2236）。D. 知組：沿/勑力（3020）。E. 日母：任/而禁（2730）。

侵韻系中，舌齒音莊組"鈒"字跟三等牙喉音"噏"字同用切下字"及"，該字聯三等。日母"任"字跟三等牙喉音字"噤"字同用切下字"禁"，該字也聯三等。侵韻系重紐分佈在大多數韻的牙喉音中，沒有對立的重紐出現。

（八）鹽韻系

1 開口四等。牙喉音：鈐/其炎（1296）；厴/一冉（349）；炎/豔（1335），厴/一豔（2301），魘/於豔（3182）；厴/一涉（349），楪/葉（2992）。2 舌齒音。A. 精組：漸/子廉（1621），銛/纖（2494），灊/潛（2517），漸/哉廉（2528），孅/纖（3218）；漸/依字讀（1621），漸/如字（2528），壍/漸（2556）；婕/捷（502），踥/在接（1764），唼/接（2791）。B. 章組：詹/如字（2841）；陝/如冄（3185）；占/之瞻（1430），占/之豔（2779），詹/尺占（2841），詹/天牒（又）（2841），沾/

襜(2841)，襝/尺占(2855)，贍/市豔(3290)；慴/之涉(297)，歃/攝(883)，葉/攝(1097)，呫/蚩輒(2850)，懾/式涉(2930)。C. 莊組：囋/仕儉(1081)。D. 知組：沾/他廉(2779)。E. 來母：鐮/廉(3091)。F. 日母：顁/耳占(1202)；囁/女輒(2850)。

　　鹽韻系中，舌齒音章組"占"、"贍"字跟四等牙喉音"厭""黶"字同用切下字"豔"，這三字聯四等。而"占"字又作章組"襜""襝"字、日母"顁"字的切下字，則這些字也聯四等。章組"慴"、"懾"字跟四等牙喉音"厭"字的又讀同用切下字"涉"，這兩字也聯四等。鹽韻系重紐只出現在四等牙喉音中，沒有對立重紐出現。

3.5.2　《索隱》重紐反切的結構特點

　　以上羅列了《索隱》音切中重紐及重紐韻舌齒音的分佈情況。可以發現，由於音注材料隨文作注的性質，重紐韻舌齒音和重紐韻大都無法系聯。我們認爲運用反切結構分析法可以解決這一問題。表 3.38 是《索隱》重紐反切的結構類型表。表中首列列出切上字音類，首行列出切下字音類，表心是被切字的統計，表心上格顯示 A 類被切字出現的次數，下格顯示 B 類被切字出現的次數，空格表示沒有出現相應的反切結構。如表心第一行第一列，表示 A-AA 型反切有 31 條，B-AA 型反切則沒有出現，最右列和最下行是合計情況，均以上下格分類統計。

表 3.38　《索隱》重紐反切的結構類型表

上字＼下字	A	J	Sj	S	L	T	W	B	C	II	IV	合計
A	31	20	10	3	5	1			3		2	75
A							1	1				2
B			1					1				2
B		1					3	72				76
C	4	4	9						1			18
C	1	1	2	8	3	5		24	7		2	53
I	1											1
I								1				1
II										1		1
II								1				1

續表

上字＼下字	A	J	Sj	S	L	T	W	B	C	II	IV	合計
IV											1	1
												0
合計	36	24	20	3	5	1	0	1	4	1	3	98
	1	2	2	0	8	3	9	99	7	0	2	133

　　根據上表的統計，《索隱》重紐音切中，重四被切字共有 98 條，重三被切字共有 133 條，兩者合計 231 條。

　　從上表可以看出《索隱》重紐音切結構的幾個特點：

　　(1)從切上字的角度看，當切上字爲 A 類時，被切字絕大部分爲 A 類。如果用 X 表示任意切下字，則 AX＝A，例外 2 例。當切上字爲 B 類時，被切字絕大部分爲 B 類，用公式表示即 BX＝B，例外也有 2 例。當切上字爲 C 類時，被切字爲 A 類的 18 例，被切字爲 B 類的 53 例，被切字顯然偏向 B 類。切上字還可能是 I、II、IV 等字，但因用例太少而無法看出其偏向。

　　(2)從切下字的角度看，當切下字的聲母爲 A、J、Sj、S 時，被切字絕大部分爲 A 類，如果用 X 表示任意切上字，則 X(A/J/Sj/S)＝A，例外 5 例。當切下字的聲母爲 B 或 W 時，被切字爲 B 類，用公式表示即 X(B/W)＝B，例外 1 例。當切下字的聲母爲 L、T 時，被切字爲 A、B 類的數量較爲接近，但偏向 B 類。切下字還可能是 C、II 及 IV 等字，它們以非重紐下字切重紐被切字，可能表明實際語音開始出現變化。其中，當切下字爲 C 類時，被切字偏向 B 類，當切下字爲 II 及 IV 等時，被切字偏向 A 類。

　　(3)綜合來看，當切上字爲 A 或 B 類時，切上字決定被切字的歸屬，即 AX＝A，BX＝B，這樣的重紐音切共 75＋76＝151 條，佔重紐音切總數的 65％；當切下字的聲母爲 A、J、Sj、S、B、W 時，切下字的聲母類型決定被切字的歸屬，即 X(A/J/Sj/S)＝A，X(B/W)＝B，這樣的重紐音切共 36＋24＋20＋3＋9＋99＝191 條，佔重紐音切總數的 83％。可見，相比而言，切下字的聲母類型比 A、B 類上字更能區分重紐。

3.5.3　《索隱》重紐韻舌齒音的歸屬

　　上文已經提及，本書在重紐韻舌齒音的歸屬問題上採取黃笑山的意見。以下統計了《索隱》傳統重紐八韻系反切下字的聲母類型，得表 3.39，我們可以在此基礎上檢驗《索隱》中重紐韻舌齒音的歸屬是否支持這一説法。

表 3.39　《索隱》重紐及重紐韻舌齒音反切下字聲母表

	A	J	Sj	S	L	T	R	W	B	C	I	II	IV	合計
A	36	24	20	3	5	1			1	4		1	3	98
Sj	2	13	85	2	5	6			4		2		3	122
S	2	7	8	65	6		1		1	1		2	1	94
L		1	1		14	5			1		1		2	25
T		2	7	2	13	23			2					49
R	1		1		4		2		7					15
B	1	2	2		8	3		9	99	7			2	133
合計	42	49	124	72	55	38	3	9	115	12	3	3	11	536

上表中,首列列出被切字的聲母類型,首行列出切下字的聲母類型,空格表示沒有出現該類型。從表上可以看出:

(1)A 類反切的切下字除去本身外,主要集中在以母、章組、來母和精組,絕不出現莊組、云母下字,極少用 B 類下字。B 類反切的切下字除去本身外,主要集中在云、來母和知組,極少用 A 類、以母、章組下字。

(2)章組反切的切下字除去本身外,主要集中在以母、來母和知組,絕不用莊組、云母下字,少用 B 類下字。精組反切的切下字除去本身外,主要是章組、以母和來母,絕不用云母下字,很少用 B 類和莊組下字。結合(1)中以母、章、精組常作 A 類反切切下字的事實,可知以、章、精組字聯 A 類。

(3)莊組反切的切下字除去本身外,主要是 B 類和來母,極少用 A 類、章組下字,所以莊組應聯 B 類。

(4)來母反切的切下字除去本身外,主要是知組,知組反切的切下字除去本身外,主要是來母和章組,此外精、以母、B 類下字各 2 例。顯然,知組是偏向 A 類的,而來母反切的切下字除去本身外主要也是知組,則來母也偏向 A 類。

上述統計分析表明,《索隱》重紐音切舌齒音的歸屬支持黃笑山的意見。又結合表 3.38 中的統計數據,我們發現,《索隱》重紐及其舌齒音切下字的聲母類型大致可以分成兩類:章、精組、以母字一類,它們跟 A 類被切字關係密切,莊組、云母字一類,它們跟 B 類被切字關係密切。知組、來母字則偏向 A 類。

第4章 《正義》音系及其反切結構

據我們的統計，張守節《正義》一共有音注 2281 條，去除重複後共有音注 1682 條，其中反切 1034 條，直音及其他注音方式 648 條。從音注來源看，1682 條不重複音注中，張守節自注的音切 1661 條，引自前人的音注共 21 條，其中引自劉伯莊《史記音義》的 7 條，其餘引用的音切都在 3 條以下。

4.1 《正義》音注聲韻系統的特點

本節我們以《正義》1682 條音注材料爲考察對象，運用反切比較法，將《正義》音注逐一與《廣韻》音系進行比較，考察得出《正義》音注聲韻系統的特點。其中，《廣韻》不收或音義不匹配的字則以《集韻》中音韻地位爲參照，下文雙綫體標出。

4.1.1 《正義》音注聲母系統的特點

4.1.1.1 發音部位相同、發音方法相近的混切

1. 全清、次清聲母混切

（1）幫滂混切

以幫切滂：麃/彼苗（224）；綳/拂（293）；拂/風弗（2490）。

以滂切幫：傅/孚富（400）。

（2）知徹混切

以徹切知：鷙/敕利（又）（189）。

（3）見溪混切

以見切溪：部/郊（194）；楬/古曷（2180）；劀/古怪（佚①）（3316）。

以溪切見：監/口銜（142）。

---

① "佚"指該音注出自《史記正義佚文輯校》，下同。

2.全清、全濁聲母混切

（1）幫並混切

以並切幫：番/婆(194)；傅/附(332)；呚/畔(2185)；瓵/鉼(2443)；編/步典(2992)；費/祕(又)(發字例18)。

以幫切並：辯/遍(25)；罷/不(2005)；費/非味(發字例18)。

（2）端定混切

以定切端：適/敵(1659)。

以端切定：癉/單旱(2801)。

（3）知澄混切

以澄切知：中/仲(18)；砥/宅(2552)。

（4）精從混切

以精切從：胙/左 故 (2232)；從/足 松 (2327)；譙/焦 (2670)；籍/借(3048)；從/子勇(3095)；從/縱容(又)(發字例16)；從/足用(又)(發字例17)；藉/租夜(又)(發字例17)。

（5）莊崇混切

以崇切莊：榛/仕斤(3032)。

（6）見羣混切

以見切羣：懼/俱遇(佚)(2345)。

以羣切見：襟/巨禁(佚)(3199)。

3.次清、全濁聲母混切

（1）滂並混切

以並切滂：披/皮 義 (43)；拂/弼 (1570)；裶/方 非 (3012)；磅/蒲 黃 (3020)；媥/白眠(3041)；膊/並各(3276)。

以滂切並：掊/仆(412)

（2）透定混切

以定切透：它/徒多(2590)；鮐/臺(3276)。

（3）清從混切

以從切清：戚/寂(2022)。

以清切從：萃/翠(3012)。

（4）初崇混切

以初切崇：檚/楚咸(1317)。

（5）溪羣混切

以羣切溪：頎/奇傾(佚)(416)；屈/羣物(1161)；詘/求物(2030)；詘/羣

物（又）（2030）；屈/求物（2619）；屈/求勿（佚）（3093）。

4. 清、濁聲母混切

曉匣混切：以匣切曉：𩵩/胡規（1307）。

以曉切匣：乎/呼（佚）（1611）。

5. 全濁、濁聲母混切

（1）從邪混切

以從切邪：儳/在宣（9）；囚/在由（273）；徇/才迅（2128）。

以邪切從：冣/詞喻（167）；從/訟容（發字例 16）。

（2）船禪混切

以禪切船：乘/時升（263）；乘/時證（1158）；乘/承證（1779）；射/石（2163）。

4.1.1.2　發音方法相同、發音部位相近的混切

1. 舌上、正齒混切

以章切知：質/至（132）。

以知切章：鷙/陟利（論音例 16）。

以昌切初：毳/昌芮（79）。

2. 齒頭、正齒混切

以精切莊：薔/災（1609）。

以從切崇：鰌/族苟（3276）。

以生切心：省/山井（245）；眚/山井（1619）。

以心切生：筱/蘇寡（2069）。

3. 舌頭、舌上混切

以透切澄：摘/天歷（51）；誅/珠（2672）。

以澄切定：纏/直延（2791）。

《正義》音切聲母系統跟《廣韻》音系基本一致。上述出現的混切表明，濁音清化現象表現較爲突出，它幾乎涉及所有發音部位，表明濁音清化在這一時期全面出現。此外，部分混切則是上古音遺留的表現。

4.1.2　《正義》音注韻母系統的特點

4.1.2.1　同等韻系的混切

1. 一等重韻的混切

（1）東一冬混切

《正義》音切中東韻一等和冬韻平、入兩聲都有混切，即：

以東一切冬：膿/女東(2798)；蠹/獨(又)(2970)。

以冬切東一：暴/蒲酷(2525)。

上述混切中，入聲屋一、沃韻字互作對方的切下字，表明入聲的合併已經形成，舒聲只有平聲一個混切，不足以作爲合併的依據，不過考慮到《正義》中東一和冬韻舒聲只有平聲字，沒有上、去兩聲字，東一和冬韻上、去兩聲沒有混切或許是材料所限，又加之"膿"字是常用字，因此我們傾向於認爲《正義》中東一和冬的舒聲也已經合併。

（2）灰、泰混切

以隊切泰：祋/都誨(2944)。

以賄切泰：蔡/千賄(3012)。

隊韻和泰韻合口混切1例，但"祋"字不是常用字，賄韻和泰韻開口混切也有1例混切，混切數量很少，不足以作爲《正義》中兩韻已經合併的證據。

2.二等重韻的混切

（1）皆夬混切

以夬切怪：介/加邁(2502)。

夬、怪開口混切僅有1例，不過考慮到"介"字是常用字，而且怪、夬韻轄字本來就少，字數少而出現混切例，應該引起重視。

（2）庚二耕混切

以庚二切耕：矺/宅(2552)。

庚二、耕韻入聲陌、麥韻出現混切，但因只有1例，且"矺"字不是常用字，不足以作爲庚二和耕韻入聲已經合併的證據。

（3）咸銜混切

以銜切咸：歃/衫甲(2367)；嶃/仕銜(又)(3023)。

以咸切銜：㛸/歃(414)。

咸、銜兩韻在平、入聲有混切，入聲洽、狎互作對方的切下字，且"歃、㛸"字都是常用字，表明《正義》中咸、銜兩韻的入聲已經開始合併。至於平聲，由於"嶃"字音切屬於又音，又音的來源較爲複雜，且只有1例，不足以作爲平聲合併的依據。

3.三等重韻的混切

1）支脂之微混切例

（1）支之混切

以之切支：觜/子思(1307)；蛾/魚起(9)；枳/止(2246)。

以支切之：司/巨支（論音例 16）；絲/巨支（論音例 16）；偲/巨支（論音例 16）；伺/巨支（論音例 16）；已/以爾（1818）。

支、之混切出現在平、上聲的開口，去聲没有混切可能是注音字少的緣故，而且上述被切字除去"偲"字外都是常用字，據此，我們認爲《正義》中支、之兩韻的開口已經出現合併。

（2）脂之混切

以之切脂：鴟/昌之（1812）；坻/持（2502）；蓍/詩（3223）；兕/似（1162）；比/卑耳（1326）；比/必耳（2159）；曁/其記（240）；肄/異（1177）。

以脂切之：徵/知雉（2534）；儓/四（又）（394）；思/四（1182）；思/先利（1207）；思/肆（1454）；置/陟利（論音例 16）。

脂、之混切出現在平、上、去聲的開口，而且上述被切字除去"儓"字外都是常用字，據此，我們認爲《正義》中脂、之兩韻的開口已經出現合併。

（3）之微混切

以微切之：嘻/希（2441）；釐/希（2503）；其/幾（2691）。

以之切微：幾/記（2914）；幾/紀（又）（發字例 17）。

之、微混切出現在平、上、去聲的開口，而且上述被切字都是常用字，據此我們認爲，《正義》中之、微兩韻的開口已經出現合併。

上述支脂之微混切用例 27 例，主要是之韻分別與脂、微韻的開口發生混切，這些例證表明，《正義》音切中支之、脂之、微之韻的開口已經發生合併。

2）魚虞混切

以語切虞：豎/時舉（2212）。

魚、虞混切僅有 1 例，且是對人名的注音，不足以作爲兩者合併的依據。

3）祭廢混切

以祭切廢：喙/許衛（1701）。

祭、廢合口混切僅 1 字，不足以判定已經合併，但祭、廢韻轄字本就很少，應該引起重視。

4）臻欣混切

以欣切臻：榛/仕斤（3032）。

《正義》中，臻、欣混切也是孤例，不足以作爲兩者合併的依據。

5）尤幽混切

以尤切幽：繆/亡又（2439）。

"繆"字是對人名"繆賢"的注音，又《正義》中"繆"字在另一處注音"武彪反",仍屬幽韻,據此我們認爲,《正義》中尤、幽兩韻並没有合併。

6)鹽嚴混切

以嚴切鹽:捷/才業(3032)

鹽、嚴混切只有入聲混切1例,不足以作爲兩者合併的依據。

4.寒桓混切

以寒切桓:漫/莫干(20);瞞/莫寒(1535);番/片寒(1716);眛/莫葛(1344);沫/莫葛(2133)。

其中,"漫"字"莫干反"或爲"莫幹反",幹,亦作"干",《廣韻·翰韻》:"幹,古案(翰)切。"故"莫幹(翰)反"與"漫(换)"相當。

上述5例寒桓混切中,被切字都是唇音字,都以開口字作爲唇音字的切下字。"三家注"中唇音字的開合混切問題,黄坤堯(1994:123)認爲:"早期開口、合口本來就區別清楚,不容易相混;而唐代以後唇音字的性質發生了變化,於是纔出現開合分韻而唇音字開合混切的問題。"[1]我們認爲,上述被切字都是唇音合口桓韻字,而切下字都是開口寒韻字,如果桓韻系在張氏作注的時候已經分出,那就都是以開口字作爲唇音字的切下字,這些混切可能意味著唇音的合口性質這時還不是特别明顯,至少在注者口吻中感覺不到。另一種可能是,在張氏作注的時候,桓韻系還没有從寒韻系中分出,上述混切是本韻自切。

5.真諄混切:

以真切諄:怵/人質(142);卒/子必(225)。

以諄切真:率/所律(468)。

真、諄混切只出現在入聲韻,這些混切可能表明真、諄韻的入聲韻開始合併,另一種可能是諄韻還没有從真韻中獨立出來,真、諄混切是本韻自切。

6.真文、諄文混切:

以真切文:拂/弼(1570)。

以文切諄:順/訓(1528)。

上述混切中以質切物1例,以問切稕1例,而且上述被切字都是常用字,這表明,《正義》音切中真文、諄文存在混淆的跡象。

7.寒談混切

以寒切談:榼/古曷(2180)。

---

[1] 黄坤堯《〈史記〉三家注之開合現象》,《中國語文》,1994年,第2期。

寒、談混切出現在入聲韻，可能預示著閉口-m 韻尾正逐步消失，開始與-n 韻尾合流。但《正義》中"檻"字在另一處注音"苦曷反"，仍屬寒韻，可見寒、談韻入聲並沒有合併。

8. 東三尤混切

以宥切屋三：畜/許救（177）；畜/許又（292）；肉/仁救（1207）。

上述"畜"、"肉"可能是方音作注，筆者母語（老湘語武岡話）中，"畜"字在"畜牧業"中念"ɕiəu45"、"肉"字念"ʐiəu45"，都作宥韻讀，據此，屋三、宥韻混切可能存留方音。

9. 虞尤混切

以宥切遇：傅/孚富（400）。

上述反切中，"傅"字以尤韻唇音字"富"字作切下字，表明尤韻唇音字中"富"等字在張氏時代已經讀如虞韻，這一混切反映的是音變的出現。

10. 元仙混切

以仙切元：軒/巨連（又）（3163）。

《正義》中以仙切元僅 1 例，且是又音，不足以作爲兩者合併的依據。

4.1.2.2　不同等韻系的混切

1. 談銜混切

以談切銜：監/甲暫（2229）；檻/御覽（3202）。

《正義》中，談韻 11 字，其中 8 字本韻自切，銜韻 13 字，其中 9 字本韻自切，談、銜混切出現在上、去聲中，混切用例佔據談、銜韻字總數的 8%，且"監"、"檻"都是常用字，據此我們認爲《正義》中談、銜韻合併已經開始。

2. 刪桓混切

以刪切桓：棺/古患（265）；冠/縮（293）。

以桓切刪：彎/烏繁（3036）。

《正義》中，刪韻反切共 8 字，其中 4 字本韻自切，桓韻 56 字，其中 39 字本韻自切，刪、桓混切 3 例，佔刪、桓韻字總數的 5%，又除去"冠"字外，"棺、彎"都不是常用字，據此我們認爲《正義》中刪、桓還沒有合併。

3. 東一東三混切

以東一切東三：夢/莫公（1448）。

東一、東三混切僅 1 例，且是對人名"壽夢"的注音，不能作爲合併的依據。

4.仙先混切

以先切仙:辨/邊練(又)(1193);焉/煙(2909);媥/白眠(3041)。

《正義》中,仙、先混切出現在平、去聲中,其中,"辨"字注音是又音,來源複雜,"媥"也不是常用字,"焉"字是對地名的注音,這些混切都不足以作爲仙、先合併的依據。

5.清青混切

以青切清:摘/天歷(51);辟/壁(441);辟/普覓(又)(發字例17)。

以清切青:經/勁(1207);酈/擲(1750);壁/璧(2074)。

《正義》中,清、青混切出現在去、入聲中,其中"摘"不是常用字,"辟"字兩見,一是對人名的注音,一爲又音,"酈"字是對地名的注音,"經、壁"雖都是常用字,不過都注直音,而直音性質難定,因而總的來看,我們認爲《正義》中這些混切不足以證明清、青已經合併。

6.蕭、豪混切

以蕭切豪:刀/鳥條(1492)。

"刀"字出現的原文是人名"豎刀",是齊桓公的臣子,其中"刀"是"刁"字的異文,即原名"豎刁","刁"《廣韻》屬蕭韻,則本條不屬於混切,應屬蕭韻自切。

《正義》音切韻母系統跟《廣韻》音系基本一致,不同的地方主要是一些相近的韻系出現混切現象。這些混切現象,有些可能表明韻系之間出現合併,比如東一和冬,支之、脂之、之微的開口已經發生合併,真文、諄文、談銜的合併也可能已經出現。至於其他混切現象,或因爲混切用例太少,或因被切字不是常用字,或注者以方音作注,還不足以作爲合併的依據。

4.2 《正義》反切中切上下字與被切字的關係

本節主要討論《正義》反切中切上下字與被切字的關係。以下先列出《正義》1034條反切中的反切結構類型表,再分別討論切上字與被切字的關係、切下字與被切字的關係,在此基礎上總結歸納出《正義》反切的結構特點。

《正義》1034條反切中,張氏徵引前人的反切僅8條,其中"戚、鐩、搏"3字張氏未加注,"嵜"字兩者反切用字地位一致,而反切用字地位不完全一致的有3字,即"調、莜、憧"。這表明,張氏徵引前人的反切很少,對前人的音切大體肯定,因而下述分析中我們將張氏自注反切與其徵引反切統一處理。

4.2.1 《正義》反切中切上下字與被切字的聲母關係

4.2.1.1 切上字與被切字的聲母關係

從《廣韻》的角度看,《正義》1034 條反切中,被切字涉及所有聲母。其中切上字與被切字聲母一致的反切有 940 條,佔反切總數的 91%。這些數據表明,被切字的聲母由切上字決定,這符合傳統的"上字取聲定清濁"的反切原理。而切上字與被切字聲母不一致的反切有 94 條,佔反切總數的 9%,即表 4.1:

表 4.1 切上字與被切字聲母不一致的反切統計表

被切字	切上字	被切字	切上字
幫	滂、並	崇	初、從
滂	幫 2、並 5	生	禪、心
並	幫	章	知、澄
透	定	昌	邪
定	端、澄、匣	船	禪 3
泥	定	書	昌、日
來	見、羣	日	以
知	徹、精 2	見	溪、羣、匣
徹	日	溪	見 2、羣 6
澄	透、章 3、日、邪	羣	見、崇
精	禪	疑	影 2、云
清	心	影	疑、溪
從	精 6、邪 2、莊	曉	匣、羣 2、透
心	從、生 2、羣 4	匣	云、疑、見 3
邪	從 2、心、澄	云	影
莊	崇	以	書
初	昌	總計	94

這些反切大致可以分成兩種情況:一種情況是,切上字聲母跟被切字聲母有關係,或者是中古同聲組(系),如"鋪(並),必(幫)捕反",或者上古同聲,如"纏(定),直(澄)延反",這樣的反切或者表明音變出現,或者存留古音。另一種情況是,切上字聲母跟被切字聲母完全沒有關係,這樣的反切共

計 15 條。這些反切或是反切上字用字訛誤,或是被切字另有它字,可結合原文作出進一步解釋。

4.2.1.2 切下字與被切字的聲母關係

接下來考察切下字與被切字聲母的情況,看看切下字的聲母分佈情況是否有規律可循,我們先給出切下字與被切字聲母情況的總表,表 4.2 中首行表示切下字的類別,首列表示被切字的類別,空格表示沒有出現該類型:

表 4.2　切下字與被切字的聲母情況總表

被切字＼切下字	P	T	L	Tr	S	R	Sj	K	H	W	J	總計
P	79	5	13		1		10	19	8	6	12	153
T		27	24				1	19	13	1	3	88
L		4		13	4		10	8	5	3	2	49
Tr	1		35	7	1		8	14	2	2	6	76
S	1	13	19	2	39		10	14	11		28	137
R	1		16			1	2	19	5		1	46
Sj	3		12	2			52	7	2		32	110
K	24	8	19	3	5	2	11	65	35	6	4	182
H	20	6	19		1		71	12	9		3	151
W	4						6					10
J					1		23	5			3	32
總計	133	63	157	28	54	5	132	247	93	28	94	1034

由上表可以看出:

(1)不管被切字如何,切下字的聲母除去本組聲母外,主要以見、曉組、來母為主,即切下字喜用牙喉音字與來母字。例外情況是云、以母反切不用曉組、來母下字,來母反切也不用來母下字。

(2)一般情況下切下字要避免跟被切字聲母完全一致,例外情況有 11 例,即幫、滂、並、心、生、羣、匣母反切中各有 1 例切下字與被切字聲母完全一致,以母反切中有 3 例以母下字,當作例外處理。又,被切字喜用本組其它聲母字作切下字,例外情況是來、云母反切完全不用本組聲母字作切下字。

(3)莊組下字出現 5 例,主要作見、曉組反切的切下字。這 5 條反切是:省/上色;厴/乙斬;監/甲衫;解/核詐(又);解/佳債(又)。這些被切字中,除去"壓"字外,其餘 4 字都是二等字,其中卦韻 2 例,衛、梗韻各 1 例。"壓"字原文出現在人名中,該字《廣韻》屬影母琰韻字,但《集韻》有影母賺韻一讀,如果此字採用《集韻》的音讀,則所有被切字都爲二等字。也就是説,莊組下字只作二等反切的切下字。學界一般認爲,二等字是帶有捲舌介音 r,而莊組字也帶有 r,選用莊組下字作二等反切的切下字可能是反切和諧的需要。

(4)唇牙喉音字關係密切:唇音反切喜用牙喉音字作切下字,而牙喉音反切也喜用唇音字作切下字;精、章組跟以母關係密切:精、章組反切喜用以母字作切下字,而以母反切中章組切下字出現也較多;來母反切中章組切下字出現數量較多,章組反切中來母切下字出現也較多,似乎表明來母跟章組關係密切。

(5)端、知、莊組反切都喜用見組、來母字作切下字;而除去本身外,端組下字主要作精、見、曉組反切的切下字,知組下字主要作來母反切的切下字,莊組下字主要作見、曉組反切的切下字;由於見組、來母下字幾乎作所有反切的切下字,因而不能認爲端、知、莊組跟見組、來母關係密切。

(6)云母反切中切下字主要是見、幫組字,而云母下字主要作幫、見、曉組反切的切下字,其中尤其是曉母反切中云母下字出現較多;以母反切的切下字主要是章、見組、日母字,而以母下字主要作精、章組、幫、見、日母反切的切下字。參照幫組反切中以母下字出現數量遠大於云母下字的事實,我們認爲相對而言以母跟唇牙喉音、齒音精章組關係密切,云母則較遠。

由上可以初步推論出:《正義》反切中,切下字的聲母大體上有二分的趨勢,其中幫、見、曉、精、章組及以、日、來母爲一組,端、知、莊組及云母爲另一組。因而,由切下字的聲母類型大致推出被切字的類別。

4.2.1.3 切上下字的和諧程度在聲母上的表現

《正義》反切中,有些切下字的聲母可以跟被切字聲母同類,而被切字的聲母由切上字決定,因而這些切下字的聲母跟切上字同類,這種切上下字聲母同類的反切可能是反切和諧在聲母上的表現。《正義》反切中,切上、下字聲母同類的反切共有 285 例,佔全部反切的 28%,可見,《正義》反切中,切上下字的和諧程度在聲母上的表現並不明顯。

上述分析表明,《正義》反切中切上下字與被切字的聲母關係跟《集解》中的情況基本一致。

4.2.2 《正義》反切中切上下字與被切字的開合關係

以下從反切結構類型的角度考察《正義》反切中的開合、洪細、等第等關係。先列出所有反切類型,得出各種關係的總表,在此基礎上總結出切上下字的特點。由於唇音字無所謂開合,去除 153 條唇音反切,本節考察反切開合關係時實際關注的是 881 條非唇音反切。先請看表 4.3(表格説明請參2.2.2):

表 4.3　《正義》非唇音反切的開合結構類型

上字 ＼ 下字	開口	合口	唇音	合計
開口	360	2	15	377
	6	130	9	145
合口	186	1	8	195
		142	22	164
合計	546	3	23	572
	6	272	31	309

4.2.2.1　切上字與被切字的開合關係

由表 4.3 可知,《正義》非唇音反切中,切上字有開、合兩類。開口上字共 377＋145＝522 例,其中用於開口反切的 377 例,佔總數的 72%。合口上字共 195＋164＝359 例,其中用於合口反切的 164 例,佔總數的 46%。反之,用於開口反切的佔合口上字總數的 54%,這些數據表明,《正義》非唇音反切中的切上字不論開合都傾向用於開口反切。

另一方面,《正義》非唇音反切中,開口反切共 572 條,其中切上字爲開口的開口反切 377 條,佔總數的 66%。合口反切共 309 條,其中切上字爲合口的合口反切 164 條,佔總數的 53%。這些數據表明,《正義》非唇音反切中,開口反切傾向採用開口上字,合口反切傾向採用合口上字。

總起來看,《正義》非唇音反切中,有 52%[(377＋164)/1034]的切上字的開合與被切字一致。

4.2.2.2　切下字與被切字的開合關係

《正義》非唇音反切中,切下字有開、合、唇三類。開口下字共 546＋6＝552 例,其中用於開口反切的 546 條,佔總數的 99%。合口下字共 3＋272＝275 例,其中用於合口反切的有 272 例,佔總數的 99%。唇音下字共 23＋31＝54 例,其中用於開口反切的有 23 例,佔總數的 43%。用於合口反切的 31例,佔總數的 57%。這些數據表明,《正義》非唇音反切中,99%的開口下字用於開口反切,99%的合口下字用於合口反切,唇音下字則偏向用於合口反切。

《正義》非唇音反切中共有 54 例唇音下字,其被切字的開合與切上字有一定關係:當切上字爲開口字時,被切字中的開合比例是 15∶9;當切上字爲合口字時,被切字的開合比例是 22∶23。顯然,切上字爲開口時,被切字傾向是開口。切上字爲合口時,被切字略微偏向合口,此時下字的唇音性質會干擾被切字開合的確定。

另一方面,《正義》非唇音反切中,開口反切共 572 條,其切下字爲開口的開口反切有 546 例,佔總數的 95%。合口反切共 309 例,其切下字爲合口的合口反切 272 例,佔合口反切總數的 88%。這些數據表明,《正義》非唇音反切中,95% 的開口反切採用開口下字,88% 的合口反切採用合口下字。

總起來看,《正義》非唇音反切中,有 79%〔(546+272)/1034〕的切下字的開合與被切字一致。這一比例要大於切上字與被切字開合一致的比例,這表明,《正義》非唇音反切中,被切字的開合由切下字決定,只是當切下字爲唇音字時,單憑切下字不易確定被切字的開合,此時需考察切上字的開合情況。

4.2.2.3　切上下字的和諧程度在開合上的表現

表 4.3 中,開-開開、合-合合型反切中切上下字與被切字的開合完全一致,這是反切和諧在開合上的表現。這些反切共有 360+142=502 條,佔反切總數的 49%。可見,《正義》非唇音反切中,切上下字在開合上的和諧程度並不明顯。

4.2.2.4　《正義》非唇音反切中"開合一致原則"的成立範圍[①]

上已論及,《正義》非唇音反切中,有 52% 的切上字的開合與被切字一致。這些數據表明,切上字的開合傾向跟被切字一致。那麼,這種傾向性在一定條件下是否有變化呢? 切上字與被切字開合不一致的反切其切上字的分佈是否有規律可循? 我們可以將被切字的類別進一步細化,在更細的類別上考察切上字的開合情況,從而探尋"開合一致原則"的成立範圍。

《正義》881 條非唇音反切中,開口反切共 572 條,合口反切 309 條,以下分開考察:

1. 開口反切中的開合一致率

《正義》572 條開口反切中,洪音(非三等韻)開口反切 244 條,細音(三

---

① 　本節內容曾以單篇論文發表在《語言研究》,2023 年第 4 期。

等韻)開口反切 328 條,以下也分開考察,先看洪音開口反切的情況:

(1)洪音開口反切中的開合一致率

《正義》244 條洪音開口反切中,各類開口反切的開合一致率請看表 4.4:

表 4.4　洪音開口反切的開合一致率

	I 類開口反切	II 類開口反切	IV 類開口反切
開口上字	48	53	39
合口上字	58	27	19
開合一致率	45	66	67

由表 4.4 可以看出,洪音開口反切中,I 類開口反切的開合一致率要低於其它兩類反切。此類反切中,合口上字共 104 例,其中遇攝上字 97 例,佔總數的 93%,其餘通攝 4 例,果攝 3 例。

(2)細音牙喉音開口反切的開合一致率

接下來考察細音開口反切中的情況,我們將細音開口反切分爲細音牙喉音開口反切與細音舌齒音開口反切兩大類。《正義》反切中,細音開口反切一共有 328 條,其中細音牙喉音開口反切 116 條,細音舌齒音開口反切 212 條,以下分開考察:

《正義》116 條細音牙喉音開口反切中,各類牙喉音開口反切的開合一致率請看表 4.5:

表 4.5　細音牙喉音開口反切的開合一致率

	A 類開口反切	B 類開口反切	C 類開口反切
開口上字	23	16	11
合口上字	6	19	41
開合一致率	79	46	21

細音牙喉音開口反切中,A 類反切的開合一致率要大於其它兩類,C 類反切最低。此類反切中,合口上字共 66 例,全部來自遇攝。可進一步考察各類反切的開合一致率,先看 A 類牙喉音開口反切的情況,見表 4.6:

表 4.6　A 類牙喉音開口反切的開合一致率

	支韻	脂韻	祭韻	真韻	仙韻	宵韻	清韻	鹽韻	麻韻	幽韻
開口上字	3	4	0	4	2	0	2	2	5	1
合口上字	2	0	1	0	0	1	0	2	0	0
開合一致率	60	100	0	100	100	0	100	50	100	100

　　A 類牙喉音開口反切中,祭、宵、幽韻反切因用例太少而失去統計意義,脂、真、仙、清、麻韻反切的開合一致率都是 100%,鹽、支韻反切的開合一致率較低。此類反切中,合口上字共 6 例,100% 來自遇攝。再看 B 類牙喉音開口反切的情況,見表 4.7:

表 4.7　B 類牙喉音開口反切的開合一致率

	支韻	脂韻	真韻	仙韻	宵韻	侵韻	鹽韻	蒸韻	庚韻
開口上字	1	3	0	3	3	0	1	4	1
合口上字	7	1	2	3	2	2	1	1	0
開合一致率	13	75	0	50	60	0	50	80	100

　　B 類牙喉音開口反切中,鹽、庚韻反切因用例太少而失去統計意義,其餘反切的開合一致率高低不一,支韻反切的開合一致率最低。此類反切中,合口上字共 19 例,100% 來自遇攝。最後看 C 類牙喉音開口反切的情況,見表 4.8:

表 4.8　C 類牙喉音開口反切的開合一致率

	之韻	微韻	廢韻	欣韻	尤韻	元韻	陽韻	嚴韻
開口上字	2	0	0	1	2	0	6	0
合口上字	15	11	1	3	5	3	2	1
開合一致率	12	0	0	25	29	0	75	0

　　C 類牙喉音開口反切中,除陽韻反切外,其它反切的開合一致率普遍很低,有些反切甚至為零,其中廢、嚴韻反切可能跟用例太少有關。而微韻反切中,11 例上字中竟然沒有一個開口上字,全部為魚韻字。此類反切中,合口上字共 41 例,100% 來自遇攝。

　　(3)細音舌齒音開口反切的開合一致率

　　《正義》212 條細音舌齒音開口反切中,各類舌齒音開口反切的開合一致率請看表 4.9:

表 4.9　細音舌齒音開口反切的開合一致率

	A 類開口反切	B 類開口反切	C 類開口反切
開口上字	133	2	51
合口上字	9	3	14
開合一致率	94	40	78

　　由上表可以看出,細音舌齒音開口反切的開合一致率普遍較高,A 類舌齒音開口反切尤其突出。此類反切中,合口上字共 26 字,其中遇攝字 20 例,佔總數的 77%。

　　可進一步考察各類舌齒音開口反切,先看 A 類舌齒音開口反切的情況:

表 4.10　A 類舌齒音開口反切的開合一致率

	支韻	脂韻	祭韻	真韻	仙韻	宵韻	侵韻	鹽韻	清韻	幽韻	麻韻	蒸韻
開口上字	28	22	1	10	8	5	18	8	18	1	4	10
合口上字	1	2	0	0	0	2	0	2	0	0	1	1
開合一致率	97	92	100	100	100	71	100	80	100	100	80	91

　　由表 4.10 可以看出,A 類舌齒音開口反切的開合一致率普遍較高,有半數反切的開合一致率是 100%,其中,宵韻反切的開合一致率相對較低,祭、幽韻反切的開合一致率因用例太少而失去統計意義。此類反切中,合口上字共 9 例,其中屋 4、魚 2、語、遇、模。可見,5 例來自遇攝,4 例來自通攝屋韻。再看 B 類舌齒音開口反切的情況,見表 4.11:

表 4.11　B 類舌齒音音開口反切的開合一致率

	支韻	祭韻	侵韻
開口上字	0	1	1
合口上字	1	0	2
開合一致率	0	100	33

　　B 類舌齒音開口反切中,支、祭韻反切因用例太少而失去統計意義,侵韻反切的開合一致率很低。此類反切中,合口上字共 3 例,全部來自遇攝語韻。最後看 C 類舌齒音開口反切的情況,見表 4.12:

表 4.12　C 類舌齒音開口反切的開合一致率

	之韻	臻韻	陽韻	尤韻
開口上字	20	1	23	7
合口上字	8	0	1	5
開合一致率	71	100	96	58

　　C 類舌齒音開口反切中,臻韻反切因用例太少而失去統計意義,其餘反切中陽韻反切明顯高於其它反切。此類反切中合口上字共 14 例,其中語

11、魚、屋、至。遇攝上字 12 例,佔總數的 86%,其餘 1 例通攝屋韻,1 例止攝至韻。

整體上看,《正義》開口反切中,合口上字共 196 例,其中模 48、姥 37、暮;魚 41、語 48、御 5;虞、麌、遇;東 2、屋 6、沃;果 3、至。遇攝上字共 183 例,佔總數的 93%。

2. 合口反切中的開合一致率

《正義》非唇音反切中,合口反切共 309 條,其中洪音合口反切 106 條,細音合口反切 203 條,先看洪音合口反切的情況:

(1)洪音合口反切中的開合一致率

《正義》106 條洪音合口反切中,各類合口反切的開合一致率請看表 4.13:

表 4.13 洪音合口反切的開合一致率

	I 類合口反切	II 類合口反切	IV 類合口反切
開口上字	27	3	0
合口上字	50	20	6
開合一致率	65	87	100

由上表可以看出,洪音合口反切中,I 類合口反切的開合一致率要低於其它兩類反切的開合一致率,IV 類合口反切的開合一致率達到 100%。此類反切中,開口上字共 30 例,其中職 7;止 4;質 4;海、代 4;厚 3;唐 2;歌、哿;陌;青;山。其開口上字並沒有集中分佈。可進一步考察洪音各類合口反切中的情況,先看 I 類合口反切的情況,見表 4.14:

表 4.14 I 類合口反切的開合一致率

	東韻	冬韻	模韻	泰韻	灰韻	魂韻	戈韻	桓韻	唐韻
開口上字	4	0	5	1	4	5	7	1	0
合口上字	1	3	6	2	7	11	7	12	1
開合一致率	20	100	55	67	64	69	50	92	100

I 類合口反切中,唐韻反切因用例太少而失去統計意義。冬、桓韻反切中開合一致率很高,東韻反切的開合一致率則偏低。此類反切中,開口上字共 27 例,其中職 7;止 4;質 4;代 4;海;厚 2;唐 2;歌、哿陌。開口上字主要分佈在職、止、質、代韻中。再看 II 類開口反切的情況,見表 4.15:

表 4.15　II 類合口反切的開合一致率

	佳韻	皆韻	刪韻	山韻	麻韻	庚韻	耕韻
開口上字	0	0	1	0	2	0	0
合口上字	3	4	2	2	3	3	3
開合一致率	100	100	67	100	60	100	100

　　II 類合口反切中,除去刪、麻韻反切外,其餘反切的開合一致率均是100%,表明"開合一致原則"在此類絕大多數反切中是適用的。此類反切中,開口上字 3 例,山、厚、青韻各 1 例。

　　IV 類合口反切中,各韻反切的開合一致率均是100%,表明"開合一致原則"適用於此類反切,不過先韻反切因用例太少失去統計意義。此類反切中沒有開口上字。

　　(2)細音牙喉音合口反切的開合一致率

　　接下來考察細音合口反切中的情況,《正義》反切中,細音合口反切共203 條,其中細音牙喉音合口反切 86 條,細音舌齒音合口反切 117 條。以下分開考察:《正義》86 條細音牙喉音合口反切中,各類牙喉音合口反切的開合一致率請看表 4.16:

表 4.16　細音牙喉音合口反切的開合一致率

	A 類合口反切	B 類合口反切	C 類合口反切
開口上字	5	2	26
合口上字	7	10	36
開合一致率	58	83	58

　　細音牙喉音合口反切中,B 類反切的開合一致率要大於其他兩類反切。此類反切中,開口上字共 33 例,其中尤 19、有;之 5、止 4;支;職;陽;歌。其中尤、之韻字共 29 例,佔總數的 88%。可進一步考察各類反切的開合一致率,先看 A 類牙喉音合口反切的情況,見表 4.17:

表 4.17　A 類牙喉音合口反切的開合一致率

	支韻	脂韻	仙韻	清韻
開口上字	0	3	1	1
合口上字	2	3	2	0
開合一致率	100	50	67	0

A 類牙喉音合口反切中,清韻反切因用例太少而失去統計意義,支韻反切的開合一致率是 100%。此類反切中,開口上字共 5 字,其中止 4、支,都是止攝字。再看 B 類牙喉音開口反切的情況,見表 4.18:

表 4.18　B 類牙喉音合口反切的開合一致率

	支韻	脂韻	仙韻
開口上字	0	0	2
合口上字	8	1	1
開合一致率	100	100	33

B 類牙喉音合口反切中,脂韻反切因用例太少而失去統計意義,支韻反切的開合一致率達 100%。此類反切中,開口上字共 2 例,都是尤韻字。最後看 C 類牙喉音合口反切的情況,見表 4.19:

表 4.19　C 類牙喉音合口反切的開合一致率

	東韻	鍾韻	微韻	魚韻	虞韻	廢韻	文韻	元韻	陽韻
開口上字	2	4	0	3	5	0	8	4	1
合口上字	1	10	2	2	8	1	6	3	2
開合一致率	33	71	100	40	62	100	43	43	67

C 類牙喉音合口反切中,微、廢韻反切的開合一致率爲 100%,可能與用例少有關。其餘反切中,鍾、虞、陽韻反切的開合一致率較高。此類反切中,開口上字 26 字,其中尤 17、有;之 5;職;陽;歌。尤韻字 18 例,佔總數的 69%,其它都是高元音韻字,僅 2 字例外,分別是陽、歌韻字,不過也都是"內轉"韻。

(3)細音舌齒音合口反切的開合一致率

《正義》117 條細音舌齒音合口反切中,各類反切的開合一致率請看表 4.20:

表 4.20　細音舌齒音合口反切的開合一致率

	A 類合口反切	B 類合口反切	C 類合口反切
開口上字	41	3	38
合口上字	14	3	18
開合一致率	25	50	32

由上表可以看出,各類細音舌齒音合口反切的開合一致率普遍較低。

此類反切中,開口上字共 82 例,其中職 26;之 12、止 13;陽 12、養;真 5、質 2;哈 2、代 2;先 2;耕;昔;至;德;有。可見,此類反切的開口上字主要分佈在職、之、止、陽、真韻這些"內轉"韻中,它們主要是高元音韻,尤其是 i 類元音韻。可進一步考察各類舌齒音合口反切的開合一致率,先看 A 類舌齒音合口反切的情況,見表 4.21:

表 4.21　A 類舌齒音開口反切的開合一致率

	支韻	脂韻	祭韻	諄韻	仙韻
開口上字	5	12	6	6	12
合口上字	3	1	0	3	7
開合一致率	38	8	0	33	37

　　A 類舌齒音開口反切中,質韻反切因爲字少而失去統計意義,其他反切的開合一致率都偏低,祭韻反切的開合一致率甚至爲零。此類反切中,開口上字共 41 例,其中職 15;之 4、止 8;陽 6;真 4;代;先;耕;昔。開口上字主要是 i 類元音韻字,這些字共 31 例,佔總數的 76%,另外陽韻 6 例,外轉字 4 例。再看 B 類舌齒音合口反切的情況,見表 4.22:

表 4.22　B 類舌齒音合口反切中的開合一致率

	支韻	脂韻	祭韻	真韻
開口上字	0	2	1	0
合口上字	1	1	0	1
開合一致率	100	33	0	100

　　B 類舌齒音合口反切中,支、祭、真韻反切因用例太少而失去統計意義,脂韻反切的開合一致率很低。此類反切中,開口上字共 3 例,其中職 2、陽,開口上字主要也是 i 類元音韻字。最後看 C 類舌齒音合口反切的情況,見表 4.23:

表 4.23　C 類舌齒音合口反切的開合一致率

	東韻	鍾韻	魚韻	虞韻	尤韻
開口上字	1	16	9	11	1
合口上字	1	10	4	3	0
開合一致率	50	38	31	21	0

　　C 類舌齒音合口反切中,東、尤韻反切因字少而失去統計意義,其餘反

切中開合一致率普遍偏低。此類反切中,開口上字共 38 例,其中之 8、止 5;職 9、陽 5、養;哈 2、代;真、質 2;至;先;德;有。開口上字主要是 i 類元音韻字,這些字共 25 例,佔總數的 66%。除 3 例"外轉"字外,其餘都是"內轉"韻字。

整體來看,《正義》合口反切中,開口上字共 145 例,其中職 37;之 17、止 17、支、至;尤 19、有 2;陽 12、養;真 5、質 6;哈 3、海、代 6;唐 2;先 3、霰;厚 3;歌 2、哿;陌、耕、青、昔;德;山。可見,《正義》合口反切中,開口上字主要是職、之、止、尤、陽、真、質、代韻字,這些字共 119 例,佔總數的 82%。

上面分類考察了《正義》非唇音反切中開、合口反切的上字開合情況,統計出了各自的開合一致率。可以將上述情況綜合成表 4.24:

表 4.24 《正義》非唇音反切的開合一致率

	洪音反切						細音牙喉音反切						細音舌齒音反切					
	I		II		IV		A		B		C		A		B		C	
	開	合	開	合	開	合	開	合	開	合	開	合	開	合	開	合	開	合
開口	48	27	53	3	39	0	23	5	16	2	11	26	133	41	2	3	51	38
合口	58	50	27	20	19	6	6	7	19	10	41	36	9	14	3	3	14	18
一致率	45	65	66	87	67	100	79	58	46	83	21	58	94	25	60	50	78	32

由上表可知:各類反切的開合一致率參差不齊,不過我們可以按照其開合一致率分成不同的層次:

第一層次(>=90%),包括 IV 類合口反切及 A 類舌齒音開口反切。這兩類反切的開合一致率等於或近於 100%,"開合一致原則"對這兩類反切是成立的,儘管 IV 類合口反切用例不多。

第二層次(70%—89%),包括 II 類合口反切,A 類牙喉音開口反切,B 類牙喉音合口反切及 C 類舌齒音開口反切,"開合一致原則"對這幾類反切大體成立。

第三層次(50%—69%),包括 I 類合口反切,II、IV 類開口反切,A、C 類牙喉音合口反切,B 類舌齒音開口反切,"開合一致原則"對這幾類反切傾向成立。

第四層次(<50%),包括 I 類開口反切,B、C 類牙喉音開口反切及所有細音舌齒音合口反切,"開合一致原則"對這幾類反切是不成立的。

3.遇攝上字的特殊性及對"開合一致原則"的影響

《正義》非脣音反切中,開口反切共 572 條,其中合口上字共 195 例,而遇攝字 182 例,佔合口上字總數的 93%。合口反切共 309 條,其開口上字 145 例,它們並沒有集中的分佈,不過其合口上字的分佈仍然呈現出集中的趨勢:洪音合口反切中,合口上字共 76 例,其中模 31、姥 28、暮;語;東 4;支 2;旨;桓 2、換;魂 2;唐、宕;果。遇攝上字 61 例,佔此類合口上字總數的 80%。細音牙喉音合口反切中,合口上字共 53 例,其中魚 15、語 7;虞 10、麌、遇;模 3、姥;漾 3;支 3;脂 3;燭 2;文 3;元。遇攝上字 38 例,佔此類合口上字總數的 72%。細音舌齒音合口反切中,合口上字 35 例,其中屋 14;姥 2、暮;魚、語 3、御;虞;鍾 2、用、燭 5;仙 2、薛;脂。遇攝上字 9 例,佔此類合口上字總數的 26%。通攝上字 22 例,佔此類合口上字總數的 63%。遇、通攝兩類上字共 31 例,佔此類合口上字總數的 89%。整體上看,《正義》非脣音反切中,合口反切共 309 條,其合口上字共 164 例,而遇攝字共 108 例,佔合口上字總數的 66%。如果加上通攝上字 28 例,則佔合口上字總數的 83%。

上述統計表明,《正義》非脣音反切中,遇攝上字既常作開口反切的切上字,又常作合口反切的切上字。眾所周知,遇攝是所謂的獨韻攝,沒有開合對立,那麼,《正義》非脣音反切中,模、魚、虞韻字是否有開合上的偏向呢?

《正義》非脣音反切中,模韻反切 11 條,其切上字中模韻上字 5 例,開口上字 5 例,合口上字 1 例。反過來看,模韻上字 153 例,其中 86 例用於開口反切,60 例用於合口反切,7 例用於模、魚、虞韻反切。這些數據表明,模韻字是偏向開口的。《正義》非脣音反切中,魚韻反切 18 條,其切上字中魚韻上字 3 例,開口上字 12 例,合口上字 3 例。反過來看,魚韻上字共 122 例,其中用於開口反切的 94 例,用於合口反切的 24 例,用於魚、虞韻反切的 4 例。這些數據表明,魚韻字也是偏向開口的。《正義》非脣音反切中,虞韻反切 27 條,其切上字中虞韻上字 5 例,模、魚韻上字各 1 例,開口上字 16 例,合口上字 4 例。反過來看,虞韻上字 16 例,其中用於虞韻反切的 5 例,用於開口反切的 3 例,用於合口反切的 8 例。這些數據表明,虞韻字沒有表現出明顯的開合偏向。

上述統計表明,《正義》非脣音反切中模、魚韻字是偏向開口的[①],如果

---

① 考察《正義》中所有音切,魚、虞韻字共 107 例,僅 1 例混切,且是對人名的注音,我們不能認爲兩韻已經合併,下述統計中仍視虞韻爲合口。

將張守節的時代①的模、魚韻字擬音作開口的話,那麼《正義》反切中的開合一致率會出現變化,即下表 4.25 所示:

表 4.25 《正義》非唇音反切中的開合一致率更新

	洪音反切						細音牙喉音反切						細音舌齒音反切					
	I		II		IV		A		B		C		A		B		C	
	開	合	開	合	開	合	開	合	開	合	開	合	開	合	開	合	開	合
開口	101	66	79	19	58	6	29	9	34	4	51	46	136	43	5	0	63	40
合口	6	11	1	4	0	0	0	3	1	8	1	16	6	12	0	0	2	16
一致率	94	14	99	17	100	0	100	25	97	67	98	26	96	22	100	0	97	29

與表 4.24 相比,所有反切的開合一致率有了明顯的變化:所有開口反切的開合一致率接近或等於 100%,"開合一致原則"對開口反切全部成立。而合口反切中,絕大多數合口反切的開合一致率都在 30% 以下,"開合一致原則"對這些合口反切均不成立。總結上述討論,《正義》反切中"開合一致原則"的成立範圍可以用表 4.26 表示如下:

表 4.26 《正義》非唇音反切中"開合一致原則"的成立範圍

	I	II	IV	A1	A2	B2	C1	C2	B1
開口反切	成立								
合口反切	不成立								傾向成立

(注:表中 A1 表示 A 類牙喉音反切、A2 表示 A 類舌齒音反切,B、C 可類推。)

由上表可知,《正義》非唇音反切中,此時"開合一致原則"的只對開口反切成立,即開口反切用開口上字幾乎在所有條件下都成立。合口反切只在 B 類牙喉音合口反切裏傾向用合口上字,這表明合口介音不能通過切上字表現出來。

4."開合一致原則"的例外反切

《正義》中,"開合一致原則"也有一些例外反切,我們先將表 4.26 中屬於"成立"的範圍內"開合一致原則"的 16 條例外反切全部列出,即表 4.27:

---

① 據張氏《史記正義序》,《正義》書成於唐玄宗開元二十四年(公元 736 年),其時"守節涉學三十餘年",程金造因而推想其生年"大約在武后'天授'以後。而其涉學之年,當在'長安'(則天)之際。"詳見程金造《〈史記正義〉、〈索隱〉關係證》(上),《文史哲》,1962 年,第 6 期,32—33 頁。

表 4.27 "開合一致原則"的例外反切

匹配類型	頁碼	反切	被切字地位	反切上字地位	切上字特點
I 開-合①	177	好/火到	曉去號開 1	曉上果合 1	果韻上字;易寫
	227	毒/酷改	影上海開 1	溪入沃合 1	疑切字有誤
	227	嫪/躬蚪	來去號開 1	見平東合 3	疑切字有誤
	1793	詾/火構	曉去候開 1	曉上果合 1	果韻上字;易寫
	1879	他②/同何	定平歌開 1	定平東合 1	東韻上字
	2376	鯫/族苟	崇上厚開 1	從入屋合 1	屋韻上字
II 開-合	3012	呷/火甲	曉入狎開 2	曉上果合 1	果韻上字;易寫
B 開-合	16	器/去冀	溪去至開 3	溪去御合 3	御韻上字;去聲
C 開-合	15	尤/羽求	云平尤開 3	云上麌合 3	麌韻上字
舌齒 A 開-合	34	締/竹几	知上旨開 3	知入屋合 3	屋韻上字;易寫
	162	質/竹利	知去至開 3	知入屋合 3	屋韻上字;易寫
	199	鼂/竹遙	知平宵開 3	知入屋合 3	屋韻上字;易寫
	1164	勝/叔證	書去證開 3	書入屋合 3	屋韻上字
	2183	少/戍妙	書去笑開 3	書去遇合 3	遇韻上字;去聲
舌齒 C 開-合	234	疇/遂③留	澄平尤開 3	邪去至合 3	切上字有誤
	2084	著/竹略	知入藥開 3	知入屋合 3	屋韻上字;易寫

除去"嫪、毒、疇"3 字疑反切用字本身有誤外（詳注），造成上述"開合一致原則"例外的原因，大致有以下幾個方面：

（1）普通反切的影響："火"、"竹"是普通反切中較常用的切上字，上述例外反切中用這些字作切上字應是受到普通反切的影響所致。"器/去冀"中，切上字並不迴避去聲字，且"器"字《廣韻》正作"去冀切"。"尤/羽求"中，切上字是遇攝字，且"尤"字《廣韻》正作"羽求切"。"少/戍妙"中，切上字也不迴避去聲字，且"戍"字正是遇攝字，遇攝字是普通反切的常用切上字。

（2）缺少易讀字可用："好/火到、詾/火構、呷/火甲"中用合口"火"字作開口字的切上字，還可能與 I、II 類開口曉母字易讀字不多有關。"質/竹利、鼂/竹遙、著/竹略"用合口"竹"字作知母開口字的切上字，也跟知母 A 類除

---

① 表示被切字是 I 類開口字，反切上字是合口字，以下依此類推。

② 本字爲"佗"。

③ 切上字"遂"誤，應爲"逐"，《廣韻》作"直由切"。

了"陟"之外易讀字不多有關。

（3）借自他書的反切："綕/竹几"，被切字本字或爲"㠾"，《集韻》收"展几反"一讀。這裏不用知母開口主用上字"陟"，是因爲該反切是張守節引自鄒誕生《史記音義》中的反切。"他/同何"中，被切字的本字是"佗"，該反切輯佚自張衍田《史記正義佚文輯校》，可能另有來源。

（4）反映某種語音現象："鰠/族苟"，被切字爲Ⅰ類崇母開口字，切上字爲Ⅰ類從母屋韻合口字，此類反切可能是上古精、莊組字不分的遺留。

（5）其它："勝/叔證"，舌齒音書母A類並不缺乏易讀字，如"申、式、升"等，該條反切選用合口屋韻字"叔"爲切上字，原因存疑，待考。

此外，表 4.26 中屬於"傾向成立"範圍內的"開合一致原則"也有 4 條例外反切，它們的被切字都是 B 類合口牙喉音字，即：夒/巨龜；麾/呼危；卷/丘袁；卷/丘負。其中，"巨、呼"分別是上聲語韻字、平聲模韻字，因上作開口處理導致出現例外，而平聲尤韻"丘"字則常作普通反切中溪母被切字的切上字。

4.2.2.5　唇音反切的開合類型

《正義》中共有 153 條唇音反切。從反切開合類型的角度考察唇音反切的情況，得表 4.28，其中"唇唇"表示唇音上字拼唇音下字，餘可類推：

表 4.28　唇音反切的開合關係總表

開合類型	幫母反切	滂母反切	並母反切	明母反切	總計
唇唇	11	29	32	7	79
唇開	13	16	17	10	56
唇合	2	5	7	4	18
總計	26	50	56	21	153

由上表可知，不論是整體著眼還是分開考察，《正義》中唇音反切的切下字除去唇音下字外，主要是開口字，極少用合口字。《正義》唇音反切中，開口下字共 56 字，佔下字總數的 36%。合口下字 18 字，佔下字總數的 12%。可見，《正義》中唇音字是偏向開口的，跟合口字關係相對較遠，但跟開、合口字皆有關係。

4.2.3　《正義》反切中切上下字與被切字的洪細關係

《正義》反切中，一、二、四等仍屬洪音字，三等是細音字。我們按此標準考察《正義》1034 條反切中的洪細關係，得表 4.29（表格説明請參 2.2.3）：

表 4.29　《正義》反切洪細結構類型

上字＼下字	洪音	細音	合計
洪音	330	4	334
	5	33	38
細音	67	4	71
	6	585	591
合計	397	8	405
	11	618	629

4.2.3.1　切上字與被切字的洪細關係

由表 4.29 可知，《正義》反切中，切上字從洪細角度看有洪、細音上字兩類。洪音上字共 334＋38＝372 例，其中 334 例用於洪音反切，佔總數的 90％。細音上字共 71＋591＝662 例，其中 591 例用於細音反切，佔總數的 89％。這些數據表明，《正義》反切中，洪音上字大都用於洪音反切，細音上字大都用於細音反切。

另一方面，《正義》中洪音反切共 405 條，其中切上字爲洪音的 334 條，佔總數的 82％。細音反切共 629 條，其中切上字爲細音的 591 條，佔總數的 94％。這些數據表明，《正義》反切中，洪音反切大都用洪音字作上字，細音反切絕大多數用細音字作切上字。

總起來看，《正義》反切中，有 89％[（334＋591/1034]的切上字的洪細與被切字一致。

4.2.3.2　切下字與被切字的洪細關係

《正義》反切中，切下字從洪細角度分爲洪、細下字兩類。洪音下字共 397＋11＝408 例，其中用於洪音反切的 397 例，佔總數的 97％。細音下字共 8＋618＝626 例，其中用於細音反切的 618 例，佔總數的 99％。這些數據表明，《正義》反切中，洪音下字幾乎都用於洪音反切，細音下字幾乎都用於細音反切。

另一方面，《正義》中洪音反切共 405 條，其中切下字爲洪音的洪音反切有 397 條，佔總數的 98％。細音反切共 629 條，其中切下字爲細音的 618 條，佔總數的 98％。這些數據表明，《正義》反切中，洪音反切幾乎都用洪音下字，細音反切幾乎都用細音下字。

總起來看，有 98％[（397＋618）/1034]的切下字的洪細與被切字一致。

這一比例要大大超過切上字與被切字洪細一致的比例。可見,《正義》反切中,被切字的洪細由切下字決定。

4.2.3.3 切上下字的和諧程度在洪細上的表現

《正義》反切中,洪-洪洪、細-細細型反切中切上下字的洪細跟被切字一致,這是反切和諧在洪細上的表現,這樣的反切共 330＋585＝915 條,佔反切總數的 88％。可見,《正義》反切中,切上下字在洪細上的和諧程度較高。

4.2.4 《正義》反切中切上下字與被切字的等第關係

接著考察切上下字與被切字在等第上的關係,請看表 4.30:(表格説明請參 2.2.4)

表 4.30 《正義》反切等第結構類型

上字 ＼ 下字	I	II	IV	A	B	C	合計
I	159	43	35	7	3	10	257
II	10	26	6	4		2	48
IV	17	1	27	3	1	1	50
A	15	4	6	140	1	32	198
B		9		2	11	8	30
C	7	23	2	90	25	218	365
常例合計	208	106	76	246	41	271	948
特殊等第類型(86)		I I$_1$、II I$_1$、CI$_1$	II I$_1$	IVI$_1$		I I$_1$、BI$_1$、CI$_2$	9
		I II$_1$		AII$_1$、CII$_1$			3
	I IV$_1$、IVIV$_1$			I IV$_1$、II IV$_1$、IVIV$_1$、CIV$_1$			6
	IVA$_1$、AA$_1$				BA$_{10}$、CA$_{16}$	IVA$_1$、AA$_2$、CA$_8$	39
		IIB$_1$、CB$_1$		AB$_7$、BB$_1$、CB$_5$		CB$_1$	16
	IC$_1$、CC$_1$	IIC$_1$、BC$_1$		IC$_1$、AC$_2$、CC$_2$	CC$_4$		13
總計	215	113	77	271	71	287	1034

4.2.4.1 切上字與被切字的等第關係

由上表可以看出,《正義》反切中,一、四等反切沒有出現 B 類上字。B 類反切中也沒有出現二等上字。

先考察各類上字用於各類反切的情況。先看非三等上字的情況。《正義》反切中,一等上字共 257＋7＝264 例,用於非三等反切的 159＋43＋35＋4＝241 例,佔總數的 91％,其中用於一等反切的 159 例,佔總數的 60％,這表明,一等上字大都用於非三等反切,特別是一等反切。二等上字共 48＋5＝53 例,用於非三等反切 10＋26＋6＋4＝46 例,佔總數的 87％,其中用於二等反切的 29 例,佔總數的 55％,這表明,二等上字主要用於非三等反切,其中一半多用於二等反切。四等上字共 50＋5＝55 例,用於非三等反切的 17＋1＋27＋2＝47 例,佔總數的 85％,其中用於四等反切的 27 例,佔總數的 49％,這表明,四等上字主要用於非三等反切,其中約一半用於四等反切。

再看三等上字的情況。《正義》反切中,A 類上字共 198＋13＝211 例,用於三等反切的 140＋1＋32＋12＝185 例,佔總數的 88％,其中用於 A 類反切的 140＋10＝150 例,佔總數的 71％。這表明,A 類上字主要用於三等反切,特別是用於 A 類反切。B 類上字共 30＋13＝43 例,用於三等反切的共 2＋11＋8＋12＝33 例,佔總數的 77％,其中用於 B 類反切的有 11＋10＝21 例,佔總數的 49％,這表明,B 類上字主要用於三等反切,其中一半用於 B 類反切。C 類上字有 365＋43＝408 例,用於三等反切的 90＋25＋218＋40＝373 例,佔總數的 91％,其中用於 C 類反切的 218＋11＝229 例,佔總數的 56％,這表明,C 類上字主要用於三等反切,其中的一半多用於 C 類反切。

上述分析表明,非三等上字傾向用於非三等反切,三等上字傾向用於三等反切,而且除去四等、B 類上字外,其他某種類型的上字都傾向用於某類反切。

接下來反觀各類反切中的各類上字的運用情況。先看非三等反切的情況。215 條一等反切中,非三等上字共 159＋10＋17＋5＝190 例,佔總數的 88％,其中一等上字共 159＋3＝162 例,佔總數的 75％,這表明一等反切傾向於用一等上字。113 條二等反切中,非三等上字共 43＋26＋1＋4＝74 例,佔總數的 65％,其中一等上字 44 例,佔總數的 39％,二等上字 29 例,僅佔總數的 26％,這表明二等反切傾向於用非三等上字,但主要是一等上字,而不是二等上字。77 條四等反切中,非三等上字共 35＋6＋27＋1＝69 例,佔總數的 90％,其中一等上字 35 例,佔四總數的 45％,四等上字 27 例,僅佔總數的 35％,這表明四等反切傾向於用非三等上字,但主要也是一等上字,而不是四等上字。

再看三等反切的情況。271 條 A 類反切中,三等上字共 140＋2＋90＋

20＝252 例，佔總數的 93％，其中 C 類上字 90＋9＝99 例，佔總數的 37％，A 類上字 140＋10＝150 例，佔總數的 55％，這表明 A 類反切傾向於用三等上字，其中用 A 類上字的數量超過 C 類上字。71 條 B 類反切中，三等上字共 1＋11＋25＋30＝67 例，佔總數的 94％，C 類上字 25＋20＝45 例，佔總數的 63％，B 類上字共 11＋10＝21 例，佔總數的 30％，這表明 B 類反切傾向於用三等上字，但主要也是 C 類上字，而不是 B 類上字。287 條 C 類反切中，三等上字 32＋8＋218＋14＝272 例，佔總數的 95％，其中 C 類上字 218＋11＝229 例，佔總數的 80％，這表明 C 類反切傾向於用 C 類上字。

上述分析表明，《正義》反切中，非三等反切傾向於用非三等上字，其中主要是一等上字，三等反切傾向於用三等上字，其中主要是 C 類上字，而一等反切中用一等上字、C 類反切用 C 類上字的情況尤其突出。總起來看，切上字與被切字等第一致的反切共 162＋29＋27＋150＋21＋229＝618 條，佔總數的 60％。

4.2.4.2　切下字與被切字的等第關係

先考察各類下字用於各類反切的情況。一等下字共 208＋9＝217 例，其中用於一等反切的 208 例，佔總數的 96％。二等下字共 106＋3＝109 例，其中用於二等反切的 106 例，佔總數的 97％。四等下字共 76＋6＝82 例，其中用於四等反切的 76 例，佔總數的 93％。A 類下字共 246＋39＝285 例，其中用於 A 類反切的有 246 例，佔總數的 86％。B 類下字共 41＋16＝57 例，其中用於 B 類反切的 41 例，佔總數的 72％。C 類下字共 271＋13＝284 例，其中用於 C 類反切的 271 例，佔總數的 95％。上述數據表明，《正義》反切中，某類下字幾乎都用於某類反切。

接下來反觀各類反切中各類下字的運用情況。215 條一等反切中，一等下字共 208 例，佔總數的 96％。113 條二等反切中，二等下字共 106 例，佔總數的 94％。77 條四等反切中，四等下字共 76 例，佔總數的 99％。271 條 A 類反切中，A 類下字共 246 例，佔總數的 91％。71 條 B 類反切中，B 類下字共 41 例，佔總數的 58％。287 條 C 類反切中，C 類下字共 271 例，佔總數的 94％。這些數據表明，《正義》反切中，某類反切傾向於採用某類下字。

總起來看，切下字與被切字等第一致的反切共 948 條，佔反切總數的 92％，這一比例大大超過切上字與被切字等第一致的比例。可見，《正義》反切中，切下字決定被切字的等第。

4.2.4.3 切上下字的和諧程度在等第上的表現

《正義》反切中，I-I I、II-II II、IV-IV IV、A-AA、B-BB、C-CC 型中，切上下字的等第完全一致，這是反切和諧在等第上的表現，這樣的反切共 159＋26＋27＋140＋11＋218＝581 條，佔反切總數的 56％。這表明，《正義》反切中切上下字在等第上偏向和諧。

4.2.5 《正義》反切中切上下字與被切字的韻類關係

接下來以韻攝爲單位，考察切上下字與被切字的韻類關係，請看表 4.31（表格説明請參 2.2.5）：

表 4.31 切上下字與被切字的韻類關係

被切字	切下字	比例	切上字	比例
通攝 62	通攝 59	95	屋 4、燭 4、鍾 2、用	18
	德、姥、麋	5	之 6、止 4；職 6；質 2	82
			模 3、姥 4、魚 6、語 3、虞 5	
			鐸、陽 3、養；尤 2、有；咍 2、歌、先	
江攝 10	江攝 8	80	江	10
	講、志	20	職 4；模 2、姥；山、有	90
止攝 203	止攝 202	99.5	支 9、紙、眞 2；脂 8、旨 5、至 2；之 7、止 15；微、尾 2	26
	佳	0.5	眞 2、質 10；職 43；陽 19；	74
			模 2、姥；魚 23、語 26、御 3；虞 7、麋；屋 5	
			先 2、霰；尤、有、宥；耕、昔 2	
遇攝 62	遇攝 60	97	模 5、姥 2、暮；魚 3、御；虞 8、遇	34
	宥、鍾	3	之 6、止 4；至；質 4、職 6	66
			尤 5、有；陽 3、漾 2；屋 2；燭	
			代、德、鐸、哿、果、薛	
蟹攝 96	蟹攝 94	98	咍、海 2、代；齊 2、霽；佳 3	10
	號、禡	2	眞、軫、質 3；職 10；止 6	90
			模 13、姥 15、魚 3、語 3、虞	
			青 4、麥 4、陌 2；先 8、屑；	
			山 2、黠；唐、陽 2；沒、麻、東、沃	

續表

被切字	切下字	比例	切上字	比例
臻攝 81	臻攝 81	100	文 3、問；魂 2；真 7、質	17
			紙、之 3、止 5；脂 2；職 3	83
			模 4、姥 5、暮；魚 3、語 5；虞 5、麌；東 3、屋；燭 2；	
			唐 2、陽 7；尤 7	
			厚 2、陌、咍、屑、微、歌	
山攝 128	山攝 126	98	寒、桓、換、襇、元、願、仙 2、薛、先 6、霰、屑	13
	海、祭	2	模 11、姥 10、暮；魚 9、語 3；東、屋 4	87
			之 8、止 7、志、支 2；脂 2、旨；真 3、質 3；職 3	
			咍、海 5、代；唐 2、鐸 4；陽 10、漾；青 3、陌 7；尤 5；厚；	
效攝 60	效攝 59	98	豪、晧、宵、巧、篠	8
	尤	2	紙 2、止 3；質 7；職 3	92
			模 4、姥 10、魚 2、語 4、遇	
			先 5；陌 4、青、昔；代 2	
			東、屋；唐、鐸；果、山	
果攝 24	果攝 24	100	歌 2	8
			模 11、姥 3；職 3；代 3；東；唐	92
假攝 24	假攝 24	100	馬 3	13
			模 8、姥；支；之、止、志；職	87
			唐、鐸；哿；厚；陌、昔；山	
宕攝 72	宕攝 69	96	唐、鐸、陽 5、養 2、漾、藥 2	17
	效、薺、德	4	模 11、姥 6、暮、魚、語、虞 2	83
			之 5、止 3、至；職 7；真 2；	
			耕 2、陌 3、青、迥；咍、代 2、泰	
			先 2、獮厚、歌、德、馬、屋、尤	
梗攝 64	梗攝 60	94	陌 2、清 2、勁 2、青	11
	職 2、真、宕	6	模 5、姥 6、暮、語；	89
			真 3、質 8；職 6；支 3、紙、旨、之、止	
			寒 3、山 3、先 4、獮；宕、鐸、陽、養、麻、馬；咍 2、尤	

續表

被切字	切下字	比例	切上字	比例
曾攝 23	曾攝 23	100	蒸 2、職 3	22
			真、質 2;之 3、止、至	78
			模 2、姥、魚;屋	
			陌 2、昔;先、末	
流攝 49	流攝 48	98	宥	2
	宵	2	職 5;之、止、至;真、質	98
			模 4、姥 3、語 7、御、虞 5、麌 4;屋 2	
			陽 4;先 2;海 2、代;果、厚、陌	
深攝 23	深攝 22	96	侵 4、緝	22
	洽	4	之 6;職 4;真 2;魚、語 3;陽、有	78
咸攝 54	咸攝 53	98	銜、鹽、狎 2、添	9
	曷	2	質 5;職 3;之 2、止 3、至	91
			模 8、姥 6、魚 6、語 3、御、虞 2	
			麻、青 2、果、厚、咍、先、陽、養	

從上表可以發現：

(1)《正義》反切中,切下字韻類跟被切字一致的反切有 1011 條,佔總數的 98%,這些反切符合傳統反切"下字取韻定聲調"的原理。例外情況共計 23 條,這些反切需要回歸原文來區分是屬於音變還是有其它原因,如異文、假借等。

(2)一般而言,切上字的韻類一般要避免跟被切字一致。不過,《正義》反切中,切上字跟被切字韻類一致的反切共有 171 條,佔總數的 17%。其具體分佈情況是:通攝 11 條、江攝 1 條、止攝 52 條、遇攝 21 條、蟹攝 10 條、臻攝 14 條、山攝 17 條、效攝 5 條、果攝 2 條、假攝 3 條、宕攝 12 條、梗攝 7 條、曾攝 5 條、流攝 1 條、深攝 5 條、咸攝 5 條。不過,這些反切中的切上字雖然韻類跟被切字一致,在聲調上卻不一致,即這些切上字跟被切字的關係遵從"同韻異調"的原則。

(3)從韻類角度考察其切上字的分佈情況,發現切上字集中分佈在以下韻中:職 110[1]、模 93、姥 74、語 59、魚 58、陽 56、止 54、之 49、質 46、虞 35、先

---

① 統計出現次數不少於 10 次的韻,韻後的數字表示出現的次數。

32、陌 23、真 22、尤 22、屋 21、支 15、脂 11、代 11、鐸 10。分佈在這些韻中的切上字共有 780 字，佔切上字總數的 75 ％。

（4）從韻尾的角度看，切上字中絕大多數是陰聲韻字。陽、入聲韻中，收-ŋ 尾、-k 尾的字明顯多於收-n 尾、-t 尾的字，其中收-k 尾的字又比收-ŋ 尾的字要多，而收-m 尾、-p 尾字最少。

4.2.6　《正義》反切中切上下字與被切字的聲調關係

最後考察《正義》反切中切上下字與被切字的聲調關係，請看表 4.32（表格說明請參 2.2.6）：

表 4.32　《正義》反切中的聲調結構類型

上字 ＼ 下字	平聲	上聲	去聲	入聲	合計
平聲	129	100	142	93	464
上聲	111	22	70	40	243
去聲	16	9	20	5	50
入聲	82	41	79	27	229
常例合計	338	172	311	165	986
特殊類型 (48)		平平$_2$、上平$_1$、入平$_1$	平平$_2$、上平$_1$、入平$_2$		9
	平上$_4$、上上$_2$、去上$_1$、入上$_1$		平上$_3$、上上$_1$、去上$_1$、入上$_1$	平上$_3$	17
	平去$_3$、上去$_2$、入去$_3$	平去$_4$、上去$_1$、去去$_1$、入去$_3$		平去$_1$、入去$_2$	20
		平入$_1$、上入$_1$			2
總計	354	187	322	171	1034

由上表可以看出，切下字與被切字聲調一致的反切 986 條，佔總數的 95％，切上字與被切字聲調一致的反切有 136＋24＋21＋29＝210 條，佔總數的 20％，這說明《正義》反切中，被切字的聲調由切下字決定。

《正義》反切中，平-平平，上-上上，去-去去，入-入入型反切中，切上字與切下字的聲調一致，這樣的反切共 129＋22＋20＋27＝198 例，佔總數的 19％。這表明，《正義》反切中，切上下字的和諧程度在聲調上的表現並不明顯。

那麼，《正義》反切中，切上字的聲調分佈是否有規律可循？《正義》1034 個切上字中，平聲上字 464＋23＝487 例，佔總數的 47％；上聲上字 243＋9

＝252 例，佔總數的 25％；去聲上字 50＋3＝53 例，佔總數的 5％；入聲上字
229＋13＝242 例，佔總數的 23％。這些數據表明，《正義》反切中，去聲上字
的用例明顯少於其他聲調，這跟前述有關《集解》、《索隱》的切上字聲調分佈
的情況一致。

另一方面，《正義》反切中，切上字跟被切字聲調一致的反切有 210 條，
佔總數的 20％。進一步考察發現，這些反切中的切上字雖然跟被切字同聲
調，但大都不同韻，符合"同調異韻"的原則。不過，仍有少量例外，即出現切
上字的聲調、韻類跟被切字完全一致的反切。這些共有 17 例：

平聲反切 9 例：

煖曉元，泥緩/喧曉元 遠云阮，云願（1196）；橋羣宵/蹻羣宵，溪宵，見小，見藥，羣藥
驕見宵（1447）；痿影支，日支/委影支，影紙危疑支（2097）；攣來仙/卷羣仙，羣阮，見獮，
見線緣以仙（2419）（佚）；癉端寒，定寒，端哿，端簡/單端寒，禪仙，禪獮，禪線旱匣旱
（2801）；從從鍾，清鍾，從用/訟邪鍾，邪用容以鍾（發字例 16）；從從鍾，清鍾，從用/縱
精鍾，精用容以鍾（又）（發字例 16）；沈澄侵，書寢，澄沁/針章侵，章沁甚禪寢，禪沁（發
字例 18）；沈澄侵，書寢，澄沁/針章侵，章沁禁見侵，見沁（又）（發字例 18）。

上聲反切 2 例：

上禪養，禪漾/上禪養，禪漾掌章養（261）；已以止，以志/以以止爾日紙（1818）
（佚）。

去聲反切 6 例：

女泥語，泥御/女泥語，泥御慮來御（26）；積精昔，精昔/積精昔，精昔賜心寘
（327）；相心陽，心漾/相心陽，心漾匠（1447）；從從鍾，清鍾，從用/從從鍾，清鍾，從用用
以用（又）（發字例 17）；閒見山，見諫，見襉/莧匣桓，匣襉閒見山，見諫，見襉（又）（發字
例 17）；妻清齊，清霽/切清霽，清屑帝端霽（發字例 18）。

顯然，這些反切中的用字大都屬於多音字，因而這些特殊反切至少可以
有兩種解釋：一是將被切字與切上字的音韻地位處理得完全一致，則屬於上
述所說的例外反切，因為它們不遵循"同調異韻"的原則，即它們同調又同
韻。另一種解釋是上述大多數反切可以處理成切上字跟被切字同調但不同
韻，不過仍有 2 例例外，即"煖"、"已"，這 2 例只能處理為切上字跟被切字的
聲調完全一致。

4.2.7 《正義》反切的結構特點

以上從聲母、開合、洪細、等第、韻類和聲調等方面考察了切上下字與被
切字的關係，我們可以在此基礎上總結出《正義》反切的結構特點：

（1）從聲母上看，切下字的聲母大體上有二分的趨勢，其中幫、見、曉、精、章組及以、日、來母爲一組，端、知、莊組及云母爲另一組。因而，由切下字的聲母類型大致推出被切字的類別。

（2）從開合上看，《正義》非脣音反切中，切上字的開合傾向跟被切字一致。這種傾向性在更細的類別上表現不一。"開合一致原則"在不同條件下的成立範圍是不同的，遇攝上字既作開口反切的切上字又常作合口反切切上字的特殊性影響"開合一致原則"的成立範圍，如果將遇攝模、魚韻處理爲開口的話，則"開合一致原則"對所有開口反切均成立，反之，對大部分合口反切均不成立。如果進一步將遇攝虞韻字也處理成開口的話，則這一原則對所有合口反切均不成立。

（3）從洪細上看，切上字的洪細傾向跟被切字一致。這種傾向性在更細的類別上表現也不盡一致。

（4）從等第上看，切上字的等第偏向跟被切字一致。不過，這種傾向性在不同等第的反切中表現是不一致的：非三等反切傾向於用非三等上字，其中主要是一等上字，三等反切傾向於用三等上字，其中主要是 C 類上字，而一等反切中用一等上字、C 類反切用 C 類上字的情況尤其突出。

（5）從韻類上看，切上字的韻類傾向跟被切字不一致。不過，仍有 171 條反切其切上字跟被切字韻類一致，它們佔總數的 17%，都遵從"同韻異調"的原則。切上字集中分佈在以下韻中：職 110、模 93、姥 74、語 59、魚 58、陽 56、止 54、之 49、質 46、虞 35、先 32、陌 23、真 22、尤 22、屋 21、支 15、脂 11、代 11、鐸 10。這些韻的特點是：大都來自上古魚鐸陽、之職蒸部字；絕大多數是陰聲韻字，在陽、入聲韻字中，收-ŋ 尾、-k 尾的字明顯多於收-n 尾、-t 尾的字，其中收-k 尾的字又比收-ŋ 尾的字要多，而收-m 尾、-p 尾字最少。

（6）從聲調的角度看，平聲上字用得最多，上聲、入聲上字的總和約等於平聲上字的用例次數，去聲上字用得極少。切上字跟被切字聲調一致的反切有 210 條，佔總數的 20%，這些反切大都同韻異調。不過，其中有 17 條反切可處理成切上字跟被切字同調又同韻，可作"同調異韻"原則的例外。然而，由於這些反切用字大都是多音字，因而這 17 條反切中的絕大多數也可以不處理爲例外。

4.3 《正義》中的新型反切結構①

4.3.1 《正義》新型反切的基本類型

《正義》中的新型反切有兩種大的類型,即"等第及開合一致"型反切與"準直音"型反切,兩類反切的結構特點可參上文 2.3 節,茲不贅述。傳統反切中,遇攝字常用作切上字,因而本書下列新型反切都不列切上字爲遇攝字的反切。據我們的統計,《正義》中,上述新型反切一共 397 條,佔據反切總數 1034 條的 38%。以下是各類反切的詳細情況:

(一)I-I I 型反切

1. 開口。

(1)"等第及開合一致"型反切

1)脣音:芒/莫唐②(1856);旄/莫報(2399)。2)舌音:難/乃憚(8);檷/乃來(50);來/郎代(130);勞/郎到(130);儻/他蕩(2126);盪/大浪(2209);耬/乃豆(2267);耩/乃遘(3270);難/乃丹(發字例 17);難/乃旦(發字例 18)。3)齒音:臧/才浪(266);藏/在浪(2140);裁/才代(2298);鏨/在竃(2346);臧/在浪(2355);皁/在早(2478)。4)牙喉音:栞/口寒(79);很/何懇(306);荷/何我(1243);鄂/黑各(2382);伉/口浪(2926)。

(2)"準直音"型反切。

1)舌音:兜/斗侯(20);檮/道刀(37);當/當浪(2154);癉/單旱(2801);2)齒音:造/曹早(發字例 18)。

《正義》中,被切字、切下字均爲開口一等字的反切共計 113 條,其切上字的分佈情況是:合一 59、開一 28、開二 8、開四 14、開三 4。其中,合口一等字中遇攝字 53 字,跟遇攝字常用作切上字的傳統反切規律一致。開口一、二、四等共計 50 字,佔據全部上字的 44.25%,這些切上字不僅跟被切字洪細類別一致,而且開合也一致。這其中等第也一致的開口一等字共計 28 字③,佔據全部上字的 24.78%。其中,以下"當、造"2 字的反切值得注意:

---

① 本節内容曾以單篇論文發表在《古漢語研究》,2020 年第 2 期。

② 加下劃線的表示該條反切來自張衍田《史記正義佚文輯校》一書,下同此。

③ 由於"準直音"型反切也屬於"等第及開合"一致的反切,因而統計時也一併計入,下文同此。

表 4.33

切語	被切字地位	切上字地位	切下字地位	出處	反切類型	《廣韻》反切
當/丁浪	端宕開1去	端青開4平	來宕開1去	1224	傳	丁浪
當/當浪	端宕開1去	端唐開1平	來宕開1去	2154	重①	丁浪
造/七到	清號開1去	清質開3入	端號開1去	發字例18	傳	七到
造/曹早	從晧開1上	從豪開1平	精晧開1上	發字例18	準	昨早

　　楊軍、黃笑山、儲泰松(2017)從反切結構的角度將《經典釋文》的反切分成舊反切、"等第及開合一致的反切"及"準直音"型反切三種類型,認爲后兩者是跟舊有反切不同的新反切層,它們是對古反切因時代變化而產生"類隔"等不和諧反切的改良。《正義》中,張守節對同一個被切字在取音相同時採用了不同的反切用字(詳見下列表格),我們認爲這也應該看成不同的反切層次,此外,將《正義》跟《廣韻》反切相比,也可看出有新的反切層次。表4.33"當、造"2字張氏用了不同的反切用字,分別屬於不同的反切類型。

　　2.合口。

　　(1)"等第及開合一致"型反切

　　1)唇音:培/勃回(發字例-17)。2)齒音:焠/恩内(1321);卒/恩忽(2255);卒/蔥忽(2803)。3)牙喉音:呼/火故(335);過/光臥(1839)。

　　(2)"準直音"型反切

　　1)舌音:斷/端亂(2152);斷/段緩(發字例17);斷/端管(論音例15);2)齒音:卒/村忽(1165);卒/尊忽(發字例17)。

　　《正義》中,被切字、切下字都爲合口一等字的反切共計84條,其切上字的分佈情況是:合一52、合三2、開一12、開二2、開三16。其中,合口一等字中,遇攝字41字,佔據上字總數的48.81%。此外,其他韻攝的合口一等字11字,佔據全部上字總數的13.09%。此外,以下反切值得注意,見表4.34:

表 4.34

切語	被切字地位	切上字地位	切下字地位	出處	反切類型	《廣韻》反切
卒/村忽	清没合1入	清魂合1平	曉没合1入	1165	準	倉没
卒/恩忽	清没合1入	清東合1平	曉没合1入	2255	等	倉没
卒/蔥忽	清没合1入	清東合1平	曉没合1入	2803	等	倉没

---

① "重"是"重字"型反切的省寫,即被切字與切上字或被切字與切下字相同的反切,詳下。

續表

切語	被切字地位	切上字地位	切下字地位	出處	反切類型	《廣韻》反切
卒/尊忽	精没合1入	精魂合1平	曉没合1入	發字例17	準	臧没
斷/端亂	端换合1去	端桓合1平	來换合1去	2152	準	丁貫
斷/段緩	定緩合1上	定换合1去	匣緩合1上	發字例17	準	徒管
斷/端管	端緩合1上	端桓合1平	見緩合1上	論音例15	準	都管

(二)II-II II 型反切

1. 開口。

(1)"等第及開合一致"型反切

1)脣音:阪/白板(5);鮑/白卯(265);皰/白包(1310);茅/卯包(1859)。2)舌音:濯/宅教(3193)。3)齒音:齋/札皆(132);歃/衫甲(2367);灑/山解(2789);捎/山交(3037)。4)牙喉音:降/閑江(235);行/下孟(262);貉/加客(1203);解/閑買(2092);莿(介)/加邁(2502);監/甲衫(2691);更/格彭(2793);解/核買(發字例17);解/核詐(發字例17);夏/格雅(發字例17)。

(2)"準直音"型反切

1)牙喉音:解/佳買(發字例17);解/佳債(發字例17);聞/莧聞(發字例17)。

《正義》中,被切字、切下字都爲開口二等字的反切共計81條,其切上字的分佈情況是:合一18、合三11、開一8、開二22、開三23。從韻攝上看,合口上字中遇攝、止攝上字共計39字,佔據上字總數的48.15%。這裏需要注意的是開口二等上字的情況,此類上字共計22字,佔據上字總數的28.39%。據陸志韋(1963)的研究,傳統反切在使用反切上字時有迴避二等字的傾向,而上述數字表明,《正義》中,II-II II型開口反切並不迴避二等上字,這表明新的反切結構類型出現。以下"解"字的反切值得注意,見表4.35:

表 4.35

切語	被切字地位	切上字地位	切下字地位	出處	反切類型	《廣韻》反切
解/閑買	匣蟹開2上	匣山開2平	明蟹開2上	2092	等	胡買
解/佳買	見蟹開2上	見佳開2平	明蟹開2上	發字例17	準	佳買
解/核詐	匣卦開2去	匣麥開2入	莊禡開2去	發字例17	等	胡懈
解/佳債	見卦開2去	見佳開2平	莊卦開2去	發字例17	準	古隘

此外,本類反切中還有2例值得注意,即表4.36:

表 4. 36

切語	被切字地位	切上字地位	切下字地位	出處	反切類型	《廣韻》反切
賣/麥卦	明卦開 2 去	明麥開 2 入	見卦合 2 去	191	等	莫懈
解/佳怪	見卦開 2 去	見佳開 2 平	見怪合 2 去	2037	準	古隘

上表中,"賣/麥卦"一讀,切下字的韻跟被切字一致,但開合不同,區別被切字開合的是切上字,被切字是唇音,可能跟唇音不分開合有關。"解/佳怪"一讀輯錄自張衍田《史記正義佚文輯校》,可能文字有訛誤,但也是切上字決定被切字的開合,而不是切下字。

(三)IV-IV IV 型反切

1. 開口。

(1)"等第及開合一致"型反切

1)唇音:壁/邊覓(226)。2)舌音:氐/丁奚(64);抵/丁禮(265);調/田弔(269);氐/丁禮(274);挑/田弔(375);條/田彫(444);挑/田鳥(1468);娣/田戾(1532);鞮/丁奚(2186);倜/天歷(2459);泥/年計(2482);睇/田帝(2488);提/姪帝(2536);適/丁歷(發字例 17)。3)齒音:變/先牒(1576)。4)牙喉音:到/堅鼎(1468)。

(2)"準直音"型反切

1)唇音:扁/邊典(160);辨(遍)/邊練(1193)。2)舌音:珍/田典(263);涅/年結(337)。3)齒音:洗/先典(1246);齏/齊禮(3276);妻/切帝(發字例 18)。4)牙喉音:繄/奚計(47);嗛/謙牒(420);見/賢見(集序 5)。

《正義》中,被切字、切下字都爲開口四等字的反切共計 71 條,其切上字的分佈情況是:合一 22、開一 8、開二 6、開四 27、開三 8。其中開口一、二、四等字共計 41 字,佔據上字總數的 57.75%。值得注意的是開口四等上字 27字,佔據上字總數的 38.03%。

(四)A-AA 型反切

1. 開口。

(1)"等第及開合一致"型反切

1)唇音:辟/匹亦(29);辟/婢亦(43);辟/必亦(250);比/必寐(347);熛/必遙(1165);勡/匹妙(1165);偏/疋然(1167);辟/疋亦(1208);平/頻然(1615);僻/匹亦(1672);芘/疋婢(1804);編/必連(2035);勡/疋妙(2145);比/卑利(2368);比/必履(2681);眇/弭沼(3032);飆/必遙(3036);楩/頻縣(3200);翲/匹沼(3305);翲/匹遙(3305);裨/頻移(集序 5);辟/頻亦(發字

例17）；辟/疋盨（發字例17）。2）舌音：締/勑遲（34）；藺/力刃（165）；令/力政（168）；廩/力甚（183）；鷲/勑利（189）；酈/力知（217）；麗/力知（232）；令/力性（255）；令/力呈（260）；離/力智（412）；燎/力召（458）；螶/直屬（1482）；斂/力艷（1917）；醨/力知（2486）；令/力征（2693）；蟉/力糺（3027）；沈/直今（發字例18）；利/力至（論音例16）；涖/力至（論音例16）；躓/陟利（論音例16）。3）齒音：蛾（矛）/脂氏（9）；繒/自陵（149）；質/直實（223）；勝/申證（238）；稱/尺證（247）；籍/秦昔（295）；呰/自賜（314）；施/尸盨（343）；葉/式涉（374）；施/式盨（1201）；弨/尺招（1540）；施/貳是（1628）；觚（翅）/式盨（1731）；侈/尺氏（1837）；郪/七私（1854）；弛/式支（1969）；貰/食夜（2018）；少/式妙（2030）；鐩/四廉（2274）；刺/七賜（2276）；刺/七亦（2398）；弛/尸氏（2508）；葉/車涉（2534）；少/式妙（2803）；倩/七姓（2808）；即/津日（3237）；任/入今（發字例18）；尸/式脂（論音例16）；屍/式脂（論音例16）；蓍/式脂（論音例16）；私/息脂（論音例16）；致/陟利（論音例16）；鷲/陟利（論音例16）；自/疾二（論音例16）。4）牙喉音：厭/一冄（1903）；緊/吉忍（2801）；輕/遣正（2832）；蚴/一糺（3027）；射/蛇夜（發字例17）；射/神亦（發字例17）；也/亦且（論音例15）。

（2）"準直音"型反切。

1）唇音：臏/頻忍（210）；辟/並亦（1176）；2）齒音：呰/紫移（15）；借/精夕（162）；銍/珍栗（186）；積/積賜（327）；郅/真栗（448）；勝/式證（1188）；勝/升剩（1326）；日/人質（1347）；乘/食證（1779）；乘/承證（1825）；酈/呈益（2000）；質/真栗（2268）；枳/支是（2271）；枕/針鴆（2286）；任/入針（2337）；鱣/哲連（2496）；炙/者夜（2518）；斜/也奢（3262）；適/聖石（發字例17）；沈/針甚（發字例18）；砥/旨夷（論音例15）；耶/也奢（論音例15）；祇/旨夷（論音例15）；脂/旨夷（論音例15）；至/脂利（論音例16）；贄/脂利（論音例16）。

2.合口。

（1）"準直音"型反切

1）舌音：啜/穿悅（1846）。2）齒音：崇/雛遂（274）；遺/唯季（332）。3）牙喉音：唯/惟葵（2800）。

（五）A-CA 型反切

1.開口。

（1）"等第及開合一致"型反切

1）舌音：螭/丑知（38）；稺/胄稚（41）；輒/張獵（232）；郴/丑林（2599）。

2）齒音：烝/之昇（22）；湔/子踐（64）；折/之列（125）；任/而針（134）；翦/子踐

（161）；借/子夜（162）；<u>積/子賜（193）</u>；<u>乘</u>/時升（263）；枝/之移（307）；瞋/昌真（314）；<u>乘/時證（1158）</u>；嘽/昌單（1207）；懾/之涉（1208）；嬋/時連（1265）；觜/子思（1314）；汁/之入（1846）；<u>借/時夜（2320）</u>；忱/時林（2381）；袡/而甚（2464）；噍/子笑（2483）；遮（蹠）/之石（2745）；湔/子錢（2789）；郅/之栗（2942）；呰/子兒（3261）；卮/章移（論音例 16）；枝/章移（論音例 16）；肢/章移（論音例 16）；祇/章移（論音例 16）；支/章移（論字例 14）。3）牙喉音：<u>姞/其吉（9）</u>；螾/以刃（9）；衍/羊善（230）；易/以豉（230）；易/以職（239）；射/食夜（338）；跂/丘賜（368）；演/羊善（集序 4）；施/羊豉（發字例 17）；夷/以脂（論音例 16）；姨/以脂（論音例 16）；彝/以脂（論音例 16）；寅/以脂（論音例 16）。

　　《正義》中，被切字、切下字都爲開口三等 A 類字的反切共計 181 條，其反切上字的分佈情況是：開三 A 類 112、開三 C 類 46、開口一、二、四等 8、合三 C 類 15、合一 1。其中切上字爲開口三 A 類字 112 字，佔據上字總數的 61.88％，開口三等 C 類上字 46 字，佔據總數的 25.41％。上述兩類合計共 158 字，佔據總數的 87.29％。此外，以下反切值得注意，見表 4.37：

表 4.37

切語	被切字地位	切上字地位	切下字地位	出處	反切類型	《廣韻》反切
積/積賜	精實開 3 去	精昔開 3 入	心實開 3 去	327	重	子智
<u>積/子賜</u>	精實開 3 去	精止開 3 上	心實開 3 去	193	等	子智
乘/時證	船證開 3 去	禪之開 3 平	章證開 3 去	1158	等	實證
乘/食證	船證開 3 去	船職開 3 入	章證開 3 去	1779	準	實證
乘/承證	船證開 3 去	禪蒸開 3 平	章證開 3 去	1825	準	實證
辟/必亦	幫昔開 3 入	幫質開 3 入	以昔開 3 入	250	等	必益
辟/并亦	幫昔開 3 入	幫勁開 3 去	以昔開 3 入	1176	準	必益
任/而針	日沁開 3 去	日之開 3 平	章沁開 3 去	134	等	汝鴆
任/入針	日沁開 3 去	日緝開 3 入	章沁開 3 去	2337	準	汝鴆
沈/針甚	澄沁開 3 去	章侵開 3 平	禪沁開 3 去	發字例 18	準	直禁
沈/直今	澄侵開 3 平	澄職開 3 入	見侵開 3 平	發字例 18	等	直深
勝/申證	書證開 3 去	書真開 3 平	章證開 3 去	238	等	詩證
勝/式證	書證開 3 去	書職開 3 入	章證開 3 去	1188	準	詩證
勝/升剩	書證開 3 去	書蒸開 3 平	船證開 3 去	1326	準	詩證

2.合口。

(1)"等第及開合一致"型反切

1)舌音:傳/逐緣(143);腄/逐瑞(244);傳/逐戀(260);窋/竹律(409);傳/竹戀(1259);甀/逐瑞(2606);傳/逐全(發字例-17)。2)齒音:卒/足律(2569)。

《正義》中,被切字、切上字都爲合口三等 A 類字的反切共計 56 條,其切上字分佈情況是:開一 2、開二 1、開四 1、開三 A 類 18、開三 B 類 1、開三 C 類 13、合一 2、合三 A 類 4、合三 B 類 1、合三 C 類 13。其中合口三等 A 類字 4 字,佔據總數的 7.14%。此外,以下反切值得注意,見表 4.38:

表 4.38

切語	被切字地位	切上字地位	切下字地位	出處	反切類型	《廣韻》反切
遺/廎季	以至合 3 去	以廎合 3 上	見至合 3 去	260	等	以醉
遺/唯季	以至合 3 去	以脂合 3 平	見至合 3 去	332	準	以醉

此外有 1 例特殊反切:攣/卷緣(2419),疑文字有誤。

(六)B-BB 型反切

1.開口。

(1)"等第及開合一致"型反切

1)唇音:邳/被悲(299);辦/皮勉(1193);縞/眉貧(2066);邠/彼珉(2346)。(2)"準直音"型反切。

1)唇音:披/皮義(43);披/披彼(335);2)牙喉音:橋/蹻驕(1447)。

2.合口。

(1)"準直音"式反切

1)牙喉音:蔿/爲詭(1646);痿/委危(2097)。

《正義》中,被切字、切下字都爲合口三等 B 類字的反切共計 10 條,其反切上字的分佈情況是:開三 C 類 1、合一 1、合三 B 類 2、合三 C 類 6。其中,合口 B 類 2 字,佔據上字總數的 20%。此外,還有 2 條反切值得注意,見表 4.39:

表 4.39

切語	被切字地位	切上字地位	切下字地位	出處	反切類型	《廣韻》反切
衰/色眉	生脂合 3 平	生職開 3 入	明脂開 3 平	1372	傳	所追
卷/軌免	見獮合 3 上	見旨合 3 上	明獮開 3 上	2273	等	居轉

"衰/色眉"中，被切字與切下字的韻一致，但開合不一致，跟切下字"眉"爲唇音字有關。"卷/軌免"中，被切字與切下字的韻一致，但開合也不一致，反而切上字的開合跟被切字一致，這也跟切下字"免"爲唇音字有關。此外，切上字的調類跟被切字也一致，也是該反切特殊的地方。

(七)B-CB 型反切

1.開口。騎/其倚(335)；郅/丘戟(1638)。

(八)B-AB 型反切

1.開口。潷/匹備(441)。

《正義》中，被切字、切下字都爲開口三等 B 類字的反切共有 30 條，其反切上字的分佈情況是：開三 A 類 1、開三 B 類 7、開三 C 類 2、開四 1、合一 2、合三 C 類 17。其中，合口上字全部是遇攝字，開三 B 類字 7 字，佔據上字總數的 23.33％。此外，以下反切值得注意，見表 4.40：

表 4.40

切語	被切字地位	切上字地位	切下字地位	出處	反切類型	《廣韻》反切
披/披彼	滂紙開 3 上	滂支開 3 平	幫紙開 3 上	235	重	匹靡
披/片彼	滂紙開 3 上	滂霰開 4 去	並紙開 3 上	2412	傳	匹靡
披/鋪被	滂紙開 3 上	滂虞合 3 平	並紙開 3 上	2852	傳	匹靡

(九)C-CC 型反切

1.開口。

(1)"等第及開合一致"型反切

1)舌音：李/良止(論音例 16)；里/良止(論音例 16)；裏/良止(論音例 16)。2)齒音：上/時掌(120)；將/子匠(225)；將/子象(1300)；祝/章受(1504)；孿/昌尤(1664)；穰/若羊(2158)；榛/仕斤(3032)；上/時讓(發字例 17)。3)牙喉音：摎/紀虬(169)；樛/居虬(247)；養/以讓(272)；眙/以之(301)；彊/其兩(330)；近/其靳(1194)；强/其兩(2141)；躤/其略(2993)；蹻/求略(3182)。

(2)"準直音"型反切

1)唇音：鰾/覆浮(2180)。2)齒音：上/上掌(261)；張/張亮(390)；長/張丈(401)；倡/昌尚(1211)；相/相匠(1447)；之/止而(論音例 15)；寺/辭吏(論音例 16)；嗣/辭吏(論音例 16)；志/之吏(論音例 16)；繈/腳兩(3255)。

2.合口。

(1)"等第及開合一致"型反切

1)唇音：被/芳弗（405）；飯/房晚（459）；費/芳味（1163）；賁/房粉（1207）；分/房問（1211）；茀/非佛（1485）；誹/方畏（2482）；拂/風弗（2490）；風/方鳳（2673）；騑/芳菲（2740）；裶/方非（3012）；紛/芳云（3012）；妃/芳非（論音例16）；菲/芳非（論音例16）；霏/芳非（論音例16）；騑/芳非（論音例16）。2)舌音：褚/竹呂（19）；著/竹慮（1202）；重/逐隴（1320）；重/逐龍（1937）；重/逐拱（3262）。3)齒音：姏/足須（15）。4)牙喉音：盱/況于（301）；姁/況羽（401）；咺/況遠（1596）；屈/曲勿（1697）。

(2)"準直音"型反切

1)唇音：放/方往（14）；轙/萬越（2756）；費/非味（發字例18）；非/匪肥（論音例16）；扉/匪肥（論音例16）；文/問分（論字例14）。2)舌音：中/竹仲（259）。3)齒音：從/足從（1554）；從/足松（2327）；從/訟容（發字例16）；從/縱容（發字例16）；從/從用（發字例17）；從/足用（發字例17）。4)牙喉音：屈/群物（1161）；煖/喧遠（1196）；詘/群勿（2030）；恐/曲用（發字例17）；屈/君勿（發字例17）。

《正義》中，被切字、切下字都爲合口三等 C 類字的反切共計 152 條，其反切上字的分佈情況是：開一 5、開四 1、開三 55、合一 4、合三 A 類 1、合三 C 類 86。其中，合口三等 C 類用字佔據切上字總數的 56.58%。其中除去遇攝上字外，其餘韻攝的上字 44 字，佔據總字數的 28.95%。以下反切值得注意，見表 4.41：

表 4.41

切語	被切字地位	切上字地位	切下字地位	出處	反切類型	《廣韻》反切
從/足用	從用合 3 去	精燭合 3 入	以用合 3 去	發字例 17	準	疾用
從/從用	從用合 3 去	從鍾合 3 平	以用合 3 去	發字例 17	重	疾用
從/訟容	從鍾合 3 平	邪鍾合 3 平	以容合 3 平	發字例 16	準	疾容
從/足松	從鍾合 3 平	精燭合 3 入	邪鍾合 3 平	2327	準	疾容
費/扶味	並未合 3 去	並虞合 3 平	明未合 3 去	107	等	扶沸
費/非味	並未合 3 去	幫微合 3 平	明未合 3 去	發字例 18	準	扶沸
屈/居勿	見物合 3 入	見魚合 3 平	明未合 3 去	1447	等	九勿
屈/君勿	見物合 3 入	見文合 3 平	明未合 3 去	發字例 17	準	九勿
屈/群物	溪物合 3 入	群文合 3 平	明物合 3 入	1161	準	區勿

續表

切語	被切字地位	切上字地位	切下字地位	出處	反切類型	《廣韻》反切
屈/曲勿	溪物合 3 入	溪燭合 3 入	明物合 3 入	2619	等	區勿
詘/求物	溪物合 3 入	群尤開 3 平	明物合 3 入	2030	傳	區勿
詘/群勿	溪物合 3 入	群文合 3 平	明物合 3 入	2030	準	區勿

此外還值得注意的反切有 1 條:亡/罔良(2467)。被切字爲唇音明母陽韻字,切下字跟被切字的韻一致,但開合不一致,被切字的開合由切上字體現。

(十)C-AC 型反切

1.開口。

(1)"等第及開合一致"型反切

1)舌音:僖(釐)/力其(9);釐/力其(46);搋/力丈(125);長/直良(243);著/直略(1336);篠/直留(1657);杖/直尚(2716);杖/直亮(2997);持/直之(論音例 15);治/直之(論音例 15);吏/力置(論音例 16)。2)齒音:宿/息袖(1254);穰/人羊(1317);長/展兩(2230);嚼/自若(2483);襄/人羊(3024);相/息羊(發字例 18);相/息匠(發字例 18);字/疾置(論音例 16);牸/疾置(論音例 16)。

2.合口。1)齒音:聚/絕庚(2760)。

(十一)C-BC 型反切

1.開口。1)齒音:菹/側留(125);鄒/側留(242);使/色吏(302);菑/側其(319);第/側里(1161)。

《正義》中,被切字、切下字都爲開口三等 C 類字的反切共計 114 條,其反切上字的分佈情況是:開一 1、開二 2、開三 A 類 20、開三 B 類 5、開三 C 類 31、合三 C 類 55。其中合口 C 類字主要是遇攝字,共計 51 字,佔據上字總數的 44.74％。開三 C 類上字 31 字,佔據上字總數的 27.19％。以下反切應注意,見表 4.42:

表 4.42

切語	被切字地位	切上字地位	切下字地位	出處	反切類型	《廣韻》反切
穰/人羊	日陽開 3 平	日真開 3 平	以陽開 3 平	1317	等	汝陽
穰/若羊	日陽開 3 平	日藥開 3 入	以陽開 3 平	2158	準	汝陽
上/時掌	禪養開 3 上	禪之開 3 平	章養開 3 上	120	等	時掌

續表

切語	被切字地位	切上字地位	切下字地位	出處	反切類型	《廣韻》反切
上/上掌	禪養開3上	禪漾開3去	章養開3上	261	重	時掌
相/相匠	心漾開3去	心陽開3平	從漾開3去	1447	重	息亮
相/息匠	心漾開3去	心職開3入	從漾開3去	發字例18	等	息亮

(十二)其他類型

(1)A-CB:朕(任)/而禁(1243);枕/之禁(1292);箠/竹委(2716)。

(2)A-AB:臨/力禁(231);炎/鹽驗(1314);袒/巨乙(1579);刌/日嶮(2323);任/入禁(發字例18);沈/沈禁(發字例18);沈/針禁(發字例18)。以下反切值得注意,見表4.43:

表4.43

切語	被切字地位	切上字地位	切下字地位	出處	反切類型	《廣韻》反切
沈/沈禁	澄沁開3去	澄侵開3平	見沁開3去	發字例18	重	直禁
沈/針禁	澄沁開3平	章侵開3平	見沁開3平	發字例18	準	直深

(3)A-BB:麃/彼苗(224)。

(4)B-BA:殺/色例(1207);參/色林(1307);媵/翊剩(94);應/乙陵(139);應/乙證(1244);焉/乙連(2320);概/几利(論音例16);冀/几利(論音例16);偽/危睡(42)。

(5)B-CA:鍼/其廉(195);棘/紀力(211);蟜/紀兆(226);矯/紀兆(298);揭/其例(2896);犍/其連(3167)。

4.3.2 《正義》中"準直音"型反切的特點及價值

如上已述,"準直音"型反切的結構特點是,切上字的等第、開合、韻類跟被切字一致,只有聲調有差別。《正義》中"準直音"式反切共計89例,以下進一步考察被切字與切上下字的聲調關係:

(1)被切字爲平聲——平/平平:橋/蹻驕①;痿/委危②。平/上平:兜/斗

---

① "蹻"字《廣韻》有平、上、入三讀,根據"準直音"反切"上下字不得同調"的原則,切下字"蹻"不能是平聲,根據多音字作切取常讀音的原則,可以參考早期字書取值。"蹻"字《玉篇》有"渠略""居略"二切,《篆隸萬象名義》只有"渠略反"一音,而此音與《廣韻》"其虐切"相值,故可以取此羣母藥韻一音。若然則此例非"準直音"型反切。

② "委"字《廣韻》有平、上兩讀,根據多音字作切取常讀音的原則,這裏切上字"委"取上聲一讀。

侯;訾/紫移;斜/也奢;砥/旨夷;耶/也奢;祇/旨夷;脂/旨夷;之/止而;非/匪
肥;扉/匪肥。平/去平:橋/道刀;聞/莧聞;鮮/覆浮;文/問分;從/訟容;從/
縱容。平/入平:鱣/哲連;從/足松。

(2)被切字爲上聲——上/平上:造/曹早;斷/端管;解/佳買;扁/邊典;
殄/田典;洗/先典;薺/齊禮;牘/頻忍;唯/惟癸;披/披彼;蔿/爲詭;長/張丈;
放/方往;煖/宣遠。上/平去:披/皮義。上/平入:嗛/謙牒。上/去上:斷/段
緩;上/上掌。上/入上:繦/腳兩。

(3)被切字爲去聲——去/平去:當/當浪;癉/單旱;斷/端亂;解/佳債;
辨(遍)/邊練;繫/奚計;乘/承證;見/賢見;勝/升剩;枳/支是;枕/針鳩;沈/
針甚;至/脂利;贅/脂利;祟/雛遂;遺/唯季;張/張亮;倡/昌尚;相/相匠;寺/
辭吏;費/非味;從/從用;沈/沈禁;沈/針禁。去/上去:炙/者夜。去/去去:
妻/切帝①。去/入去:勝/式證;乘/食證;任/入針;中/竹仲;從/足從;從/足
用;恐/曲用。

(4)被切字爲入聲——入/平入:卒/村忽;卒/尊忽;涅/年結;借/精夕;
銍/珍栗;積/積賜;郅/真栗;日/人質;酈/呈益;質/真栗;啜/穿悅;屈/群物;
詘/群勿;屈/君勿。入/去入:辟/并亦;適/聖石;韈/萬越。上述情況簡作
表 4.44:

表 4.44

	平	上	去	入	合計
平	0	11	6	2	19
上	17	0	2	1	20
去	23	1	0	7	31
入	14	0	3	0	17
合計	54	12	11	10	87

上表中,第一行表示切上字,第一列表示被切字,由表可發現以下特點:

1)被切字與切上字的聲調一般要避免一致,切上字大都是平聲字:平聲
上字常作非平被切字的切上字,而平聲被切字的切上字大都爲非平聲字。
上聲上字幾乎全部用作平聲被切字的切上字,而上聲被切字的切上字全是
非上聲字,其中最多的是平聲字。去聲上字大都用作非去被切字的切上字,

---

① "切"字《廣韻》有去、入兩讀。根據"準直音"型反切"上下字不得同調"的原則,切上字"切"不能
是去聲,根據多音字作切取常讀音的原則,"切"取去聲一讀。因此,該例不是"準直音"型反切。

而去聲被切字的切上字則主要是非去聲字，其中最多的也是平聲字。入聲上字大都用作非入被切字的切上字，而入聲被切字的切上字主要是平聲字。由於被切字的聲調跟切下字一致，因而《正義》中"準直音"型反切遵循"上下字不得同調"的原則。

2)出現被切字與切上字或被切字與切下字用字完全一致的"重字"型反切①。例舉如下：當/當浪；積/積賜；披/披彼；從/從用；沈/沈禁；上/上掌；張/張亮；相/相匠；女/女慮②（以上被切字與切上字"重字"）。見/賢見；從/足從；聞/莧聞（以上被切字與下字"重字"）。

關於此類被切字與切上、下字重字的現象，學者們以往的看法是用字有訛誤。李榮（1956：8）將《王三》"從，從用反"改作"疾用反"，並附注："原作'從，從用反，隨，一。'從廣韻改。這是倒數第二個小韻，項跋本無此小韻。"李榮（1956：58）將《王三》"生，生更反"改作"所更反"，並附注："'所'原作'生'，項跋本無此小韻，唐韻'所敬反'，廣韻'所敬切'"。後來學者關於上述二字的處理遵從李榮的意見。蔡夢麒、夏能權（2014：32）將《王三》"從，從用反"改作"疾用反"，依據有："切上字與被切字同，此切肯定有誤。《廣韻》疾用切，《玉篇》才用切又在蹤切，《韻鏡》《七音略》均排在從母位置。今據《廣韻》改切。"蔡夢麒、夏能權（2014：33）將王三"生，生更反"改作"所敬反"，依據有："切上字與被切字同，屬涉上而誤，《唐韻》《廣韻》所敬反（切），《王韻》上字據改。"此外，蔡夢麒、夏能權（2014：32）將"智，智義反"改作"知義反"，依據有："上字與正文同，屬涉上而誤，從《王一》《王二》改爲'知'"。蔡夢麒、夏能權（2014：29）將《王三》"五，五古反"改作"吾古反"，並附有補正切語的依據："切上字與紐字同，誤。《切三》《王二》'吾古反'"。

我們認爲，切上字與被切字相重的"重字"型反切是"準直音"型反切的一個特殊類型，根據"準直音"型反切"上下字不得同調"的原則，我們可以對"重字"型反切是否訛誤以及改切是否正確作出判斷。上述用例中，"從，從用反"和"生，生更反"符合上述原則，因而它們是真正的"重字"型反切，李榮等以後世韻書改其反切屬於誤改。而"智，智義反"和"五，五古反"違反"準直音"型反切"上下字不得同調"的規則，因此不是真正的"重字"反切，蔡夢麒等根據同質且同時的文獻證明其反切有誤，校改正確。換言之，對於"重

---

① "重字"型反切現象，上文已有關於此類反切的初步描寫與分析，然而關於該反切的命名、其構造原則與方式等方面的討論源自黃笑山、韓丹《從〈文選〉音注談中古注音數題》一文，該文曾在2018年7月北京語言大學舉辦的"第四屆文獻語言學國際學術論壇"中宣讀。

② "女/女慮(1-26)"因切上字爲遇攝用字，故上述第二節沒有列出，此處單獨説明。

字"型反切,我們不能簡單地看作文字有訛誤,而應該根據反切原則和相關文獻材料作出判斷,肯定真性"重字"型反切,排除假性"重字"型反切。

其次,除了上述提到的《王韻》、《正義》外,司馬貞《索隱》有"苦/苦楛(30-1440)"1 例。敦煌本《文選注》中直接用重文符號來代替重複的上字①,可見,"重字"型反切不是孤例。再者,"重字"全部是多音字,因而"重字"型反切可能是當時注解多音字的一種方式。當被切字與切上字重合時,切上字與被切字的聲調不一致,而當被切字與切下字重合時,則被切字與切下字的聲母也不一致,如此,則仍能遵從反切的基本原理,起到注音的作用。

最後,從上述文獻的作者生活年代看,《正義》的作者張守節於史書無傳,《四庫提要》云:"始末未詳。"從他的《史記正義序》可知,《正義》書成於唐玄宗開元二十四年(公元 736 年),其時"守節涉學三十餘年",程金造因而推想其生年"大約在武后'天授'以後。而其涉學之年,當在'長安'(則天)之際。"②《王韻》的作者王仁昫,唐朝人,名不見經傳,其里籍、行跡史書無載。司馬貞,字子正,自號"小司馬",新舊唐書無傳,生平事蹟不詳。《史記索隱序》自題"朝散大夫國子博士弘文館學士河內司馬貞",可知他是河內(今河南沁陽)人。又《唐書·藝文志》注云:"貞,開元潤州(今江南鎮江)別駕。"又據程金造考證,"司馬貞是高宗、武后、中、睿、玄宗時代的人,約生于顯慶、龍朔之時(高宗)"③。綜上,這類反切集中出現在唐代中期,可能跟這一時期的語音變革有關。

4.4　《正義》重紐反切的結構特點與重紐韻舌齒音的歸屬④

關於《正義》的重紐問題,游尚功(1995)已經作了專門研究,游文將《正義》中出現重紐的五個韻系全部列成圖表,重點討論了《正義》中重紐與舌齒音的關係以及重紐反切上的對立差異,該文的結論是:舌齒音中精章兩系和日組與 A 類的關係密切;莊系知系和來組與 B 類的關係密切;重紐 A、B 兩類的不同是介音的不同。

游文主要是從系聯和統計的角度做出上述考察的,由於音注材料隨文作注的性質,我們認爲單純用系聯法無法得出科學的結論。本節擬以《正

①　請參韓丹、許建平《敦煌寫本 P. 2833〈文選音〉重字反切考》,《敦煌研究》,2020 年第 2 期。
②　程金造《〈史記正義〉、〈索隱〉關係證》(上),《文史哲》,1962 年第 6 期,32—33 頁。
③　程金造《〈史記正義〉、〈索隱〉關係證》(上),《文史哲》,1962 年第 6 期,32—33 頁。
④　本節內容曾以單篇論文發表在《語言研究》,2014 年第 4 期。

義》重紐及重紐韻舌齒音音切爲材料,嘗試運用反切結構分析法對重紐韻舌齒音的歸屬作出進一步的探討。我們主要討論傳統重紐八韻系,即支、脂、祭、真、仙、宵、侵、鹽韻系唇牙喉音的對立。文中音切從中華書局點校本(1959)和張衍田《史記正義佚文輯校》(1985)兩書中輯得,去除重複後,一共輯得重紐音切 183 條、重紐韻舌齒音音切 240 條。

4.4.1 《正義》重紐及重紐韻舌齒音的分佈

(一)支韻系

1 開口。<u>(1)三等</u>。A. 唇音:羆/碑(5),罷/皮(193);披/皮義(43),披/披彼(235),披/片被(2412),披/鋪被(2852)。B. 牙喉音:戲/許宜(182),騎/奇(337),戲/許義(1527),戲/義(1598);蛾/魚起(9),齮/魚綺(224),齮/綺(224),倚/於綺(1975),倚/於犧(2498),猗/於綺(3012);騎/其倚(335)。<u>(2)四等</u>。A. 唇音:卑/壁(1491),裨/卑(集序 5),裨/頻移(集序 5);芈/亡爾(2323),芈/弭(2350)。B. 牙喉音:跂/岐(2632),歧/巨支(論音例 16),衹/巨支(論音例 16),蛇/移(1487);跂/丘賜(368),跂/企(2903),易/以豉(230),施/羊豉(發字例 17),施/貳是(1628)。<u>(3)舌齒音</u>。A. 精組:呰/紫移(15),鄑/呰(294),觜/子思(1307),觜/子斯(1314),呰/子兒(3261),鮺/齊禮(3276),廝/斯(2256);徙/斯(2992);<u>積/子賜</u>[①](193),積/積賜(327),刺/七賜(2276),呰/自賜(314)。B. 章組:氏/支(1347),支/章移(論字例 14),卮/章移(論音例 16),枝/之移(論音例 16),肢/章移(論音例 16),衹/章移(論音例 16);侈/尺氏(1837),弛/式支(1969),<u>弛/尸氏</u>(2508);施/尸豉(343),施/式豉(1201),<u>觶/式豉</u>(1731)。C. 知組:螭/丑知(38),知/智(1186);豸/脂氏(9)。D. 莊組:嵯/楚宜(3023)。E. 來母:麗/力知(232),麗/離(257),酈/力知(217),醨/力知(2486);離/力智(412)。

支韻系開口中,舌齒音精組"呰"字跟四等唇音"裨"字、以母"蛇"字同用切下字"移",精組"積"字跟四等溪母"跂"字同用切下字"賜",都可以系聯,支韻系精組聯四等無疑。章組字"氏、弛"跟牙音"歧、衹"同用切下字"支",章組"支"等字跟唇音"裨"字同用切下字"移",章組"施"等字跟以母"易"字同用切下字"豉",也都可以系聯,支韻系章組大都能聯四等。莊組字"嵯"跟三等喉音"戲"字同用切下字"宜",莊組聯三等無疑。

2 合口。<u>(1)三等</u>。牙喉音:委/紆危(2727),矮/委危(2097),麾/呼危

---

① 加下劃線的音注表示來自《史記正義佚文輯校》,下同。

(335)，戲/麾(367)；塊/詭(1859)，燬/毀(1595)，蔿/爲詭(1646)；偽/危睡(42)，僞/于僞(1388)，爲/于僞(18)；爲/僞(2643)。(2)四等。牙喉音：墮/曉規(252)，觹/胡規(1307)。(3)舌齒音。A. 精組：歲/髓(2992)。B. 章組：倕/垂(39)；吹/尺瑞(393)，惴/之瑞(3135)。C. 知組：箠/竹委(2716)；腄/逐瑞(244)；錘/直僞(455)；甀/逐瑞(2606)。D. 來母：羸/力僞(2718)；累/力爲(2918)。

支韻系合口中，舌齒音知組“箠”字可以跟三等喉音“委”系聯，知組“錘”字、來母“羸、累”字可以跟三等喉音“爲”系聯，這些字聯三等無疑。

總的來看，《正義》中，支韻系重組出現在所有韻的唇牙喉音中，分佈廣泛，但大都不構成對立，構成對立的重紐韻有 4 對，即卑/壁：羆/碑；裨/頻移：罷/皮；歧/巨支：騎/奇；墮/曉規：麾/呼危。支韻系舌齒音中，精章組大都聯四等，莊組聯三等，知組、來母個別字聯三等。

(二)脂韻系

1 開口。(1)三等。A. 唇音：邳/被悲(299)，郿/眉(2068)，麋/眉(2562)；費/祕(發字例 18)，濞/匹備(441)，濞/普祕(3019)，魅/媚(38)。B. 牙喉音：鰭/祁(3021)；概/几利(論音例 16)，冀/几利(論音例 16)，器/去冀(論音例 16)，暨/其記(240)。(2)四等。A. 唇音：貔/毗(5)；比/卑耳(1326)，比/必耳(2159)，比/必履(2681)；比/必寐(347)，比/鼻(1176)，比/卑利(2368)，芘/疋婢(1804)。B. 牙喉音：痍/夷(2717)，夷/以脂(論音例 16)，姨/以脂(論音例 16)，彝/以脂(論音例 16)，寅/以脂(論音例 16)；肆/異(1177)。(3)舌齒音。A. 精組：郪/七私(1854)，私/息脂(論音例 16)；兕/似(1162)；自/疾二(論音例 16)。B. 章組：祇/脂(243)，砥/旨夷(論音例 15)，祇/旨夷(論音例 15)，脂/旨夷(論音例 15)，鴟/昌之(1812)，蓍/詩(3223)，尸/式脂(論音例 16)，屍/式脂(論音例 16)，蓍/式脂(論音例 16)；砥/旨(2129)，枳/支是(2271)，軹/紙(402)，軹/止(2246)；摯/至(27)，至/脂利(論音例 16)，贄/脂利(論音例 16)，鷙/陟利(論音例 16)。C. 知組：絺/勑遲(34)，遲/值(191)，坻/持(2502)，坻/遲(3020)；致/陟利(論音例 16)，質/至(132)，質/竹利(162)，質/致(223)，鷙/致(189)，鷙/勑利(189)，躓/陟利(論音例 16)，稺/胄雉(41)。D. 來母：利/力至(論音例 16)，涖/力至(論音例 16)。

脂韻系開口中，舌齒音精組“私”字跟以母四等“夷”等字同用切下字“脂”，“私”字聯四等，“私”又作“郪”字的切下字，則“郪”也聯四等。章組中切下字爲“夷、脂”的字可以跟以母四等“夷”字系聯，這些字聯四等。章、知組中以"利"爲切下字的字聯四等還是三等從本韻系無法得出,因爲"比/卑利"屬四等,而"概/几利"、"冀/几利"卻屬三等。

2合口。(1)三等。牙喉音:夔/巨龜(39),饋/匱(1655)。(2)四等。牙喉音:唯/以佳(論音例15),惟/以佳(論音例15),維/以佳(論音例15),遺/以佳(論音例15);唯/惟癸(2800);遺/庾季(260),遺/唯季(332)。(3)舌齒音。A.精組:睢/雖(371),葰/先累(2658),荽/息遺(論音例16),睢/息遺(論音例16),綏/息遺(論音例16);憔/醉(1740),萃/翠(3012),崇/雖遂(274),遂/直類(2792),燧/遂(149)。B.章組:雖/佳(334)。C.莊組:衰/楚爲(3310),衰/色眉(1372);率/所類(236),率/類(468),率/色類(發字例17)。D.知組:墜/直類(1517)。E.來母:纍/力追(2135);壘/力追(182)。F.日母:蕤/仁佳(1247)。

脂韻系合口中,舌齒音精組中以"遺"爲切下字的字能跟合口四等"遺"字系聯,章組"雖"字、日母"蕤"字跟合口四等"唯"等字同用切下字"佳",這些字聯四等。此外,精、莊、知組中都有以來母"類"字爲切下字的部分字,這些字的系屬無法系聯得出。

總的來看,《正義》中,脂韻系重組分佈廣泛,大都也不構成對立,只有"貔/音毗:邳/被悲"這1對重組對立。脂韻系舌齒音中,精、章組、日母部分字聯四等。

(三)祭韻

1開口。(1)三等。牙喉音:揭/其例(2896)。(2)四等。牙喉音:藒/魚曳(5)。(3)舌齒音。A.章組:貰/世(2018)。B.知組:蠆/直利(1482)。C.來母:厲/賴(2140)。

2合口。(1)三等。牙喉音:輠/衛(3036)。(2)舌齒音。A.精組:篲/似歲(211),篲/息歲(1504)。B.章組:說/稅(368),説/式銳(2581),蛻/稅(2483)。C.知組:綴/子衛(1198)。D.來母:汭/芮(22),芮/仁銳(2253)。

祭韻重組没有對立,開口字因字少而無法系聯,舌齒音的歸屬也無從得出。祭韻合口中,舌齒音知組"綴"字跟合口三等"輠"字同用切下字"衛","綴"字聯三等無疑。

(四)真韻系

1開口。(1)三等。A.唇音:邠/彼珉(2346),彬/斌(1938),緡/眉貧(2066),緡/岷(3141),汶/泯(2272),汶/珉(3278);滵/密(3019)。B.牙喉音:垠/銀(2499),巾/居人(論音例16);汨/于筆(3019)。(2)四等。A.唇

音：臏/頻忍（210）；渾/畢（3019）。B. 牙喉音：駰/因（集序 3）；緊/吉忍（2801），緊/結忍（2803）；蝒/以刃（9）；姞/其吉（9），佚/逸（1198），軼/逸（2136）。(3)舌齒音。A. 精組：信/申（1814）。B. 章組：瞋/昌真（314）；邨/真栗（448），邨/之栗（2942），質/直實（223），質/真栗（2268）。C. 莊組：溱/臻（2109），榛/仕斤（3032）；嗇/色（2809）。D. 知組：塡/鎮（1347），陳/陣（1466）；銍/珍栗（186）。E. 來母：藺/力刃（165），轔/客（3036）。F. 日母：仞/刃（3041）；日/駰（293），日/人質（142），衵/夷乙（1579）。

2 合口。(1)三等。牙喉音：賨/隕（3020），賨/殞（3302）。(2)舌齒音。A. 精組：馴/訓（40）；駿/峻（2236），徇/才迅（2128），順/訓（1528）；卒/祖律（2402），卒/足律（2569）。B. 章組：準/章允（230），盾/食允（314）。C. 莊組：率/律（468），率/所律（468）。D. 知組：窋/竹律（409），忟/卹（2255）。

真韻系重紐幾乎出現在所有韻，但沒有對立重紐出現。真韻系開口中，來母"藺"字、日母"仞"字跟以母"蝒"字同用切下字"刃"，這些字聯四等。真韻系合口舌齒音的歸屬無法系聯得出。

(五)仙韻系

1 開口。(1)三等。A. 唇音：辨/皮勉（1193），辨/邊練（1193），俛/免（2808），綩/免（1170）。B. 牙喉音：犍/其連（3167），捷/乾（3021），焉/於乾①（1262），焉/乙連（2320），焉/煙（2909），闕/於連（1265）；揭/桀（2896）。(2)四等。A. 唇音：編/必連（2035），偏/疋然（1167），偏/芳連（論音例 16），楩/頻縣（3200），平/頻然（1615）；湎/沔（1210）。牙喉音：衍/羊善（230），演/羊善（集序 4），羨/延（266）。(3)舌齒音。A. 精組：淺/子錢（2789），鮮/仙（240），仙/屑然（論音例 15）；翦/子踐（161）。B. 章組：蟬/善（3019），單/時連（1265）；嘽/昌單（1207），單/善（2067）；繕/膳（2283）；折/之列（125）。C. 知組：鱣/哲連（2496），纏/直延（2791）。

仙韻系開口舌齒音中，精組"仙"字跟唇音四等"偏、平"同用切下字"然"，精組"仙、鮮"字聯四等。章組中切下字爲"善"的字應該聯四等，因爲"善"常作牙喉音四等字的切下字。"連"字既作牙喉音三等字的切下字，又作唇音四等字的切下字，以"連"爲切下字的舌齒音字歸屬不好確定。知組"纏"字跟牙喉音四等"羨"同用切下字"延"，應該也聯四等。

2 合口。(1)三等。牙喉音：卷/丘員（216），圜/員（2346）。(2)四等。

---

① 關於"焉"字，周祖謨（1966）指出："焉（於虔反）焉（矣虔反），陸氏《經典釋文》區別甚嚴。凡訓何者，並音於虔反；語已辭，則云如字。考察上述 3 例"焉"字出現的原文，都不作語已辭。

牙喉音：甄/絹（1888），悁/於緣（2469），儇/在宣（46），嬛/在宣（9），蜎/許緣（2318），鳶/捐（1877），緣/以絹（1202）；説/悦（368）。（3）舌齒音。A.章組：穿/詳連（論音例16）；舛/昌轉（集序4）；啜/穿悦（1846），啜/昌拙（2297），説/式拙（2294）。B.知組：傳/逐緣（143），傳/直緣（1228），傳/逐全（發字例17）；傳/逐戀（260），傳/丁戀（442），傳/竹戀（1259），傳/張戀（發字例17）。C.來母：攣/卷緣（2419）；埒/劣（3195）。D.日母：壖/而緣（2684），壖/人緣（2747）；壖/如戀（2684）；爇/而説（257）。

仙韻合口中，舌齒音知組、來母、日母中以“緣”爲切下字的字應該聯四等，因爲它們都可以跟牙喉音“悁、緣”字系聯。舌齒音章組“啜”字跟牙喉音四等“説”字同用切下字“悦”，則章組“説”、日母“爇”字應該聯四等。

《正義》中，仙韻系重紐幾乎分佈在所有韻中，但是大都也不構成對立，只有湎/沔：俛/免這1對重紐對立。

（六）宵韻系

1開口三等。牙喉音：蟜/橋（13），蟜/巨遙（13），橋/嬌（32），橋/蹻驕（1447），夭/妖（3032）；矯/紀兆（298），蟜/居兆（13），蟜/紀兆（226），蟜/矯（3032）。2開口四等。A.脣音：熛/必遙（1165），飇/必遙（3036），翲/匹遙（3305）；杪/弭沼（3032）；翲/匹沼（3305）剽/匹妙（1165），剽/疋妙（2145）。B.牙喉音：要/腰（1163），陶/姚（39），軺/遙（3275），繇/遙（252），要/於妙（2249）。（3）舌齒音。A.精組：譙/焦（2670）；爝/子笑（2483），肖/痟（3307）。B.章組：招/韶（44），昭/照（1203），釗/招（134），弨/尺招（1540）；召/邵（1363），少/式妙（2030），少/戍妙（2187）。C.知組：鼂/竹遙（199），鼂/潮（199），朝/潮（240）。D.來母：燎/力召（458）。

《正義》中，宵韻重紐分佈廣泛，但大都不構成對立，只有要/腰：夭/妖這1對重紐對立。宵韻系舌齒音中，章組“少”字跟脣音四等“剽”等字同用切下字“妙”，“少”字應聯四等。知組“鼂”字跟脣音四等“熛”等字同用切下字“遙”，“鼂”字也應聯四等。

（七）侵韻系

1開口三等。牙喉音：襟/巨禁（3199）；飲/於禁（2800）；汲/急（220）。2開口四等。牙喉音：揖/集（25）。（3）舌齒音。A.精組：潯/尋（2005），潯/淫（2007），鱏/尋（2496）。B.章組：斟/針（2297），箴/針（143），忱/時林（2381）；枕/之禁（1292），枕/針鴆（2286）；汁/之入（1846）。C.莊組：參/楚林（3023），參/所林（1248），參/色林（1307）。D.知組：沈/直今（發字例18），沈/針禁

（發字例 18），沈/沈禁（發字例 18）；朕/而禁（1243）；沈/針甚（發字例 18）。
E. 來母：臨/力禁（231）；廩/力甚（183）。F. 日母：壬/任（99），任/而針
（134），任/入針（2337），任/人今（發字例 18）；袵/而甚（2464），任人禁（發字
例 18）。

《正義》中，侵韻系沒有對立重紐出現。舌齒音知組中"沈、朕"字、來母
"臨"字、日母"任"字跟牙音三等"襟"字同用切下字"禁"，這些字聯三等。

（八）鹽韻系

1 開口三等。牙喉音：炎/鹽（1314）。2 開口四等。牙喉音：鍼/其廉
（195），鍼/鉗（197），邪/斜（1208），斜/也奢（3262）；奄/於險（133），厴/乙減
（1602），厴/乙斬（2577），厭/烏減（162），厭/於點（162），厭/於廉（250），厭/
一弇（1903）；楪/葉（2992）。（3）舌齒音。A. 精組：漸/潛（1616）；捷/才業
（3032）。B. 章組：懾/之涉（1208），葉/書涉（217），葉/式涉（374），葉/車涉
（2543）。C. 知組：輒/張獵（232），躡/女涉（2572）。D. 來母：斂/力豔
（1917）。E. 日母：冉/奴甘（1564）；冉/日嶮（2323）。

《正義》中，鹽韻系沒有對立重紐出現。舌齒音章組字、知組"躡"字可以
跟四等喉音"楪"字系聯，日母"冉"字可以跟四等喉音"厭"字系聯。

4.4.2 《正義》重紐反切的結構特點

以上羅列了《正義》重紐及重紐韻舌齒音的分佈情況，我們發現，由於音
注材料隨文作注的性質，重紐韻舌齒音和重紐韻大都無法系聯。我們認爲
運用反切結構分析法可以解決這一問題。先給出《正義》重紐反切結構類型
表，請看表 4.45：

表 4.45　《正義》重紐反切結構類型表

上字＼下字	A	J	Sj	S	L	T	W	B	C	II	IV	合計
A	21	16	7	1	3			2				50
	1							2				3
B								1		2		3
			1		3		5	40				49
C	5	3	15	1	3	0			1		1	29
			1	2		4	3	1	20	5		36

續表

下字 上字	A	J	Sj	S	L	T	W	B	C	II	IV	合計
I	1		2							1		4
I								2				2
II											1	1
II												0
IV			1								1	2
IV								1			3	4
合計	27	19	23	4	6	0	0	1	3	3	3	89
合計	1	1	3	0	7	3	6	65	5	0	3	94

上表中,左列列出切上字音類,首行列出切下字音類,表心是被切字的統計,表心上格顯示 A 類被切字出現的次數,下格顯示 B 類被切字出現的次數,空格表示沒有出現相應的反切結構。如表心第一行第一列,表示 A-AA 型反切有 21 條,B-AA 型反切有 1 條,最右列和最下行是合計情況,均以上下格分類統計。根據上表的統計,《正義》重紐反切中,重四被切字共有 89 例,重三被切字共有 94 條,兩者合計 183 條。

從上表可以看出《正義》重紐反切結構的幾個特點:

(1)當切上字爲 A 類時,被切字絕大部分是 A 類,如果用 X 表示任意切下字,則公式 AX＝A,例外情況有 3 條:B-AB:澟/匹備(441);炎/鹽驗(1314)。B-AA:汶/泯(2272)。

當切上字是 B 類時,被切字絕大部分是 B 類,如果用 X 表示任意切下字,則公式 BX＝B。例外情況有 3 條:

A-BA:頃/奇傾(416)。A-BII:靨/乙減(1602);靨/乙斬(2577)。

《正義》重紐反切中,切上字爲 A、B 時共有反切 105 條,這 6 條例外只佔 6％,也就是說,當切上字爲重紐韻時,94％的重紐反切能夠根據切上字來決定它的歸屬。

但是,當切上字爲 C、I、II、IV 時,被切字爲 A 類的反切有 36 條,被切字爲 B 類的反切有 42 條,兩者比較接近,也就是說當切上字爲非重紐韻時,切上字不能決定被切字重紐的歸屬。總的來看,能夠根據切上字區分被切字重紐歸屬的是 99 條,佔《正義》全部重紐反切的比例是 54％。

(2)當切下字的聲母爲 A、J、Sj 和 S 時,被切字絕大部分是 A 類,如果用 X 表示切上字,則公式 X(A/J/Sj/S)＝A。例外情況有 5 條:

B-AA:汶/音泯(2272)。B-CJ:蟜:巨遙(13)。B-CSj:巾/居人(16);橇/昌芮①(79)。B-BSj:僞/危睡(42)。

當切下字的聲母爲 B 類、W 時,被切字絕大部分是 B 類,用公式表示即 X(B/W)＝B。例外情況有 1 條:A-BB:麃/彼苗(224)。

《正義》重紐反切中,切下字爲 A、J、Sj、S、W、B 的反切一共有 150 條,上述 6 條例外只佔 4%,換言之,此時 96% 的重紐反切能夠根據切下字區分開。但是,當切下字的聲母爲 L、T 時,被切字爲 A 類的反切有 6 條,被切字爲 B 類的反切有 10 條,此時切下字的聲母類型不能很好地區分被切字的重紐歸屬。

從上表可以看出,切下字還可能是 C、II、IV 等非重紐韻,它們以非重紐韻切重紐字,可能表明語音的發展演變,其中當切下字爲 C 類時,被切字偏向 B 類,當切下字爲 II 類時,被切字爲 A 類,切下字爲 IV 類時,則無法看出被切字的偏向。除去這 17 條以非重紐韻爲切下字的反切,其他 166 條重紐反切中能夠根據切下字的聲母類型區分的有 144 條,所佔比例是 86.75%。

綜上,我們可以發現:(1)當切上字爲 A 或 B 時,切上字決定被切字的重紐歸屬,具體就是 AX＝A,BX＝B。(2)當切下字爲 A、J、Sj、S、W、B 時,切下字的聲母類型決定被切字的重紐歸屬,具體就是 X(A/J/Sj/S)＝A,X(B/W)＝B。(3)相對於 A、B 上字的區分率,切下字的聲母類型可以更好地區分重紐歸屬,而且切下字的聲母類型大致可以分成兩類:章、精組、以母字一類,它們常作重四被切字的切下字,知組、云母字一類,它們常作重三被切字的切下字。來母字徘徊在 A、B 兩類之間,沒有明顯的傾向性,莊組切下字則因材料所限,暫闕。

4.4.3 來母的搖擺性

來母的搖擺性上已述及,我們接下來作進一步的考察。先看來母,上表 4.45 中重紐被切字中用來母下字的共有 13 例,其中仙韻 7 例,至韻 3 例,鹽韻系 2 例,旨韻 1 例,這些來母下字並沒有集中分佈在某個韻或韻攝。那麼,以來母字爲切下字的重紐被切字是如何確定其歸屬的呢?

考察所有以來母爲切下字的 13 例重紐被切字的切上字,我們發現,以 A、B 類爲切上字的重紐反切可以通過切上字區分開:以 A 類爲切上字的 3 例,全部爲 A 類被切字;以 B 類爲切上字的 3 例,全部爲 B 類被切字。如果

---

① "橇"字疑本爲"毳"。

以 L 代表來母,則 AL＝A,BL＝B。以上述兩類爲切上字且切下字爲來母的重紐反切共計 6 例,全部可以通過切上字區分。而對於切上字爲 C 類且切下字爲來母的重紐反切無法根據切上字區分,因爲 CL＝A(3)：CL＝B(4),此時沒有明顯的偏向。

上述分析表明,以來母爲切下字的重紐反切中,當切上字爲 A、B 類時可以根據切上字確定其歸屬;當切上字爲 C 類時,無法確定被切字的歸屬;來母的搖擺性主要體現在以 C 類爲切上字的重紐反切中。

4.4.4 《正義》重紐韻舌齒音的歸屬

上文已經提及,本書在重紐韻舌齒音的歸屬問題上採取黃笑山的意見,即精章組和以母跟重紐四等一致,知組和來母偏向於四等一類,莊組和云母跟重紐三等一致。以下統計了《正義》傳統重紐八韻系及其舌齒音切下字的聲母類型,得表 4.46,我們可以在此基礎上檢驗《正義》中重紐韻舌齒音的歸屬是否支持這一説法。

表 4.46　《正義》重紐及重紐韻舌齒音反切下字聲母表

	A	J	Sj	S	L	T	R	W	B	C	I	II	IV	合計
A	27	19	23	4	6				1	3		3	3	89
Sj	6	17	53		11	2			3	4	2	1		99
S	1	6	5	29	5	1				4	2	1	1	55
L	1	2	4		2	10		2	1		1			23
T	3	3	7	2	16	13		1	4	2				51
R					8		1	1	2					12
B	1	1	3		7	3		6	65	5			3	94
合計	39	48	95	35	55	29	1	10	76	18	5	5	7	423

上表中,首列列出被切字的聲母類型,首行列出切下字的聲母類型,空格表示沒有出現該類型。從表上可以看出:

(1)A 類反切的切下字除去本身外,主要集中在以母、章、精組和來母,極少用 B 類下字,絶不用云母下字;B 類反切的切下字除去本身外,主要是來母、云母。

(2)章組反切的切下字除本身外,主要集中在以母、來母和 A 類,絶不用莊組、云母字作切下字,很少用 B 類字。精組反切的切下字除本身外,主要是以母、章組和來母,也絶不用莊組、云母、B 類字作切下字,這進一步説

明精、章組、以母的關係密切,結合表 4.45 中精、章組和以母絕大多數作 A
類被切字的切下字這一事實,可以肯定這幾組聯繫 A 類。

(3)莊組反切的切下字除去本身外,主要是來、云母和 B 類,絕不用 A
類、精、章組和以母作切下字,所以莊組跟 B 類相聯是有道理的。

(4)來母反切的切下字除去本身外,章組、以母和 A 類下字共 7 例,而云
母跟 B 類下字共 3 例。知組反切的切下字除去本身跟來母外,章、精組、以
母和 A 類下字共 15 例,而云母和 B 類下字共 5 例,這似乎表明《正義》中,來
母、知組是偏向 A 類的。另一方面,結合表 4.45 可知,來母既作 A 類被切
字的切下字,更常作 B 類被切字的切下字,比例是 6:7,知組 3 例全作 B 類
字的切下字,這時來母、知組又偏向 B 類。來母、知組搖擺在 A、B 兩類
之間。

綜上,從反切結構分析的角度看,《正義》中重紐韻舌齒音的歸屬大體支
持黃笑山的意見,其中舌齒音精、章組和以母和重紐四等一致,舌齒音莊組
和云母和重紐三等一致,來母和知組則搖擺在兩類之間,這種搖擺性尤其在
以 C 類爲切上字的反切中表現明顯。

第 5 章 《資治通鑑音注》的特點及其反切結構

據我們的統計，胡三省《資治通鑑音注》（以下簡作《音注》）一共有 77528 條音切，去除重複後共有音切 8081 條，胡三省自注的材料 7276 條，徵引前人的注音材料共 805 條。上述 8081 條不重複注音材料中，反切材料共有 6271 條，其中胡三省自注反切 5830 條，徵引前人反切 441 條。其徵引前人反切材料的情況是：顏師古《漢書注》192 條，李賢《後漢書注》37 條，陸德明《經典釋文》25 條，司馬康海陵本《通鑑釋文》23 條，司馬貞《史記索隱》20 條，何超《晉書音義》16 條，司馬光等《類篇》15 條，丁度《集韻》10 條，小徐本《説文》、張守節《史記正義》各 9 條，裴松之《三國志注》、吕忱《字林》各 8 條，毛晃《增修互注禮部韻略》7 條，孟康《漢書音義》6 條，徐廣《史記音義》、宋祁《國語補音》、史炤《通鑑釋文》、杜佑《通典》各 5 條，其餘文獻徵引反切都在 5 條以下。本書所有反切材料都輯錄自《資治通鑑》（中華書局，1956）。

關於胡三省《音注》的研究，目前學界已經有了很多成果，這些無疑是值得借鑒和肯定的。從已有研究看，《音注》的研究中似乎没有將胡三省承襲前代的音注分開處理，那麽，胡三省自注音切跟前人音切是什麽關係？是完全承襲還是有所選擇？如果有同有異，差異有多大？取捨之間是否有一個自己的標準呢？我們可在上述考察的基礎上總結歸納出《音注》的特點。此外，《音注》反切的結構特點如何？是否存在新型反切？重組現象是否存在？如果仍舊存在重組，其性質如何？本章主要就上述問題展開討論。

5.1 胡三省徵引反切與自注反切的比較[①]

本節所説的胡氏自注反切，是指胡氏直接給出被注字的注音，並不徵引任何人的注音，如："是故天子統三公。統，他綜翻"。而徵引反切則分兩種情況：一是指胡氏直接引用前人的反切，自己不下按語，也並不另外給出注

---

① 本節內容曾以單篇論文發表在《漢語史學報》，2021 年第 24 輯。

音。如:"起爲人剛勁自喜。師古曰:喜,許吏翻。";二是胡氏先引出前人反切,然後再加按語表明自己對前人反切的態度,最後給出自己的注音。如:"批亢搗虛,形格勢禁,則自爲解耳。《索隱》曰:批,白結翻。亢,苦浪翻。按批者,相排批也,音白滅翻。亢,言敵人相亢拒也"。因而,本書胡氏自注反切與徵引反切的比較,實際包含兩種情形:一是在同一語境下,對其中的某字注音,胡氏先徵引前人的反切,然後再給出自己的注音,如上述"批"字。二是不在同一語境下,在 A 處只有徵引反切,在 B 處只有自注反切,但一致的是都是對同一字的注音,而且從各自的語境來看被注字的語義是一致的。也就是説,在不同語境下,被注字的語義一致是比較的前提。本節比較胡氏自注反切與徵引反切,具體來説就是考察兩者在反切用字以及用字地位上的差異。文中涉及到的多音字的取音問題,則據王曦(2014)①的研究取該字的常讀音,具體分析詳見附注。"於"、"于"《廣韻》中一爲影母,一爲云母,故本書中兩字作爲反切用字時仍分作兩體。有些字在前人音注中重複注音,如果沒有意義的差別,不再比較。

5.1.1 胡三省徵引反切與自注反切的比較詳情

5.1.1.1 與顏師古《漢書注》反切的比較

《音注》徵引《漢書注》反切共 192 條,其中"潞、沽、朐、嫭、寖、曲、泜、輅、曼、蒩、謳、橢、岑、蔡、倚、鷖、屋、螯、噊、痿、姍、絮、眩、迭、嘩、畁、混、粥、霽、喋、殖、耗、烏、足、感、切、刷、緘、媯、荒、紙、棽、繆、剢、翩、鼟、掌、零、湯、澗、偁、挏、軑、鄆、蹀"共 55 字胡氏在自注中都沒有關於上述字的反切材料,無法比較。而"鞏、數、識、优、姚、疵、回、樛、雟、督、屯、便、呴、溢、填、倡、貫、濩、玃、鞞、蒂、治、令、演、卷、假、逍、汙、剝"共 29 字兩者皆有反切,但意義不一致,也無法比較。去除重複後可比的反切有 81 條,其中反切用字地位一致的反切 73 條,除去"擿、乳"2 字外,其餘 71 條反切用字的音韻地位跟《廣韻》完全一致。詳見表 5.1:

表 5.1 胡氏徵引《漢書注》反切與自注反切的比較

字	反切對比	頁碼	字	反切對比	頁碼
許	居謁/居謁②	496/728③	見	胡電/户電	746/474

① 王曦《試論歷史語音研究中多音字常讀音考察的方法——以〈玄應音義〉中多音字常讀音研究爲例》,《古漢語研究》,2014 年第 3 期,88—94 頁。
② "/"前表示徵引反切,"/"後表示自注反切,下同此。
③ "/"前表示徵引反切的頁碼,"/"後表示自注反切的頁碼,下同此。

續表

字	反切對比	頁碼	字	反切對比	頁碼
覆	敷救/敷救	931/189	渾	胡昆/户昆	1271/209
墊	丁念/丁念	1035/7392	鈦	徒計/大計	639/2237
寁	竹二/竹二	1036/1089	撙	子本/祖本	776/4909
湛	持林/持林	1066/963	華	胡化/户化	898/108
迕	五故/五故	1098/2022	和	胡臥/户臥	921/34
辨	皮莧/皮莧	1300/1367	訕	所諫/山諫	934/2338
甂	都濫/都濫	2504/4371	鼙	步迷/駢迷	950/966
灃	力水/力水	2806/3030	撮①	千括/倉括	976/5358
樅	七容/七容	5025/5028	奘	而充/人充	776/974
贛	古暗/古暗	6644/4115	挺	大鼎/待鼎	1009/316
喜	許吏/許記	30/618	坐	材臥/才臥	1061/179
仗	直亮/直兩②	145/4698	契	詰結/苦結	1099/1984
鞬	丁兮/丁奚	155/376	撓	火高/呼高	1132/4707
媪	烏老/烏浩	356/164	穰	如羊/人羊	1208/110
創	初亮/初向	491/1191	孱	士連/仕連	2136/2170
緹	他弟③/他禮④	495/1522	柱	士疑/仕疑	2318/3171
蕃	扶元/扶袁	555/2625	刓	五丸/吾官	311/8236
摘	他狄/他曆	802/1081	戀	竹巷/陟絳	406/570
涸	胡頓/胡困	840/2984	厭	一涉/於葉	540/1384
檢	居儉/居掩	874/1167	酋	才猶/慈由	631/1183

① 原書 976 頁"撮"字出現語境是："每一書已,向輒條其篇目,撮其指意,錄而奏之。"師古曰："撮,總取也。"原書 5358 頁"撮"字出現語境是："一撮許賊,馬上刺戟,攙著汾水中耳。"胡注:一撮,言其少也。"撮"字在兩處語境中語義並不完全一致,但在"總括、言其少"等特徵上仍有語義上的一致性。

② "兩"字《廣韻》收上聲一讀,《集韻》還收去聲一讀。《廣韻》中,"兩"作切下字時注解的是上聲音,"仗"字反切正作"直兩"。"兩"字胡三省既用作上聲被注字的切下字,又作去聲被注字的切下字,因而胡氏取音並不十分確定,如若取音上聲,則反切用字地位不一致。

③ "弟"字《廣韻》有上、去二讀,然"弟"字作切下字時,在《廣韻》中注解的是上聲音,因而"他弟翻"應取上聲音,而非去聲。

④ 加下劃線表示前人反切或胡氏音切中的又音,作注者直接給出兩種注音,並沒有取捨,故仍計入各自音注中。

續表

字	反切對比	頁碼	字	反切對比	頁碼
稠	直流/直留①	912/5830	鶯	於耕/烏莖	678/25
彡	先廉/先冉②	920/920	愞	乃館/奴亂	720/2647
留	力救/力就	993/678	度	大各/徒洛	845/34
噱	其略/其虐	1011/5337	酗	況務/香句	856/5652
王	于放③/于況	1140/85	比	頻二/毗至	865/20
聚	才喻/才諭	155/1145	勾	工大/古泰	979/3523
嚻④	五高/五羔	1251/1921	乳	而具/儒遇	1072/15
籠	盧紅/盧東	1467/137	諉	虛爰/許元	1079/79
饕	土高/土刀	1216/1718	幡	敷元/孚袁	1160/8165
漯	他答/他合	2049/633	闋	口決/空穴	1201/1228
且	子如⑤/子餘	3605/708	愔	一尋/於今	1224/1291
屈	居勿/九勿	29/51	厭	一艷/於贍	1227/878
解	下買/戶買	120/101	稟	彼甚/筆錦	1232/1605
諶	時壬/氏壬	155/1249	睢	呼季/香萃	1251/267
涅	乃結/奴結	155/2983	掎	居蟻/舉綺	1327/2179
儋	丁甘/都甘	259/7593			

反切用字地位不一致的反切共 8 條，即：麾：武皮⑥/美爲（1010/600）；
柢⑦：丁計/丁禮（1346/5766）；皖⑧：胡管/戶版（2014/2020）；湞：丈庚/癡貞

---

① “留”字胡氏用作反切下字共計 15 次，全部注解的是平聲音，此作平聲“稠”字的切下字，當取平聲。

② “彡”字《廣韻》有鹽、銜兩讀，都爲平聲音，“冉”字《廣韻》有鹽、琰兩讀，此作平聲被切字的切下字，當取平聲。然胡氏音注中“冉”作切下字時注音還有 5 例，都爲琰韻被切字的切下字，因而“冉”的常讀音應爲上聲琰韻一讀，如取上聲音則反切用字地位不一致。

③ “放”《廣韻》有上、去兩讀，然“放”作切下字時，在《廣韻》中注解的是“妄望”等去聲字，因而“于放反”應取去聲音，而非上聲。

④ “嚻”字《廣韻》不收，其音韻地位參《集韻》，文中雙綫體表示，下文統計時不作與《廣韻》不一致的反切處理，下同此。

⑤ “且”字《廣韻》有精母魚韻、清母馬韻兩讀，切下字“如”有平、去兩讀，而切上字屬精母，則“如”字取平聲音讀。

⑥ 一般認爲，唇音無所謂開合，“皮”字如取合口，則兩者反切用字地位一致。

⑦ “柢”字《廣韻》有澄母脂韻、章母紙韻、端母薺韻三讀，此處切上字都是端母“丁”字，則“柢”字取端母薺韻一讀。

⑧ “皖”字原文都是注解地名“皖城”，胡氏取音跟顏師古不一致。

(668/8521);票:匹妙/頻妙(620/630);誖:布内/蒲内(833/1198);悖:布内/
蒲内(865/6);勡:頻妙/匹妙(978/653)。除去"渪、靡"2字《廣韻》的音韻地
位跟顏、胡反切用字的音韻地位不完全一致外,其餘6字中,胡氏的反切用
字音韻地位都與《廣韻》一致。

5.1.1.2 與李賢《後漢書注》反切的比較

《音注》徵引李賢《後漢書注》反切37條,其中"龜、茲、辦、荔、鶩、篁、噫、
倪、忕、魘"10字胡氏沒有作注,無法比較。而"强、撖、炟、抵"4字兩者都有
注解,但意義不一致,沒有可比性。去除重複後可比的反切有22條,其中反
切用字地位一致的反切18條,除去"酇"字外,其餘17條反切的音韻地位與
《廣韻》完全一致①。詳見表5.2:

表5.2　胡氏徵引《後漢書注》反切與自注反切的比較

字	反切對比	頁碼	字	反切對比	頁碼
蔓	力于/力于	1236/1260	梵	扶汎/房泛	1639/1644
屈	求勿/求勿	1254/1327	任	人林/如林	1659/175
喁	魚容/魚容	1337/1666	爇	而悦/懦劣	1260/1463
仰	魚向/魚亮	1287/127	酇	在何/才多	1314/255
鐔	徒南/徒含	1604/1304	凶	呼勇/許拱	1332/2374
詬	許遘/許候	1607/1939	邏	力賀/郎佐	1416/2294
怫	扶勿/扶弗	1633/8180	醯	火奚/馨兮	1437/1889
賈	市夜/時夜	1494/759	裋	直莧/丈涸	1723/2370
睚	語懈/五懈	1514/897	躑	大蠟/徒臘	2013/2069

反切用字地位不一致的反切4條,即:歐:一口/烏侯(1620/1620);批:
蒲結/偏迷(1775/5178);趣:春遇/逡喻(1285/7379);觖②:羌志/古穴
(1363/370)。除去"批"字外,其餘3字胡氏的反切用字地位與《廣韻》合。

5.1.1.3 與陸德明《經典釋文》反切的比較

《音注》徵引《經典釋文》反切25條,其中"擅、拒"2字胡氏沒有作注,而

---

① 承楊軍告知,"酇"字在《王一》《王三》的上聲緩韻注釋中,都注有"在何反"一音。而且《王一》
《王二》《王三》的歌韻"昨何反"下也都收有此字。《廣韻》"昨何切"下收有"酇"字,注曰:"酇,縣
名,在譙郡。或作酇。酇本音贊。"說明《切韻》系韻書中當有此音的,只是《廣韻》未單列字頭而
已。

② "觖"字《廣韻》有溪母寘韻、見母屑韻兩讀,胡氏取音跟李賢不一致,李賢"羌志反"疑文字有誤,
然原文如此,待校。

"複、屈、監、句、瞑、囊、中、染"8 字由於意義不一致,無法比較。去除重複後可比的反切有 14 條,其中反切用字地位一致的反切 9 條,且都與《廣韻》合。詳見表 5.3:

表 5.3　胡氏徵引《經典釋文》反切與自注反切的比較

字	反切對比	頁碼	字	反切對比	頁碼
參	所金/所金	21/102	驪	力支/力知	1176/1417
質	職日/職日	16/1345	仰	五亮/魚亮	4188/127
眩	玄遍①/玄遍	1385/8446	衷	丁仲②/竹仲	7420/1534
籠	力董/力董	1467/6532	長	丁丈/知兩③	11/3
脞	倉果/倉果	4934/5470			

反切用字地位不一致的反切 5 條,即:奄:於檢/於炎(4469/4469);唊:直覽/徒覽(404/2327);紉:以忍/直忍(2494/2494);采:七在④/倉代(1139/212);湫:在酒/子小(4332/4332)。其中,"采、奄、湫"3 字陸德明的反切用字地位與《廣韻》合,其餘 2 字胡氏的反切用字地位與《廣韻》合。

5.1.1.4　與司馬康海陵本《通鑑釋文》反切的比較

《音注》徵引司馬康海陵本《通鑑釋文》反切 23 條,其中"皋、狼、敨、俟、摎、嫽、矞、茹"8 字胡氏沒有作注,無法比較。而"磨"字兩者皆有反切,但意義不一致,也無法可比。去除重複後可比的反切有 14 條,其中反切用字地位一致的反切 6 條,都與《廣韻》合,詳見表 5.4:

表 5.4　胡氏徵引海陵本《通鑑釋文》反切與自注反切的比較

字	反切對比	頁碼	字	反切對比	頁碼
鄲	多寒/多寒	11/7940	郝	呵各/呼各	224/1481
滑	戶八/戶八	3749/7635	蠋	珠玉/之欲⑤	129/129

---

① "遍"字《廣韻》列線韻,方見切,依反切下字字應在霰韻,《王韻》、《集韻》都在霰韻,今據改。

② "丁"字《廣韻》有知、端母兩讀,此作知母字"衷"的反切上字,故"丁"取知母一讀。

③ "長"字《廣韻》有澄母陽韻、知母養韻、澄母漾韻三讀,陸德明用上聲養韻"丈"字作切下字,則這裏"長"字取知母養韻一讀。如此,則胡氏音注"知兩切"中"兩"字取上聲一讀。

④ "在"字《廣韻》有上、去兩讀,此作上聲"采"字的切下字,故"在"字取上聲音。又陸德明"采,七在反"共出現 5 次,都取上聲讀音,則"在"的常讀音就是上聲。

⑤ "蠋"字原文是爲人名注音,胡氏自注直音"音蜀(禪燭)"外,又或音"之欲(章燭)翻",且並不給出取捨意見,如採用前者,則反切用字地位不一致。

續表

字	反切對比	頁碼	字	反切對比	頁碼
隙	丘逆/乞逆	252/98	呴	吁句/況羽①	173/173

反切地位不一致的反切 8 條,即:論:盧昆/盧困(47/47);獲:俱縛/俱碧(528/528);淖:竹角/女教(126/126);貉:莫白/曷各(4883/4883);借:資昔/子夜(99/99);處:敞呂/昌據(159/159);齕:胡骨/恨勿②(167/167);麚:綿披/莫兮(174/174)。其中,"齕、獲"2 字海陵本《通鑑釋文》反切用字與《廣韻》合,"論、借、處、貉"在《廣韻》都有兩讀,海陵本《通鑑釋文》與胡氏在同一語境下取音不一致。其餘"麚、淖"2 字胡氏的反切用字地位與《廣韻》合。

5.1.1.5 與司馬貞《史記索隱》反切的比較

《音注》徵引《史記索隱》反切 20 條,其中"砒"字胡氏没有作注,無法比較。而"閑、抒、冒、斜、朝"5 字則因意義不一致也無法比較。去除重複後可比的反切有 12 條,其中反切用字地位一致的反切 8 條,其中,"愒、昧、沫"3 字《廣韻》屬末韻,司馬貞與胡氏都歸入曷韻。如果兩者音系中寒、桓不分,則與《廣韻》合。其餘 5 字的反切用字音韻地位都與《廣韻》合。詳見表 5.5:

表 5.5　胡氏徵引《史記索隱》反切與自注反切的比較

字	反切對比	頁碼	字	反切對比	頁碼
昧	莫葛/莫葛	110/159	亢	苦浪/口浪	52/1161
愒	許曷/許葛	67/3519	畫	胡卦/户卦	129/7634
沫	亡葛/音末③	49/225	歐	於后/惡后	511/313
選	宣變/須戀	632/3437	稚	持利/直利	610/3439

反切用字地位不一致的反切 4 條,即:批:白結/白滅(52/52);恐:起拱/欺用(67/1299);啑:使接/所甲(419/419);哆:尺奢/昌也(700/700)。其中,

---

① "呴"字《廣韻》有曉母厚韻、曉母遇韻兩讀,"吁"字《廣韻》有曉、云母兩讀,此作曉母字的反切上字,則"吁"取曉母一讀。"句"字《廣韻》中有多種切法,但"句"字作切下字時注解的是去聲遇韻"注聚"等字,則去聲遇韻讀法是"句"字的常讀音。如此,《通鑑釋文》"吁句切"注解的音是曉母遇韻字,"呴"字取曉母遇韻一讀,胡氏用"羽"字作"呴"的切下字,則"羽"字也取遇韻,不取麌韻。

② 胡氏對人名"齕"字注直音"音紇(匣没,匣屑)",之後"恨勿翻"是他引杜佑《通典》音。跟"胡骨切"比較,切下字"勿"爲物韻字,"骨"爲没韻字,則取音不一致。如文、魂開合未分韻,則取音一致。

③ 胡氏對人名"沫"字注直音"音末(明末)",又原書 214 頁胡氏對"沫"字還有"莫曷(明曷)翻"一讀,雖與《索隱》中"沫"字語義不一致,没有可比性,但可作參考。

"批"字在《廣韻》地位與司馬氏、胡氏都不一致,"恐"字《廣韻》收平、去兩讀,司馬氏跟胡氏取音不同,其餘 2 字胡氏的注音都與《廣韻》合。

5.1.1.6　與何超《晉書音義》反切的比較

《音注》徵引何超《晉書音義》反切 16 條,其中"朒、柤、坫、珨、磝、碻、茹、研、寵"9 字胡氏沒有作注,無法比較。而"盾、扁"2 字雖然兩者都有反切,但是意義不一致,也不能比較。可比較的反切有 5 條,其中反切用字地位一致的反切 3 條,其各自音韻地位與《廣韻》合。即:訇:呼宏/呼宏(2728/2746);泠:郎丁/魯經(2802/2120);泫:胡犬/戶畎(3458/5575)。反切用字地位不一致的反切 2 條,即:蹋:徒合/徒盍(2013/5660);獪:古邁/古外(3332/4194)。其中,"蹋"字《廣韻》音韻地位與胡氏注音一致,"獪"字《廣韻》收泰、夬兩讀,何超跟胡氏的取音不一致。

5.1.1.7　與《類篇》反切的比較

《音注》徵引《類篇》反切 15 條,其中"暘、砥、㫖、柵、襒、湆"6 字胡氏沒有作注,無法比較。而"眭"字兩者都有反切,不過意義不一致,也無法比較。可比的反切有 6 條,其中反切用字地位一致的 3 條,其各自音韻地位都跟《廣韻》合。即:灃:魯水/力水(2807/3728);翟:萇伯/直格(23/18);襤:盧甘/路談(207/207)。反切用字地位不一致的反切 3 條,即:臏:毗賓/頻忍(51/51);鐔:如①心/徐林(1604/3870);懘:丑例/陟劣(3082/3082)。這些地位不一致的反切中,胡氏的反切用字地位都與《廣韻》合。

5.1.1.8　與《集韻》反切的比較

《音注》徵引《集韻》反切 10 條,其中"璆、憽、濊、黎、舼、鴔"6 字胡氏沒有作注,而"嬈"字《集韻》、《音注》都有反切,但意義不一致,沒有可比性。可比的反切有 3 條,其中反切用字地位一致的反切 1 條,即:湕:紀偃/居偃(5029/5066),其音韻地位與《廣韻》合。反切用字地位不一致的反切 2 條,即:筰:側各/在各(1971/5007);碾:女箭/尼展(5596/5596)。而對這兩字的注音,胡氏的反切用字地位都與《廣韻》合。

5.1.1.9　與小徐本《說文》反切的比較

《音注》徵引小徐本《說文》反切 10 條,其中"嫽、躓、眄"3 字胡氏沒有作注,而"批"字因意義不一致也無法比較。可比較的反切有 5 條,其反切用字地位均一致,且跟《廣韻》合。即:畜:許竹/許六(206/49);憒:古對/古悔

---

① "如"字疑文字有誤,查原書實作"如"字,待校。

(1900/2348)。騋:達來/棠來(1725/23);塢:烏古/安古(1760/5473);躓:竹二/陟利(763/2962)。

5.1.1.10　與張守節《史記正義》反切的比較

《音注》徵引《史記正義》反切 9 條,其中"摎"字胡氏沒有作注,"畜"字兩者都有反切,但意義不一致,可比的反切 6 條,其中反切用字地位一致的反切 5 條,且都與《廣韻》合。即:調:徒釣/徒釣(253/458);著:丁略①/竹略(252/514);下:戶嫁/遐嫁(253/461);數:色主/所矩(235/5366);棺:古玩/工喚(248/348)。反切用字地位不一致的反切 1 條,即:遺:唯季/如字②(349/349)。

5.1.1.11　與裴松之《三國志注》反切的比較

《音注》徵引《三國志注》反切 8 條,其中"胭、獉、辿"3 字胡氏沒有注音,而"查、支"意義不一致,都無法比較。可比的反切 3 條,都爲反切用字地位一致的反切,都與《廣韻》合。即:廖:理救/力救(2299/290);茬:仕狸/仕疑(2318/3171);廄:攄陵/丑升(2959/2959)。

5.1.1.12　與呂忱《字林》反切的比較

《音注》徵引《字林》反切 8 條,其中"瘃"字胡氏沒有注音,無法比較。可比的反切 6 條,其中 2 字的反切用字地位一致,且與《廣韻》合,即:塢:一古/安古(1371/5473);琠:他殄/他典(2736/2778)。反切用字地位不一致的反切 4 條,即:幗:古獲/古對(2295/2295);蜹:人劣/而銳(9/7900);併:卑正/步頂(1351/359);溠:壯加/側駕(5031/5031)。其中,"幗"字《廣韻》收見母隊、麥韻二讀,胡氏取音和《字林》不一致;"蜹"字《廣韻》收日母祭、薛韻和以母祭韻三讀,胡氏取音與《字林》不一致;"併"字《廣韻》收幫母靜、勁韻和並母迥韻三讀,胡氏取音與《字林》不一致;"溠"字《廣韻》收莊母麻、禡韻和清母歌韻三讀,胡氏取音與《字林》不一致。

5.1.1.13　與毛晃《增修互注禮部韻略》反切的比較

《音注》徵引毛晃反切共 7 條,其中"幹、按、庋、礯、碻"5 字胡氏沒有作注,無法比較,"中"字兩者皆有反切,但意義不一致。可比的反切僅 1 條,其反切用字地位不一致,即:眥:士懈/疾智(1961/1961)。"眥"字《廣韻》收從母

---

① 丁,《廣韻》收知、端母兩讀,此處作"著"的反切上字,當取知母一讀。
② 遺,《廣韻》有以母脂、至韻兩讀,胡氏先引《史記正義》反切,而後給出自己意見:"余謂音如字亦通;遺,留也",表明其"如字"音取以母脂韻一讀。

眞、霽韻二讀,胡氏“疾智翻”與從母眞韻一讀合。而“眥”的異體字“眥”《廣韻》屬崇母卦韻,毛氏“士懈翻”與之合。

5.1.1.14 與孟康《漢書音義》反切的比較

《音注》徵引《漢書音義》反切 6 條,其中“泛、攝、縻”3 字胡氏没有作注,可比的反切僅 3 條,其反切用字地位一致,與《廣韻》合。即:縊:力全/力全(1007/1266);亙:古贈/古鄧(1179/3960);捽:子如/子如(2932/2195)。

5.1.1.15 與徐廣《史記音義》反切的比較

《音注》徵引徐廣《史記音義》反切 5 條,其中“枸”字胡氏没有注音,而“奄”字意義不一致,也無法比較。可比的反切有 3 條,其反切用字地位都不一致,即:燎:力燒/力照(3009/3009);煦:況甫/許具(4161/4161);嫗:於甫/衣遇(4161/7664)。查《廣韻》,“燎”字收宵、小、笑三讀,徐廣取音與胡氏不一致。“煦”字收麌、遇二讀,徐廣取音與胡氏不一致。“嫗”字《廣韻》收遇韻一讀,胡氏反切用字地位與之合。

5.1.1.16 與宋祁《國語補音》反切的比較

《音注》徵引《國語補音》反切 5 條,其中“浚”字胡氏没有作注,可比的反切有 4 條,都是反切用字地位一致的反切,且都與《廣韻》合。即:障:之亮/之尚(8/645);蜹:如鋭/而鋭(9/7900);醮:子召/即召(11/839);數:所主/所主(126/255)。

5.1.1.17 與史炤《通鑑釋文》反切的比較

《音注》徵引史炤《通鑑釋文》反切 5 條,其中“芀”字胡氏没有作注,無法比較,可比的反切有 4 條,都爲反切用字地位不一致的反切,即:泌:兵媚/毗必(7441/7255);疽:子與[1]/七余(8265/21);仔:祖似/津之(8272/8272);箐:倉甸/咨盈(8279/8279)。查《廣韻》可知,“泌”字收幫母至、質韻和並母質韻三讀,胡氏取音與史炤不一致;“仔”字收精母之、止韻兩讀,胡氏取音與史炤不一致;“箐”字收音與胡氏反切用字地位合。

5.1.1.18 與杜佑《通典》反切的比較

《音注》徵引《通典》反切 5 條,可比的反切有 5 條,其中反切用字地位一致的反切 3 條,都與《廣韻》合。即:齕:恨勿/音紇[2](167/167);磽:口交/丘交(3336/3336);瀼:而章/如羊(6779/6779)。反切用字地位不一致的反切

---

[1] 史炤又有“千余切”一讀,並無取捨,取“千余切”時與胡氏反切用字地位一致。

[2] “齕”字取音前注已提及,可參。

2 條,即:湨:滂拜/滂沛(684/684);姍:山諫/所姦(858/867)。查《廣韻》可知,"湨"字收滂母泰、怪韻兩讀,"姍"收生母刪、諫韻兩讀,杜佑與胡氏取音不一致。

5.1.1.19　與劉伯莊《史記音義》反切的比較

《音注》徵引劉伯莊《史記音義》反切 4 條,即"嫈、染",兩人都有音注,不過意義不一致,無法比較。可比的反切僅 2 條,其中反切用字地位一致的反切 1 條,即:格:各額/各額(94/52)。反切用字地位不一致的反切 1 條,即:奄:於驗/於炎(4469/4469)。

5.1.1.20　與張揖《廣雅》反切的比較

《音注》徵引張揖《廣雅》反切 2 條,其中"儳"字胡氏没有注音,無法比較。可比的反切僅 1 條,是反切用字地位一致的反切,即:聚:慈諭/慈諭(57/199)。

5.1.1.21　與鄒誕生《史記音義》反切的比較

《音注》徵引鄒誕生《史記音義》反切 2 條,其中"斜"字兩者皆有注音,但意義不一致,無法比較。可比的反切有 1 條,其反切用字地位不一致,即橇:以尚①/魚豈(353/8126)。查《廣韻》可知,"橇"字收紙韻一讀,與胡氏反切用字地位合。

5.1.1.22　與如淳《漢書注》反切的比較

《音注》徵引如淳《漢書注》反切 2 條,即"戚、與"2 字,胡氏都没有注音,無法比較。

5.1.1.23　與韋昭《漢書音義》反切的比較

《音注》引韋昭《漢書音義》反切 1 條,即"揭"字,對該字胡氏也有音注,但是意義不一致,没有可比性。

5.1.1.24　與其它文獻反切的比較

(1)反切用字地位一致的反切 6 條,與《廣韻》合。

《音注》徵引無名氏《韻書》反切 1 條,即輜:莊持/莊持(72/7070);徵引服虔《漢書音訓》反切 1 條,即溥:普懣/普懣(403/606);徵引郭緣生《述征記》反切 1 條,即蠱:盧戈/魯戈(3134/3704);徵引李季節《韻略》反切 1 條,即悸:其季/葵季(796/1193);徵引《字釋》反切 1 條,即紝:如沁/如深②

---

① "橇船"鄒誕生本作"樣船","以尚翻"是對"樣"字的注音。如果字形作"樣"則没有可比性。

② 深,《廣韻》有侵、沁兩讀,此處作去聲"紝"字的反切下字,當取去聲沁韻一讀。

（1577/1577）；徵引《字書》反切 1 條，即睚：牛懈/五懈（1658/605）。

（2）反切用字地位不一致的反切 4 條

《音注》徵引公休反切 1 條，即棧：士諫/士限（308/308）；徵引劉安世《通鑒音義》反切 1 條，即昫：休武/休具（1511/1511）；徵引無名氏反切 1 條，即敳：五回/五才（1715/1715）；徵引鄭玄《禮記注》反切 1 條，即卷：起權/巨員（4267/4267）。查《廣韻》可知，"昫、敳、卷"3 字的音韻地位與胡氏反切用字地位同；"棧"字《廣韻》有崇母產、諫、獮韻三讀，胡氏取音與公休不一致。

（3）胡氏未加注的反切 11 條

《音注》徵引孫奭反切 2 條，都是對"盻"字的注音，但注有兩讀；徵引《埤蒼》反切 1 條，即"瘭"字；徵引孫愐《唐韻》反切 1 條，即"閫"字；徵引呂靜《韻集》反切 1 條，即"犁"字；徵引鄭玄《周禮釋音》反切 1 條，即"紃"字；徵引《纂文》反切 1 條，即"蓝"字；徵引無名氏反切 1 條，即"雜"字；徵引杜預反切 1 條，即"饘"字；徵引孫恒反切 1 條，即"洞"字；徵引劉昫反切 1 條，即"贛"字。

5.1.2　從胡氏自注反切與徵引反切的比較看他的審音標準

可將上述比較情況清單如下，見表 5.6：

表 5.6　胡氏徵引反切與自注反切的比較情況總表

徵引反切出處	徵引總數	可比反切	兩者一致反切	胡注與《廣韻》地位一致反切	胡氏未注反切
《漢書注》	192	81	73	77(71＋6①)	55
《後漢書注》	37	22	18	20(17＋3)	10
《經典釋文》	25	14	9	11(9＋2)	2
司馬康《通鑒釋文》	23	14	6	12(6＋6)	8
《史記索隱》	20	12	8	8(5＋3)	1
《晉書音義》	16	5	3	5(3＋2)	9
《類篇》	15	6	3	6(3＋3)	6
《集韻》	10	3	1	2(1＋1)	6
小徐本《説文》	9	5	5	5(5＋0)	3
《史記正義》	9	6	5	6(5＋1)	1
《三國志注》	8	3	3	3(3＋0)	3

① 括弧數字"71"表示兩者反切用字地位一致的反切中與《廣韻》收音一致的反切數目，"6"表示兩者地位不一致的反切中胡氏的反切用字與《廣韻》一致的反切數，有些被注字《廣韻》有多種讀法，只要胡氏的音注與其中任何一種讀法一致，都計入總數，本列其它數字可依此類推。

續表

徵引反切出處	徵引總數	可比反切	兩者一致反切	胡注與《廣韻》地位一致反切	胡氏未注反切
《字林》	8	6	2	6(2+4)	1
《增修互注禮部韻略》	7	1	0	1(0+1)	5
孟康《漢書音義》	6	3	3	3(3+0)	3
徐廣《史記音義》	5	3	0	3(0+3)	1
宋祁《國語補音》	5	4	4	4(4+0)	1
史炤《通鑑釋文》	5	4	0	4(0+4)	1
《通典》	5	5	3	5(3+2)	0
劉伯莊《史記音義》	4	2	1	1(1+0)	1
《廣雅》	2	1	1	1(1+0)	1
鄒誕生《史記音義》	2	1	0	1(0+1)	1
如淳《漢書注》	2	0	0	0	2
韋昭《漢書音義》	1	0	0	0	0
其它文獻	21	10	6	10(6+4)	11
總計	437	211	154	194(148+46)	131

　　總的來看,上述可比的反切共 211 條,其中胡氏自注反切與前人反切反切用字地位一致的 154 條,佔可比反切總數的 73％。可見,胡氏對徵引的反切大都持肯定意見。另一方面,胡氏沒有加注的被切字共 131 字,它們都是直接徵引前人的音切,我們推測胡氏對這些音切也大體持肯定態度(詳下),因爲如果在胡氏看來,這些音切不"會理"、"合時"的話,他應該會另造新切。假設這一推想成立,則胡氏認可的前人音切將會增至 285 條,佔可比反切總數(211＋131)的 83％。不過,胡氏對前人音切並非簡單抄襲,154 條反切用字地位一致的反切中,反切用字完全相同的 32 條,佔總數的 21％。胡氏對前人音切大都採取更改反切用字的方式,但大多數情況下並不影響其各自的音韻地位。這種現象背後的原因可能比較複雜,需要專文來討論。一般而言,改良反切會涉及反切用字字形筆劃的減省、反切上字需要反映被切字的介音信息等方面。

　　分開考察可知,胡氏對徵引自小徐本《説文》、裴松之《三國志注》、宋祁《國語補音》、孟康《漢書音義》的反切持肯定態度,從各自可比的反切來看,各自反切用字地位完全一致;胡氏對徵引自顏師古《漢書注》的反切大都持肯定態度,胡氏徵引《漢書注》的 81 條可比反切中,其中 73 條與胡氏自注反

切用字地位一致,佔總數的 90％;胡氏對徵引自李賢《後漢書注》的反切也
大都持肯定態度,胡氏徵引《後漢書注》的 22 條可比反切之中,其中 18 條與
胡氏自注反切用字地位一致,佔總數的 82％;胡氏對徵引自陸德明《經典釋
文》的反切也偏向認可,胡氏徵引《經典釋文》的 14 條可比反切中,其中 9 條
與胡氏自注反切用字地位一致,佔總數的 64％。胡氏沒有徵引《集解》反
切,而對《索隱》與《正義》的反切大都持肯定態度:從可比的反切來看,徵引
《索隱》的 12 條可比反切中,其中 8 條反切用字地位一致,徵引《正義》的 6
條可比反切中,其中 5 條的反切用字地位一致。胡氏對兩家音注反切的認
可度是 72％(13/18＝72％)。此外,胡氏對司馬康《通鑑釋文》、呂忱《字林》
的反切偏向不認可。不過總的來看,這些不一致的反切總量很少,佔總數比
例很少。而胡氏對徐廣《史記音義》、史炤《通鑑釋文》的反切大都不認可,從
可比的反切來看,兩者的反切用字地位都不一致。

上已表明,胡氏對前人的音切大都持肯定意見,但並非一味繼承,都經
過了審視與刪選,這表明在胡氏在審音過程中是有他的標準的。那麼,胡氏
的標準到底是什麼呢?

首先,從上述可比的 211 條反切看,胡氏與其徵引反切反切用字地位一
致的共計 154 條,其中反切用字與《廣韻》地位一致的 148 條,佔一致反切總
數的 96％;胡氏與其徵引反切反切用字地位不一致的反切共計 57 條,其中
胡氏反切的反切用字地位與《廣韻》一致的 46 條,佔不一致反切總數的
81％。總的來看,可比的 211 條反切中,胡氏反切用字地位與《廣韻》一致的
共 194 條,佔總數的 92％。這些資料表明,對於前人反切,胡氏認可的標準
是當時有影響力的韻書,具體來說就是《廣韻》。

其次,我們還可以考察胡氏沒有加注的的反切與《廣韻》反切的關係,得
表 5.7:

表 5.7 胡氏未加注的徵引反切與《廣韻》反切的關係

徵引反切出處	胡氏未注反切	胡氏未注反切與《廣韻》地位一致情況
《漢書注》	55	39
《後漢書注》	10	7
《經典釋文》	2	1
司馬康《通鑑釋文》	8	5
《史記索隱》	1	0
《晉書音義》	9	5

續表

徵引反切出處	胡氏未注反切	胡氏未注反切與《廣韻》地位一致情況
《類篇》	6	3
《集韻》	6	5
小徐本《説文》	3	3
《史記正義》	1	0
《三國志注》	3	2
《字林》	1	1
《增修互注禮部韻略》	5	5
孟康《漢書音義》	3	1
徐廣《史記音義》	1	0
宋祁《國語補音》	1	1
史炤《通鑒釋文》	1	1
《廣雅》	1	1
鄒誕生《史記音義》	1	1
如淳《漢書注》	2	1
其它文獻	11	7
總計	131	89

由上表可知,胡氏未注反切共 131 條,其中與《廣韻》反切用字地位一致的 89 條,佔總數的 68%,可見,這些反切用字地位也大體與《廣韻》一致。

再者,胡氏 6271 條不重複反切(包括其徵引反切)中,其反切用字音韻地位跟《廣韻》一致的 4954 條,佔總數的 79%,而其中反切用字與《廣韻》完全一致的 2013 條,佔總數的 32%。而在胡氏自注的 5825 條反切中,其反切用字音韻地位跟《廣韻》一致的 4663 條,佔總數的 80%,而其中反切用字與《廣韻》完全一致的 1940 條,佔總數的 33%。這些數據也表明,在胡氏的審音標準中,《廣韻》佔有非常重要的地位。

最後,《音注》共 7 萬多條音注,去除重複後只有 6 千多條反切,這些音注大都是胡氏自注,可見胡氏音注重複率非常高,當同一字表示相同的意義時,胡氏的音注是一致的,這表明胡氏心中的審音標準是一貫的。

總的來説,胡氏的審音標準主要來自有影響力的韻書,具體來説就是《廣韻》,而且這一標準是一貫的。當前人的反切用字音韻地位與《廣韻》記載反切用字的地位一致時,胡氏或者直接徵引前人反切,或者適當更改反切用字。當前人的反切用字音韻地位與《廣韻》記載反切用字地位不一致時，胡氏就新造反切，其新造反切也大體與《廣韻》一致。

5.2 《音注》反切中切上下字與被切字的關係

本節主要討論《音注》反切中切上下字與被切字的關係。以下先列出《音注》6271 條反切的反切結構類型，再分別討論切上字與被切字的關係、切下字與被切字的關係，在此基礎上總結歸納出《音注》反切的結構特點。

5.2.1 《音注》反切中切上下字與被切字的聲母關係

5.2.1.1 切上字與被切字的聲母關係

從《廣韻》的角度看，《音注》6271 條反切中，切上字與被切字聲母一致的反切有 5535 條，佔反切總數的 88%。這些數據表明，被切字的聲母由切上字決定，這符合傳統的"上字取聲定清濁"的反切原理。再看切上字與被切字聲母不一致的反切統計情況，見表 5.8：

表 5.8　切上字與被切字聲母不一致的反切統計表

被切字	切上字	被切字	切上字
幫	滂 7、並 9、明 2	崇	從 4、清 2、邪 2、莊 2、初 2、精、禪、日
滂	幫 8、並 22、明、溪	生	心 2、莊、章、羣、匣、來
並	幫 11、滂 9、明 2、見、章	章	知 5、精 4、禪 3、徹、澄 2、端 2、定 2、莊、清、見、羣、日、來
明	並 5、見、泥、邪	昌	徹 3、澄 2、清 2、端、心
端	透 4、定 8、澄 3、徹、章、昌	船	禪 14、澄 4、書
透	端 3、定 11、泥 2、來、日、知、徹、章、昌、初	書	心 5、生 3、禪 2、章、知、日、匣
定	端 3、透 9、來 2、澄 7、徹、云 3、以、精、禪、溪	禪	日 8、船 4、章 2、書 2、從 2、定 2、昌、透、來、以、知
泥	日 4、知、曉、疑	日	泥 5、禪 3、從、邪、曉、來
來	定、澄、禪、精、羣 2、溪、匣	見	溪 14、羣 12、匣 10、影 4、曉 3、疑 2、知 2、章 2、以 2、清 2、並、定、透、來、邪、滂、云
知	章 7、莊 5、徹 5、澄 3、精 4、初 2、端 2、昌、禪、日、見、匣	溪	見 16、羣 5、曉 4、匣 4、影 2、云、疑、禪、端、定、心、來

續表

被切字	切上字	被切字	切上字
徹	昌5、知3、澄2、清、來、書、曉2、溪、疑、心	羣	見4、溪3、疑、曉、匣、澄、書、幫、
澄	知5、徹2、定2、透3、以3、章、昌、書、禪2、見、精、來	疑	云3、見3、溪2、以、透、邪、來
精	清5、從7、心6、邪、莊、昌、匣	影	曉5、云3、見3、疑、禪、日
清	精8、昌5、徹4、崇2、澄、章、日、疑	曉	匣5、見4、泥2、云、以、溪、徹、生
從	精16、清5、心4、邪4、日2、章、莊、崇、漦、羣	匣	見6、溪5、曉5、云2、疑、透2、生2、心、羣、從、漦、知
心	生6、精3、清3、書2、透2、定2、徹、疑	云	以4、影、匣
邪	從3、日3、崇2、精、澄、昌、書、生、漦、以	以	云8、日4、匣3、見2、心2、影、邪、端、清、2、章、書、崇、徹、幫
莊	精8、從3、初、知、溪	總計	736
初	昌4、徹2、莊4、崇2、生、清5、精3、從2、透、澄		

由上表可以看出，被切字與切上字聲母不一致的反切有 736 條，佔所有反切總數的 12%。這些反切又大致可以分成兩種情況：一種情況是，切上字聲母跟被切字聲母有關係，或者是中古同聲組（系），如幫滂，從邪，或者上古同聲組，如定澄、莊精，這樣的反切或者表明音變出現，或者存留古音。另一種情況是，切上字聲母跟被切字聲母完全沒有關係，這樣的反切或是反切上字用字訛誤，或是被切字另有它字，可結合原文作出進一步解釋。

5.2.1.2 切下字與被切字的聲母關係

接下來考察切下字與被切字聲母的情況，看看切下字的聲母分佈情況是否有規律可循，我們先給出切下字與被切字聲母情況的總表 5.9，下表中首行表示切下字的類別，首列表示被切字的類別，空格表示沒有出現該類型：

表 5.9 切下字與被切字的聲母情況總表

切下字 被切字	P	T	L	Tr	S	R	Sj	K	H	W	J	總計
P	351	37	50	5	14	1	47	169	79	29	38	820
T	13	157	131	9	9		5	187	122	1	7	641
L		73	1	35	16		63	101	43	5	10	347

續表

切下字 被切字	P	T	L	Tr	S	R	Sj	K	H	W	J	總計
Tr	4	5	151	35	3	2	44	75	12	10	29	370
S	21	65	131	12	207	2	66	123	75	7	139	828
R	20		51	6	5	34	12	141	41	5	3	318
Sj	2	1	99	12	9		259	49	10	13	114	568
K	71	63	129	6	15	4	27	411	377	57	40	1200
H	80	55	65	4	15		25	469	111	47	46	917
W	10		1	1			2	30	6			50
J	4	1	39	9	15		98	30	10		6	212
總計	576	457	848	134	308	43	628	1785	886	174	432	6271

由上表可以看出：

(1)對于大多數被切字來説，切下字的聲母除去本組聲母外，主要以見、曉組、來母字爲主，即切下字喜用牙喉音與來母字。這一規律對來母、精組、章組、日母反切不大適用：來母反切中端組下字出現數量超過曉組下字；精、章組反切中除去本身外，以母下字的數量超過見、曉組和來母下字；日母反切的切下字則集中在章組、以母和來母。

(2)一般情況下切下字聲母要避免跟被切字完全一致，例外有 85 例，即出現切下字聲母跟被切字完全一致的反切，其中見 22、匣 10、羣 7、章 7、以 6、滂 5、並 3、端 3、溪 2、疑 2、曉 2、禪 2、幫、明、透、定、來、知、精、影。

(3)莊組下字出現 43 例，主要作莊組反切的切下字，此外用於見組反切 4 例，知、精組反切各 2 例，幫組反切 1 例。從等第的角度看，這些莊組下字用於二等反切的 12 例，用於三等反切的 30 例。從韻類的角度看，30 例用於三等反切的莊組下字中，用於臻韻反切的 16 例，侵韻反切 6 例，魚韻反切 5 例，之韻反切 2 例，職韻反切 1 例。12 例用於二等反切的莊組下字中，用於山韻反切 3 例，銜、鹽、江韻反切各 2 例，皆、麥、静韻反切各 1 例。

(4)唇牙喉音關係密切：唇音反切的切下字除去本身外，主要集中在見、曉組和來母。牙喉音反切的切下字除去本身外，主要集中在來母和幫組。

(5)精、章、以母關係密切：精組反切的切下字除去本身外，主要是以、來母和見、曉組；章組反切的切下字除去本身外，主要是以、來及見組；以母反切也較少使用以母下字，其切下字主要集中在章組、來母和見組。

(6)端、知、來母關係密切：端組反切的切下字除去本身外，主要集中在見、曉組和來母；知組反切的切下字除去本身外，主要集中在來母和見組；來母反切的切下字主要集中在見、曉組以及端、知組。由於見、曉組幾乎能作所有反切的切下字，因而不能據此認爲端、知、來母跟見、曉組關係密切。

（7）莊組反切的切下字除去本身外，主要也是見、曉組和來母。此外，幫組、章組、知組和精組下字也有一定的數量。莊組反切的切下字中云母下字出現數量大於以母下字。莊組反切絕不用端組下字。反過來看，莊組下字絕大多數全用於莊組反切。

（8）云母反切的切下字主要是見、曉和幫組，幾乎不用章組下字。而以母反切的切下字除去本身外，主要是章、見組和來母。這説明，以母跟章、見組關係密切，而云母則跟章組關係較遠。

由上面分析可以初步推論出，切下字的聲母呈現出分組的趨勢：精、章、日、以母爲一組；莊組和云母爲另一組，莊組下字不用於章組、日母，而莊組反切中云母下字出現數量要大於以母下字；端、知組和來母跟上述兩組都有關係，徘徊在上述兩者之間；唇牙喉音字跟所有聲組都有關係，不過顯然偏向精、章、日、以母那一組。

5.2.1.3　切上下字的和諧程度在聲母上的表現

《音注》反切中，有些切下字的聲母可以跟被切字聲母同類，而被切字的聲母由切上字決定，因而這些切下字的聲母跟切上字同類，這種切上下字聲母同類的反切是反切和諧在聲母上的表現。《音注》反切中，切上下字聲母同類的反切共有 1819 例，佔全部反切的 29％，可見，《音注》反切中，切上下字的和諧程度在聲母上的表現並不明顯。

上述分析表明，《音注》反切中切上下字與被切字的聲母關係跟《集解》中的情況基本一致。

5.2.2　《音注》反切中切上下字與被切字的開合關係

以下從反切結構類型的角度考察《音注》反切中的開合、洪細、等第關係。先列出所有反切類型，得出各種關係的總表，在此基礎上總結歸納切上下字的特點。由於唇音字無所謂開合，去除 820 條唇音反切，本節考察反切開合關係時實際關注的是 5451 條非唇音反切。先請看表 5.10（表格説明請參 2.2.2）：

表 5.10　非唇音反切的開合結構類型

上字 ＼ 下字	開口	合口	唇音	合計
開口	2153	9	36	2198
	19	640	35	694
合口	1391	17	44	1452
	23	974	110	1107
合計	3544	26	80	3650
	42	1614	145	1801

5.2.2.1　切上字與被切字的開合關係

由表 5.10 可知，《音注》非唇音反切中，切上字有開、合兩類。開口上字共 2198＋694＝2892 例，其中用於開口反切的 2198 例，佔總數的 76％。合口上字共 1452＋1107＝2559 例，其中用於合口反切的 1107 例，佔總數的 43％。反之，用於開口反切的佔總數的 57％，這些數據表明，《音注》非唇音反切中的切上字傾向用於開口反切。

另一方面，《音注》非唇音反切中，開口反切共 3650 條，其中切上字爲開口的開口反切 2198 條，佔總數的 60％。合口反切共 1801 條，其中切上字爲合口的 1107 條，佔總數的 61％。這些數據表明，《音注》非唇音反切中，開口反切傾向採用開口上字，合口反切傾向採用合口上字。

總起來看，《音注》非唇音反切中，有 61％（（2198＋1107）/5451）的切上字的開合跟被切字一致。

5.2.2.2　切下字與被切字的開合關係

《音注》非唇音反切中，切下字有開、合、唇三類。開口下字共 3544＋42＝3586 例，這些字中用於開口反切的 3544 條，佔總數的 99％。合口下字共 26＋1614＝1640 例，其中用於合口反切的有 1614 例，佔總數的 98％。唇音下字共 80＋145＝225 例，其中用於開口反切的有 80 例，佔總數的 36％。用於合口反切的 145 例，佔總數的 64％。這些數據表明，《音注》非唇音反切中，99％的開口下字用於開口反切，98％的合口下字用於合口反切，唇音下字則偏向用於合口反切。

另一方面，《音注》非唇音反切中，開口反切共 3650 條，其切下字爲開口的開口反切有 3544 例，佔總數的 97％。合口反切共 1801 條，其切下字爲合口的 1614 例，佔總數的 90％。這些數據表明，《音注》非唇音反切中，97％的開口反切採用開口下字,90％的合口反切採用合口下字。

總起來看,《音注》非唇音反切中,有 95％((3544＋1614)/5451)的切下字的開合跟被切字一致,這一比例要大大超過切上字與被切字開合一致的比例。這表明,《音注》非唇音反切中,被切字的開合由切下字決定。

5.2.2.3 切上下字的和諧程度在開合上的表現

表 5.10 中,開-開開、合-合合型反切中切上下字與被切字的開合完全一致,這是反切和諧在開合上的表現。這些反切共有 2153＋974＝3127 條,佔反切總數的 57％。可見,《音注》非唇音反切中,切上下字在開合上的和諧程度較高。

5.2.2.4 《音注》非唇音反切中"開合一致原則"的成立範圍

上已論及,《音注》非唇音反切中,有 61％的切上字的開合跟被切字一致。這些數據表明,切上字的開合傾向跟被切字一致。那麼,這種傾向性在一定條件下是否有變化呢? 切上字與被切字開合不一致的反切其切上字的分佈是否有規律可循? 我們可以將被切字的類別進一步細化,在更細的類別上考察切上字的開合情況,從而探尋"開合一致原則"的成立範圍。

《音注》5451 條非唇音反切中,開口反切共 3650 條,合口反切 1801 條,以下分開考察它們各自的開合一致率。

1. 開口反切中的開合一致率

《音注》3650 條開口反切中,洪音(非三等韻)開口反切 1864 條,細音(三等韻)開口反切 1786 條,以下也分開考察,先看洪音開口反切的情況:

(1)洪音開口反切中的開合一致率

《音注》1864 條洪音開口反切中,各類反切的開合一致率請看表 5.11:

表 5.11　洪音開口反切的開合一致率

	I 類開口反切	II 類開口反切	IV 類開口反切
開口上字	358	212	331
合口上字	487	278	198
開合一致率	42	43	63

由表 5.11 可以看出,洪音開口反切中,I、II 類開口反切的開合一致率要低於 IV 類反切。洪音開口反切中,合口上字共 963 例,其中遇攝上字 906 例,佔總數的 94％,其餘通攝 49 例,果、仙韻各 3 例,魂韻 2 例。

(2)細音牙喉音開口反切的開合一致率

接下來考察細音開口反切中的情況,我們將細音開口反切分爲細音牙

喉音開口反切與細音舌齒音開口反切兩大類。《音注》非脣音反切中,細音
開口反切一共有 1786 條,其中細音牙喉音開口反切 687 條,細音舌齒音開
口反切 1099 條,以下分開考察:

《音注》687 條細音牙喉音開口反切中,各類牙喉音開口反切的開合一
致率請看表 5.12:

表 5.12　細音牙喉音開口反切的開合一致率

	A 類開口反切	B 類開口反切	C 類開口反切
開口上字	136	99	118
合口上字	67	140	127
開合一致率	67	41	48

細音牙喉音開口反切中,A 類反切的開合一致率要大於其它兩類。此
類反切中,合口上字共 334 例,其中 327 例來自遇攝,佔總數的 98％。可進
一步考察各類反切的開合一致率,先看 A 類牙喉音開口反切的情況,見
表 5.13:

表 5.13　A 類牙喉音開口反切的開合一致率

	支韻	脂韻	祭韻	真韻	仙韻	宵韻	侵韻	鹽韻	清韻	麻韻	幽韻	蒸韻
開口上字	14	6	6	17	26	8	5	18	19	6	3	8
合口上字	7	0	1	4	4	9	4	18	12	3	3	2
開合一致率	67	100	86	81	87	47	56	50	61	67	50	80

A 類牙喉音開口反切中,脂韻反切的開合一致率是 100％,"開合一致
原則"對它完全成立。祭、真、仙、蒸韻反切的開合一致率都在 80％到 90％
之間,"開合一致原則"對這些反切大體成立。宵韻反切的開合一致率低於
50％,"開合一致原則"對它不成立,對其餘反切則傾向成立。此類反切中,
合口上字共 67 例,其中 64 例來自遇攝,佔總數的 95％。再看 B 類牙喉音開
口反切的情況,見表 5.14:

表 5.14　B 類牙喉音開口反切的開合一致率

	支韻	脂韻	祭韻	真韻	仙韻	宵韻	侵韻	鹽韻	蒸韻	庚韻
開口上字	16	10	7	4	8	3	9	19	11	12
合口上字	31	8	3	14	22	20	24	9	4	5
開合一致率	34	56	70	22	27	13	27	68	73	71

B 類牙喉音開口反切中,祭、蒸、庚韻反切的開合一致率在 70％以上, "開合一致原則"對這些反切大體成立,脂、鹽韻反切的開合一致率在 50％ 到 70％之間,"開合一致原則"對這些反切傾向成立。其它反切的開合一致 率均在 50％以下,"開合一致原則"對這些反切均不成立。此類反切中,合 口上字共 140 例,其中 136 例來自遇攝,佔總數的 97％。最後看 C 類牙喉音 開口反切的情況,見表 5.15:

表 5.15　C 類牙喉音開口反切的開合一致率

	之韻	微韻	廢韻	欣韻	戈韻	尤韻	元韻	陽韻	嚴韻
開口上字	9	16	1	15	5	14	18	40	0
合口上字	19	33	0	12	1	16	14	29	3
開合一致率	32	33	100	56	83	47	56	58	0

C 類牙喉音開口反切中,廢韻反切因用例太少而失去統計意義。之、 微、尤韻反切的開合一致率低於 50％,"開合一致原則"對這些反切不成立。 欣、元、陽反切的開合一致率在 50％與 70％之間,"開合一致原則"對這些反 切傾向成立。戈韻反切的開合一致率爲 83％,"開合一致原則"對這一反切 大體成立。此類反切中,合口上字共 127 例,100％來自遇攝。

(3)細音舌齒音開口反切的開合一致率

《音注》1099 條細音舌齒音開口反切中,各類舌齒音開口反切的開合一 致率請看表 5.16:

表 5.16　細音舌齒音開口反切的開合一致率

	A 類開口反切	B 類開口反切	C 類開口反切
開口上字	640	25	279
合口上字	64	21	70
開合一致率	91	54	80

由上表可以看出,細音舌齒音開口反切的開合一致率普遍較高,A 類舌 齒音開口反切尤其突出。此類反切中,合口上字共 155 例,其中遇攝字 136 例,佔總數的 88％。可進一步考察各類舌齒音開口反切,先看 A 類舌齒音 開口反切的情況,見表 5.17:

表 5.17 A 類舌齒音開口反切的開合一致率

	支韻	脂韻	祭韻	真韻	仙韻	宵韻	侵韻	鹽韻	清韻	麻韻	蒸韻
開口上字	73	38	9	83	88	59	60	81	79	32	38
合口上字	4	10	0	7	5	6	13	13	2	2	2
開合一致率	95	79	100	92	95	91	82	86	98	94	95

由上表可以看出,A 類舌齒音開口反切的開合一致率普遍較高,大多數反切的開合一致率都在 90％以上。而脂韻反切的開合一致率相對較低。此類反切中,合口上字共 64 例,其中 54 例來自遇攝,9 例來自通攝,兩者合佔總數的 98％。再看 B 類舌齒音開口反切的情況,見表 5.18:

表 5.18 B 類舌齒音音開口反切的開合一致率

	支韻	真韻	仙韻	侵韻	鹽韻	蒸韻
開口上字	9	0	2	10	1	3
合口上字	3	2	0	13	0	3
開合一致率	75	0	100	43	100	50

B 類舌齒音開口反切中,鹽韻反切因用例太少而失去統計意義,真、仙韻反切也因例少而統計意義不大。其它反切中,支韻反切的開合一致率相對較高。此類反切中,合口上字共 21 例,全部來自遇攝魚韻。最後看 C 類舌齒音開口反切的情況,見表 5.19:

表 5.19 C 類舌齒音開口反切的開合一致率

	之韻	臻韻	陽韻	尤韻
開口上字	73	10	106	90
合口上字	11	6	27	26
開合一致率	87	63	80	78

C 類舌齒音開口反切中,臻韻反切的開合一致率相對偏低,其餘反切的開合一致率都在 80％以上。此類反切中,合口上字共 70 例,其中遇攝上字 61 例,佔總數的 87％,通攝上字 9 字,佔總數的 13％。

2、合口反切中的開合一致率

《音注》非唇音反切中,合口反切共 1801 條,其中洪音合口反切 739 條,細音合口反切 1062 條,先看洪音合口反切的情況:

(1)洪音合口反切中的開合一致率

《音注》739 條洪音合口反切中,各類合口反切的開合一致率請看表 5.20:

表 5.20　洪音合口反切的開合一致率

	I 類合口反切	II 類合口反切	IV 類合口反切
開口上字	148	18	9
合口上字	418	81	65
開合一致率	74	81	88

由上表可以看出,洪音合口反切中,I 類合口反切的開合一致率要略低於其它兩類反切的開合一致率,IV 類合口反切的開合一致率達到 100%。此類反切中,開口上字共 175 例,其中唐 25、鐸 7、質 17;歌 15;之 7、止 14;職 12、德 4;咍 12、海 9、泰 5;青 10;侯 4、厚 8;馬 6;先 5。這些字共計 160 例,佔此類開口上字總數的 91%。可進一步考察洪音各類合口反切中的情況,先看 I 類合口反切的情況,見表 5.21:

表 5.21　I 類合口反切的開合一致率

	東韻	冬韻	鍾韻	模韻	泰韻	灰韻	魂韻	戈韻	桓韻	唐韻	登韻
開口上字	25	6	0	31	5	15	25	18	23	0	0
合口上字	47	21	2	59	18	72	58	42	63	35	1
開合一致率	65	78	100	66	78	83	70	70	73	100	100

I 類合口反切中,登、鍾韻反切因用例太少而失去統計意義。東、模韻反切的開合一致率相對偏低,其餘反切的開合一致率都在 70% 以上,唐韻反切甚至達到 100%。此類反切中,開口上字共 148 例,其中唐 25、鐸 6;歌 15;之 5、止 13;咍 12、海 9、泰 5;質 12;侯 4、厚 7;青 10;職 6;先 4。這些字共計 133 例,佔此類開口上字總數的 90%。再看 II 類開口反切的情況,見表 5.22:

表 5.22　II 類合口反切的開合一致率

	佳韻	皆韻	夬韻	刪韻	山韻	麻韻	庚韻	耕韻
開口上字	1	1	3	1	0	9	3	0
合口上字	11	4	6	24	1	11	11	13
開合一致率	92	80	67	96	100	60	79	100

II 類合口反切中,山韻反切因用例太少而失去統計意義,佳、刪、耕韻反切的開合一致率接近或等於 100%,其它反切的開合一致率也不低。此類

反切中,開口上字 18 字,其中職 6;馬 3;德 2;之、止;佳、皆;鐸;尤;質。最後考察 IV 類合口反切的情況,見表 5.23:

表 5.23　IV 類合口反切的開合一致率

	齊韻	先韻	青韻
開口上字	2	6	1
合口上字	9	39	17
開合一致率	82	87	94

　　IV 類合口反切中,各韻反切的開合一致率均在 80% 以上,表明"開合一致原則"大體適用於此類反切。此類反切中,開口上字 9 字,其中質 4、之、齊、先、豪、厚。

　　(2)細音牙喉音合口反切的開合一致率

　　接下來考察細音合口反切中的情況,《音注》反切中,細音合口反切共 1062 條,其中細音牙喉音合口反切 470 條,細音舌齒音合口反切 592 條。以下分開考察:

　　《音注》470 條細音牙喉音合口反切中,各類反切的開合一致率請看表 5.24:

表 5.24　細音牙喉音合口反切的開合一致率

	A 類合口反切	B 類合口反切	C 類合口反切
開口上字	23	18	81
合口上字	42	74	232
開合一致率	65	80	74

　　細音牙喉音合口反切中,B 類反切的開合一致率要大於其他兩類反切。此類反切中,開口上字共 122 例,主要分佈在以下韻中,即尤 31、有 7;之 29、止 13;質 10;職 5;陽 16。這些字共計 111 例,佔此類上字總數的 91%。可進一步考察各類反切的開合一致率,先看 A 類牙喉音合口反切的情況,見表 5.25:

表 5.25　A 類牙喉音合口反切的開合一致率

	支韻	脂韻	諄韻	仙韻	清韻
開口上字	2	5	4	11	1
合口上字	8	8	4	16	6
開合一致率	80	62	50	59	86

　　A 類牙喉音合口反切中,所有反切的開合一致率都不低,"開合一致原則"對這些反切大體成立。此類反切中,開口上字共 23 字,其中止 7、之、志;質 7;職 3;陽 2;厚;尤。再看 B 類牙喉音開口反切的情況,見表 5.26:

表 5.26　B 類牙喉音合口反切的開合一致率

	支韻	脂韻	祭韻	真韻	仙韻	庚韻	蒸韻
開口上字	2	5	1	2	5	2	1
合口上字	20	18	2	11	12	10	1
開合一致率	91	78	67	85	71	83	50

　　B 類牙喉音合口反切中,蒸韻反切因用例太少而失去統計意義。其它反切的開合一致率整體偏高,"開合一致原則"對這些反切大體成立。此類反切中,開口上字共 18 例,其中之 8、尤 7、止、齊、仙。接下來看 C 類牙喉音合口反切的情況,見表 5.27:

表 5.27　C 類牙喉音合口反切的開合一致率

	東韻	鍾韻	微韻	魚韻	虞韻	廢韻	文韻	戈韻	元韻	陽韻
開口上字	8	7	0	28	19	0	9	0	8	2
合口上字	14	47	17	10	54	1	43	2	30	14
開合一致率	64	87	100	26	74	100	83	100	79	88

　　C 類牙喉音合口反切中,廢、戈韻反切因用例太少而失去統計意義。魚韻反切的開合一致率相對偏低,可見魚韻偏向開口。微韻反切的開合一致率是 100%,可見微韻的合口性質。其它反切的開合一致率都在 60% 到 90% 之間,"開合一致原則"對這些反切大體成立。此類反切中,開口上字共 81 字,其中尤 23、有 7;之 20、止 5;陽 14;質 3;微 2、尾;職 2;厚 2;支;歌。這些字中高元音韻字 66 例,佔開口上字總數的 81%。其它分別是陽、歌韻字,不過也都是"內轉"韻。

　　(3)細音舌齒音合口反切的開合一致率

　　《音注》592 條細音舌齒音合口反切中,各類反切的開合一致率請看表 5.28:

表 5.28　細音舌齒音合口反切的開合一致率

	A 類合口反切	B 類合口反切	C 類合口反切
開口上字	173	13	211

續表

	A類合口反切	B類合口反切	C類合口反切
合口上字	96	16	83
開合一致率	36	55	28

由上表可以看出,各類細音舌齒音合口反切的開合一致率普遍較低。舌齒音合口反切中,開口上字共 397 例,其中職 104、蒸 4;之 57、止 51、志;真 25、質 28;支 5、紙 5;脂 8、旨;陽 45、養 3;咍 7、海 4、代;昔 12;先 8;耕 6;馬 4;山 2;唐 2;歌;緝;薛;尤、有 9;臻。可見,此類反切的開口上字主要分佈在職、之、止、陽、真韻這些"內轉"韻中,它們主要是高元音韻,尤其是 i 類元音韻。可進一步考察各類舌齒音合口反切的開合一致率,先看 A 類舌齒音合口反切的情況,見表 5.29:

表 5. 29　A 類舌齒音開口反切的開合一致率

	支韻	脂韻	祭韻	諄韻	仙韻	清韻
開口上字	33	18	12	45	64	1
合口上字	3	19	10	24	40	0
開合一致率	8	51	45	35	38	0

A 類舌齒音開口反切中,清韻反切因爲字少而失去統計意義,其他反切的開合一致率都偏低。此類反切中,開口上字共 173 例,其中職 53;之 29、止 17、志;支 3、紙 5;脂、旨;真 11、質 10;陽 13;昔 9;有 7;馬 4;耕 2;先 2;歌;海;緝;咍;唐。可見,開口上字主要是高元音字,尤其是 i 類元音韻字。再看 B 類舌齒音合口反切的情況,見表 5.30:

表 5. 30　B 類舌齒音合口反切中的開合一致率

	支韻	脂韻	祭韻	仙韻
開口上字	7	1	0	5
合口上字	3	3	1	9
開合一致率	30	75	100	64

B 類舌齒音合口反切中,祭韻反切因用例太少而失去統計意義,支韻反切的開合一致率很低。脂、仙韻反切的開合一致率較高,"開合一致原則"對這些反切大體成立。此類反切中,開口上字共 13 例,其中止 5、質 4、脂、唐、薛、陽,開口上字主要也是 i 類元音韻字。最後看 C 類舌齒音合口反切的情況,見表 5.31:

表 5.31　C 類舌齒音合口反切的開合一致率

	東韻	鍾韻	魚韻	虞韻
開口上字	39	44	87	41
合口上字	13	17	15	38
開合一致率	25	28	16	48

　　C 類舌齒音合口反切中,各類反切的開合一致率普遍較低,而虞韻反切的開合一致率明顯高於其它反切,表明虞韻反切更多的合口性質。此類反切中,開口上字共 211 例,其中之 28、止 29、脂 6;支 2;職 51、蒸 4;陽 31、養 3;咍 6、海 3、代;真 14、質 14;先 6;耕 4;昔 3;山 2;尤、有 2;臻。可見,開口上字主要是 i 類元音韻字,這些字共 167 例,佔總數的 79%。上述情況可綜合成表 5.32:

表 5.32　《音注》非唇音反切的開合一致率

	洪音反切						細音牙喉音反切						細音舌齒音反切					
	I		II		IV		A		B		C		A		B		C	
	開	合	開	合	開	合	開	合	開	合	開	合	開	合	開	合	開	合
開	358	148	212	18	331	9	136	23	99	18	118	81	640	173	25	13	279	211
合	487	418	278	81	198	65	67	42	140	74	127	232	64	96	21	16	70	83
一致率	42	74	43	81	63	88	67	65	41	80	48	74	91	36	54	55	80	28

　　由上表可以發現:各類反切的開合一致率參差不齊,不過我們可以按照其開合一致率分成不同的層次:

　　第一層次(>=88%),包括 IV 類合口反切及 A 類舌齒音開口反切。這兩類反切的開合一致率等於或大於 88%,"開合一致原則"對這兩類反切是成立的。

　　第二層次(70%—88%),包括所有 I、II 類合口反切,B、C 類牙喉音合口反切及 C 類舌齒音開口反切,"開合一致原則"對這幾類反切大體成立。

　　第三層次(50%—69%),包括 IV 類開口反切,A 類牙喉音反切,B 類舌齒音反切,"開合一致原則"對這幾類反切傾向成立。

　　第四層次(<50%),包括 I、II 類開口反切,B、C 類牙喉音開口反切及 A、C 類舌齒音合口反切,"開合一致原則"對這幾類反切不成立。

3、遇攝上字的特殊性及對"開合一致原則"的影響

《音注》非唇音反切中，開口反切共 3650 條，其中合口上字共 1452 例，而遇攝字 1369 例，佔合口上字總數的 94％。合口反切共 1801 條，其開口上字 694 例，並沒有集中的分佈，不過其合口上字的分佈仍然呈現出集中的趨勢：洪音合口反切中，合口上字共 564 例，其中遇攝上字 479 例，佔此類合口上字總數的 85％。細音牙喉音合口反切中，合口上字共 348 例，其中遇攝上字 291 例，佔此類合口上字總數的 83％。細音舌齒音合口反切中，合口上字 195 例，其中遇攝上字 135 例，佔此類合口上字總數的 69％。通攝上字 50 例，佔此類合口上字總數的 25％。遇、通攝兩類上字共 185 例，佔此類合口上字總數的 95％。整體上看，《音注》非唇音反切中，合口反切共 1801 條，其合口上字共 1107 例，而遇攝字共 905 例，佔合口上字總數的 81％。

上述統計表明，《音注》非唇音反切中，遇攝字既常作開口反切的切上字，又常作合口反切的切上字。衆所周知，遇攝是所謂的獨韻攝，沒有開合對立，那麼，《音注》非唇音反切中，模、魚、虞韻字是否有開合上的偏向呢？

《音注》非唇音反切中，模韻反切 90 條，其切上字中模韻上字 40 例，開口上字 31 例，合口上字 19 例。反過來看，模韻上字 1267 字，其中 770 例用於開口反切，457 例用於合口反切，40 例用於模韻反切。這些數據表明，模韻字是偏向開口的。《音注》非唇音反切中，魚韻反切 140 條，其切上字中魚、虞韻上字 23 例，開口上字 115 例，合口上字僅 2 例。反過來看，魚韻上字共 836 例，其中用於開口反切的 579 例，用於合口反切的 210 例，用於魚、虞韻反切的 47 例。這些數據表明，魚韻字明顯偏向開口。《音注》非唇音反切中，虞韻反切 152 條，其切上字中虞、魚韻上字 43 例，開口上字 60 例，合口上字 49 例。反過來看，虞韻上字 171 例，其中用於虞、魚韻反切的 19 例，用於開口反切的 20 例，用於合口反切的 132 例。這些數據表明，虞韻字明顯偏向合口。

上述統計表明，《音注》非唇音反切中模、魚韻字是偏向開口的[①]，如果將胡三省的時代模、魚韻字擬音作開口的話，那麼《音注》反切中的開合一致率會出現變化，即下表 5.33 所示：

---

① 考察《音注》中所有反切，魚、虞韻字共 292 例，僅 4 例魚、虞混切，我們不能認爲兩韻已經合併，下述統計中仍視虞韻爲合口。

表 5.33 《音注》非唇音反切中的開合一致率更新

| | 洪音反切 | | | | | | 細音牙喉音反切 | | | | | | 細音舌齒音反切 | | | | | |
| | I | | II | | IV | | A | | B | | C | | A | | B | | C | |
	開	合	開	合	開	合	開	合	開	合	開	合	開	合	開	合	開	合
開口	827	502	459	94	516	50	194	39	232	59	241	218	693	216	46	21	339	244
合口	18	64	31	5	13	24	9	26	7	33	4	95	11	53	0	8	10	50
一致率	96	11	94	5	98	32	96	55	97	36	98	30	98	20	100	28	97	17

　　與表 5.32 相比,所有反切的開合一致率有了明顯的變化:所有開口反切的開合一致率接近或等於 100%,"開合一致原則"對開口反切全部成立。而合口反切中,除 A 類牙喉音合口反切外,絕大多數合口反切的開合一致率都在 30% 以下,"開合一致原則"對這些合口反切均不成立。此時《音注》反切中"開合一致原則"的成立範圍可表示如下,見表 5.34:

表 5.34 《音注》非唇音反切中"開合一致原則"的成立範圍

	I	II	IV	A1	B1	B2	C1	C2	A2
開口反切	成立								
合口反切	不成立								傾向成立

（注:表中 A1 表示 A 類牙喉音反切、A2 表示 A 類舌齒音反切,B、C 可類推。）

5.2.2.5　唇音反切的開合類型

　　《音注》中共有 820 條唇音反切。從反切開合類型的角度考察唇音反切的情況,得表 5.35:

表 5.35　唇音反切的開合關係總表

開合類型	幫母反切	滂母反切	並母反切	明母反切	總計
唇唇	47	74	155	75	351
唇開	97	47	101	82	327
唇合	19	24	60	39	142
總計	163	145	316	196	820

　　由上表,不論是整體著眼還是分開考察,《音注》中唇音反切的切下字除去唇音下字外,主要是開口字,較少用合口字。《音注》唇音反切中,開口下字共 327 字,佔下字總數的 40%。合口下字 142 字,佔下字總數的 17%。

可見,《音注》中唇音字是偏向開口,跟合口字關係相對較遠,但跟開、合口字皆有關係。

5.2.3 《音注》反切中切上下字與被切字的洪細關係

一般而言,一、二、四等是所謂的洪音字,三等是細音字。我們按此標準考察《音注》6271 條反切中的洪細關係,得表 5.36(表格説明請參 2.2.3):

表 5.36 《音注》反切的洪細結構類型

上字＼下字	洪音	細音	合計
洪音	2281	29	2310
	63	186	249
細音	634	49	683
	59	2970	3029
合計	2915	78	2993
	122	3156	3278

5.2.3.1 切上字與被切字的洪細關係

由表 5.36 可知,《音注》反切中,切上字從洪細角度看有洪、細音上字兩類。洪音上字共 2310＋249＝2559 例,其中 2310 例用於洪音反切,佔總數的 90%。細音上字共 683＋3029＝3712 例,其中 3029 例用於細音反切,佔總數的 82%。這些數據表明,《音注》反切中,洪音上字大都用於洪音反切,細音上字大都用於細音反切。

另一方面,《音注》中洪音反切共 2993 條,其中切上字爲洪音的 2310 條,總數的 77%。細音反切共 3278 條,其中切上字爲細音的 3029 條,佔細音反總數的 92%。這些數據表明,《音注》反切中,77% 的洪音反切採用洪音上字,92% 的細音反切採用細音上字。

總起來看,《音注》反切中,有 85%[(2310＋3029/6271)] 的切上字的洪細與被切字一致。

5.2.3.2 切下字與被切字的洪細關係

《音注》反切中,切下字從洪細角度分爲洪、細下字兩類。洪音下字共 2915＋122＝3037 例,其中用於洪音反切的 2915 例,佔總數的 96%。細音下字共 78＋3156＝3234 例,其中用於細音反切的 3156 例,佔總數的 96%。這些數據表明,《音注》反切中,洪音下字幾乎都用於洪音反切,細音下字幾乎都用於細音反切。

　　另一方面,《音注》中洪音反切共 2993 條,其中切下字爲洪音的有 2915 條,佔總數的 97%。細音反切共 3278 條,其中切下字爲細音的有 3156 條,佔總數的 96%。這些數據表明,《音注》反切中,洪音反切幾乎都用洪音下字,細音反切幾乎都用細音下字。

　　總起來看,《音注》反切中,有 97%[(2915+3156)/6271]的切下字的洪細跟被切字一致,這一比例要大大超過切上字決定被切字洪細的比例。可見,《音注》反切中,被切字的洪細由切下字決定。

5.2.3.3　切上下字的和諧程度在洪細上的表現

　　《音注》反切中,洪-洪洪、細-細細型反切中切上下字的洪細跟被切字一致,這是反切和諧在洪細上的表現,這樣的反切共 2281+2970=5251 條,佔反切總數的 84%。可見,《音注》反切中,切上下字在洪細上的和諧程度較高。

5.2.4　《音注》反切中切上下字與被切字的等第關係

　　接著考察切上下字與被切字在等第上的關係,請看表 5.37(表格説明 2.2.4):

表 5.37　《音注》反切的等第結構類型

上字＼下字	I	II	IV	A	B	C	合計
I	1326	314	377	58	17	42	2134
II	25	37	3	5	4	8	82
IV	49		113	23	1	11	197
A	81	52	79	551	17	243	1023
B	8	54		29	47	41	179
C	108	198	48	589	224	959	2136
常例合計	1607	655	620	1255	310	1304	5751
特殊等第類型 (520)		I I$_3$、II I$_2$、IVI$_1$	I I$_6$、IV I$_1$、AI$_1$、CI$_2$	I I$_{15}$、II I$_1$、IV I$_1$、CI$_3$	I I$_{10}$、AI$_4$、CI$_3$	I I$_{13}$、AI$_3$、CI$_8$	77
	I II$_7$、II II$_1$、AII$_1$、CII$_1$		I II$_4$、CII$_1$	I II$_2$、AII$_1$、CII$_2$	I II$_3$、BII$_1$	I II$_1$、AII$_1$、CII$_4$	30
		I IV$_2$		I IV$_8$、II IV$_1$、IVIV$_4$、AIV$_9$、BIV$_1$、CIV$_8$	I IV$_3$、AIV$_2$、BIV$_1$、CIV$_3$	I IV$_1$、AIV$_1$、CIV$_4$	48

續表

上字＼下字	I	II	IV	A	B	C	合計
	IA_1、AA_1、BA_1、CA_5	IA_1、AA_2、CA_4	IA_6、IIA_1、IVA_4、AA_6、BA_1、CA_6		IA_2、IIA_6、AA_{12}、BA_{17}、CA_{98}	IVA_1、AA_2、CA_{16}	193
	AB_1、BB_2、CB_1	IB_2、BB_1、CB_2	IB_4、AB_2、CB_3	IB_4、AB_{42}、BB_4、CB_{21}		CB_{11}	100
	IC_7、AC_2、CC_5	IC_2、AC_2、CC_2	IC_1、CC_2	IC_2、IVC_1、AC_{12}、CC_9	IC_1、CC_{24}		72
總計	1633	689	671	1406	502	1370	6271

5.2.4.1　切上字與被切字的等第關係

由上表可以看出,《音注》反切中,幾乎所有反切的切上字都有一、二、四、A、B、C 六種類型。我們首先考察各類上字用於各類反切的情況。先看非三等上字的情況。《音注》反切中,一等上字共 2255 例,用於非三等反切的 2073 例,佔總數的 92％,其中用於一等反切的 1341 例,佔總數的 59％,這表明,一等上字大都用於非三等反切,特別是一等反切。二等上字共 94 例,用於非三等反切的有 69 例,佔總數的 73％,其中用於二等反切的 39 例,佔總數的 41％,這表明,二等上字主要用於非三等反切,其中的 41％用於二等反切。四等上字共 210 例,用於非三等反切的 168 例,佔總數的 80％,其中用於四等反切的 118 例,佔總數的 56％,這表明,四等上字中主要用於非三等反切,其中的 56％用於四等反切。

再看三等上字的情況。《音注》反切中,A 類上字共 1128,用於三等反切的 900 例,佔總數的 80％,其中用於 A 類反切的 615 例,佔總數的 55％。這表明,A 類上字主要用於三等反切,特別是用於 A 類反切。B 類上字共 208 例,用於三等反切的共 141 例,佔總數的 68％,其中用於 B 類反切的有 66 例,佔總數的 32％,這表明,B 類上字主要用於三等反切,其中的 32％用於 B 類反切。C 類上字共 2376 例,用於三等反切的 1988 例,佔總數的 84％,其中用於 C 類反切的 1002 例,佔總數的 42％,這表明,C 類上字主要用於三等反切,其中的 42％用於 C 類反切。

上述分析表明,非三等上字傾向用於非三等反切,三等上字傾向用於三等反切,而且一等上字傾向用於一等反切,四等上字傾向用於四等反切,A 類上字傾向用於 A 類反切。

接下來反觀各類反切中的各類上字的運用情況。先看非三等反切的情況。1633 條一等反切中,非三等上字共 1416 例,佔上字總數的 87％,其中一等上字共 1341 例，佔總數的 82％，這表明一等反切傾向於用一等上字。689 條二等反切中，非三等上字共 374 例，佔總數的 54％，其中一等上字 334 例，佔總數的 48％，二等上字 39 例，僅佔二等反切上字總數的 6％，這表明二等反切傾向於用非三等上字，但主要是一等上字，而不是二等上字。671 條四等反切中，非三等上字共 520 例，佔總數的 77％，其中一等上字 398 例，佔總數的 59％，四等上字 118 例，僅佔四等上字總數的 18％，這表明四等反切傾向於用非三等上字，但主要也是一等上字，而不是四等上字。

再看三等反切的情況。1406 條 A 類反切中，三等上字共 1281 例，佔 A 類反切上字總數的 91％，其中 C 類上字 632 例，佔 A 類反切上字總數的 45％，A 類上字 615 例，佔 A 類反切上字總數的 44％，這表明 A 類反切傾向於用三等上字，其中用 A 類上字的數量少於 C 類上字。502 條 B 類反切中，三等上字共 455 例，佔 B 類反切上字總數的 91％，其中 C 類上字 354 例，佔 B 類反切上字總數的 71％，B 類上字僅 66 例，佔 B 類反切上字總數的 13％，這表明 B 類反切傾向於用三等上字，但主要也是 C 類上字，而不是 B 類上字。1370 條 C 類反切中，細音上字共 1293 例，佔 C 類反切上字總數的 94％，其中 C 類上字 1002 例，佔 C 類上字總數的 73％，這表明 C 類反切傾向於用 C 類上字。

上述分析表明，《音注》反切中，非三等反切傾向於用非三等上字，其中主要是一等上字，三等反切傾向於用三等上字，其中主要是 C 類上字，而一等反切中用一等上字、C 類反切用 C 類上字的情況尤其突出。

總起來看，切上字等第與被切字一致的有 1341＋39＋118＋615＋66＋1002＝3181 條，佔反切總數的 51％，這表明，《音注》反切中，有 51％ 的切上字決定被切字的等第。

5.2.4.2　切下字與被切字的等第關係

《音注》反切中，切下字有一、二、四、A、B、C 六種類型。先考察各類下字用於各類反切的情況。一等下字共 1684 例，其中用於一等反切的 1597 例，佔總數的 95％。二等下字共 685 例，其中用於二等反切的 655 例，佔總數的 96％。四等下字共 668 例，其中用於四等反切的 620 例，佔總數的 93％。A 類下字共 1449 例，其中用於 A 類反切的有 1255 例，佔總數的 87％。B 類下字共 409 例，其中用於 B 類反切的 310 例，佔總數的 76％。C 類下字共 1376 例，其中用於 C 類反切的 1304 例，佔總數的 95％。上述數據表明，《音注》反切中，某類下字幾乎都用於某類反切。

接下來反觀各類反切中各類下字的運用情況。1633 條一等反切中，一等下字共 1597 例,佔一等反切下字總數的 98%。689 條二等反切中,二等下字共 655 例,佔二等反切下字總數的 95%。671 條四等反切中,四等下字共 668 例,佔四等反切下字總數的 99%。1406 條 A 類反切中,A 類下字共 1255 例,佔 A 類反切下字總數的 89%。502 條 B 類反切中,B 類下字共 310 例,佔 B 類反切下字總數的 62%。1370 條 C 類反切中,C 類下字共 1304 例,佔 C 類反切下字總數的 95%。這些數據表明,《音注》反切中,某類反切傾向於採用某類下字。

綜上,切下字等第與被切字一致的有 1597+655+668+1255+310+1304=5789 條,佔反切總數的 92%。可見,《音注》反切中,有 92%的切下字與被切字的等第一致,這一比例大大超過切上字決定被切字等第的比例,因而《音注》反切中,被切字的比例由切下字決定。

5.2.4.3 切上下字的和諧程度在等第上的表現

《音注》反切中,I-I I、II-II II、IV-IV IV、A-AA、B-BB、C-CC 型中,切上下字等第完全一致,共 1326+37+113+551+47+959=3033 條,這是反切和諧在等第上的表現,佔所有反切總數的 48%。這表明,《正義》反切中切上下字在等第上的和諧程度並不明顯。

5.2.5 《音注》反切中切上下字與被切字的韻類關係

接下來以韻攝爲單位,考察切上下字與被切字的韻類關係,表 5.38 中,第三列的比例指的是各類切下字與各類反切下字總數的百分比,末列的比例指的是各類切上字與各類反切上字總數的百分比。

表 5.38　切上下字與被切字的韻類關係

被切字	切下字	比例	切上字	比例
通攝 342	通攝 329	96	東 2、送 2、屋 4、鍾 3、用	4
	德 3;有 2、宥 2、遇 2;絳、覺、鐸;眞	4	之 17、止 20;脂 3;支;職 31;真 2、質 8	96
			模 49、姥 26、暮 9、魚 41、語 23、虞 24	
			唐 8、鐸 10、陽 30、歌 8;尤 4、有 3;先 3;耕 2;昔 2;咍;德;曷;厚;迄	
江攝 95	江攝 89	94	職 13;模 8、姥 15、暮 3、魚 5、語 7;德 7;東、屋 3;鐸 3、陽、養 2;質 4;耕 2;厚 3;仙 3;尤;支 3、止 3、旨;迄;馬 2;陌 2	100
	肴 2;唐、陽、勘、豪	6		

續表

被切字	切下字	比例	切上字	比例
止攝 660	止攝 614	93	支25；紙8；脂19、旨2；之45、止33、志2；微2	21
	灰9、賄4、隊2；齊2、薺2、霽6、祭3、佳3；皆4；歌4；魚2；昔2；真2；梵、戈、怪、物、屑；	7	真25、軫2、質34、諄3；職84、蒸6；陽36、養6、漾5、唐5、鐸3；尤12、有11、仙11；庚6、耕2；山6；哈6、海3、泰；昔6；清；厚2；青2；先2、銑、屑；宵2	79
			模9、姥18、暮；魚84、語57、御5；虞45、麌11；東3、屋3	
			歌、果、過；隱；德；緝；齊、佳；	
遇攝 439	遇攝 422	96	模26、姥24、暮4；魚22、語24、御；虞19、麌5	28
			東9、屋3、鍾12、腫5；	
	麻4；尤3；爥2；鐸2、藥2；德；厚；混；沒	4	之25、止23；脂5；支2；真12、質17、諄16；職25、蒸4；唐9、鐸12；陽49、養7、漾8；尤14、有2；哈7；海3、代、泰；果5、歌；侯4；厚4；先5；	72
			耕2、庚；寒；魂2；緝；青；阮2；山2；微3；尾2；文2；昔；仙2；臻；德	
蟹攝 604	蟹攝 565	94	哈11、海9、泰10；齊7；佳2；卦；皆2	7
			真3、質21；職22、之20、止25；支、紙3；旨、至	
	薛7、曷6、德4、屑3；支2、紙2、真4；至；脂4；歌、裲、麻、禡、麥、帖	6	模115、姥122、暮8；魚20、語13、御；虞8、麌2；東16、屋2；	93
			青19、錫2；唐21、蕩、鐸18、陽15；德6；歌11、哿2；厚6；果2；馬7；陌3；仙5；先24、霰3、銑；尤4、有4	
			耕、緝；曷；清	
臻攝 506	臻495	98	真7、質10；文5；恨2；恩；臻	5
			模46、姥32、暮2；魚52、語21、御4；虞46、麌13、遇；東3、屋4、鍾、腫、爥	95
	灰；霽；靜；獮6、仙；月	2	職49、蒸2；之48、止19、志2；支14、紙3；脂22、旨5；鐸12；唐3、陽23；尤7、有10；歌4；馬4；昔4；哈3、海、泰2；先3；厚2；錫2；月2	
			德；隊；耕；緝；陌、仙、薛	
山攝 980	山攝961	98	先23、霰；仙7、獮、線；元5、月；山3；寒；曷；桓	5
			模120、姥108、暮7；魚77、語38、御3；虞45、麌12；東22、屋、鍾7；	95
	歌2；祭2；談2；霽；德；敢；感；号；徑；陌；迄；養；葉；諄；物	2	之66、止47；支20、紙3；脂14、旨；質42、真8；諄3；職51、蒸	
			唐23、鐸29；陽23、養7、漾7；歌24；青21；馬13；哈7、海11；齊10；昔8；尤8、有9；侯6；厚5；德5；清4；泰3；蕩2；庚2；陌；果2；物2；耕；恨；侵；緝；迄；	

續表

被切字	切下字	比例	切上字	比例
效攝 476	效攝 469	99	笑、肴	0.4
	幽2；尤2；有；覺；先	1	之32、止15；脂7；支6；紙5；真6；質42；職33	99.6
			模64、姥85、暮5；魚36、語21；虞2、麞2、東12、屋2；	
			鐸17；歌16；先13；陽8；哈6；海5；尤5；齊3；德3	
			庚2、陌2；唐2；蕩；戈；果2；青2；馬2；仙2；養2；泰、代；厚；微；耕；昔	
果攝 137	果攝 130	95	歌2、哿	2
	麻3；曷2；支、真	5	模34、姥34、暮9；語2；遇；職5；質3；紙2；之；脂；唐14、鐸6；陽；哈6；海2	98
			東2；尤5；恩2；灰；麻2、馬；	
假攝 135	假攝 133	99	麻3、馬	3
	昔、魚	1	模8、姥22；魚15、語3；職17；之11、止15；真4、質2；支、紙2；脂、旨	97
			陽6、漾2；東5、屋；昔3、清；尤2、有；德2；歌；果；鐸；江；覺；哈	
宕攝 428	宕攝 419	98	陽12；鐸8；唐3	5
	暮2；禡；陌；昔；錫；篠；笑；腫	2	模54、姥52、暮4；魚43、語11；御4；虞9、麞6、屋6；東；燭；	95
			之36、止17；支8；脂、至；真5；質9；職46；歌10；陌9；哈6；鐸8；尤5；有8	
			昔7；曷5；厚5；德4；嶝；先4；獮；馬3；薺3；齊；海2；泰2；迄2；送2；文2；侵；青；錫；耕2；月	
梗攝 468	梗攝 445	95	青12、錫；清、昔4；耕；諍；庚；	4
	職4；霽3；唐、宕2；鐸2；御2；德2；号；沃；卦；厚；江；霰；至	5	模47、姥58、暮5；魚29、語10；御2；虞9、麞；東7、屋3	96
			質33、真8；職28、蒸2；之30、止7；志；支13、紙3；脂11；旨；歌22；唐14、鐸21；先11；陽9；養3；海8；哈4；馬7；有7；尤5	
			德5；果3；迄3；泰；仙2；獮；元；月2；豪；厚；魂；侵；緝；江；山	
曾攝 138	曾攝 128	93	蒸4、職11	11
	請2；勁3；盍；侵；宥；真；志	7	模20、姥18；魚7、語3；御；虞3	89
			質9；真；之17、止15；鐸7；昔7；陽4	
			有2；哈2；清；青；漾；沒；齊；黠；仙	

續表

被切字	切下字	比例	切上字	比例
流攝 265	流攝 257	97	尤 4、有 9	5
	屋 3；姥；山；物； 笑；遇	3	職 5；之 16；止 10；志；脂 4；至；紙 3；質 8；真 2； 軫；鐸 16；陽 13；尤 4；有 9	95
			模 22；姥 25；暮；魚 26；語 21；御 4；虞 5；麌	
			德 5；哈 3；先 2；唐 2；東 2；養；泰；歌；海；馬	
深攝 143	深攝 140	98	緝 2	1
	覃 2、合	2	職 28；之 18；止 7；紙 5；質 13；真 2、準；模、魚 29、語 23；陽 2；有 3、尤；先 3	99
			德、海；祭；陌；山	
咸攝 455	咸攝 443	97	狎；鹽	0.4
	薛 3；翰；曷；霽；禡； 侵；御；真；至；腫	3	質 30；真 2；職 42；之 35；止 13；脂 5；紙；歌 15； 陽 13；青 12；曷 9；寒	99.6
			模 82；姥 82；暮 2；魚 36；語 12；御；虞 7	
			昔 6；先 5；微 5；德 5；東 3；唐 4；鐸 4；海 3；泰 3；厚 2；養 2；齊；迄；山；錫；鎋；有 7、尤	

從上表可以發現：

(1)《音注》反切中，切下字的韻類跟被切字基本一致，符合傳統反切"下字取韻定聲調"的原理。例外情況共計 232 條，佔總數的 4%，這些反切需要回歸原文來區分是屬於音變還是有其它原因，如異文、假借等。

(2)一般而言，切上字的韻類一般要避免跟被切字一致。不過，《音注》反切中，切上字跟被切字韻類一致的反切共有 471 條，佔總數的 8%。其具體分佈情況是：通攝 12 條、止攝 136 條、遇攝 125 條、蟹攝 42 條、臻攝 26 條、山攝 45 條、效攝 2 條、果攝 3 條、假攝 4 條、宕攝 23 條、梗攝 21 條、曾攝 15 條、流攝 13 條、深攝 2 條、咸攝 2 條。不過，這些反切中的切上字雖然韻類跟被切字一致，在聲調上卻不一致，即這些切上字跟被切字的關係遵從"同韻異調"的原則。

(3)從韻類角度考察其切上字的分佈情況，發現切上字集中分佈在以下韻中：姥 721[①]、模 705；職 538；魚 522；之 417；語 289；質 285；止 269；陽 245；虞 222；鐸 167；歌 116；唐 108；先 98；支 96；脂 91；東 88；真 87；尤 78、有 76；青 71；哈 68；暮 60；麌 52。分佈在這些韻中的切上字共有 5469 字，佔切上字總數的 87%。

---

① 統計出現次數不少於 50 次的韻，韻後的數字表示出現的次數，餘倣此。

(4)從韻尾的角度看,切上字中絕大多數是陰聲韻字。陽、入聲韻中,收-ŋ尾、-k尾的字明顯多於收-n尾、-t尾的字,其中收-k尾的字又比收-ŋ尾的字要多,而收-m尾、-p尾字最少。

5.2.6 《音注》反切中切上下字與被切字的聲調關係

最後考察《音注》反切中切上下字與被切字的聲調關係,請看表5.39(表格説明請參2.2.6):

表 5.39　《音注》反切中的聲調結構類型

下字 上字	平聲	上聲	去聲	入聲	合計
平聲	1100	533	846	545	3024
上聲	499	402	444	227	1572
去聲	51	43	38	25	157
入聲	285	165	353	326	1129
常例合計	1935	1143	1681	1123	5882
特殊類型		平平$_{21}$、上平$_{11}$、去平$_1$、入平$_2$	平平$_{29}$、上平$_7$、去平$_1$、入平$_9$	平平$_1$、上平$_2$	84
	平上$_{20}$、上上$_{13}$、去上$_2$、入上$_2$		平上$_{30}$、上上$_9$、去上$_1$、入上$_4$	平上$_2$、上上$_1$、入上$_1$	85
	平去$_{45}$、上去$_{17}$、去去$_3$、入去$_{22}$	平去$_{43}$、上去$_{14}$、去去$_1$、入去$_{10}$		平去$_{14}$、上去$_3$、入去$_5$	177
	平入$_{10}$、入入$_4$	上入$_1$	平入$_{12}$、上入$_7$、去入$_1$、入入$_8$		43
總計	2073	1247	1799	1152	6271

由上表,切下字與被切字聲調一致的反切有5882條,佔總數的94%,切上字與被切字聲調一致的反切有1100＋75＋402＋25＋38＋3＋326＋6＝1975條,佔總數的31%。這説明《音注》反切中,被切字的聲調一般由切下字決定。

《音注》反切中,平-平平、上-上上,去-去去,入-入入型反切中,切上字與切下字的聲調一致,這樣的反切共1100＋402＋38＋326＝1866例,佔總數的30%。這表明,《音注》反切中,切上下字的和諧程度在聲調上的表現並不明顯。

那麼,《音注》反切中,切上字的聲調分佈是否有規律可循呢?《音注》6271個切上字中,平聲上字3024＋75＋64＋71＋17＝3251例,佔總數的

52%；上聲上字有 1572＋30＋25＋23＋6＝1656 例，佔上字總數的 26%；去聲上字有 157＋5＋2＋3＝167 例，佔上字總數的 3%；入聲上字 1129＋28＋12＋21＋6＝1196 例，佔上字總數的 19%。這些數據表明，《音注》反切中，去聲上字的用例明顯少於其他聲調，這跟前述有關《集解》、《索隱》、《正義》的切上字聲調分佈的情況一致。

另一方面，《音注》反切中，切上字跟被切字聲調一致的反切有 1975 條，佔總數的 31%。進一步考察發現，這些反切中的切上字雖然跟被切字同聲調，但大都不同韻，符合"同調異韻"的原則。不過，仍有少量例外，即出現切上字的聲調、韻類跟被切字完全一致的反切。這些共有 36 例：

平聲反切 20 例：洿影模，匣姥／烏影模故見暮（379）；龜見脂，見尤／丘溪尤句羣虞，見侯，見遇，見候（771）；噓曉魚／虛曉魚，溪魚檢見琰（951）；污影模／烏影模故見暮（1224）；龜見脂，見尤／丘溪尤勿明物（1402）；酺並模／蒲並模乎匣模（1502）；坤並支／皮並支弭明紙（2003）；趨清虞／趨清虞玉疑燭（3234）；眭曉支，心支，曉脂，匣齊／宜疑支爲云支，云眞（3382）；璩羣魚／渠羣魚尤云尤（3596）；詵生臻／莘生臻臻莊臻（3660）；菩並模，並海，並有，並德／蒲並模乎匣模（4615）；釘端青，端徑／丁知耕，端青定定徑，端徑（4914）；闐定先，定霰／田定先年泥先（5639）；鄲匣齊／奚匣齊圭見齊（5860）；匍並模／蒲並模北幫德（6249）；尚禪陽，禪漾／張知陽，知漾羊以陽（6786）；污影模／烏影模路來暮（8587）；徜禪陽／常禪陽羊以陽（9085）；峒定東，定送／從精東，精董董端董（9407）。

上聲反切 10 例：組精姥／祖精姥五疑姥（87）；午疑姥／五疑姥故見暮（912）；手書有／守書有，書宥又云宥（1306）；給定海／待定海亥匣海（3438）；俣疑麌／宇云麌矩見麌（4207）；手書有／首書有，書宥又云宥（4711）；給定海／待定海多端歌（4989）；杞溪止／起溪止里來止（8496）；禔定齊，禪紙，澄紙／是禪紙支章支（8646）；抒邪語，船語／敘邪語呂來語（9412）。

去聲反切 4 例：哺並暮／步並暮浪來唐，來宕（173）；鞚溪送／空溪東，溪送貢見送（3117）；從從鍾，清鍾，從用／從從鍾，清鍾，從用用以用（4056）；衩初卦／差初支，初佳，初皆，初麻，初卦賣明卦（8171）。

入聲反切 2 例：擽來藥，來錫／歷來錫各見鐸（127）；識章志，書職／式書職志章志（580）。

顯然，這些反切中的用字大都屬於多音字，因而這特殊反切至少可以有兩種解釋：一是將被切字與切上字的音韻地位處理得完全一致，則屬於上述所說的例外反切，因爲它們不遵循"同調異韻"的原則，即它們同調又同韻。另一種解釋是上述大多數反切可以處理成切上字跟被切字同調但不同韻。不過仍有 19 例例外，即"噓、污 1、醋、埒、趨、璩、詵、鄹、匍、污 2、倘、組、午、紿 1、俣、紿 2、厄、抒、哺"這些只能處理爲切上字跟被切字的聲調完全一致。

5.2.7 《音注》反切的結構特點

以上從聲母、開合、洪細、等第、韻類和聲調等方面考察了切上下字與被切字的關係，我們可以在此基礎上總結出《音注》反切的結構特點：

（1）從聲母上看，切下字的聲母呈現出分組的趨勢：精、章、日、以母爲一組；莊組和云母爲另一組，莊組下字不用於章組、日母，而莊組反切中云母下字出現數量要大於以母下字；端、知組和來母跟上述兩組都有關係，徘徊在上述兩者之間；唇牙喉音字跟所有聲組都有關係，不過顯然偏向精、章、日、以母那一組。

（2）從開合上看，《音注》非唇音反切中，切上字的開合傾向跟被切字一致。這種傾向性在更細的類別上表現不一。"開合一致原則"在不同條件下的成立範圍是不同的，遇攝上字既作開口反切的切上字又常作合口反切切上字的特殊性影響"開合一致原則"的成立範圍，如果將遇攝模、魚韻處理爲開口的話，則"開合一致原則"對所有開口反切均成立，反之，對大部分合口反切均不成立。

（3）從洪細上看，切上字的洪細傾向跟被切字一致。這種傾向性在更細的類別上表現也不盡一致。

（4）從等第上看，切上字的等第偏向跟被切字一致。

（5）從韻類的角度看，切上字的韻類傾向跟被切字不一致。不過，仍有 471 條反切其切上字跟被切字韻類一致，這些反切佔總數的 8％，它們都遵從"同韻異調"的原則。切上字集中分佈在以下韻中：姥 721、模 705；職 538；魚 522；之 417；語 289；質 285；止 269；陽 245；虞 222；鐸 167；歌 116；唐 108；先 98；支 96；脂 91；東 88；真 87；尤 78；有 76；青 71；哈 68；暮 60；麌 52。這些韻的特點是：大都來自上古魚鐸陽、之職蒸部字；絕大多數是陰聲韻字，在陽、入聲韻中，收-ŋ尾、-k 尾的字明顯多於收-n 尾、-t 尾的字，其中收-k 尾的字又比收-ŋ尾的字要多，而收-m 尾、-p 尾字最少。

（6）從聲調的角度看，平聲上字用得最多，去聲上字用得極少。切上字跟被切字聲調一致的反切有 1976 條，佔總數的 32％，這些反切大都同韻異調。不過，其中有 36 條反切可處理成切上字跟被切字同調又同韻，可作"同調異韻"原則的例外。然而，由於這些反切用字大都是多音字，因而這 36 條反切中的部分也可以不處理爲例外。

5.3 《音注》中的新型反切結構

本節擬考察《音注》中的新型反切結構,即"等第及開合一致"型反切與"準直音"型反切。關於上述兩類新型反切的結構特點,上文 2.3 節已經提及,可參考,茲不贅述。傳統反切中,遇攝字常用作切上字,因而本節下列新型反切都不列切上字爲遇攝字的反切。關於《音注》的反切情況,請參本章開篇。

5.3.1 《音注》新型反切的基本類型

(一)I-I I型反切

1.開口。

(1)"等第及開合一致"型反切。

1)唇音:芒/莫郎(147);沛/博蓋(259);冒/莫報(371);耗①/莫報(545);冒/莫克(551);眊/莫報(553);湏/滂沛(684);冒/莫北(716);裸/博抱(779);瞀/莫構(867);媚/莫報(1075);貝/博蓋(1078);蔜/莫老(1275);瑁/莫報(1907);暴/薄報(1934);莽/母黨(2301);袤/莫候(2420);狃/薄蓋(2531);裒/薄侯(2536);万/莫北(4717);匐/莫②北(5147);秏/莫到(5424);秏/莫報(5425);抔/薄侯(6380);掊/薄侯(6606);瞀/莫候(8825)。2)舌音:邰/湯來(2);難/乃旦(5);鄲/多寒(11);癩/落蓋(16);駘/棠來(23);濼/託合(96);胆/大透(130);紿/蕩亥(132);駘/堂來(136);嫪/郎到(213);醪/來高(503);勞/來到(531);條/他牢(544);濼/他合(633);度/大各(698);樂/來各(756);刺/來達(765);刺/來曷(795);來/郎代(808);勞/郎到(808);嘽/他丹(947);度/大洛(951);沓/他合(1002);怛/當割(1005);妲/當割(1012);慆/他刀(1052);帑/他莽(1102);帑/它朗(1122);帑/他朗(1206);湳/乃感(1481);漊/郎侯(1481);探/湯勘(1491);帑/它朗(1627);探/他南(1656);癉/當但(1667);駘/達來(1725);躢/大蠟(2013);忲/他蓋(2025);濼/他答(2049);探/他含(2262);邏/郎佐(2294);彈/唐干(2506);讜/多曩(2520);嗒/達合(2534);聃/乃甘(2583);羖/他刀

（2665）；貸/他代（2700）；拉/落合（2816）；擔/他甘（2882）；柂/待可（2951）；
南/乃旦（3025）；珊/他含（3061）；盪/他浪（3159）；讜/多朗（3253）；鍮/託侯
（3517）；那/諾何（3534）；髏/郎侯（3575）；髏/洛侯（3721）；珊/他甘（3761）；
剌/來葛（4157）；邐/郎左（4160）；蜑/蕩旱（4183）；慺/洛侯（4299）；資/洛代
（4515）；摺/落合（4518）；噠/當割（4588）；噠/陟葛（4588）；獺/他達（4881）；
辚/來各（4967）；饕/他刀（5103）；柝/他各（5194）；睞/洛代（5478）；讕/落干
（5562）；珊/他酣（5608）；單/多寒（5608）；觤/託盍（5621）；搭/多臘（5643）；
党/他朗（5645）；絑/他口（6028）；柘（拓）/達各（6299）；珊/它甘（6483）；搨/
德盍（6507）；糲/郎葛（6536）；紿/湯亥[1]（6817）；大/唐佐（6903）；潭/蕩旱
（7086）；拓/達各（7363）；柝/達各（7363）；攤/他干（7771）；炟/當割（7903）；
遝/達合（7927）；鄲/多寒（7940）；靼/當葛（8131）；能/囊來（8162）；探/他紺
（8308）；橐/撻各（8657）；靼/當割（9229）；瑫/他牢（9360）。3) 齒音：走/則豆
（10）；躁/則到（44）；走/則湊（53）；曾/才登（69）；欑/臧旱（101）；欑/藏旱
（112）；怍/才各（179）；采/倉代（212）；藏/才浪（250）；筰/才各（589）；莋/才
各（672）；柞/才各（991）；蹉/倉何（1668）；慘/桑額（2626）；娑/桑何（2995）；
磋/倉何（3108）；柞/在各（3503）；柞/則洛（3774）；薩/桑葛（4435）；筰/在各
（4473）；偲/倉才（5032）；皁/才早（5129）；薩/桑割（5301）；慅/采早（5421）；
漕/在到（5469）；瑳/倉何（5478）；鮺/昨遭（5621）；矰/作滕（5638）；掃/索報
（6057）；燦/倉按（6381）；燥/則到（6408）；皁/昨早（6754）；慘/倉含（7128）；
譟/則竈（7170）；臧/作郎（7431）；宰/倉宰（7595）；嘈/昨勞（7670）；參/倉含
（7878）；皁/在早（7921）；欑/才但（8187）；欑/才旱（8510）；載/昨代（8577）；
筰/才各（8845）；矰/作滕（9314）。4) 牙喉音：榼/克合（15）；扞/寒旦（95）；
翰/侯旰（100）；翰/侯安（100）；闔/阿葛（155）；郝/呵各（224）；狠/何墾
（283）；閒/侯旰（390）；悍/侯旰（520）；沆/口浪（612）；亢/口浪（1161）；鎧/可
亥（1469）；郃/曷閣（1535）；陔/柯開（1556）；鶡/何葛（2290）；堨/阿葛
（2399）；汗/何干（2459）；龕/口含（2591）；悍/侯罕（2623）；闔/可亥（2730）；
忼/口黨（2906）；孩/河開（3471）；咳/口慨（3516）；孩/何開（3529）；弸/恪侯
（3965）；貉/曷各（4883）；銲/何旦（6911）；溘/口答（7233）；犒/口到（7357）；
蛤/葛合（7736）；壏/遏各（7798）；匼/安盍（7942）；悍/侯幹（8247）；炕/口益
（8721）。

---

(2)"準直音"型反切

1)唇音：亳/旁各（5390）；蟒/莫朗（6294）；莽/莫朗（7346）；邙/莫郎（8975）。2)舌音：耐/乃代（487）；給/待亥（3438）；賚/來代（4101）；給/待多①（4989）；貸/來戴②（7421）；賚/來戴（7465）。3)齒音：牂/作郎；載/才再（2215）；裁/才代（5150）；穎/桑黨（5476）；航/各朗（5716）；載/才代（7836）。

《音注》中，被切字與切下字均爲開口一等字的反切共計898條，其切上字的分佈情況是：開一220、開二21、開三116、開四35、合一480、合三26。其中，遇攝上字共計487字，佔據全部上字總數的54.23%，這符合遇攝字常用作反切上字的傳統反切規律。開口一等上字220字，佔據全部上字總數的24.50%。表5.40表明有不同的反切層次：

表5.40

字頭	反切對比	被切字地位	切上字對比	切下字地位	出處	反切類型
暴	白報/薄報	並號開1	並陌開2/並鐸開1	幫號開1	147/1934	傳/等
亳	旁各/蒲博	並鐸開1	並唐開1/並模合1	見鐸開1/幫鐸開1	5390/5897	準/傳
參	七南/倉含	清覃開1	清質開3/清唐開1	泥覃開1/匣覃開1	21/7878	傳/等
傪	倉含/昌含	清覃開1	清唐開1/昌陽開3	匣覃開1	7128/7264	等/傳
藏	才浪/祖浪	從宕開1	從咍開1/精姥合1	來宕開1	250/1495	等/傳
蹉	倉何/七何	清歌開1	清唐開1/清質開3	匣歌開1	1668/2927	等/傳
瑳	七何/倉何	清歌開1	清質開3/清唐開1	匣歌開1	5004/5478	傳/等
炟	丁達/當割	端曷開1	端青開4/端唐開1	定曷開1/見曷開1	1437/7903	傳/等
紿	徒亥/待亥	定海開1	定模合1/定海開1	匣海開1	2290/3438	傳/準
貸	吐戴/他代	透代開1	透姥合1/透歌開1	端代開1/定代開1	442/2700	傳/等
單	多寒/都寒	端寒開1	端歌開1/端模合1	匣寒開1	5608/8508	等/傳
癉	當但/丁但	端寒開1	端唐開1/端青開4	定寒開1	1667/6657	等/傳
蜑	蕩旱/徒旱	定旱開1	定蕩開1/定模合1	匣旱開1	4183/5512	等/傳
彈	唐干/徒干	定寒開1	定唐開1/定模合1	見寒開1	2506/2548	等/傳

---

① "多"字疑爲誤字，疑作"亥"。

② "來"字作透母字"貸"的反切上字，疑被切字誤。

續表

字頭	反切對比	被切字地位	切上字對比	切下字地位	出處	反切類型
盪	他浪/吐浪	透宕開1	透歌開1/透姥合1	來宕開1	3159/5168	等/傳
度	徒洛/大洛	定鐸開1	定模合1/定泰開1	來鐸開1	34/951	傳/等
堊	烏各/遏各	影鐸開1	影模合1/影曷開1	見鐸開1	5118/7798	傳/等
扞	寒旦/戶幹	匣翰開1	匣寒開1/匣姥合1	端翰開1/見翰開1	95/1161	準/傳
魧	舉朗/各朗	見蕩開1	見語合3/見鐸開1	來蕩開1	5656/5716	傳/準
蛤	古合/葛合	見合開1	見姥合1/見曷開1	匣合開1	7538/7736	傳/等
汗	何干/戶汗	匣寒開1	匣歌開1/匣姥合1	見寒開1/匣寒開1	2459/7501	等/傳
悍	胡幹/侯幹	匣翰開1	匣模合1/匣侯開1	匣侯開1	936/8247	傳/等
郝	呵各/呼各	曉鐸開1	曉歌開1/曉模合1	見鐸開1	224/1481	等/傳
狠	何墾/戶墾	匣很開1	匣歌開1/匣姥合1	溪很開1	283/1299	等/傳
闓	可亥/苦亥	溪海開1	溪哿開1/溪姥合1	匣海開1	2730/2951	等/傳
鎧	可亥/苦亥	溪海開1	溪哿開1/溪姥合1	匣海開1	1469/3569	等/傳
龕	口含/苦含	溪覃開1	溪厚開1/溪姥合1	匣覃開1	2591/2720	等/傳
忼	口黨/苦朗	溪蕩開1	溪厚開1/溪姥合1	端蕩開1/來蕩開1	2906/5357	等/傳
亢	苦浪/口浪	溪宕開1	溪姥合1/溪厚開1	來宕開1	52/1161	傳/等
伉	口浪/苦浪	溪宕開1	溪厚開1/溪姥合1	來宕開1	612/3415	等/傳
榼	克合/苦盍	溪盍開1	溪德開1/溪姥合1	匣合開1/匣盍開1	15/3035	等/傳
犒	苦告/口到	溪號開1	溪姥合1/溪厚開1	見號開1/端號開1	2872/7357	傳/等
炕	口盎/苦浪	溪宕開1	溪厚開1/溪姥合1	影宕開1/來宕開1	8721/8773	等/傳
溘	苦答/口答	溪合開1	溪姥合1/溪厚開1	端合開1	4012/7233	傳/等
剌	來達/盧達	來曷開1	來哈開1/來模合1	透曷開1	765/1854	等/傳
來	郎代/力代	來哈開1	來唐開1/來職開3	定代開1	808/823	等/傳
拉	落合/盧合	來合開1	來鐸開1/來模合1	匣合開1	2816/2896	等/傳
勞	力到/郎到	來號開1	來職開3/來唐開1	端號開1	5/808	傳/等
纜	盧達/郎葛	來曷開1	來模合1/來唐開1	透曷開1/見曷開1	4933/6536	傳/等
溂	他合/吐合	透合開1	透歌開1/透姥合1	匣合開1	633/683	等/傳
邐	郎佐/力佐	來箇開1	來唐開1/來職開3	精箇開1	2294/4184	等/傳

續表

字頭	反切對比	被切字地位	切上字對比	切下字地位	出處	反切類型
芒	謨郎/莫郎	明唐開1	明模合1/明鐸開1	來唐開1	121/147	傳/準
邙	謨郎/莫郎	明唐開1	明模合1/明鐸開1	來唐開1	4387/8975	傳/準
冒	莫北/密北	明德開1	明鐸開1/明質開3	幫德開1	716/2638	等/傳
那	諾何/奴何	泥歌開1	泥鐸開1/泥模合1	匣歌開1	3534/3570	等/傳
耐	乃代/奴代	泥代開1	泥海開1/泥模合1	定代開1	487/5315	準/傳
浿	普蓋/㳂沛	㳂泰開1	㳂姥合1/㳂唐開1	見泰開1/㳂泰開1	684/684	傳/等
裒	蒲侯/薄侯	並侯開1	並模合1/並鐸開1	匣侯開1	1396/2536	傳/等
抔	薄侯/蒲侯	並侯開1	並鐸開1/並模合1	匣侯開1	6380/6424	等/傳
掊	薄侯/蒲侯	並侯開1	並鐸開1/並模合1	匣侯開1	6606/7261	等/傳
纇	蘇朗/桑黨	心蕩開1	心模合1/心唐開1	來蕩開1/端蕩開1	5494/5476	傳/準
掃	索報/蘇報	心號開1	心鐸開1/心模合1	幫號開1	6057/8595	等/傳
娑	桑何/素何	心歌開1	心唐開1/心暮合1	匣歌開1	2995/5860	等/傳
邰	湯來/吐才	透咍開1	透唐開1/透姥合1	來咍開1/從咍開1	2/361	等/傳
嘽	他丹/吐丹	透寒開1	透歌開1/透姥合1	端寒開1	947/1732	等/傳
潬	徒旱/蕩旱	定旱開1	定模合1/定蕩開1	匣旱開1	5346/7086	傳/等
探	吐南/他含	透覃開1	透姥合1/透歌開1	泥覃開1/匣覃開1	119/2262	傳/等
帑	他朗/徒朗	透蕩開1	透歌開1/定模合1	來蕩開1	1206/2325	等/傳
弢	他刀/土刀	透豪開1	透歌開1/透姥合1	端豪開1	2665/2802	等/傳
慆	他刀/土刀	透豪開1	透歌開1/透姥合1	端豪開1	1052/4014	等/傳
饕	土刀/他刀	透豪開1	透姥合1/透歌開1	端豪開1	1718/5103	傳/等
瑫	土刀/他牢	透豪開1	透姥合1/透歌開1	端豪開1/來豪來1	8954/9360	傳/等
樂	來各/盧各	來鐸開1	來咍開1/來模合1	見鐸開1	756/5339	等/傳
閼	烏葛/阿葛	影曷開1	影模合1/影歌開1	見曷開1	1/155	傳/等
堨	阿葛/烏葛	影曷開1	影歌開1/影模合1	見曷開1	2399/2436	等/傳
筰	疾各/在各	從鐸開1	從質開3/從海開1	見鐸開1	3075/4473	傳/等
柞	子各/則洛	精鐸開1	精止開3/精德開1	見鐸開1/來鐸開1	3503/3774	傳/等
作	才各/疾各	從鐸開1	從咍開1/從質開3	見鐸開1	179/3919	等/傳

2.合口

(1)"等第及開合一致"型反切

1)唇音：蒲/蓬逋（231）；舗/奔謨（434）；晡/奔謨（1374）；菩/蓬晡
（4435）；跋/卜末（8687）。2)舌音：推/通回（286）；菟/同都（819）；騾/雷戈
（4842）；駼/同都（5328）；訥/內骨（6626）；峒/慫董（又）（9407）；嵝/同都
（9411）。3)齒音：莝/寸臥（162）；焠/忽潰（226）；粗/坐五（396）；悚/送鹿
（1122）；粗/坐伍（7924）；劗/寸臥（8735）。4)牙喉音：過/工禾（17）；佸（鬠）/
括沃（28）；觀/工喚（41）；冠/工玩（94）；呼/火故（131）；棺/工喚（348）；酤/工
護（538）；會/工外（556）；膾/工外（635）；纊/黃外（638）；觀/工玩（885）；緤/
工本（913）；騧/火官（913）；諢/火故（1012）；憒/工內（1207）；惈/工喚
（1711）；梏/工沃（1799）；瓌/工回（1916）；洿/汪胡（2071）；焜/公渾（2459）；
瓘/公回（2989）；瓌/公回（3010）；洿/汪乎（3083）；輠/空貢（3117）；瓜/攻乎
（3456）；瓘/工回（3726）；朵/果五（3835）；傀/公回（3852）；渦/工禾（4969）；
娓/公渾（5145）；顧/工戶（5410）；瑰/工回（5477）；鄶/工外（6125）；觚/攻乎
（6358）；館/工喚（7214）；鏏/火外（7914）；冠/工喚（8927）。

(2)"準直音"型反切

1)舌音：斷/端管（496）；2)齒音：忖/寸本（2109）。

《音注》中，被切字、反切下字都爲合口一等字的反切共計 685 條，其切
上字的分佈情況是：合一 475、合三 15、開一 138、開二 4、開三 39、開四 14。
其中，遇攝上字 427 字，佔據反切上字總數的 62.34%。而合口一等上字中，
除去模韻上字外，共有其他上字 57 字，佔據全部上字總數的 8%。表 5.41
表明有不同的反切層次：

表 5.41

字頭	反切對比	被切字地位	切上字對比	切下字地位	出處	反切類型
騾	雷戈/落戈	來戈合 1	來灰合 1/來鐸開 1	見戈合 1	4842/7343	等/傳
菩	薄乎/蓬晡	並模合 1	並鐸開 1/並東合 1	匣模合 1/幫模合 1	3812/4435	傳/等
悚	送鹿/桑谷	心屋合 1	心送合 1/心唐開 1	來屋合 1/見屋合 1	1122/7191	等/傳

(二)II-II II 型反切

1.開口。

(1)"等第及開合一致"型反切

1)唇音：鮑/白卯（250）；豝（犯）/邦加（9356）。2)舌音：咤/卓嫁（311）；

狦/山諫(858);逴/丁角(1596);訕/山諫(2338);晫/丁角(2684);幢/宅江(3534);橦/宅江(5671);豸/宅買(6464);衩/差賣(8171)。3)**齒音**:索/山客(10);索/下客①(7913)。4)**牙喉音**:行/下孟(19);解/下買(120);行/下更(440);齅/下戒(696);黠/下八(817);邂/下廨(1634);降/下江(1715);骼/江百(2483);偘/下赧(7124);礘/下格(8213);校/爻教(8780);礘/下革(8917)。

(2)"準直音"型反切

1)**脣音**:禡/馬嫁(5690)。2)**牙喉音**:下/遐稼(95);解/佳買(228);下/遐駕(7217)。

《音注》中,被切字、反切下字都爲開口二等字的反切共計559條,其反切上字的分佈情況是:開一41、開二31、開三174、合一197、合三176。其中,合口上字中,遇攝上字283字,佔據上字總數的50.63%,這種情況跟傳統反切多用遇攝字的規律一致。其中開口二等上字31字,佔據該類反切上字總數的5.55%。上述數字表明,《音注》中的反切上字並不完全迴避二等字。表5.42表明有不同的反切層次:

表 5.42

字頭	反切對比	被切字地位	切上字對比	切下字地位	出處	反切類型
逴	丁角/勑角	徹覺開2	知耕開2/徹職開3	見覺開2	1596/2511	等/傳
幢	直江/宅江	澄江開2	澄職開3/澄陌開2	見江開2	3126/3534	傳/等
降	戶江/下江	匣江開2	匣姥合1/匣馬開2	見江開2	13/1715	傳/等
解	戶買/下買	匣蟹開2	匣姥合1/匣馬開2	明蟹開2	101/120	傳/等
解	佳買/古買	見蟹開2	見佳開2/見姥合1	明蟹開2	228/2201	準/傳
訕	所諫/山諫	生諫開2	生語合3/生山開2	見諫開2	934/2338	傳/等
索	山客/昔客	生陌開2	生山開2/心昔開3	溪陌開2	10/2459	等/傳
橦	傳江/宅江	澄江開2	澄仙合3/澄陌開2	見江開2	3755/5671	傳/等
下	遐嫁/戶嫁	匣禡開2	匣麻開2/匣姥合1	見禡開2	95/2313	準/傳
黠	下八/戶八	匣黠開2	匣馬開2/匣姥合1	幫黠開2	817/844	等/傳
偘	戶簡/下赧	匣潸開2	匣姥合1/匣馬開2	見產開2/見潸開2	7046/7124	傳/等
校	戶孝/爻教	匣效開2	匣姥合1/匣肴開2	曉效開2/見效開2	1731/8780	傳/準
邂	下懈/戶懈	匣卦開2	匣馬開2/匣姥合1	見卦開2/見卦開2	2146/4440	等/傳
咤	卓嫁/竹駕	知禡開2	知覺開2/知屋合3	見禡開2	311/776	等/傳

---

① "下"字疑誤,或作"山"。

(三)IV-IV IV 型反切

1.開口。

(1)"等第及開合一致"型反切

1)唇音:鼙/駢迷(966);髀/駢迷(3764);狉/邊迷(7465)。2)舌音:梯/天黎(118);貂/丁聊(142);鞮/丁兮(155);綈/田黎(162);柢/丁計(234);抵/丁禮(299);鞮/丁奚(376);氐/丁奚(414);邸/丁禮(426);嚏(喋)/丁牒(436);磾/丁奚(634);殿/丁練(663);羝/丁奚(711);鞮/田黎(721);蹎/丁千(763);殿/丁見(822);翟/亭歷(1007);墊/丁念(1035);適/丁歷(1074);坻/丁禮(1177);坻/丁計(1346);殿/丁甸(1389);緹/丁禮(1578);緹/丁奚(1578)(又);適/丁敵(1723);諦/丁計(2064);柢/典禮(2476);佃/亭年(2552);調/田聊(2813);阽/丁念(2837);佃/停年(2907);蠡/憐題(4456);詆/丁禮(4469);迢/田聊(4554);阽/丁念(5450);蒂/丁計(7749);闐/停年(8128);填/亭年(8239)。3)齒音:析/先的(128);裼/先的(143);析/先歷(290);妻/千細(382);洗/先禮(780);擠/牋西(1127);析/先歷(1248);齏/千歷(1511);齏/牋西(3964);嘶/先齊(4035);躋/牋西(4185);晢/先擊(4264);裼/先擊(6858);蜥/先擊(6892);鼇/牋西(7693);裼/先擊(8163);齏/牋西(8169);醒/先梃(9224)。4)牙喉音:挾/橄頰(15);翳/煙兮(89);梟/堅堯(149);睨/研計(180);驍/堅堯(577);徼/堅堯(852);僥/倪幺(1569);嶢/倪幺(1651);魘/研奚(1732);齧/倪結(1746);醯/馨兮(1889);澆/堅堯(3480);僥/堅堯(4041);憿/堅堯(4291);頡/奚結(5954);枅/堅奚(6358);跌/奚結(6709);傔/丁念①(7107);嶢/倪幺(8979)。

(2)"準直音"型反切

1)唇音:眄/眠見(3989);麵/眠見(6372)。2)舌音:矴/丁定(2078);荻/亭歷(4449);訂/丁定(4471);釘/丁定(4914);闐/田年(5639);挕/練結(5811);糶/亭歷(7535);靮/丁曆(7740)。3)齒音:跣/先典(143);洗/先典(288);倩/千見(737);切/千結(1002);倩/千甸(3251);薺/齊禮(4213);薺/齊濟(5230);洗/先薦②(5533)(又);楔/先結(5892);壻/西計(7543)。4)牙喉音:見/賢遍(9);見/賢徧(632);脛/形定(1268);覡/刑狄(1961);闃/馨激(2051)。

《音注》中,被切字、反切下字都爲開口四等字的反切共計 553 條,其切

---

① 反切上字"丁"跟被切字聲母不一致,疑用字有誤。

② 反切下字"薦"與被切字"洗"韻不完全一致,存疑。

上字的分佈情況是：開一 137、開二 3、開三 96、開四 103、合一 194、合三 20。其中，開口一、二、四等上字共計 243 字，佔據反切上字總數的 43.94％，而四等上字 103 字，佔據反切上字總數的 18.63％。表 5.43 表明有不同的反切層次：

表 5.43

字頭	反切對比	被切字地位	切上字對比	切下字地位	出處	反切類型
豍	駢迷/部禮	並薺開 4	並先開 4/並姥合 1	明齊開 4/來薺開 4	3764/9545	等/傳
翟	亭歷/徒歷	定錫開 4	定青開 4/定模合 1	來錫開 4	1007/8707	準/傳
柢	都禮/典禮	端薺開 4	端模合 1/端銑開 4	來薺開 4	234/2476	傳/等
耀	徒歷/亭歷	定錫開 4	定模合 1/定青開 4	來錫開 4	6808/7535	傳/準
佃	停年/徒年	定先開 4	定青開 4/定模合 1	泥先開 4	2907/5474	等/傳
殿	丁練/多薦	端霰開 4	端青開 4/端歌開 1	來霰開 4/精霰開 4	663/1685	等/傳
玷	多忝/丁念	端忝開 4	端歌開 1/端青開 4	透忝開 4/泥桥開 4	3917/5450	傳/等
調	田聊/徒彫	定蕭開 4	定先開 4/定模合 1	來蕭開 4/端蕭開 4	2813/3529	等/傳
齎	牋西/子西	精齊開 4	精先開 4/精止開 3	心齊開 4	3964/8346	等/傳
擠	子奚/牋西	精齊開 4	精止開 3/精先開 4	匣齊開 4/心齊開 4	318/1127	傳/等
見	賢遍/户電	匣霰開 4	匣先開 4/匣姥合 1	幫霰開 4/定霰開 4	9/474	準/傳
澆	古堯/堅堯	見蕭開 4	見姥合 1/見先開 4	疑蕭開 4	2933/3480	傳/等
徼	工堯/堅堯	見蕭開 4	見東合 1/見先開 4	見蕭開 4	450/852	傳/等
脛	户定/形定	匣徑開 4	匣姥合 1/匣青開 4	定徑開 4	472/1268	傳/準
蠡	里弟/憐題	來薺開 4	來止開 3/來先開 4	定薺開 4	28/4456	傳/等
眄	眠見/彌見	明霰開 4	明先開 4/明支開 3	見霰開 4	3989/4058	等/傳
麪	莫甸/眠見	明霰開 4	明鐸開 1/明先開 4	定霰開 4/見霰開 4	4305/6372	傳/準
齧	五結/倪結	疑屑開 4	疑姥合 1/疑齊開 4	見屑開 4	76/1746	傳/等
鼙	步迷/駢迷	並齊開 4	並暮合 1/並先開 4	明齊開 4	950/966	傳/等
妻	七細/千細	清霽開 4	清質開 3/清先開 4	心霽開 4	260/382	傳/等
薺	在禮/齊禮	從薺開 4	從海開 1/從齊開 4	來薺開 4	2694/4213	傳/準
綈	田黎/徒溪	定齊開 4	定先開 4/定模合 1	來齊開 4/溪齊開 4	162/473	等/傳

字頭	反切對比	被切字地位	切上字對比	切下字地位	出處	反切類型
塡	大賢/亭年	定先開 4	定泰開 1/定青開 4	匣先開 4/泥先開 4	648/8239	傳/等
析	先歷/思歷	心錫開 4	心先開 4/心之開 3	來錫開 4	290/5806	等/傳
醯	馨兮/呼西	曉齊開 4	曉青開 4/曉模合 1	匣齊開 4/心齊開 4	1889/7605	等/傳
洗	先典/息典	心銑開 4	心先開 4/心職開 3	端銑開 4	288/1328	準/傳
覡	刑狄/户狄	匣錫開 4	匣青開 4/匣姥開 1	定錫開 4	1961/4491	準/傳
闃	馨激/許激	曉錫開 4	曉青開 4/曉語合 3	見錫開 4	2051/5815	準/傳
梟	堅堯/古堯	見蕭開 4	見先開 4/見姥合 1	疑蕭開 4	149/582	等/傳
驍	堅堯/古堯	見蕭開 4	見先開 4/見姥合 1	疑蕭開 4	577/2940	等/傳
挾	户頰/橄頰	匣帖開 4	匣姥合 1/匣錫開 4	見帖開 4	15/15	傳/等
頡	胡結/奚結	匣屑開 4	匣模合 1/匣齊開 4	見屑開 4	3534/5954	傳/等
壻	蘇計/西計	心霽開 4	心之開 3/心齊開 4	見霽開 4	196/7543	傳/準
嶢	倪幺/五柳	疑蕭開 4	疑齊開 4/疑姥合 1	影蕭開 4/來蕭開 4	1651/3139	等/傳

2.合口。

(1)"等第及開合一致"型反切

1)牙喉音：涓/圭淵（59）；閨/涓畦（79）；袿/涓畦（5359）；稍/圭玄（5556）；蠲/圭淵（6027）；蠲/圭玄（6822）；刲/涓畦（9046）。

(2)"準直音"型反切

1)牙喉音：褮/睽桂（8390）。

《音注》中,被切字、反切下字都爲合口四等字的反切共計 62 條,其反切上字的分佈情況是：合一 40、合三 6、合四 8、開一 2、開三 5、開四 1。其中,合口上字中,遇攝上字 36 字,佔據上字總數的 58.06%。合口四等上字 8 字,佔據上字總數的 12.90%。表 5.44 表明存在不同的反切層次：

表 5.44

字頭	反切對比	被切字地位	切上字對比	切下字地位	出處	反切類型
涓	工玄/圭淵	見先合 4	見東合 1/見齊合 4	匣先合 4/影先合 4	59/59	傳/等
蠲	工玄/圭淵	見先合 4	見東合 1/見齊合 4	匣先合 4/影先合 4	3966/6027	傳/等

（四）A-AA 型反切

1. 開口。

(1)"等第及開合一致"型反切

1)唇音：泯/彌忍(6)；泯/彌鄰(6)(又)；便/毘連(15)；比/毗至(20)；擯/必刃(43)；臏/毗賓(51)；臏/頻忍(51)；并/必正(86)；屏/卑郢(158)；裨/頻彌(168)；屏/必郢(180)；比/必寐(199)；磧/七跡(209)；慓/頻妙(282)；慓/匹妙(282)；漂/匹妙(309)；辟/頻益(352)；剽/匹妙(401)；辟/必亦(405)；嫖/匹昭(532)；屏/必逞(558)；比/頻寐(575)；辟/頻亦(592)；辟/毗亦(606)；裨/頻移(616)；票/匹妙(620)；票/頻妙(630)；疕/匹履(633)；比/毗寐(701)；屏/卑正(787)；比/頻二(865)；剽/平妙(936)；昇/必寐(939)；剽/頻妙(978)；便/頻面(984)；慓/頻妙(1009)；慓/匹妙(1009)；標/必遙(1026)；便/頻連(1099)；髕/頻忍(1153)；比/頻脂(1223)；併/卑正(1351)；驃/匹妙(1430)；并/必姓(1621)；癏/必燒(1842)；栟/卑盈(2078)；痺/必至(2080)；嬪/毗賓(2188)；比/毗必(2357)；儐/必刃(2418)；芘/毗必(2654)；鞞/必爾(2691)；鼙/必郢(2691)；乏/僻吉(2776)；擗/毗亦(3090)；屏/必政(3253)；飆/卑遙(3315)；驃/頻召(3420)；漂/紕招(3422)；慓/必遙(3564)；漂/匹招(3703)；慓/匹紹(3706)；比/必利(3945)；陴/頻彌(4043)；橚/卑遙(4154)；弭/縣婢(4163)；紕/匹毗(4313)；紕/必二(又)(4313)；婢/賓彌(4683)；比/毘至(4823)；暴/匹妙(4928)；秕/卑履(4941)；辟/匹亦(5194)；泌/毗必(5195)；鷩/必列(5359)；摽/匹小(5359)；鏢/毗招(5442)；摽/匹沼(5442)；紕/頻彌(5573)；併/卑盈(5846)；洺/彌併(5907)；併/卑名(5929)；邲/毗必(6097)；擗/頻亦(6167)；椑/婢脂(6454)；比/必例(7055)；躄/俾亦(7170)；佖/毗必(7472)；驃/毗召(7599)；怺/彌遺(8089)；庀/匹婢(8185)；眇/彌沼(8295)；屏/必正(8399)；杪/弭沼(8606)；鏢/匹燒(8642)；匕/卑履(9568)。2)舌音：礦/力制(14)；朝/直遙(18)；矗/尼輒(24)；藺/離進(37)；令/力正(44)；朝/陟遙(85)；令/力政(88)；藺/力刃(132)；斂/力艷(133)；離/力智(194)；輒/陟涉(219)；躡/尼輒(255)；躑/直益(290)；斂/力贍(348)；觇/勅艷(377)；凌/力證(416)；晁/直遙(512)；矗/尼輒(581)；遲/直二(642)；令/力成(963)；詈/力智(996)；令/力呈(1039)；稚/直利(1161)；驪/力支(1176)；鏈/陵延(1182)；躙/力刃(1259)；稺/直利(1287)；驎/離珍(1304)；殄/力贍(1305)；躑/直炙(1321)；驪/力知(1417)；臨/力鴆(1429)；麗/力知(1608)；遲/直利(2250)；昵/尼質(2379)；辿/勅連(2483)；紉/直忍(2494)；裎/馳成(2620)；袟/直質(2813)；徹/敕列(2829)；躓/陟利(2962)；

燎/力照（3009）；燎/力燒（又）（3009）；暱/尼質（3390）；晁/直遙（3424）；鼉/直遙（3609）；斂/力瞻（3838）；璉/力展（3858）；繁/陟立（3943）；匲/力鹽（4169）；麗/力智（4320）；灄/直連（4613）；驎/力珍（4616）；褫/敕豸（4709）；銼/陟栗（4758）；橙/直陵（4837）；輱/力刃（4967）；懍/力荏（5104）；挟/升栗（5149）；展/陟戰（5359）；翅/直質（5359）；撒/直列（5372）；鰈/敕列（5442）；臨/力浸（5512）；荔/力制（5525）；碾/尼展（5596）；麗/鄰知（5923）；穉/直二（6207）；菻/力鴆（6339）；褫/池爾（6480）；訵/直廉（6868）；繚/力照（6898）；璘/力珍（6840）；晁/馳遙（7132）；輾/尼展（7375）；哶/彌嗟（7552）；篥/力質（7634）；潾/力珍（7746）；朝/陟遙（7778）；臨/力浸（7778）；邐/力紙（7873）；邐/力爾（7912）；療/力照（8159）；晟/知領（8212）；獠/力小（8670）；澈/徹列（9011）；璉/立展（9039）；鑷/尼輒（9104）。3）齒音：乘/石證（12）；砥/軫氏（14）；襲/息列（15）；質/職日（16）；車/尺遮（19）；陝/失冉（23）；乘/繩證（31）；鰈/私列（57）；稱/尺證（64）；靚/疾正（76）；厝/秦昔（86）；璽/斯氏（87）；曞/施隻（103）；折/食列（137）；脤/即忍（137）；乘/繩正（138）；施/式豉（142）；脊/資昔（150）；鮮/息善（151）；少/失照（164）；諡/神至（186）；胥/即移（213）；刺/七賜（218）；塹/七艷（244）；藉/秦昔（247）；誚/七笑（267）；桎/職日（267）；恣/資二（267）；省/悉井（271）；召/寔照（272）；葉/式涉（336）；弛/式氏（449）；稱/尺孕（464）；弛/式爾（479）；剗/式冉（481）；枕/職任（484）；鮮/息淺（510）；猜/食爾（518）；犀/人占（664）；施/式智（679）；哆/尺奢（700）；稱/尺正（718）；蓍/升脂（740）；孅/息廉（777）；漬/疾智（778）；深/式鴆（801）；深/式浸（816）；醮/即召（839）；乘/食證（840）；塹/尺艷（938）；置/咨邪（1039）；鮮/息踐（1104）；諶/氏壬（1249）；貰/式制（1262）；刺/七四（1536）；騺/職日（1557）；姐/紫且（1570）；任/人林（1659）；媟/私列（1754）；璡/職日（1788）；卨/息列（1798）；殲/息廉（1823）；睫/即涉（1849）；瞋/七人（1850）；舐/池爾（1852）；陝/式冉（1920）；暹/息廉（1960）；眥/疾智（1961）；峭/七肖（1977）；讋/即涉（2019）；晟/承正（2023）；積/七賜①（2034）；峭/七笑（2050）；晟/成正（2062）；讋/質涉（2146）；眥/津私（2237）；塹/七艷（2250）；踖/資息（2367）；施/式支（2368）；曬/矢刃（2393）；堵/秦昔（2398）；螫/式亦（2427）；靚/疾郢（2437）；緤/私列（2513）；倩/七正（2551）；娠/升人（2634）；欮/日四（2639）；枕/職鴆（2675）；愀/七小（2723）；疵/疾移（2781）；貰/神夜（2802）；灄/日涉（2989）；諶/是壬（3020）；舐/直是（3082）；曬/式忍

（3085）；車/尺奢（3134）；憎/質涉（3261）；邪/即斜（3285）；虵/食遮（3364）；
忱/是壬（3407）；軹/知氏（3414）；阱/疾郢（3446）；澠/神陵（3610）；輕/遣政
（3766）；賑/津忍（3858）；倩/七政（3947）；踐/息演（3956）；闔/視遮（4037）；
縱/私箭（4081）；稱/敕陵（4085）；嶕/資昔（4105）；嬈/爾紹（4159）；廝/息移
（4193）；褶/寔入（4246）；璀/資辛（4251）；哂/矢引（4415）；踐/息淺（4441）；
穽/疾正（4465）；麝/神夜（4471）；忱/氏壬（4475）；踖/資昔（4502）；甄/七人
（4558）；駔/人質（4599）；若/人者（4816）；諶/世壬（4825）；乘/成正（4850）；
嶸/石證（5018）；鮮/息翦（5211）；泄/私列（5328）；苫/息廉（5335）；晟/丞正
（5399）；刺/七跡（5420）；沁/七鴆（5421）；繒/疾陵（5476）；屎/式爾（5556）；
螫/施隻（5581）；緤/息列（5587）；諗/式甚（5614）；磧/七亦（5632）；稚/遲二
（5648）；支/力知①（5664）；絁/式支（5982）；清/七正（6095）；緤/息列
（6133）；髭/即移（6248）；呰/即移（6361）；磧/七跡（6558）；戩/即淺（6564）；
綫/私箭（6614）；著/正奢（6631）；璀/即刃（6672）；鶺/咨盈（6716）；痁/失廉
（6723）；誚/七肖（6801）；璀/資辛（6846）；銛/息廉（6866）；貲/即移（6889）；
沁/七浸（7147）；乘/承正（7152）；謚/申至（7200）；暹/昔廉（7215）；舐/直氏
（7334）；叱/尺栗（7340）；懾/質涉（7381）；憸/息廉（7482）；臕/食證（7548）；
睒/失冉（7570）；哂/矢忍（7614）；羨/式面（7781）；縝/指忍（7859）；伬/七四
（7897）；諗/式荏（8037）；掣/尺列（8264）；箐/咨盈（8279）；葺/七入（8328）；
悄/七小（8364）；瘲/息淺（8414）；玼/疾移（8441）；獮/息淺（8599）；貲/疾智
（8752）；哂/失忍（8814）；悉/息七（8976）；塍/石陵（9004）；省/昔井（9026）；
瘠/秦昔（9119）；沈/式荏（9403）；贍/力艷②（9499）。4）牙喉音：默/逸職
（1）；縈/伊盈（4）；祇/翹移（19）；溢/夷質（24）；易/弋豉（85）；要/一遙（88）；
借/資昔（99）；鎰/弋質（140）；焱/弋贍（231）；巳（夷）/延知（271）；夷/延知
（361）；肄/弋二（374）；厭/一涉（539）；羨/弋戰（555）；幼/一笑（560）；軺/弋
招（639）；延/弋戰（687）；演/弋善（1075）；厭/一贍（1079）；要/一秒（1185）；
厭/一葉（1214）；愔/一尋（1224）；厭/一艷（1227）；歇/弋支（1259）；延/衍面
（1567）；厭/益涉（1961）；廙/逸職（2086）；施/弋智（2233）；厭/益葉（2658）；
莛/夷然（2817）；繕/詰戰（2956）；子/吉列（3113）；祇/翹移（4149）；坙/伊真
（4277）；射/七亦③（4456）；嬮/益涉（4588）；鷁/弋照（4802）；厭/一琰
（5312）；厭/一鹽（5314）；譴/詰戰（5407）；射/寅謝（5491）；洩/息列（5784）；

_____

① 反切用字疑誤。
② 反切用字疑誤。
③ 反切用字疑誤。

鷂/弋召(5796);撖/益涉(6647);譚/伊真(6926);羨/弋線(7412);泆/弋質(7708);羨/弋線(7781);迆/移爾(7912);鷂/亦肖(8415);禋/伊真(8601);鎰/夷質(8640);羨/弋戰(8920)。

(2)"準直音"型反切

1)唇音:藐/妙小(4092);湎/面善(8064);痺/毗至(9496);2)舌音:質/脂利(10);3)舌齒音:颭/占琰(7087);沲/施是(7849);湜/承職(8181);褆/是支(8646);騬/食陵(8951);4)牙喉音:憎/揖淫(2977);羨/延面(4636)。

《音注》中,被切字、切下字都爲開口三等 A 類字的反切共計 949 條,其切上字的分佈情況是:開三 A 類 444、開三 B 類 10、開三 C 類 316、開一 33、開二 4、開四 17、合三 C 類 1、合三 A 類 2、合一 7。其中切上字爲開口三等 A 類上字 444 字,佔據上字總數的 46.79%,開口三等 C 類上字 316 字,佔據上字總數的 33.3%。上述兩類合計 760 字,佔據上字總數的 80.08%。表 5.45 表明有不同的反切層次:

表 5.45

字頭	反切對比	被切字地位	切上字對比	切下字地位	出處	反切類型
佖	蒲必/毗必	並質開 3	並模合 1/並脂開 3	幫質開 3	7435/7472	傳/等
苾	蒲必/毗必	並質開 3	並模合 1/並脂開 3	幫質開 3	2622/2654	傳/等
標	波小/彼小	幫小開 3	幫戈合 1/幫紙開 3	心小開 3	5442/5573	傳/等
并	府盈/卑盈	幫清開 3	幫虞合 3/幫支開 3	以清開 3	4909/5846	傳/等
繟	充善/齒善	昌獮開 3	昌東合 3/昌止開 3	禪獮開 3	7614/8101	傳/等
庱	丑升/摛陵	徹蒸開 3	徹有開 3/徹魚合 3	書蒸開 3	2959/2959	等/傳
絺	抽遲/充知	徹脂開 3	徹尤開 3/昌東合 3	澄脂開 3/知支開 3	13/382	等/傳
疵	才斯/疾移	從支開 3	從咍開 1/從質開 3	心支開 3/以支開 3	560/2781	傳/等
藉	秦昔/才亦	從昔開 3	從真開 3/從海開 1	心昔開 3/以昔開 3	247/453	等/傳
瘠	秦昔/在亦	從昔開 3	從真開 3/從海開 1	心昔開 3/以昔開 3	9119/9131	等/傳
姐	紫且/且也	精馬開 3	精紙開 3/精魚合 3	清馬開 3/以馬開 3	1570/1752	等/傳
詰	去吉/起吉	溪質開 3	溪御合 3/溪止開 3	見質開 3	854/4107	傳/等
璡	將鄰/則鄰	精真開 3	精陽開 3/精德開 1	來真開 3	5759/5767	等/傳
穽	疾正/才性	從勁開 3	從質開 3/從咍開 1	章勁開 3/心勁開 3	4456/9023	等/傳

續表

字頭	反切對比	被切字地位	切上字對比	切下字地位	出處	反切類型
驪	呂支/力支	來支開3	來語合3/來職開3	章支開3	217/1176	傳/等
芈	亡氏/眉婢	明紙開3	明陽合3/明脂開3	禪紙開3/並紙開3	104/108	傳/等
泌	薄必//毗必	並質開3	並鐸開1/並脂開3	幫質開3	4420/5195	傳/等
藐	妙小/亡沼	明小開3	明笑開3/明陽合3	心小開3/章小開3	4092/5127	準/傳
輾	尼展/女箭	泥線開3	泥脂開3/泥語合3	知獮開3/精線開3	5596/5596	等/傳
躡	尼輒/泥輒	泥葉開3	泥脂開3/泥齊開4	知葉開3	255/6404	等/傳
陴	頻彌/符支	並支開3	並真開3/並虞合3	明支開3/章支開3	4043/5681	等/傳
縹	普沼/匹紹	滂小開3	滂姥合1/滂質開3	章小開3/禪小開3	2308/3706	等/傳
屏	必郢/迸郢	幫靜開3	幫質開3/幫諍開2	以靜開3	180/3969	等/傳
衹	翹移/巨支	羣支開3	羣宵開3/羣語合3	以支開3/章支開3	4149/4636	等/傳
譴	去戰/詰戰	溪線開3	溪御合3/溪質開3	章線開3	276/5407	傳/等
憔	昨遙/慈消	從宵開3	從鐸開1/從之開3	以宵開3	4737/4923	傳/等
輕	墟正/遣政	溪勁開3	溪魚合3/溪獮開3	章勁開3	1989/3799	傳/等
嬈	如紹/爾紹	日小開3	日魚合3/日紙開3	禪小開3	3136/4159	傳/等
鮮	息淺/先淺	心獮開3	心職開3/心先開4	清獮開3	510/636	等/傳
緤	私列/先列	心薛開3	心脂開3/心先開4	來薛開3	57/478	等/傳
厭	於贍/一贍	影豔開3	影魚合3/影質開3	禪豔開3	878/1079	傳/等
厭	於葉/益葉	影葉開3	影魚合3/影昔開3	以葉開3	1384/2685	傳/等
要	一遙/於霄	影宵開3	影質開3/影魚合3	以宵開3	88/152	等/傳
緤	息列/先列	心薛開3	心職開3/心先開4	來薛開3	6133/7858	等/傳

2.合口。

(1)"等第及開合一致"型反切

1)舌音：傺/倫追（118）；椎/傳追（2639）；錘/傳追（3151）；縶/倫追（7983）；槌/傳追（8727）。2)齒音：篲/旋芮（107）；還/旬緣（1930）；璿/旬緣（2334）；漘/船倫（4735）；瑄/荀緣（8312）。3)牙喉音：頃/窺營（146）；缺（缺）/傾雪（3140）。

(2)"準直音"型反切

1)齒音:崇/雖遂(293);選/宣絹(5537);選/宣戀(5624)。2)牙喉音:遺/唯季(349);悸/葵季(1193);觖/窺瑞(6054);遺/惟季(7142)。

《音注》中,被切字與切下字均爲合口三等 A 等字的反切共計 290 條,其切上字的分佈情況是:合一 17、合三 99、合四 3、開一 1、開二 1、開三 167、開四 2。其中,合口三等 A 類上字 19 字,佔據總數的 6.55%。表 5.46 表明有不同的反切層次:

表 5.46

字頭	反切對比	被切字地位	切上字對比	切下字地位	出處	反切類型
穿	樞絹/尺絹	昌線合 3	昌虞合 3/昌昔開 3	見線合 3	4193/7239	等/傳
啜	昌悦/樞悦	昌薛合 3	昌陽開 3/昌虞合 3	以薛合 3	5555/7919	傳/等
傳	柱戀/直戀	澄線合 3	澄虞合 3/澄職開 3	來線合 3	246/466	等/傳
傳	張戀/株戀	知線合 3	知陽開 3/知虞合 3	來線合 3	288/408	傳/等
槌	直追/傳追	澄脂合 3	澄職開 3/澄仙合 3	知脂合 3	5638/8727	傳/等
沌	持兖/柱兖	澄獼合 3	澄職開 3/澄虞合 3	以獼合 3	2789/5169	傳/等
彗	祥歲/徐芮	邪祭合 3	邪陽開 3/邪魚合 3	心祭合 3/日祭合 3	107/2314	傳/等
墮	火規/許規	曉支合 3	曉果合 1/曉語合 3	見支合 3	141/471	傳/等
悸	其季/葵季	羣至合 3	羣之開 3/羣脂合 3	見至合 3	796/1193	傳/等
纍	力追/倫追	來脂合 3	來職開 3/來諄合 3	知脂合 3	933/7983	傳/等
埒	龍輟/力輟	來薛合 3	來鍾合 3/來職開 3	知薛合 3	2227/4635	等/傳
吶	女劣/奴劣	泥薛合 3	泥語合 3/泥模合 1	來薛合 3	3332/4035	等/傳
叒	而兖/乳兖	日獼合 3	日之開 3/日虞合 3	以獼合 3	776/1000	傳/等
蒻	而悦/如劣	日薛合 3	日之開 3/日魚合 3	以薛合 3/來薛合 3	1260/6221	傳/等
崇	雖遂/息遂	心至合 3	心脂合 3/心職開 3	邪至合 3	293/728	準/傳
隼	聳尹/息尹	心準合 3	心腫合 3/心職開 3	以準合 3	1873/6251	等/傳
屯	株倫/陟倫	知諄合 3	知虞合 3/知職開 3	來諄合 3	2918/4011	等/傳
唯	于癸/以水	以旨合 3	云虞合 3/以止開 3	見旨合 3/書旨合 3	158/2447	等/傳
璿	旬緣/似宣	邪仙合 3	邪諄合 3/邪止開 3	以仙合 3/心仙合 3	2334/6484	等/傳
選	須絹/息絹	心線合 3	心虞合 3/心職開 3	見線合 3	2364/2536	等/傳
遺	弋季/惟季	以至合 3	以職開 3/以脂合 3	見至合 3	935/7142	傳/等

續表

字頭	反切對比	被切字地位	切上字對比	切下字地位	出處	反切類型
馴	詳遵/松倫	邪諄合3	邪陽開3/邪鍾合3	精諄合3/來諄合3	3223/4124	傳/等
掾	以絹/俞絹	以線合3	以止開3/以虞合3	見線合3	137/612	傳/等
緣	以絹/俞絹	以線合3	以止開3/以虞合3	見線合3	638/1110	傳/等
遹	以律/余律	以術合3	以止開3/以魚合3	來術合3	2595/7229	傳/等
笛	竹律/張律	知術合3	知屋合3/知陽開3	來術合3	2/412	等/傳
椎	直追/傳追	澄脂合3	澄職開3/澄仙開3	知脂合3	181/2639	傳/等
瑑	持兗/柱兗	澄獮合3	澄職開3/澄虞合3	以獮合3	8044/8067	傳/等
塼	朱緣/職緣	章仙合3	章虞合3/章職開3	以仙合3	5200/6320	等/傳
肫	株倫/之春	章諄合3	知虞合3/章之開3	來諄合3/昌諄合3	3205/4446	等/傳

(五)A-BA型反切

1.開口。

(1)"等第及開合一致"型反切

1)脣音:芈/眉婢(108);褾/彼小(5573);弭/眉比(7510)。2)舌音:鎮/側人(1969)。3)齒音:堲/及尺(5067);甄/側鄰(5703)。4)牙喉音:鑷/彼列①(又)(5573);佶/極吉(8308);詰/極吉(8349)。

(2)"準直音"型反切

1)脣音:坤/皮弭(2003)。

(六)A-CA型反切

1.開口。

(1)"等第及開合一致"型反切

1)舌音:沈/持林(11);絺/抽遲(13);騁/丑郢(145);臨/良鴆(219);揕/張鴆(226);摘/持益(227);遲/丈二(289);郴/丑林(304);覘/丑廉(377);疢/丑刃(572);稚/持利(610);偵/丑鄭(769);偵/丑貞(769);湛/持林(963);鏈/抽延(1182);綝/丑林(1451);轔/良刃(1463);偵/丑鄭(1489);沉/持林(1495);袘/丈爾(1785);偵/丑正(1972);覘/丑艷(2059);郗/丑脂(2080);沈/時林(2317);覘/癡廉(2804);覘/丑艷(又)(2804);遭/張連(2918);庱/丑升(2959);琛/丑林(3186);覘/丑簾(3606);摘/抽知(4251);

---

① 反切用字疑誤。

抶/丑栗（4894）；摛/丑知（4978）；遴/良刃（5019）；齔/丑鹽（5099）；鸝/良涉（5364）；𦝫/丑例（5442）；鎮/之人（5572）；螭/丑知（5621）；咥/昌栗（5623）；輲/良刃（5808）；㥦/丑拯（5898）；㥦/恥陵（又）（5898）；咥/丑栗（6010）；繭/良刃（6381）；鶒（鶒）/恥力（6716）；憕/持陵（7046）；襦/丑豸（8027）；椑/丑貞（8046）；滇/癡貞（8521）；齔/昌占（8618）；碾/紐善（8694）；翻/求仁①（9236）；魖/丑知（9411）。2）齒音：任/市林②（10）；醮/子召（11）；盛/時征（11）；少/詩照（29）；少/時沼（42）；噬/時制（53）；折/而設③（58）；擅/市戰（60）；踐/慈淺（65）；浙/之列（66）；蹠/之石（69）；少/始紹（71）；折/常列（71）；拯/之凌（89）；少/始照（94）；懾/之列（96）；借/子夜（99）；踐/慈演（100）；擅/時戰（118）；繒/慈陵（140）；稱/昌孕（142）；滝/時陵（145）；諶/時壬（155）；漸/子廉（192）；焉/思積（204）；藉/慈夜（217）；寖（浸）/子裖（229）；枕/之鴆（252）；慴/之涉（262）；瞋/昌真（302）；叱/昌栗（311）；積/子賜（338）；赭/止也（409）；觜/將此（469）；蹠（蹠）/之石（472）；少/時照（484）；鋋/上延（485）；陥/章笑（491）；正/之成（503）；邿/之日（534）；折/之舌（575）；積/子智（599）；斜/士嗟（610）；折/上列（630）；觜/始制（633）；占/之瞻（639）；鄑/上扇（658）；哆/昌也（700）；煎/子延（706）；邪/士嗟（735）；觜/時夜（759）；呰/子移（807）；正/之盈（866）；祲/子鴆（919）；車/昌遮（959）；醮/子肖（1011）；砥/之履（1020）；贍/而艷（1028）；喏/而遮（1137）；呰/子斯（1185）；甄/之人（1197）；丞/時證（1331）；鄑/時戰（1383）；禪/時戰（1425）；讋/之涉（1432）；襜/蚩占（1441）；姐/子也（1481）；觜/市夜（1494）；姉/蔣咒（1550）；僬/茲消（1569）；懾/之舌（1708）；桎/之日（1799）；晊/之日（1818）；占/章瞻（1849）；戩/子踐（1939）；濺/子賤（1968）；饘/之連（1976）；浙/之舌（1985）；葉/之涉（2047）；唶/子夜（2171）；鷙/之日（2256）；斜/昌遮④（2291）；摭/之石（2320）；銛/思廉（2347）；折/之列（2417）；醮/子肖（2425）；少/詩昭（2447）；漸/將廉（2524）；占/章艷（2537）；踖/子昔（2551）；診/止忍（2585）；少/詩詔（2604）；軫/止忍（2609）；單/上演（2738）；愀/子小（2776）；支/其兒（2814）；招/之遙（2889）；勦/子小（2929）；畛/之忍（2950）；苫/詩廉（2951）；枒/以嗟（3009）；稷/子例（3207）；襜/昌占（3321）；少/詩紹（3478）；髥/而占（3486）；賑/之忍（3502）；掣/昌列（3625）；贍/時豔（3645）；質/之日

（3669）；藉/而亦①（3784）；繒/慈林（3802）；枕/之任（3815）；儋/昌豔（3834）；疹/丑刃（3891）；蔗/之夜（3955）；瞻/昌豔（4028）；睛/子盈（4076）；昭/時招（4092）；昭/市昭（4107）；揃/子踐（4162）；踐/慈衍（4165）；禪/時連（4166）；呰/子斯（4179）；焰/之照（4225）；縝/章忍（4259）；蛸/相邀（4296）；炙/之石（4305）；昭/之招（4323）；跖/之石（4404）；單/上善（4427）；嗔/昌真（4491）；塹/士豔②（4506）；昕/之舌（4598）；染/而豔（4657）；鯙/市演（4709）；湔/將仙（4809）；振/之印（4837）；佋/時昭（4855）；賑/九忍（4857）；憔/慈消（4923）；顫/之善（5181）；諟/常識（5185）；澡/子小（5194）；趙/子移（5220）；暹/思廉（5263）；酅/茲陵（5285）；斜/似嗟（5313）；綃/相邀（5380）；闡/昌善（5394）；焦/子小（5401）；甄/子孕（5428）；診/章忍（5625）；霅/而立③（5630）；折/而列（5637）；單/常演（5707）；貰/時制（5740）；璀/將鄰（5759）；單/慈淺（5764）；單/慈演（5810）；澶/市連（5869）；禪/市連（5919）；少/始沼（6091）；諡/時利（6258）；蛭/之日（6711）；昭/時遙（6785）；稹/止忍（6800）；眘/時刃（6817）；哆/昌者（6855）；銛/丑廉④（6891）；姊/蔣兕（6891）；偶/齒繩（6912）；揲/章移（7016）；植/時力（7169）；澶/時連（7250）；稹/章忍（7308）；証/之盛（7697）；舍/始夜（7716）；囁/而涉（7848）；縝/止忍（7926）；賑/止忍（7955）；殲/子廉（7975）；忱/時壬（8023）；繟/齒善（8101）；囁/之涉（8204）；鋌/時延（8247）；占/之瞻（8403）；禛/之人（8640）；沁/牛鴆⑤（8790）；昭/上招⑥（8917）；顫/之賤（9159）；霅/似入（9170）；稱/蚩陵（9258）；瞻/時斂（9350）。3）牙喉音：易/以豉（15）；贏/怡成（21）；射/而赤⑦（32）；媵/以證（62）；衍/以善（84）；射/而亦（124）；引/羊晉（128）；頸/居郢（130）；郢/以井（141）；掖/羊益（144）；夜/羊益（145）；懌/羊益（187）；剡/以冉（206）；衍/羊善（212）；迆/以支（243）；弋/羊職（449）；泄/以制（570）；肆/以至（587）；姚/羊召（620）；射/而易（631）；膠/居虯（663）；邪/以奢（713）；肆/羊至（761）；繽/以淺（1733）；繽/以善（1738）；肆/以四（2076）；射/食亦（2154）；廙/羊職（2256）；紉/羊晉（2494）；紉/以忍（2494）；孕/以證（2604）；枻/以制（2952）；虵/以者（3458）；予/居列（3706）；跂/丘弭（3946）；詰/起吉

---

① 反切用字疑誤。

② "士"疑原作"七"。

③ 反切用字疑誤。

④ 反切用字疑誤。

⑤ "牛"字疑作"七"。

⑥ "上"字疑作"止"。

⑦ 反切用字疑誤。

(4107)；孕/以正(4783)；敻/休正(5187)；酳/羊晉(5232)；鍱/丑列(5573)；
衹/其支(5768)；瘠/而尺①(6116)；趀/起逸(6537)；施/以豉(6613)；爺/以
遮(6889)；蜴/羊益(6892)；液/羊益(7361)；佶/其吉(7394)；演/以淺
(7407)；尤/以林(7432)；鄏/以戰②(7482)；賸/以證(7548)；曳/以列
(7661)；迤/以爾(7873)；帟/羊益(8117)；詰/其吉(8172)；憸/思廉(8270)；
蜒/以然(8582)；腋/羊益(8867)；酓/以贍(8892)；翹/祈消(9136)；曳/羊列
(9290)；拽/羊列(9334)。

2.合口。

(1)"等第及開合一致"型反切

1)舌音：窀/竹律(2)；傳/柱戀(246)；傅/株戀(408)；醊/竹芮(665)；奄/
株倫(1732)；孿/閭緣(2001)；埒/龍輟(2001)；屯/殊倫(2805)；屯/株倫
(2918)；迍/株倫(3236)；吶/女劣(3332)；吶/如悦(4035)；椽/重緣(4166)；
孿/呂緣(5019)；沌/柱兗(5169)；璉/柱兗(8067)。2)齒音：蜗/如鋭(9)；説/
輸芮(13)；吮/徐兗(21)；還/從宣(53)；篲/徐醉(107)；枸/須倫(122)；騅/朱
惟(352)；愞/如椽(720)；㕚/乳兗(1000)；蒻/懦劣(1463)；頓/乳兗(1806)；
隼/聳尹(1873)；朘/如允(1956)；蕤/如佳(2229)；篲/徐芮(2314)；選/須絹
(2364)；璿/從宣(2482)；璿/如緣(2532)；蓴/殊倫(2672)；沈/儒税(2815)；
沈/如鋭(2989)；郇/須倫(3175)；肫/株倫(3205)；選/須戀(3437)；蜕/輸芮
(3485)；鶉/殊倫(3823)；蒻/如悦(3967)；馴/松倫(4124)；穿/樞絹(4193)；
襊/徐醉(4275)；綏/如佳(4284)；蕤/如佳(5086)；塼/朱緣(5200)；還/所宣
(5360)；蒻/如劣(6221)；琁/從宣(6398)；吮/如兗(6515)；洵/須倫(6761)；
鶉/如倫(6780)；況/舒芮(7583)；啜/樞悦(7919)；璻/徐醉(8437)。3)牙喉
音：捐/余專(30)；遺/于季(60)；捐/與專(95)；唯/于癸(158)；捲/于絹
(261)；墮/許規(471)；縈/於營(495)；捲/俞絹(612)；嬽/紆營(678)；狁/庚
準(947)；甍/渠營(953)；緣/俞絹(1110)；捲/余絹(1677)；説/於悦(4038)；
鷸/餘律(5743)；捐/于專(7070)；鋆/余傾(7076)；儇/許緣(7098)；通/余律
(7229)；絹/與捲(7429)；惸/渠營(7789)；勻/于倫(8488)。

(七)B-BB 型反切

1.開口。

(1)"等第及開合一致"型反切

1)脣音：被/皮義(66)；閩/眉巾(66)；貶/悲檢(81)；豳/彼貧(122)；費/

兵媚(146);汴/皮變(147);斌/悲巾(173);邠/彼巾(204);緡/眉巾(639);否/皮鄙(956);㐬/皮美(1083);砒/平眉(1560);稟/筆錦(1605);邠/悲巾(1760);邴/彼病(1779);魅/明祕(1811);猵/被表(2833);泌/兵媚(4420);辯/兵免(4509);猵/平表(5752);閟/兵媚(6018);披/丕彼(6112);昪/皮變(6576);稟/筆錦(7027);猵/皮表(7089);玢/悲巾(7148);猵/彼表(7453);卞/皮彥(8057);玼/皮變(8374);湄/旻悲(9420);鑣/悲驕(9424)。2)牙喉音:笈/極曄(1651);郤/綺戟(2334);悒/乙及(4253);曁/戟乙(5479);岌/逆及(8233)。

(2)"準直音"型反切

1)唇音:騎/奇寄(70);詖/彼義(915);陂/彼寄(2084);芰/奇寄(4306)。2)牙喉音:羲/宜寄(7905);巇/宜崎(9402)。

《音注》中,被切字與切下字都爲開口三等B類字的反切共計236條,其切上字的分佈情況是:開一6、開二4、開三A類15、開三B類43、開三C42、合一8、合三118。其中,切上字爲開口三等B類字共43字,佔據上字總數的18.22%。表5.47表明有不同的反切層次:

表 5.47

字頭	反切對比	被切字地位	切上字對比	切下字地位	出處	反切類型
愎	平逼/符逼	並職開3	並仙開3/並虞合3	幫職開3	2037/5764	等/傳
濞	普懿/匹備	滂至開3	滂姥合1/滂質開3	影至開3/並至開3	403/6806	傳/等
玢	悲巾/府巾	幫真開3	幫脂開3/幫麋合3	見真開3	7148/7342	等/傳
否	皮鄙/部鄙	並旨開3	並支開3/並姥合1	幫旨開3	956/3028	等/傳
讖	楚譖/七譖	初沁開3	初語合3/清質開3	莊沁開3	1234/4801	傳/等
掎	居綺/舉綺	見紙開3	見之開3/見語合3	溪紙開3	1107/2179	等/傳
伎	渠綺/其綺	羣紙開3	羣魚合3/羣之開3	溪紙開3	7/6679	傳/等
墍	其冀/巨冀	羣至開3	羣至開3/羣語合3	見至開3	6864/6923	等/傳
跽	巨几/其几	羣旨開3	羣語合3/羣之開3	見旨開3	2930/7922	傳/等
噤	巨禁/其禁	羣沁開3	羣語合3/羣之開3	見沁開3	5179/5206	傳/等
披	普靡/丕彼	滂紙開3	滂姥合1/滂脂開3	明紙開3/幫紙開3	1899/6112	傳/等
㐬	皮美/部鄙	並旨開3	並脂開3/並姥合1	明旨開3/幫旨開3	1083/4388	等/傳
黔	渠今/其今	羣侵開3	羣魚合3/羣之開3	見侵開3	43/112	傳/等

續表

字頭	反切對比	被切字地位	切上字對比	切下字地位	出處	反切類型
拑	其炎/巨炎	羣鹽開3	羣之開3/羣語合3	云鹽開3	523/1725	等/傳
黥	渠京/其京	羣庚開3	羣魚合3/羣之開3	見庚開3	48/63	傳/等
勍	渠京/其京	羣庚開3	羣魚合3/羣之開3	見庚開3	1334	傳/等
悒	乙及/於及	影緝開3	影質開3/影魚合3	羣緝開3	4253/9350	等/傳

2. 合口。

(1)"等第及開合一致"型反切

1)牙喉音:惓/逵員(3);卷/逵員(84)。

《音注》中,被切字與切下字都爲合口三等 B 類字的反切共計 59 條,其切上字的分佈情況是:合一 3、合三 B 類 2、合三 C 類 40、開三 14。合口 B 類下字 2 字,佔據反切上字總數的 3.33%。表 5.48 表明有不同的反切層次:

表 5.48

字頭	反切對比	被切字地位	切上字對比	切下字地位	出處	反切類型
嬀	居爲/俱爲	見支合3	見之開3/見虞合3	云支合3	209/1798	傳/等
同	俱永/居永	見梗合3	見虞合3/見之開3	云梗合3	2585/2640	等/傳
憬	居永/俱永	見梗合3	見之開3/見虞合3	云梗合3	3648/6599	傳/等
璟	俱永/古永	見梗合3	見虞合3/見姥合1	云梗合3	6459/9022	等/傳
卷	巨員/其圓	羣仙合3	羣語合3/羣之開3	云仙合3	4267/1169	等/傳
菌	巨隕/其隕	羣軫合3	羣語合3/羣之開3	云軫合3	4551/4721	等/傳

(八)B-AB 型反切

1. 開口。

(1)"等第及開合一致"型反切

1)唇音:愎/平逼(2037);鞁/平義(3445);豁/匹鄙(4712);稟/必錦(4814);奰/平祕(5431);窆/必驗(6167);濞/匹備(6806);輔/平祕(7107);邠/卑旻(7167);邠/卑巾(7173);緡/彌巾(7784);糒/平祕(9558)。2)齒音:識/七譜(4801)。3)牙喉音:噤/直禁①(4915);瞼/力儉②(6089)。

---

① 反切上字"直"疑誤。

② 反切上字"力"疑誤,或作"九"。

(九) B-CB 型反切

1. 開口。

(1) "等第及開合一致"型反切

1) 牙喉音：黔/其淹(50)；縣/其京(63)；劇/竭戟(93)；隙/乞逆(98)；羈/居宜(103)；黔/其今(112)；黔/其炎(146)（又）；齮/丘奇(218)；隙/丘逆(252)；鉗/其炎(359)；奇/居宜(493)；拑/其炎(253)；矜/其巾(602)；禁/居禽(717)；檢/居儉(874)；掎/居綺(1107)；鱷/其京(1164)；檢/居掩(1167)；掎/居蟻(1327)；洎/其冀(1327)；閹/衣檢(1533)；趫/丘妖(1878)；郤/乞逆(1888)；曁/居乙(2220)；崎/丘奇(2740)；屐/竭戟(3283)；鍼/其淹(4193)；禁/居吟(4206)；崦/依檢(4662)；掎/居蟻①(4760)；勍/其京(4771)；虢/迄逆(5172)；噤/其禁(5206)；搴/起虔(5384)；瘬/居影(6461)；伎/其綺(6679)；拍/其冀(6864)；奇/紀宜(7853)；跽/其几(7922)；揭/丘傑(8154)；褰/起虔(8732)。

2. 合口。

(1) "等第及開合一致"型反切

1) 舌音：揣/初委(428)。2) 牙喉音：爲/于僞(15)；逶/於爲(243)；窘/巨隕(359)；軌/居洧(450)；委/于僞(599)；委/於僞(640)；眷/去權(716)；頠/匡軌(1078)；鮪/于軌(1256)；洫/況域(1371)；嶡/魚委(1503)；援/于眷(1725)；嬀/俱爲(1798)；衛/于僞(2064)；冏/俱永(2585)；馗/渠龜(2591)；媛/于眷(2603)；頠/魚毀(2605)；蔿/羽委(2679)；窘/渠隕(2690)；晷/居洧(4218)；卷/巨員(4267)；菌/巨隕(4551)；餚/巨員(4923)；撝/吁爲(5084)；頠/魚委(5131)；奯/居永(5435)；撝/許爲(5448)；洧/于軌(5887)；甌/居洧(6437)；璟/俱永(6459)；璟/居永(6549)；憬/俱永(6599)；蔿/韋委(6810)；簋/居洧(6819)；蔿/韋委(7604)；夔/渠龜(7687)；夔/巨龜(7736)。

(十) C-CC 型反切

1. 開口。

(1) "等第及開合一致型"反切

1) 舌音：笞/丑之(124)；繇/丈救(437)；鼇/張流(745)；著/治略(1107)；跱/丈里(1497)；峙/丈里(1565)；倀/丑羊(1632)；廖/理救(2299)；昶/丑兩(2317)；偫/丈里(3429)；悵/丑亮(3559)；裲/里養(4202)；長/之兩(4657)；

---

① 反切用字疑誤。

眙/丑吏(5670);娌/兩耳(6402);臭/丑略(6747);鋹/丑兩(9586)。2)齒音：
障/之亮(8);上/時掌(25);嗣/祥吏(48);淄/莊持(60);輜/莊持(72);笥/相
吏(89);帚/止酉(90);磁/祥之(156);錙/莊持(190);伺/相吏(206);守/始
究(236);犨/昌牛(289);幟/昌志(289);酬/時流(391);思/相吏(592);祝/
織救(632);障/之尚(645);僦/子就(795);倡/齒良(1057);酋/慈由(1183);
汜/詳里(1537);閶/齒良(1564);將/子亮(1605);瘴/之亮(1681);酋/慈秋
(1690);嫱/慈良(2306);倡/齒良(2417);驤/思將(2521);幟/昌志(2595);
橡/似兩(2719);驤/始將(3087);第/壯士(3248);禳/而羊(4252);齔/齒兩
(4471);嗤/丑之(4601);湫/將由(4624);溱/緇詵(4797);酋/慈尤(4858);
遒/慈秋(4945);愴/丑亮(5073);珥/市志(5480);都/市灼(5491);勺/市若
(5575);汜/祥吏(5635);尚/而亮(5704);酋/兹由(6271);焯/之若(6344);
瀼/而章(6428);酋/慈由(6445);溱/兹詵(7112);磁/牆之(7141);緦/思良
(7614);姒/詳里(7715);倡/齒羊(8272);上/時兩(8998);猖/齒良(9356);
磁/詳之(9532)。3)牙喉音：幾/居依(4);樞/其久(5);幾/居豈(88);食/祥
吏①(89);靳/居焮(94);誘/羊久(101);幾/居衣(105);强/其良(112);强/
其兩(181);近/其靳(207);鍵/居偃(250);蟣/居喜(283);樣/以尚(353);
建/居偃(365);彊/其良(453);幾/居希(505);卻/丘略(561);犍/居言
(589);仰/牛向(636);僵/居良(767);鞬/居言(868);齗/牛斤(915);噱/其
略(1011);卣/羊久(1152);彊/其兩(1279);鞬/九言(1529);裾/居兩
(1563);仰/牛尚(2063);蹻/訖約(2214);瀁/以兩(2287);吃/居乞(2345);
蟣/居豈(2404);訖/居乞(2410);羯/居謁(2697);疆/居良(2811);靳/居愾
(2821);悕/香衣(3045);漒/其兩(3245);碣/其謁(3387);靳/居欣(3423);
契/欺訖(3666);漒/其良(3684);迦/居伽(3804);讉/迄卻(4060);蟣/居豨
(4130);鄞/牛斤(4150);伽/求迦(4155);磯/居希(4493);屬/居勺(4515);
繈/居兩(4631);异/羊吏(4690);建/紀偃(5029);浟/以周(5046);建/居偃
(5066);蘄/居衣(5321);噱/其虐(5321);逌/以周(5383);殭/居良(5484);
蘄/居依(5493);迦/求伽(5543);機/居希(5547);灸/居又(5661);揭/其謁
(5670);揭/居謁(5884);屬/居灼(6227);機/其既(6280);韁/居良(6367);
醵/其虐(6680);伽/求伽(6809);礓/居良(7089);蹻/居略(7668);誘/以久
(8047);豨/香衣(8175);鞬/其言(8363);菫/居隱(8363);衮/隱豈(8409);
蛷/丘良(8999)。

---

① 反切用字疑誤。

(2)"準直音"型反切

1)舌音:瘳/丑留（1557）；惆/丑鳩（1855）；治/置之（4020）；梠/里之（4658）；嫠/里之（7296）；惆/丑留（8559）。2)齒音:守/手又（247）；手/守又（1036）；瀋/似甾（1122）；首/守又（1194）；茬/士疑（2318）；茬/仕狸（2318）；茬/仕疑（3171）；詵/莘臻（3660）；收/手又（4511）；手/首又（4711）；首/手又（4978）；洱/而止（5552）；洱/而志（5552）；綽/昌約（5582）；氅/昌兩（5623）；仔/子之（8687）；徜/常羊（9085）。3)牙喉音:養/羊尚（181）；養/羊亮（508）；糗/丘救（1361）；養/羊向（1548）；煬/羊亮（6478）；尚/張羊[①]（6786）；仰/羊向（7284）；謔/香略（7736）；屺/起里（8496）。

《音注》中,被切字與切下字都爲開口三等 C 類字的反切共計 562 條,其切上字的分佈情況是:開一 17、開二 2、開三 A133、開三 B28、開三 C184、開四 5、合一 4、合三 189。其中,開口三等 C 類字的切上字 184 字,佔據總數的 32.74％。表 5.49 表明存在不同的反切層次:

表 5.49

字頭	反切對比	被切字地位	切上字對比	切下字地位	出處	反切類型
長	知丈/竹丈	知養開 3	知支開 3/知屋合 3	澄養開 3	31/5025	等/傳
倀	丑羊/褚羊	徹陽開 3	徹有開 3/徹語合 3	以陽開 3	1632/4469	等/傳
嘴	充之/丑之	昌止開 3	昌東合 3/徹有開 3	章之開 3	4299/4601	傳/等
綢	除留/直留	澄尤開 3	澄魚合 3/澄職開 3	來尤開 3	2955/4440	傳/等
愴	初亮/丑亮	初漾開 3	初漾合 3/徹有開 3	來漾開 3	2059/5073	傳/等
洱	仍吏/乃吏	日志開 3	日蒸開 3/泥海開 1	來志開 3	5991/6255	等/傳
近	其靳/巨靳	羣焮開 3	羣之開 3/羣語合 3	見焮開 3	207/9337	等/傳
屺	墟里/起里	溪止開 3	溪魚合 3/溪止開 3	來止開 3	2715/8496	傳/準
繈	居兩/舉兩	見養開 3	見之開 3/見語合 3	來漾開 3	1563/8008	等/傳
道	才由/慈秋	從尤開 3	從咍開 1/從之開 3	以尤開 3/清尤開 3	2943/4945	傳/等
酋	慈尤/才由	從尤開 3	從之開 3/從咍開 1	以尤開 3	4858/6271	等/傳
穰	如羊/人羊	日陽開 3	日魚合 3/日真開 3	以陽開 3	21/110	傳/等
攘	人羊/如羊	日陽開 3	日真開 3/日魚合 3	以陽開 3	942/3115	等/傳
禳	如羊/而羊	日陽開 3	日魚合 3/日之開 3	以陽開 3	3156/4252	傳/等

———————————

① "張"字疑爲"辰"。

續表

字頭	反切對比	被切字地位	切上字對比	切下字地位	出處	反切類型
瀼	而章/如羊	日陽開3	日之開3/日魚合3	章陽開3/以陽開3	6428/6779	等/傳
詵	疏臻/莘臻	生臻開3	生魚合3/生臻開3	莊臻開3	3625/3660	傳/準
守	手又/舒救	書宥開3	書宥開3/書魚合3	云宥開3/見宥開3	247/4455	準/傳
鑠	書藥/式約	書藥開3	書魚合3/書職開3	以藥開3/影藥開3	3874/3912	傳/等
儵	直留/除留	澄尤開3	澄職開3/澄魚合3	來尤開3	1450/1454	等/傳
謔	虛約/香略	曉藥開3	曉魚合3/曉陽開3	影藥開3/來藥開3	5452/7736	傳/準
煬	余亮/羊亮	以漾開3	以魚合3/以陽開3	來漾開3	5388/6478	傳/準
仰	魚亮/牛向	疑漾開3	疑魚合3/疑尤開3	來漾開3/曉漾開3	127/636	傳/等
養	弋亮/余亮	以漾開3	以職開3/以魚合3	來漾開3	748/1000	等/傳
宸	於豈/隱豈	影尾開3	影魚合3/影隱開3	溪尾開3	4541/8409	傳/等
杖	除兩/直兩	澄養開3	澄魚合3/澄職開3	來養開3	2143/4945	傳/等
張	竹亮/知亮	知漾開3	知屋合3/知支開3	來漾開3	1052/2066	傳/等
仗	直兩/除兩	澄漾開3	澄職開3/澄魚合3	來漾開3	4698/4986	等/傳
櫛	側瑟/阻瑟	莊櫛開3	莊職開3/莊語合3	生櫛開3	2793/5893	等/傳
騶	側鳩/則又	莊尤開3	莊職開3/精德開1	見尤開3/云尤開3	486/3537	等/傳
甃	側救/則救	莊宥開3	莊職開3/精德開1	見宥開3	3007/8185	等/傳
著	竹略/陟略	知藥開3	知屋合3/知職開3	來藥開3	514/1183	傳/等

2.合口。

(1)"等第及開合一致"型反切

1)唇音:傅/芳遇(20);騑/芳菲(24);憤/房粉(43);復/方目(47);婺/亡遇(66);廡/文甫(69);葍/方六(79);枹/芳無(145);芾/分勿(174);鈇/匪父(291);泛(覂)/方勇①(451);蚡/房吻(546);桴/芳無(690);覆/方目(710);澓/房福(790);梵/房戎(1644);梵/房汎(又)(1644);扷/亡粉(1852);怣/芳于(1897);聞/文運(1930);蝮/芳六(2427);柿/況具(2522);憮/罔甫(3311);扷/文運(3590);襆/防玉(3691);紊/亡運(4164);鄯/芳無(4413);

---

① 該反切引自孟康,覆也。顏師古曰:"字本作'覂',此通用。"

渢/房戎(4447);肺/芳廢(4520);輻/方目(4622);撫/罔甫(4697);桴/方無(4765);昉/分罔(5265);襆/房玉(5386);柫/房越(5424);柿/方廢(5494);廡/罔甫(5539);斌/罔甫(6098);憮/文甫(6195);備/方矩(6609);蝮/芳福(6612);俸/芳用(6708);俸/方用(6749);俘/方無(7157);怤/芳俱(7220);鄜/芳無(7229);轏/勿伐(7242);仆/方遇(7409);俘/芳無(7473);僨/方問(7544);轏/勿發(7921);被/方廢(8268);複/方目(8279);柿/方廢(8586);簸/房六(8875);洑/房六(9015);吠/房廢(9149);柿/方肺(9157);樸/逢玉(9179);鄜/方無(9234);襪/望發(9298)。2)舌音:中/竹仲(30);拄/冢庚(144);縷/龍主(226);紵/竹吕(460);潼/竹用(468);著/竹助(569);瘃/竹足(848);拄/竹俱(1497);衷/竹仲(1534);僂/隴主(3140);篆/龍玉(3895);屨/龍遇(9032)。3)齒音:戍/春遇(83);輸/春遇(362);塵/腄庚(2810);從/從用(4056)。4)牙喉音:貜/厥縛(84);喧/況晚(124);喧/況遠(又)(124);雨/王遇(126);响/況羽(173);詘/曲勿(198);嫗/威遇(260);姁/況羽(755);讙/況爰(764);酗/況務(856);栩/況羽(1432);塤/況袁(1451);吁/匈于(1464);紆/邑具(1494);紆/邑俱(1509);誼/況遠(1825);珝/況羽(2458);酗/況具(2739);盱/凶于(2950);寓/王矩(2999);煦/況甫(4161);兜/凶勇(4506);詡/況羽(4595);晅/況晚(4596);厥/君勿(5097);窶/勇主(7556);烜/況遠(7903);聚/從遇(8290);瘐/勇主(9394);瑀/王矩(9505)。

(2)"準直音"型反切

1)唇音:紊/文運(7268);昉/方往(8482)。

《音注》中,被切字與切下字都爲合口三等 C 類字的反切共計 714 條,其切上字的分佈情況是:開一 14、開二 6、開三 257、開四 6、合一 7、合三 A 類 16、合三 B 類 5、合三 C 類 403。其中,合口三等 C 類上字 403 字,佔據上字總數的 56.44%。這其中遇攝上字 300 字,佔據上字總數的 42.02%。除去遇攝上字的合口三等 C 類上字 110 字,佔據上字總數的 15.41%。表 5.50 表明存在不同的反切層次:

表 5.50

字頭	反切對比	被切字地位	切上字對比	切下字地位	出處	反切類型
畜	許竹/呼玉	曉屋合3	曉語合3/曉模合1	知屋合3/疑燭合3	206/3054	等/傳
從	才用/從用	從用合3	從哈開1/從用合3	以用合3	11/4056	傳/準
聚	慈喻/從遇	從遇合3	從之開3/從鍾合3	以遇合3/疑遇合3	1587/8290	傳/等

續表

字頭	反切對比	被切字地位	切上字對比	切下字地位	出處	反切類型
厥	九勿/君勿	見物合 3	見有開 3/見文合 3	明物合 3	209/5097	傳/準
倔	其勿/渠勿	羣物合 3	羣之開 3/羣魚合 3	明物合 3	4965/7302	傳/等
趉	渠詘/九勿	見物合 3	羣魚合 3/見有開 3	溪物合 3/ 明物合 3	6113/6113	等/傳
蹶	其月/居月	見月合 3	見之開 3/見魚合 3	疑月合 3	59/194	傳/等
矍	居縛/九縛	見藥合 3	見魚合 3/見有開 3	並藥合 3	5637/6483	等/傳
僂	力主/隴主	來麌合 3	來職開 3/來腫合 3	章麌合 3	1556/3140	傳/等
屢	良遇/龍遇	來遇合 3	來陽開 3/來鍾合 3	疑遇合 3	7684/9032	傳/等
屈	丘勿/區勿	溪物合 3	溪尤開 3/溪虞合 3	明物合 3	726/5606	傳/等
區	虧于/豈俱	溪虞合 3	溪支合 3/溪尾開 3	云虞合 3/ 見虞合 3	2105/9260	等/傳
趨	七俞/逡須	清虞合 3	清質開 3/清諄合 3	以虞合 3/ 心虞合 3	4017/5746	傳/等
瞿	九遇/俱遇	見遇合 3	見有開 3/見虞合 3	疑遇合 3	6040/6662	傳/等
趣	七喻/逡喻	清遇合 3	清質開 3/清諄合 3	以遇合 3	59/7379	傳/等
肜	以中/余中	以東合 3	以止開 3/以魚合 3	知東合 3	977/1261	傳/等
宂	而隴/如隴	日腫合 3	日之開 3/日魚合 3	來腫合 3	164/513	傳/等
襦	汝朱/人朱	日虞合 3	日語合 3/日真開 3	章虞合 3	784/5796	等/傳
乳	而具/如注	日麌合 3	日之開 3/日魚合 3	羣遇合 3	1072/1073	傳/等
濡	汝朱/人余	日虞合 3	日語合 3/日真開 3	章虞合 3/ 以魚合 3	151/226	等/傳
疏	所去/使去	生御合 3	生語合 3/生止開 3	溪御合 3	3993/4054	準/傳
輸	書遇/式喻	書遇合 3	書魚合 3/書職開 3	疑遇合 3/ 以遇合 3	3211/5136	等/傳
屬	之欲/朱欲	章燭合 3	章之開 3/章虞合 3	以燭合 3	5/2852	傳/等
璹	神六/殊六	禪屋合 3	船真開 3/禪虞合 3	來屋合 3	7686/9022	傳/等
數	色主/所矩	生麌合 3	生職開 3/生語合 3	章麌合 3/ 見麌合 3	235/5366	傳/等
豎	殊遇/臣庾	禪麌合 3	禪虞合 3/禪真開 3	疑遇合 3/ 以麌合 3	60/4119	準/傳
橦	諸容/職容	章鍾合 3	章魚合 3/章職開 3	以鍾合 3	6158/7941	等/傳
兇	呼勇/許拱	曉腫合 3	曉模合 1/曉語合 3	以腫合 3/ 見腫合 3	1332/2374	傳/等
昫	許羽/香句	曉遇合 3	曉語合 3/曉陽開 3	云遇合 3/ 見遇合 3	9081/9112	等/傳

續表

字頭	反切對比	被切字地位	切上字對比	切下字地位	出處	反切類型
潊	徐呂/象呂	邪語合3	邪魚合3/邪養開3	來語合3	7357/7850	準/傳
圄	偶許/魚巨	疑語合3	疑厚開1/疑魚合3	曉語合3/ 羣語合3	3096/9505	傳/準
窳	羊主/勇主	以麌合3	以陽開3/以腫合3	章麌合3	1521/7556	傳/等
嫗	於具/衣遇	影遇合3	影魚合3/影微開3	羣遇合3/ 疑遇合3	3054/7664	等/傳
鹹	乙六/於六	影屋合3	影質開3/影魚合3	來屋合3	1843/1860	傳/等
中	竹仲/丁仲	知送合3	知屋合3/知耕開2	澄送合3	30/2378	等/傳
衷	竹仲/陟仲	知送合3	知屋合3/知職開3	澄送合3	1534/1660	等/傳
重	直用/除用	澄用合3	澄職開3/澄魚合3	以用合3	788/2019	傳/等
蠋	之欲/珠玉	章燭合3	章之開3/章虞合3	以燭合3/ 疑燭合3	129/129	傳/等
瘃	竹足/陟玉	知燭合3	知屋合3/知職開3	精燭合3/ 疑燭合3	848/4139	等/傳
拄	竹柱/陟柱	知麌合3	知屋合3/知職開3	澄麌合3	1497/1723	等/傳
麈	腫庚/之庚	章麌合3	章腫合3/章之開3	以麌合3	2810/8948	等/傳
斸	陟玉/株玉	知燭合3	知職開3/知虞合3	疑燭合3	8156/9085	傳/等
紵	竹呂/直呂	澄語合3	知屋合3/澄職開3	來語合3	460/1434	等/傳
箸	遲倨/除據	澄御合3	澄脂開3/澄魚合3	見御合3	1221/4465	傳/準
諏	遵須/子于	精虞合3	精諄合3/精止開3	心虞合3/ 云虞合3	3000/5393	等/傳

(十一)C-AC 型反切

1.開口。

(1)"等第及開合一致"型反切

1)舌音:治/直之(2);長/知兩(3);治/直吏(3);長/直亮(15);長/知丈(31);長/直丈(117);量/力讓(141);仗/直亮(145);著/直略(206);暢/直亮(又)(209);杖/直亮(263);廖/力救(290);酎/直又(570);留/力就(678);氂/力之(711);稠/直流(912);留/力救(993);籀/直救(1147);雷/力救(1177);著/陟略(1183);儵/直留(1450);治/立之①(1595);檮/直由(1715);涼/力尚(1732);植/直吏(1991);俌/直里(2039);張/知亮(2066);

————————

① "立"疑爲"直"字。

愴/七亮(2085);掣/力灼(2456);氂/力之(2498);掠/勒略(2511);掣/離灼
(2545);劦/力之(2880);鼇/陵之(3043);瘳/且留(3665);長/直亮(4281);
雷/力又(4313);纞/直又(4330);昶/知兩①(4374);綢/直由(4440);徵/陟
里(4653);仗/直兩(4698);長/直亮(4930);杖/直兩(4945);長/陟丈
(5102);劦/力之(5148);長/展兩(5296);著/職略(5359);綢/直由(5380);
躊/直由(5436);仙/直祐(5487);杻/勑九(5594);長/尺亮(5621);籀/直又
(5756);稠/直留(5830);仙/直又(6428);鏐/力求(7007);長/知亮(7648);
杻/敕久(7772);嘹/力留(8087);瀏/力周(8682);幬/直由(8828);瀏/力求
(8845);騮/力求(9507)。 2)齒音:識/職吏(7);相/息醬(9);將/即亮(13);
相/息亮(19);守/式又(20);相/悉亮(76);償/辰羊(78);向/式讓(102);向/
式亮(105);穰/人羊(110);向/息亮(120);將/即良(197);熾/尺志(231);
餉/式亮(285);首/式救(328);踩/人九(354);笥/息嗣(486);祝/職救
(500);攘/人羊(975);饟/式亮(975);珥/仍吏(1063);幟/式志(1168);穰/
人掌(1208);將/資良(1427);祝/職又(1450);讎/是周(1764);呪/職救
(1865);手/式又(1902);幟/赤志(2034);珥/仍吏(2270);焯/職略(2329);
琇/息救(2488);首/式又(2584);摮/津之(2627);驤/斯將(2654);莘/疾置
(3156);蚝/七吏(3167);躊/直留(3228);耴/仍吏(3703);鑠/式約(3912);
鑠/式灼(3969);僦/即就(4019);酋/自秋(4410);汋/實若(4438);鰌/即由
(4466);揉/人九(4622);偲/新茲(5032);倡/尺良(5137);饟/息亮(5421);
洱/仍吏(5991);尚/辰羊(6164);珣/式亮(6452);勺/職略(6740);鏽/息救
(6828);相/昔亮(7218);磁/疾之(7229);踩/忍久(8082);仔/津之(8272);
鞦/七由(8434);楸/七由(8480);倡/尺亮(8687);珥/忍止(9118)。 3)牙喉
音:猶/夷周(84);斿/夷周(138);粩/盈之(2578);輶/夷周(3485);浟/夷周
(4862)。

2.合口。

(1)"等第及開合一致"型反切

1)齒音:繡/詢趨(23);趣/逡須(303);趣/春遇(1285);姝/春朱(1879);
諏/遵須(2235);趨/逡遇(2389);諏/遵須(3000);諏/逡須(4888);姝/遵須
(5406);趨/逡須(5746);趨/逡喻(6743);趨/逡諭(7322);趣/逡喻(7379);
趣/逡諭(7486);繡/詢趨(8250);姝/逡須(9292)。

---

① "知"字疑誤。

(十一)C-BC 型反切

1.開口。

(1)"等第及開合一致"型反切

1)舌音:著/側略(1219)。2)齒音:斯/側略(124);瑟/色櫛(135);溱/仄詵(145);騶/側鳩(486);甾/側吏(543);揫/側九(1095);騶/側尤(1198);菆/側鳩(1464);櫛/側瑟(2793);甃/側救(3007);蝨/色櫛(3141);第/側里(3248);臻/側詵(4249);剬/側吏(4887);緅/仄鳩(6096);溱/側詵(6498);騶/仄尤(7243);陬/側鳩(8261);榛/側詵(9109)。3)牙喉音:董/几隱(209);養/弋亮(748);養/弋尚(1045);養/弋向(1145);恙/金亮①(2169);治/弋之(2807);瘧/逆約(4119);虐/逆約(8552)。

2.合口。

1)牙喉音:區/廐于(2105);惲/委粉(2565);句/權俱(2934);瞿/權俱(8246);栩/兄羽(8458)。

(十二)A-AB 型反切

1.開口。

(1)"等第及開合一致"型反切

1)脣音:裨/頻眉(7166);泌/支筆②(7701);陴/頻眉(9292)。2)舌音:斂/力驗(130);秩/直乙(161);臨/力禁(317);朝/直驕(684);沈/直禁(4444);纏/直彦(4500);悷/力膺(4817);懍/力禁(又)(5119);湛/直几(6305);菻/力錦(6339);廩/力錦(7535);懍/力錦(9317)。3)齒音:省/心景(654);省/悉景(669);深/式禁(736);紝/人禁(1182);刺/七逆(1536);鼓/是義(1960);深/悉禁③(2053);磧/七逆(2561)。4)牙喉音:挹/一及(192);泆/弋乙(5147)。

(2)"準直音"型反切

1)脣音:比/毗義(71);泌/頻筆(又)(7701)。2)齒音:澌/斯義(5218);省/昔景(5588)。3)牙喉音:忮/支義(3928)。

2.合口。

1)舌音:贏/倫爲(377);鎚/傳爲(3703)。

---

① "金"字疑誤,或爲"余"。

② "支"字疑誤。

③ "悉"字疑誤。

(十三)A-CB 型反切

1.開口。

(1)"等第及開合一致"型反切。

1)齒音:箴/之金(821);酳/士覲(又)(1434);稔/而棄(4276);染/而險(4657)。2)牙喉音:訐/居竭(728);企/欺冀(1907)。

(十四)A-BB 型反切

1)唇音:庳/皮靡(9084)。

(十五)A-AC 型反切

1.開口。(1)"等第及開合一致"型反切。

1)唇音:比/毗志(4062)。2)舌音:澄/直理(1244);遲/直吏(3595);澄/直里(4169);詞/直嚴(8290);斂/力儼(8290);麗/力之(9298)。3)齒音:識/式志(580);施/式吏(3391);施/式志(6543)。

(十六)A-CC 型反切

1.開口。(1)"等第及開合一致"型反切。

1)舌音:鴟/丑之(107);絺/丑之(2134);摛/丑之(2819)。2)齒音:鉢/時迄(7326)。3)牙喉音:訐/居謁(1075);觖/羌志①(1363)。

(十七)B-AA 型反切

1.開口。(1)"等第及開合一致"型反切。

1)唇音:縉/彌賓(6892);縉/彌頻(6900);泌/毗至(219-7015);邠/彌頻(7122);淠/必至(8510)。2)齒音:戢/疾立(3611)。3)牙喉音:應/一陵(499);獮/征例(4885);妖/一遙(6062);應/一淩(7423);睿/知輦(7683)。

(十八)B-BA 型反切

1.開口。(1)"等第及開合一致"型反切。

1)唇音:別/彼列(4);愎/弼力(9);謬/靡幼(158);繆/靡幼(218);稟/彼甚(1232);份/彼陳(4656);汴/皮面(7135);邠/悲頻(7152)。2)齒音:戢/側立(2793);澀/色立(3215);澀/色入(4444);鈒/色立(5405)。3)牙喉音:應/乙陵(101);覬/几利(7846)。

(十九)B-CA 型反切

1.開口。(1)"等第及開合一致"型反切。

---

① 該反切引自李賢《後漢書注》中的反切。

1)齒音：屋/士連(379)；岑/士林(695)；岑/仕林(797)；屋/仕連(2170)；
剚/士力(5029)；萷/士力(9067)。2)牙喉音：亟/己力(124)；黔/其廉(217)；
羈/居例(379)；亟/居力(459)；揭/丘例(468)；轎/旗妙(570)；劓/牛例
(664)；揭/其逝(672)；殛/居力(973)；棘/紀力(1236)；鉆/其廉(1497)；閣/
衣廉(1533)；鉗/其廉(3151)；鍼/其廉(3498)；鈐/其廉(4278)；崦/依廉
(4662)；獬/居例(4885)；件/其輦(4947)；衿/其鵁(4965)；亟/紀力(5378)；
碣/其列(5660)；箝/其廉(6565)；蹇/九輦(6595)；亟/氾力①(7595)；奄/衣
廉(7623)；揭/其列(8118)。

2.合口。1)舌音：轟/充芮(8814)。

(二十)B-CC型反切

1.開口。(1)"等第及開合一致"型反切。1)牙喉音：跽/忌己(158)；跽/
其紀(302)；訐/居乂(802)；掎/居豈(4484)；洎/其既(7364)。

5.3.2 《音注》中新型反切的特點與價值

以上羅列了《音注》中各種細類中的新型反切數量及比例。那麼上述新
型反切的分佈有無特點？這類新型反切有何價值呢？以下在切上字與切下
字等第開合完全一致的情況下進一步考察，請看表5.51：

表 5.51

反切類型	開/合	新型反切數	新型反切佔比(%)	"準直音"型反切數
I-II I	開	220	220/898(24.50)	16
	合	57	57/685(8.32)	2
II-II II	開	31	31/559(5.55)	4
	合	/	/	/
IV-IV IV	開	103	103/553(18.63)	25
	合	8	8/62(12.90)	1
A-AA	開	444	444/949(46.79)	11
	合	19	19/290(6.55)	7
B-BB	開	43	43/236(18.22)	6
	合	2	2/59(3.33)	0

---

① "氾"字疑誤。

續表

反切類型	開/合	新型反切數	新型反切佔比(%)	"準直音"型反切數
C-CC	開	184	184/562(32.74)	32
	合	103	110/714(15.41)	2
總計	開	1025	1025/3757(27.28)	94
	合	189	196/1810(10.83)	12

從上表可以發現以下特點:

(1)切上字與被切字都是三等字時,更有可能出現新型反切,其中又以A-AA型反切最爲突出。切上字與被切字都爲開口字時,出現新型反切的幾率大於切上字與被切字都爲合口字的情況,不過這跟本書不考慮遇攝字作爲切上字有直接聯繫,如果考慮遇攝上字,則出現新型反切的情況會有所變化。

(2)"準直音"型反切大都遵循"上下字不得同調"的原則,且切上字大都爲平聲字。《音注》中"準直音"型反切一共有106例,以下進一步考察"準直音"型反切中切上字與被切字的聲調關係:

1)被切字爲平聲——平/平平:闐/田年;詵/莘臻;徜/常羊;尚/張羊①。平/上平:瘳/丑留;惆/丑鳩;嫠/里之;氂/里之;惆/丑留;黎/似甾;茬/士疑;茬/仕狸;茬/仕疑;仔/子之。平/去平:治/置之。平/入平:邙/莫郎;牂/作郎;骉/食陵;惀/揖淫。

2)被切字爲上聲——上/平上:顙/桑黨;斷/端管;解/佳買;跣/先典;洗/先典;薺/齊禮;薺/齊濟;洗/先薦②;颭/占琰;酏/施是;巘/宜崎;洱/而止;氅/昌兩;昉/方往。上/上上:給/待亥③;給/待多④;褆/是支⑤;玘/起里。上/去上:忖/寸本;藐/妙小;涵/面善。上/入上:蟒/莫朗;莽/莫朗;魷/各朗。

3)被切字爲去聲——去/平去:賚/來代;貸/來戴⑥;賚/來戴;載/才再;裁/才代;載/才代;下/遐稼;下/遐駕;眄/眠見;麪/眠見;矴/丁定;訂/丁定;

---

① "張"字疑誤,或作"辰",因胡氏在他處該字作"辰羊翻"。如是,則該條不屬於"準直音"型反切。

② 被切字與切下字不同韻,疑切字有誤。

③ "給"字《廣韻》音作"徒亥反",胡三省在他處也作"徒亥翻","給/待亥"違背了"切上下字不得同調"的原則,疑該反切文字有誤,或作"徒亥翻"。

④ 該條反切疑誤,切上字亦作"徒",切下字"多"字疑作"亥"。

⑤ 切下字跟被切字不同韻,疑誤。

⑥ "來"字作透母"貸"字的切下字,疑誤。

釘/丁定;倩/千見;倩/千旬;壻/西計;見/賢遍;見/賢徧;脛/形定;襊/瞝桂;痺/毗至;質/脂利;羨/延面;騎/奇寄;芰/奇寄;議/宜寄;洱/而志;養/羊尚;養/羊亮;糗/丘救;養/羊向;煬/羊亮;仰/羊向;紊/文運;崇/雖遂;選/宣絹;選/宣戀;遺/唯季;悸/葵季;觖/窺瑞;遺/惟季。去/上去:耐/乃代;禡/馬嫁;詖/彼義;陂/彼寄;守/手又;手/守又;首/守又;收/首又;手/首又;首/手又。

4) 被切字爲入聲——入/平入:亳/旁各;荻/亭歷;糴/亭歷;靮/丁曆;切/千結;楔/先結;覡/刑狄;闃/馨激;淔/承職;綽/昌約;謔/香略;入/去入:揀/練結。

上述情況可簡作表 5.52,表中第一行表示切上字,第一列表示被切字。

表 5.52

	平	上	去	入	合計
平	4	10	1	4	19
上	14	4	3	3	24
去	41	10	0	0	51
入	11	0	1	0	12
合計	70	24	5	7	106

由上表可知,"準直音"型反切中切上字大都是平聲字,平聲上字共 70 例,佔據上字總數的 66%,而去、入聲字很少作切上字。此類反切大都遵循"上下字不得同調"的原則,但有例外(詳下)。"準直音"型反切在《索隱》、《正義》中都有出現,切上字的結構特點跟《音注》類似:《索隱》中,共有 14 例"準直音"型反切,全部遵循"上下字不得同調"的原則,其中切上字爲平聲字的反切 11 例,佔總數的 78.57%。《正義》中,"準直音"型反切一共有 87 例,全部遵循"上下字不得同調"的原則,其中切上字爲平聲字的反切一共 54 例,佔總數的 62.07%[①]。

(3)出現 8 條違背"上下字不得同調"原則的反切:平/平平——闃/田年;詵/莘臻;徜/常羊;尚/張羊。上/上上——紿/待亥;紿/待多;褆/是支;玘/起里。其中"尚、紿、褆"3 字共 4 條反切疑切語用字有誤,詳上文腳注。而"闃、詵、徜、玘"4 條反切中,切上字與被切字的聲、韻、調都完全一致,是

---

① 《史記正義》"準直音"型反切的相關資料與考察,請參廖秋華《〈史記正義〉中的新型反切結構》,《古漢語研究》,2020 年第 2 期。

爲“同音反切”①,它是唐代反切風尚中的一種,值得重視。

5.4 《音注》重紐反切的結構特點與重紐韻舌齒音的歸屬②

本節以《音注》重紐及重紐韻舌齒音音切爲材料,嘗試運用反切結構分析法對重紐韻舌齒音的歸屬作出進一步的探討。我們主要討論傳統重紐八韻系,即支、脂、祭、真(諄)、仙、宵、侵、鹽韻系脣牙喉音的對立。文中音切從中華書局點校本(1956)輯得,去除重複後,共輯得重紐音切 898 條、重紐韻舌齒音音切 1075 條。

5.4.1 《音注》重紐及重紐韻舌齒音的分佈

(一)支韻系

1 開口。(1)三等。A. 脣音:糜/忙皮(6),陂/普何③(1414),陂/普羅(又)(2084),披/普皮(4225),縻/靡爲(5421),縻/忙皮(9398);靡/母被(75),披/普彼(352),靡/武彼(481),靡/美爲(600),靡/武皮(1010),披/芳靡(1899),披/普靡(2141),披/丕彼(6112);被/皮義(66),疕:匹履(633),詖/彼義(915),陂/彼寄(2084),鞁/平義(3445)。B. 牙喉音:羇/居宜(103),戲/許宜(258),奇/居宜(493),羛/許宜(1303),琦/渠宜(2081),禕/吁韋(2154),崎/丘奇(2730),碕/渠宜(3074),禕/許韋(3531),碕/渠羈(3645),犄/居蟻(4760),旖/於宜(又)(6709),錡/魚奇(6891),奇/紀宜(7853);伎/渠綺(7),技/渠綺(190),齮/丘奇(218),齮/去倚(又)(218),倚/於綺(729),輢/於綺(1054),掎/居綺(1107),掎/居蟻(1303),齮/魚倚(1531),庋/舉綺(1769),技/巨綺(1847),掎/舉綺(2179),伎/巨綺(2180),掎/魚豈(2222),妓/渠綺(2965),掎/居豈(4484),錡/魚豈(5639),綺/區几(5842),伎/其綺(6679),旖/於綺(6709),錡/渠倚(6866),錡/魚綺(又)(6866),檥/魚豈(8126),艤/魚倚(8888),檥/魚倚(9398),巇/宜崎(9402);騎/奇寄(70),騎/渠吏(712),騎/奇計(2687),芰/奇寄(4306),騎/其計(4812),蟻/宜寄(7905)。(2)四等。A. 脣音:裨/頻彌(168),裨/頻移(616),箄/步佳(1518),埤/皮弭(2003),陴/頻彌(4043),紕/必二(又)(4313),紕/扶規(又)

① 同音反切是被切字與切上字完全同音的反切,此類反切現象承黃笑山師見告,謹致謝忱。

② 本節内容以單篇論文發表在《中國語言學報》,2024 年,第 22 期。

③ “陂”字《集韻》有滂母戈韻一讀,與“普何、普羅翻”合。

(4313),裨/賓彌(4683),紕/頻彌(5573),陴/符支(5681),裨/彼迷(7147),裨/頻眉(7166),陴/頻眉(9292);芈/亡氏(104),芈/眉婢(108),鞞/必爾(2691),弭/緜婢(4163),瀰/莫比(4189),濔/乃吏(6836),庀/卑婢(6981),哔/徐婢(又)(7271),弭/眉比(7510),庀/匹婢(8185),庳/皮靡(9084)。B.牙喉音:祇/翹移(19),迤/以支(243),歋/弋支(1259),跂/去宜(1985);跂/丘弭(3946),祇/翹移(4149),祇/巨支(4636),祇/其支(5768),迤/以爾(7873),迤/移爾(7912);易/以豉(15),易/弋豉(85),企/欺冀(1907),縊/於賜(2012),企/去智(2017),施/弋智(2233),跂/去智(2497),企/區智(3409),施/以豉(6613)。(3)舌齒音。A.精組:璽/斯氏(87),玼/才支(110),觜/即移(213),疵/才斯(560),訾/子移(807),訾/子斯(1185),玼/才支(1215),訾/津私(2237),疵/疾移(2781),廝/息移(4193),訾/即移(6361),貲/即移(6889),玼/疾移(8441),貲/疾智(8752);訾/將此(469),呰/子斯(4179),禔/是支(8646);刺/七賜(又)(218),積/子賜(338),積/子智(599),漬/疾智(778),胔/才賜(940),刺/七四(又)(1536),訾/疾智(1961),積/七賜(2034),澌/斯義(5218)。B.章組:施/式支(2368),支/其兒(2814),支/力知[1](5664),絁/式支(5982),搘/章移(7016);砥/軫氏(14),弛/式氏(449),弛/式爾(479),狧[2]/食爾(518),舐/池爾(1852),棰/止橤(3011),舐/直是(3082),軹/知氏(3414),枳/諸氏(5071),抵/諸氏(5260),舐/直氏(7334),阤/施是(7849);施/式豉(142),施/式智(679),豉/是義(1960),施/式吏(3391),忮/支義(3928),施/式志(6543)。C.莊組:釃/山支(683),釃/山宜(1334),差/叉宜(4049),嵯/昨何[3](7722),嵯/才何(7867);屣/山爾(665),躧/山爾(718),縰/山爾(894),纚/所爾(3483),屣/所是(4810),屣/所徙(6602);灑/山寄(又)(1770)。D.知組:摛/丑之(2819),摛/抽知(4251),摛/丑知(4978),螭/丑知(5621),魑/丑知(9411);阤/丈爾(1785),褫/敕豸(4709),褫/池爾(6480),褫/丑豸(8027);酈/直益(290)。E.來母:驪/呂支(217),酈/郎益(又)(290),驪/力支(1176),驪/力智(1417),驪/力知(1561),麗/力知(1608),麗/力智(4320),麗/鄰知(5923),麗/力之(9298);邐/力紙(7873),邐/力爾(7912);離/力智(194),詈/力智(996),荔/力制(5525),離/去智(7546),離/抙智(7963)。

---

① "力"字原文出現在人名中,其注音可能存留方音。

② 古舐字。

③ "嵯"字《集韻》有從母戈韻一讀,與"昨何、才何翻"同。

　　支韻系開口中，舌齒音精、章組、來母中的大多數字、部分莊組字以及個別知組字聯四等，因爲它們大都以"氏、支、移、賜、智、爾"爲切下字，而這些字常作開口四等脣牙喉音字的切下字。莊組中以"宜"爲切下字的字聯三等，因爲"宜"字常作開口三等牙喉音字的切下字。知組、來母中以"知"爲切下字的字則無法通過系聯得出其歸屬。

　　2 合口。(1)三等。牙喉音：嬀/居爲(209)，透/於爲(243)，峞/魚委(1503)，嬀/俱爲(1798)，痿/於僞(3679)，撝/吁爲(5084)，撝/許韋(5104)，撝/許爲(5448)，峞/牛罪(7525)；委/于僞(599)，委/於僞(640)，頠/魚毀(2605)，蓮/羽委(2679)，詭/過委(4163)，頠/魚委(5131)，蔿/韋委(6810)，蓮/韋委(7604)；爲/于僞(15)，爲/于瑞(982)，萎/於罪(1351)，爲/於僞(3679)，爲/于季(6663)。(2)四等。牙喉音：墮/火規(141)，墮/許規(471)，闚/缺規(3050)；跬/空累(529)，跬/窺婢(4809)，頍/丘弭(5605)，跬/犬榮(9149)；恚/於避(456)，觖/羌志(1363)，觖/窺瑞(6054)。(3)舌齒音。A. 精組：眭/息隨(736)，眭/息爲(1925)，眭/宜爲(3382)，眭/息惟(3428)；嶲/息委(5658)，嶲/悉委(9329)。B. 章組：倕/是爲(4258)；箠/止榮(263)，箠/止蕊(541)，菙/時嶲(1316)，捶/止蓮(1456)，捶/止榮(2951)，捶/止蘂(7822)；惴/之睡(144)，惴/之瑞(542)，吹/昌瑞(1539)，吹/尺瑞(3008)，吹/尺睡(4225)，吹/尺僞(7834)，惴/之捶(8052)。C. 莊組：衰/七雷(196)，衰/倉回(1085)，衰/七回(22497)，衰/叱回(4299)，衰/吐回①(4309)，衰/叱雷(4612)，衰/士回②(6158)；揣/初委(428)。D. 知組：錘/傳追(3151)，箠/止垂(6746)；縋/馳僞(2678)，縋/直僞(3128)，縋/他僞(5858)。E. 來母：羸/倫爲(377)；累/力僞(127)，累/魯水 9151)，累/力癸(560)，累/力委(5379)，絫/來戈(5924)；累/力追(24)，累/良瑞(258)，累/力瑞(290)。F. 日母：痿/人佳(831)，痿/人垂(3248)。

　　支韻系合口舌齒音中，以"爲、委、僞"爲切下字的字聯三等，因爲"爲、委"常作合口三等牙喉音字的切下字。舌齒音中以"瑞"字爲切下字的字歸屬難以定奪，因爲"瑞"字既作四等牙喉音"觖"字的切下字，又作三等牙喉音"爲"字的切下字。舌齒音中以"雷、回、追、垂"爲切下字的字無法系聯得出其歸屬。

　　支韻系重紐分佈廣泛，但大都已經没有對立，對立的重紐有 6 對，即衹/

────────────────

① "吐"字疑文字錯訛，應爲"叱"。
② "士"字疑誤，或爲"七"。

翹移:琦/渠宜;芈/眉婢:麛/美爲;庀/匹婢:披/普彼;跂/丘弭:綺/區几;墮/
許規:撝/許爲;恚/於避:萎/於罪。

(二)脂韻系

1 開口。(1)三等。A. 唇音:麋/武悲(134),怌/平眉(1560),頽/薄諧
(7591),頽/蒲回(又)(7591),湄/旻悲(9420);否/補美(78),否/皮鄙(956),
圮/皮美(1083),否/部鄙(3028),圮/部鄙(4388),嚭/匹鄙(4712);費/兵媚
(146),濞/普懿(403),魅/明祕(1811),毖/兵媚(1906),泌/兵媚(又)
(4420),奰/平祕(5431),閟/兵媚(6018),濞/匹備(6806),泌/毗至(7015),
轛/平祕(7107),淠/必至(8510),轛/蒲拜(8886),精/平祕(9558)。B. 牙喉
音:耆/渠伊(2216);跽/忌己(158),跽/其紀(302),机/舉綺(2482),跽/巨几
(2930),跽/其几(7922);劌/魚器(139),洎/其冀(1327),饎/一結(1434),
撎/於至(4323),塈/其冀(6864),塈/巨冀(6923),洎/其計(7173),洎/其既
(7364),覬/几利(7846),劌/魚氣(8044),洎/渠至(8575)。(2)四等。A. 唇
音:比/頻脂(又)(1223),紕/匹毗(4313),椑/婢脂(6454);秕/卑履(4941),
匕/卑履(9568);比/毗至(20),比/毗義(71),比/必寐(199),比/頻寐(575),
比/毗寐(701),比/頻二(865),比/頻類(914),畀/必寐(939),痹/必至
(2080),比/簿計(3151),比/必利(3945),比/毗志(4062),比/毘至(4823),
比/必例(7055),痹/毗至(又)(9496)。B. 牙喉音:㞊/延知(271),夷/延知
(361);肄/弋二(374),肄/以至(587),肄/羊至(761),肄/以四(2076)。(3)
舌齒音。A. 精組:齍/子兮(217),郪/千移(484),郪/千私(又)(2691),趑/
取私(3966),趑/子移(5220);秭/蔣兕(1550),兕/序姊(1909),姊/蔣兕
(6891);恣/資二(267),伙/日四①(2639),伙/七四(7897)。B. 章組:鴟/丑
之(107),泜/丁計(又)(327),泜/丁禮(又)(327),蓍/升脂(740);砥/之履
(1020),屎/式爾(5556);謚/神至(186),謚/神志(235),鷙/竹二(1104),謚/
時利(6258),謚/申至(7200)。C. 知組:絺/抽遲(13),遲/丈二(289),絺/充
知(382),遲/直二(642),郗/丑脂(2080),郗/丑之(2134),遲/直利(2250),
氏/丁尼(3522),遲/直吏(3595),胝/丁尼(4701),絺/五之②(7535);滍/直
理(1244),滍/直里(4169),滍/直几(6305);質/脂利(10),稚/持利(610),
躓/竹二(763),寁/竹二(1036),稚/直利(1161),稺/直利(1287),躓/陟利
(2962),稚/遲二(5648),稺/直二(6207)。D. 端組:尼/女夷(2619),怩/女

---

① "伙"字注音疑文字有誤,"日"當作"七"。
② "絺"字注音疑文字有誤,"五"當作"丑"。

夷(8882);膩/女利(2722)。

脂韻系開口舌齒音中,以"知、二、四"爲切下字的字聯四等,因爲"知、二、四"常作四等牙喉音字的切下字。以"至、利"爲切下字的字則歸屬不定,因爲"至、利"既作開口四等字的切下字,也作開口三等字的切下字。知組"滍"字可以跟三等牙喉音"跽"字系聯,該字聯三等。

2 合口。(1)三等。牙喉音:馗/渠龜(2591),馗/渠追(3332),巋/區韋(5125),巋/丘愧(又)(5125),巋/區胃(又)(5222),戣/渠龜(7687),戣/巨龜(7736);軌/居洧(450),頯/匡軌(1078),鮪/于軌(1256),賄/胡悔(2104),賄/于鄙(又)(2104),晷/居洧(4218),巋/苦鬼(又)(5125),洧/于軌(5887),匭/居洧(6437),簋/居洧(6819);蕢/其位(144),喟/去貴(174),喟/于貴(179),喟/丘貴(198),喟/丘愧(1119),匱/求位(3237)。(2)四等。牙喉音:唯/于癸(158),唯/弋癸(311),唯/以水(2447);遺/于季(60),睢/香萃(267),遺/唯季(349),悸/其季(796),遺/弋季(935),悸/葵季(1193),睢/呼季(1251),遺/于僞(5908),遺/惟季(7142)。(3)舌齒音。A. 精組:睢/息隨(112),睢/息遺(112),睢/七余(又)(112),睢/呼惟(993),倰/相維(2069);彗/徐醉(又)(107),祟/雖遂(293),祟/息遂(728),悴/秦醉(1437),瘁/似醉(1820),瘁/秦醉(2100),顇/秦醉(2192),禭/徐醉(4275),璲/徐醉(8437)。B. 章組:錐/朱惟(352)。C. 莊組:㩡/所追(2950);帥/所類(14),率/所類(520),帥/師類(1756)。D. 知組:椎/直追(181),椎/傳追(2639),鎚/傳爲(3703),槌/直追(5638),鎚/直追(7717),槌/傳追(8727),追/都回(9324);墜/直類(126)。E. 來母:傫/倫追(118),蘲/力追(933),纍/力追(5587),纍/倫追(7983);壘/力水(156),壘/魯水(167),壘/盧對(715),灅/力水(2806),灅/郎賄(又)(2806),灅/魯水(2807),誄/魯水(4245)。F. 日母:蕤/如佳(2229),綏/如佳(4284),蕤/如佳①(5086)。

脂韻系合口舌齒音中,精、章組中"睢、錐"字聯四等,因爲"睢"字又有四等牙喉音一讀。莊、知組以及來母中以"追"字爲切下字的字可以跟三等牙喉音"馗"字系聯,這些字聯三等。來母中以"水"爲切下字的字可以跟四等牙喉音"唯"字系聯,這些字聯四等。

脂韻系重紐分佈廣泛,但大都已經沒有對立,對立的重紐有 4 對,即比/頻脂:纰/平眉;紕/匹毗:頚/薄諧;比/毗至:鞴/平祕;悸/葵季:匱/求位。

---

① "蕤"字注音疑文字有誤,"佳"字應爲"隹"。

(三)祭韻

1 開口。(1)三等。牙喉音：劇/居例（382），揭/丘例（468），瘱/於計（654），揭/其逝（672），瘱/於例（720），訐/居乂（802），瘱/一計（3586），獝/居例（又）（4885），獝/征例（4885），憩/去例（5964）。(2)四等。牙喉音：泄/以制（570），曳/奚結（1439），枻/以制（2952），洩/息列（5784），恱/余世（7105），曳/以列（7661），曳/羊列（9290）。(3)舌齒音。A. 精組：穇/子例（3207）。B. 章組：噬/時制（53），貰/始制（633），貰/式制（1262），貰/時制（5740），滋/市制（8086）。C. 知組：觡/丑例（5442）。D. 來母：礪/力制（14），例/時詣（9012）。

祭韻開口舌齒音中，以"制"爲切下字的字聯四等，因爲"制"常作四等牙喉音字的切下字。以"例"字爲切下字的字聯三等，因爲"例"常作三等牙喉音字的切下字。

2 合口。(1)三等。牙喉音：彗/延芮（1100），衛/于偽（2064），蹶/姑衛（又）（2420）。(2)舌齒音。A. 精組：彗/祥歲（107），彗/旋芮（107），毳/此芮（190），脆/此芮（776），篲/祥歲（1823），彗/徐芮（2314）。B. 章組：說/輸芮（13），說/式芮（30），贅/之銳（242），贅/之芮（705），祝/式芮（1195），蛻/式銳（1849），蛻/輸芮（3485），涚/舒芮（7583）。C. 莊組：毳/充芮（8814）。D. 知組：醊/竹芮（665），醊/株衛（1749），醊/陟衛（9255）。E. 日母：蜹/人劣（9），蜹/如銳（9），汭/儒稅（2815），汭/如銳（2989），蜹/而銳（7900）。

祭韻合口舌齒音中，以"芮、衛"字爲切下字的字聯三等，因爲這些字可以跟三等牙喉音"彗、衛"字系聯。祭韻系沒有對立重紐出現。

(四)真韻系

1 開口。(1)三等。A. 唇音：閩/眉巾（66），豳/彼貧（122），斌/悲巾（173），邠/彼巾（204），繽/眉巾（639），岷/武巾（1038），邠/悲巾（1760），彪/甫斤（2635），份/彼陳（4656），份/府巾（5278），玢/方貧（6714），繽/彌賓（6892），繽/彌頻（6900），邠/彌頻（7122），玢/悲巾（7148），邠/悲頻（7152），邠/卑旻（7167），邠/卑巾（7173），玢/府巾（7342），繽/彌巾（7784），旼/莫貧（7936），忞/莫巾（8151），閩/武巾（9110）。B. 牙喉音：齗/魚斤（551），誾/魚巾（1504），齗/魚巾（2058）；听/魚巾（7710）；瑾/渠吝（2048），釁/許覲（3723），釁/許靳（3748），殣/渠吝（7450），厪/渠遴（8060）；暨/居乙（2220），暨/戟乙（5479），颶/越筆（6332），颶/于筆（6762），佶/巨乙（7243），汩/越筆（7843）。(2)四等。A. 唇音：泯/彌鄰（又）（6），嬪/毗賓（2188），砒/蒲賓

（又）（8062）；泯／彌忍（6），臏／頻賓（51），臏／頻忍（51），潣／莫善（97），潣／莫忍（又）（97），潣／莫踐（135），潣／彌兗（524），灒／頻忍（1153），僶／民尹（8397）；擯／必刃（43），儐／必刃（2418）；躄／壁吉（415），比／薄必（1355），比／部必（1743），宓／莫必（2189），比／毗必（2357），比／簿必（又）（2458），苾／蒲必（2622），苾／毗必（2654），疋／僻吉（2776），泌／薄必（4420），泌／毗必（5195），邲／毗必（6097），佖／蒲必（7435），佖／毗必（7472），泌／薄必（7509），髀／壁吉（7634），佖／頻筆（又）（7701），佖／支筆（7701）。B. 牙喉音：堙／伊真（4277），諲／伊真（6926），禋／伊真（8601）；戭／以震（1715）；引／羊晉（128），酳／士覲（又）（1434），酳／羊晉（5232）；溢／夷質（24），鎰／弋質（140），詰／去吉（854），詰／居謁（1075），詰／起吉（4107），泆／弋乙（5147），趌／起逸（6537），鎰／戌質（7310），佶／其吉（7394），泆／弋質（7708），詰／其吉（8182），詰／極吉（8349），鎰／夷質（8640），蛣／去吉（8999）。(3) 舌齒音。A. 精組：璡／資辛（4251），璡／將鄰（5759），璡／則鄰（5767），璡／資本（6846）；進／才刃（183），燼／徐刃（5341），璡／即刃（又）（6672），藎／徐刃（7425），賮／徐刃（7981）；蕦／昨失（2673），悉／息七（8976）。B. 章組：瞋／昌真（302），甄／之人（1197），瞋／七人（1850），娠／升人（2634），嗔／昌真（4491），甄／七人（4558），甄／側鄰（5703），禛／之人（8640）；賑／即忍（137），哂／矢刃（2393），診／止忍（2585），眕／止忍（2609），眕／之忍（2905），哂／式忍（3085），診／止尹（3158），賑／之忍（3502），賑／津忍（3858），疹／丑刃（3891），縝／章忍（4259），哂／矢引（4415），賑／九忍（4857），診／章忍（5625），稹／止忍（6800），稹／章忍（7308），哂／矢忍（7614），縝／指忍（7859）；縝／止忍（7926），賑／止忍（7955），哂／失忍（8814）；濜／徐刃（3596），振／之印（4837），昚／時刃（6817）；質／職日（16），桎／職日（267），叱／昌栗（311），郅／之日（534），鷙／職日（1557），瓆／職日（1788），桎／之日（1799），眰／之日（1818），鷙／之日（2256），質／之日（3669），蛭／之日（6711），叱／尺栗（7340）。C. 莊組：槶／初覲（1613），亂／初覲（7926）。D. 知組：鎮／側人（1969），鎮／之人（5572）；紖／羊晉（2494），紖／以忍（又）（2494），紖／直忍（2494）；疢／丑刃（572），塡／竹刃（1100），銍／竹乙（152），秩／直乙（161），庢／竹乙（745），袟／直質（2813），銍／陟栗（4758），抶／丑栗（4894），抶／升栗（5149），袱／直質（5359），咥／昌栗（5623），咥／丑栗（又）（6010）。E. 來母：驎／離珍（1304），驎／力珍（4616），璘／力珍（6940），璘／離珍（6989），潾／力珍（7746），翈／求仁[1]（9236）；藺／離進（37），藺／力刃（132），鱗／力刃（1259），

_____

[1] "翈"注音疑文字有誤，"求"當作"來"。

轔/良刃(1463),輴/力刃(4967),遴/良刃(5019),轔/良刃(5808),繭/良刃(6381);簍/力質(7634)。F. 日母：駰/人質(4599)。G. 泥母：昵/尼質(2379),暱/尼質(3390)。

真韻系開口舌齒音中,以"鄰、忍、刃、真、晉、覲、吉、質"爲切下字的字聯四等,因爲這些切下字常作四等脣牙喉音字的切下字。以"乙"爲切下字的字聯三等,因爲"乙"字常作三等牙喉音字的切下字。

2 合口。(1)三等。牙喉音：贇/於倫(2073),頵/居筠(2766),頵/紆倫(2772),頵/於倫(2864),頵/紆綸（又）(5074),齋/於倫(5151),筠/俞倫(7220),囷/區倫(7535),囷/去倫(8388);窘/巨隕(359),窘/渠隕(2690),菌/巨隕(4551),菌/其隕(4721)。(2)四等。牙喉音：衭/弋旬（又）(1250);狁/庾準(947);遹/以律(2595),鷸/餘律(5743),遹/余律(7229),潏/食聿(8287),匀/于倫(8488),聿/以律(9333)。(3)舌齒音。A. 精組：逡/七倫(20),枸/須倫(122),逡/七旬(594),逡/千旬(945),郇/須倫(3087),馴/詳遵(3223),竣/七倫(3994),馴/似遵(4033),馴/松倫(4124),竣/丑緣（又）(4307),皴/七倫(4933),洵/須倫(6761);隼/聳尹(1873),隼/息尹(6251),隼/息允(6276);浚/蘇俊(11),徇/辭峻(255),儁/字兖(2684),儁/辭兖（又）(2684),晙/祖峻(3087),晙/子峻(5951),晙/私潤(6566),晙/祖峻(9095);卒/字恤(3),鈉/辛律(8405),璙/思聿(9171)。B. 章組：諄/之純(930),焞/土回①(947),蓴/殊倫(2672)肫/徒昆(2972),肫/株倫(3205),鶉/殊倫(3823),肫/徒渾（又）(4446),肫/之春(4446),淳/之純(6028);純/之允(1047),純/之尹(2324),漘/船倫(4735),鶉/如倫(6780);盾/食尹(302),楯/食尹(485),蹲/尺允(5537);諄/之閏（又）(930);術/食聿（又）(4228);沭/食聿(4518),鈉/十律(7214),鈉/時迄(7326),沭/食律(7757),鈉/時橘(8395)。C. 知組：窀/株倫(1732),屯/殊倫(2805),屯/株倫(2918),迍/株倫(3236),屯/陟倫(4011),輴/敕倫(4301),屯/陟倫(5150);窋/竹律(2),絀/敕律(115),窋/張律(412),怵/先律(465),怵/敕律(1497),怵/尺律(1665),窋/丁骨（又）(4876),絀/丑律(8218)。D. 莊組：率/所律(3080)。E. 來母：侖/盧昆(1465),惏/力迍(6697),惏/力尹（又）(6697);率/列恤(2626)。F. 日母：朒/如允(1956),朒/如振(1956)。

真韻系合口舌齒音中,以"倫"爲切下字的字聯三等,因爲"倫"字常作三等牙喉音字的切下字。以"聿、律"爲切下字的字聯四等,因爲這兩字常作四

---

① 該音注疑文字有誤,待考。

等牙喉音字的切下字。

真韻系重組分佈廣泛,但絕大多數已經没有對立,對立的重紐有 1 對,即泯/彌鄰:閩/眉巾。

(五)仙韻系

1 開口。(1)三等。A. 唇音:辯/皮莧(3896),辯/兵免(4509);汴/皮變(147),昇/皮變(6576),汴/皮面(7135),卞/皮彦(8057),玤/皮變(8374);別/彼列(4)。B. 牙喉音:閼/於乾(1),閼/於連(又)(1),焉/於虔(376),犍/渠延(672),嫣/於虔(1122),閼/於焉(3173),焉/於乾(3331),仚/許延(4907),褰/起虔(8732);讞/魚蹇(539),讞/語蹇(814),件/其輦(4947),巚/魚蹇(5029),搴/起虔(5384),蹇/九輦(6595),謇/知輦(7683);讞/魚戰(又)(815),堰/於扇(2524),嗻/魚戰(4516),唁/魚戰(5511),唁/魚變(6499),諺/魚變(9141);孼/魚列(183),讞/魚列(539),擘/魚列(4161),蘖/魚列(5343),碣/其列(5660),碣/渠列(7995),揭/其列(8118),揭/丘傑(8154)。
(2)四等。A. 唇音:便/毘連(15),謾/莫連(413),便/頻連(1099),扁/芳連(3040);愐/彌兖(114),扁/補辨(406),電/彌兖(1177),沔/彌兖(2293),褊/補辨(2572),沔/迷兖(2657),褊/補典(3471),褊/方緬(3765),沔/迷遠(3982),勔/彌兖(4101),緬/彌兖(4293),湎/彌兖(5393),湎/面善(8064),怖/彌遣(8089),怖/彌兖(8119);便/頻面(984);滅/綿結(696),憋/芳列(1897),鱉/必列(5359)。B. 牙喉音:甄/稽延(2243),莚/夷然(2817),縯/私箭(4081),鋌/以前(又)(4193);衍/以善(84),衍/羊善(212),演/弋善(1075),羨/以善(1715),繽/以淺(1733),繽/以善(1738),繕/去演(又)(2956),演/以淺(7407),蜒/以然(8582);譴/去戰(276),羨/弋戰(555),延/弋戰(687),延/衍面(1567),繕/詰戰(2956),羨/延面(4636),譴/詰戰(5407),羨/于線(7287),羨/弋線(7412),羨/弋線(7752),羨/弋戰(8920),羨/延面(9216);訐/居竭(728),孑/吉列(3113),孑/居列(3706),拽/户結(9170),拽/羊列(9334)。(3)舌齒音。A. 精組:煎/子延(706),瘥/千感(1009),湔/將仙(4809);踐/慈淺(65),踐/慈演(100),鮮/息善(11),鮮/息淺(510),鮮/先淺(636),鮮/先踐(969),鮮/息踐(1104),戩/子踐(1939),踐/息演(3956),揃/子踐(4162),踐/慈衍(4165),踐/息淺(4441),鮮/息鬋(5211),戩/即淺(6564),踐/悉銑(6940),癬/息淺(8414),獮/息淺(8599);濺/子賤(1968),綫/私箭(6614),羨/式面(7781);褻/息列(15),緤/私列(57),緤/先列(478),渫/先列(493),媟/私列(1754),卨/息列(1798),緤/私列(2513),泄/私列(5328),緤/息列(5587),緤/息列(6133),緤/先列

（7858）。B. 章組：單/特連（又）（11），鋌/上延（485），饘/之連（1976），禪/時連（4166），飱/諸延（5599），澶/市連（5919），禪/市連（5919），澶/時連（7250），鋌/時延（8247）；單/上演（2738），單/上善（4427），鮯/市演（4709），闡/昌善（5394），單/達演（又）（5608），單/常演（5707），單/慈淺（5764），單/慈演（5810），繟/充善（7614），繟/齒善（8101）；擅/市戰（60），擅/時戰（118），鄯/上扇（658），鄯/時戰（1383），禪/時戰（1425），顫/之善（5181），鄯/以戰（7482），顫/之賤（9159）；折/而設（58），淛/之列（66），折/常列（71），折/食列（137），折/之舌（575），折/上列（630），淛/之舌（1985），折/之列（2417），掣/昌列（3625），晰/之舌（4598），折/而列（5637），折/之截（8052），掣/尺列（8264）。C. 知組：鏈/抽延（1182），辿/敕連（2483），邅/張連（2918），瀍/直連（4613）；展/陟戰（5359），輾/豬輦（7375）；纏/直彥（4500）；徹/敕列（2829），撤/直列（5372），轍/敕列（又）（5442），澈/敕列（9011）。D. 莊組：孱/士戀（379），孱/仕連（2170）。E. 來母：鏈/陵延（又）（1182）；璉/力展（3858），璉/立展（9039）。F. 泥母：碾/尼展（5596）；碾/女箭（5596），碾/魚蹇（6607），輾/尼展（又）（7375），碾/紐善（8694）。

仙韻系開口舌齒音中，以"列"爲切下字的字歸屬不好確定，因爲"列"字既常作三等牙喉音字的切下字，又常作四等牙喉音字的切下字。以"延、淺、演、善、面"爲切下字的字聯四等，因爲這些切下字常作四等牙喉音字的切下字。以"戰"爲切下字的字聯三等，因爲"戰"字常作三等牙喉音字的切下字。

2 合口。（1）三等。牙喉音：卷/逵員（84），奆/去權（716），卷/其圓（1169），卷/丘權（1490），卷/巨員（4267），卷/起權（4267），裷/巨員（4923），圈/其權（又）（3815），圈/渠篆（4436），圈/丘員（6440）；捲/逵員（3），瑗/于眷（1725），媛/于絹（2306），媛/于眷（2603），瑗/于絹（7219）。（2）四等。牙喉音：捐/余專（30），捐/與專（95），鳶/以專（147），悁/縈年（904），悁/吉掾（又）（904），悁/吉縣（1348），儇/户關（5422），捐/于專（7070），儇/許緣（7098）；沇/以轉（123）；鄄/工掾（38），鄄/吉掾（59），掾/以絹（137），鄄/工掾（233），掾/于絹（261），緣/熒絹（473），掾/俞絹（612），緣/以絹（638），緣/俞絹（1110），掾/余絹（1677），狷/吉掾（2303），掾/于眷（2974），鄄/吉縣（3118），絹/吉掾（5380），鄄/吉緣（6717），絹/與掾（7429），狷/吉掾（7770）；缺/傾雪（3140），説/於悦（4038）。（3）舌齒音。A. 精組：悛/丑緣（13），還/從宣（53），朘/子緣（1093），鐫/子全（1337），還/旬緣（1930），璿/旬緣（2334），詮/且緣（2442），璿/從宣（2482），璿/如緣（2482），悛/七倫（2747），佺/且緣（3410），悛/七緣（3519），詮/丑緣（4685），痊/且緣（5255），還/所宣（5360），

璇/似宣(5587)，詮/此緣(5694)，琁/從宣(6398)，璿/似宣(6484)，佺/此緣
(6672)，佺/丑緣(7999)，瑄/荀緣(8312)，悛/且緣(8464)，朘/息緣(8968)；
吮/徐兖(21)，雋/徂兖(718)，雋/辭兖(又)(718)，選/息兖(974)，雋/子兖
(1410)，吮/徂兖(2996)，吮/如兖(6515)，吮/士兖(9068)；選/宣變(632)，
選/須絹(2364)，選/息絹(2536)，選/須戀(3437)，選/宣絹(5537)，選/宣變
(5624)；蕝/即悅(374)，蕝/子悅(374)。B. 章組：塼/朱緣(5200)，塼/職緣
(6320)；喘/尺兖(1694)，喘/昌兖(5008)，剬/旨兖(7340)；釧/尺絹(3939)，
穿/樞絹(又)(4193)，穿/尺絹(7239)；歠/昌悅(1734)，啜/昌悅(5555)，啜/
叱劣(6535)，啜/叱劣(6664)，啜/樞悅(7919)。C. 知組：傳/直戀(88)，傳/直
專(134)，椽/重緣(4166)；沌/持兖(2789)，沌/柱兖(5169)，瑑/持兖(8044)，
瑑/柱兖(8067)；傳/柱戀(246)，傳/張戀(288)，傳/株戀(408)，傳/直戀
(466)，傳/知戀(816)，轉/張戀(5378)；剟/丁劣(384)，惙/丑例(3082)，惙/
陟劣(3082)，掇/陟劣(3197)，惙/積雪(4253)，啜/張劣(5012)，惙/丑捩
(5178)，啜/陟劣(6221)。D. 莊組：恮/莊緣(5496)；撰/雛免(1426)，撰/士
免(3552)，譔/雛免(3941)，襈/雛免(5442)，譔/士免(6449)，撰/如免
(7390)；襈/雛戀(1139)，饌/雛戀(1447)，饌/雛宛(3914)，饌/士戀(5574)，
饌/皺戀(6199)；刷/所劣(1025)。F. 日母：壖/而緣(512)，壖/而緣(534)，
壖/而宣(9257)；軟/人兖(478)，愞/如椽(720)，奭/而兖(776)，奭/人兖
(974)，奭/乃亂(1000)，奭/乳兖(又)(1000)，愞/而戀(1388)，愞/人兖
(1559)，愞/而掾(1654)，頓/乳兖(1806)，蝡/人兖(3786)；爇/而悅(1260)，
爇/懦劣(1463)，爇/如悅(3967)，爇/如劣(6221)。G. 來母：戀/力全(1007)，
攣/呂員(1508)，攣/閭緣(2001)，攣/呂緣(5019)，臠/力兖(5026)；埒/龍輟
(2227)，埒/力輟(4635)，埒/龍輒(7868)。H. 泥母：吶/女劣(3332)，吶/女
鬱(又)(3332)，吶/如悅(4035)，吶/奴劣(又)(4035)。

仙韻系合口舌齒音中，以"緣、戀、悅、椽、絹"字爲切下字的字聯四等，因
爲這些切下字常作四等牙喉音字的切下字。以"員"字爲切下字的字聯三
等，因爲"員"字常作三等牙喉音字的切下字。

仙韻系重紐分佈廣泛，但大都已經沒有對立，對立的有 3 對，即：扁/補
辨：辯/兵免；便/頻面：汴/皮變；鷩/必列：別/彼列。

（六）宵韻系

1 開口三等。A. 唇音：鑣/悲驕(9424)；殍/被表(2833)，殍/平表
(5752)，殍/皮表(7089)，殍/居表(7286)，殍/彼表(7453)。B. 牙喉音：妖/於
遙(107)，夭/於驕(187)，嶠/虛驕(195)，祅/於驕(782)，妖/於驕(818)，趫/

丘妖（1878），蹻/巨嬌（2243），訞/於驕（3148），僑/渠嬌（3615），蹻/巨驕（4007），僑/渠驕（4351），妖/一遙（6062），妖/於喬（6259），祅/於喬（6436），趫/巨嬌（6648），嚻/許驕（6909），祅/呼煙（8016）；矯/舉夭（14），夭/於表（又）（187），夭/於紹（970），夭/於兆（970），夭/於矯（6001）；轎/旗妙（570）。

2 開口四等。（1）唇音：嫖/匹昭（532），標/必遙（1026），瘭/必燒（1842），飆/卑遙（3315），漂/紕招（3422），標/必遙（3564），漂/匹招（3703），標/卑遙（4154），標/卑遙（4200），鏢/匹燒（8642），鏢/甫招（8642）；縹/普沼（2308），縹/匹紹（3706），藐/妙小（4092），眇/亡沼（4338），藐/亡沼（5127），縹/匹小（5359），鏢/紕招（5442），褾/波小（5442），縹/匹沼（5442），褾/彼小（5573），褾/方小（5694），眇/彌沼（8295），杪/弭沼（8606）；慓/頻妙（282），慓/匹妙（又）（282），漂/匹妙（309），剽/匹妙（401），票/匹妙（620），票/頻妙（630），剽/平妙（936），剽/頻妙（978），僄/頻妙（1009），僄/匹妙（又）（1009），驃/匹妙（1430），驃/頻召（3420），暯/匹妙（4928），驃/毗召（7599）。（2）牙喉音：要/一遙（88），謠/余昭（144），要/於遙（152），姚/羊召（620），軺/弋招（639），珧/余招（2545），洮/余招（3478），陶/餘招（4403），繇/餘招（6811），繇/余招（6857），陶/余招（6921），翹/祈消（9136），窰/餘招（9534）；要/一妙（1185），鷕/弋照（4802），鷕/弋召（5796），鷕/亦肖（8415）。**3 舌齒音**。A. 精組：僬/茲消（1569），蛸/相邀（4296），憔/昨遙（4737），憔/慈消（4923），綃/相邀（5380），焦/子小（5401）；愀/七小（2771），愀/子小（2776），勦/子小（2929），漅/子小（又）（5194），悄/七小（8364）；醮/子召（11），誚/七笑（267），誚/才笑（320），陗/章笑（491），噍/才肖（821），醮/即召（839），釂/子肖（1011），峭/七肖（1977），峭/七笑（2050），醮/子肖（2425），噍/才笑（3942），噍/在笑（6146），誚/七肖（6801）。B. 章組：昭/如遙（2255），招/之遙（2889），昭/時招（4092），昭/市招（4097），昭/之招（4323），佋/時昭（4855），鴘/丁了（5079），昭/時遙（6785），昭/上招（8917）；少/詩沼（42），少/始紹（71），少/始沼（6091）；少/詩照（29），少/始照（94），少/失照（164），召/寔照（272），少/時照（484），少/詩昭（2447），少/詩詔（2604），少/所沼（3211），少/詩紹（3478），炤/之照（4225）。C. 知組：朝/直遙（18），朝/陟遙（85），鼂/直遙（512），朝/直驕（684），晁/直遙（3424），鼂/直遙（3609），晁/馳遙（7132），朝/陟遙（7778）。D. 來母：燎/力照（3009），燎/力燒（又）（3009），璙/力小（8670）；療/力弔（5323），療/力照（8159）。F. 日母：橈/火高（486），蕘/如招（1550），橈/奴高（1710）；嬈/如紹（3136），嬈/爾紹（4159），繚/力照（6898）。

宵韻系舌齒音中，以“遙、小、沼、招、召”字爲切下字的字聯四等，因爲這些切下字常作四等唇牙喉音字的切下字。

宵韻系重紐分佈廣,但是大都沒有對立,對立的重紐有 3 對,即:標/必遙:鑣/悲驕;翹/祈消:蹻/巨嬌;要/一遙:妖/於驕。

(七)侵韻系

1 開口三等。A. 唇音:稟/彼甚(1232),稟/筆錦(1605),稟/必錦(4814),廩/筆錦(7027)。B. 牙喉音:黔/渠今(43),黔/巨今(95),黔/其今(112),瘖/於今(410),禁/居禽(717),陰/於禁(1493),廞/許今(2456),廞/許金(3453),禁/居吟(4206),歆/尹今(4300),衿/其鴆(4965),暗/於今(5672),歆/許金(5846),歆/許今(5864),鈙/魚今(7064),鈙/魚音(7803),瘖/於金(8598);飲/於禁(197),暗/於鴆(311),飲/於鴆(2338),踸/直禁(4915),踸/巨禁(5179),踸/其禁(5206);闟/所及(63),歙/許及(863),翖/許急(883),歙/許急(914),邑/烏合(又)(1054),笈/極曄(1651),岌/魚及(3137),悒/乙及(4253),岌/逆及(8233),悒/於及(9350)。2 開口四等。(1) 牙喉音:愔/一尋(1224),愔/於今(1291),鐔/如心(1604),愔/揖淫(2977),愔/於含(4170),尤/以林(7432),愔/於禽(8446);挹/一及(192)。3 舌齒音。A. 精組:鐔/徐林(3870),潯/徐林(8121),鄩/徐心(8412),鄩/徐林(8590);寢/子袵(229),祲/子鴆(919),沁/千浸(4750),沁/七鴆(5421),沁/七浸(7147),沁/牛鴆(8790),沁/千鴆(9453);霤/而立(5630),霤/先立(6049),葺/七入(8328),霤/似入(9170)。B. 章組:諶/時壬(155),箴/之金(821),諶/氏壬(1249),諶/是壬(3020),諶/世壬(4825),鍼/諸深(6083),忱/時壬(8023);讖/式甚(5614),讖/式荏(8037),沈/式荏(9403);枕/之鴆(252),枕/職任(484),深/式禁(736),深/式鴆(801),深/式浸(816),深/悉禁(2053),枕/職鴆(2675),枕/之任(3815),枕/即任(6973);褶/寔人(4246)。C. 知組:沈/持林(11),郴/丑林(304),湛/持林(963),湛/持林(1066),綝/丑林(1451),沉/持林(1495),沈/時林(2317),琛/丑林(3186),忱/是壬(3407),忱/氏壬(4475),枕/之酖(8331);揕/張鴆(226),沈/直禁(4444);縶/陟立(3943)。D. 莊組:參/所金(21),參/所今(138),參/疏簪(213),岑/士林(695),岑/仕林(797),梣/所林(1187),參/所簪(1577),參/初今(4049),涔/鉏簪(5258),參/楚簪(7801),涔/耡針(9382);讖/楚譖(1234),滲/所禁(3818),滲/所蔭(4701),讖/七譖(4801);霅/山立(2765),戢/側立(2793),澀/色立(3215),戢/疾立(36111),戢/阻立(4240),戢/則立(4328),澀/色入(4444),鈒/色立(5405)。E. 來母:懍/力荏(5104),懍/巨禁(又)(5104),懍/力禁(又)(5119),菻/力錦(6339),菻/力鴆(又)(6339),廩/

力錦（7535），懍/力錦（9317）；臨/良鵁（219），臨/力禁（317），臨/力鵁（1429），臨/力浸（5512），臨/力贍（7778）。F.日母：任/市林（10），任/如林（175），紝/人禁（1182），任/人林（1659）；稔/而稟（4276）；任/汝鵁（142），紝/如深（1577），紝/如沁（又）（1577），姙/如林（2133），紝/汝鵁（9512）。G.泥母：賃/女禁（190），賃/乃禁（5526）。

侵韻系舌齒音中，以"今、金、禁、鵁"爲切下字的字聯三等，因爲這些切下字常作三等牙喉音字的切下字。以"林"爲切下字的字則可以跟四等"尤"字相聯。

侵韻系重紐大都已經沒有對立，對立的重紐有 2 對，即：瘖/於金：愔/於今；悒/於及：挹/一及。

（八）鹽韻系

1 開口三等。A.唇音：貶/悲檢（81）；窆/必驗（6167）。B.牙喉音：黔/其淹（50），黔/其炎（又）（146），黔/其廉（217），鉗/其炎（359），拑/其炎（523），鉆/其廉（1497），閹/衣廉（1533），閹/衣檢（又）（1533），拑/巨炎（1725），鉗/其廉（3151），鍼/其廉（3498），閹/於廉（4088），鍼/其淹（4193），鈐/其廉（4278），崦/依廉（4662），崦/依檢（又）（4662），箝/其廉（6565）；獫/虛檢（206），檢/居儉（874），檢/居掩（1167），奄/於劍（4469），奄/於炎（4469），奄/於驗（4469），芡/巨險（5039），臉/力儉（6089），奄/衣廉（7623）；曄/筠輒（4229）。2 開口四等。牙喉音：阽/丁念（452），阽/余廉（3043），檐/余廉（4207），檐/都濫（4615）；剡/以冉（206），魘/烏點（259），魘/於琰（又）（259），黶/於琰（1122），厭/於琰（又）（1489），魘/於琰（3432），厭/於檢（又）（3559），厭/一琰（5312）；燄/弋贍（231），厭/於鹽（277），厭/於贍（878），厭/一贍（1079），厭/一豔（1227），厭/於艷（1294），厭/一鹽（5314），豔/以贍（8892），厭/於豔（又）（9301）；厭/一涉（539），厭/於涉（又）（539），厭/一葉（1214），厭/於葉（1384），厭/益涉（1961），厭/於叶（1985），厭/益葉（2658），嘅/益涉（4588），厭/一協（4806），厭/於協（4848），鍱/丑列（5573），鍱/彼列（又）（5573），牒/余憺（6537），攝/益涉（6647），厭/一叶（又）（7497）。3 舌齒音。A.精組：漸/子廉（192），孅/息廉（777），芟/所廉（920），芟/先冉（920），殲/息廉（1823），暹/息廉（1960），銛/思廉（2347），漸/將廉（2524），燅/徐廉（3163），暹/思廉（5263），燅/徐鹽（6152），銛/息廉（6866），銛/丑廉（6891），暹/昔廉（7215），憸/息廉（7482），殲/子廉（7975），憸/思廉（8270）；塹/七豔（244），塹/尺艷（938），壍/七豔（2250），塹/士豔（4506）；婕/即涉（1849）。B.章組：苫/詩廉（2951），苫/息廉（5335），痁/失廉（6723）；陝/失冉（23），剡/式

冉(481)，陝/式冉(1920)，陝/戶夾(2913)，颭/占琰(7087)，睒/失冉(7570)；
襜/都甘(207)，占/之贍(639)，贍/而豔(1028)，襜/蚩占(1441)，占/章贍
(1849)，占/章豔(2537)，襜/昌占(3321)，贍/時豔(3645)，韂/昌豔(3834)，
贍/昌豔(4028)，占/之贍(8403)，贍/時斂(9350)，贍/力豔(9499)；懾/之涉
(96)，慴/之涉(262)，葉/式涉(336)，聾/之涉(1432)，懾/之舌(1708)，聾/即
涉(2019)，葉/之涉(2047)，聾/質涉(2146)，灄/書涉(2815)，灄/日涉
(2989)，慴/質涉(3261)，歙/書涉(4596)，懾/質涉(7381)，囁/之涉(又)
(8204)。C.知組：梴/丑廉(377)，梴/勑艷(又)(377)，梴/丑艷(又)(2059)，
梴/癡廉(2804)，梴/丑襝(3606)，梴/丑鹽(5099)，諵/直廉(6868)，諵/直嚴
(7918)，梴/昌占(8618)；梴/丑豔(又)(2804)；輒/陟涉(219)。D. 莊組：萐/
山輒(2311)。E. 來母：匳/力鹽(4169)；斂/力儉(8290)；斂/力驗(130)，斂/
力艷(133)，斂/力贍(348)，殮/力贍(1305)，斂/力贍(3838)；鬣/良涉
(5364)。F. 日母：蒽/人占(664)，蚺/而占(3486)，染/而險(4657)，蒽/如占
(9504)；染/而豔(4657)，染/如豔(7836)，蚺/如占(8030)，染/如險(又)
(8125)；囁/而涉(7848)。G. 泥母：黏/女廉(5660)，粘/女廉(6026)；聶/尼
輒(24)，躡/尼輒(255)，躡/泥輒(6404)，鑷/尼輒(9104)。

　　鹽韻系舌齒音中，以"廉"爲切下字的字歸屬不好定奪，不過更多偏向聯
三等，因爲"廉"字更多作三等牙喉音字的切下字。以"鹽、豔、涉、贍"爲切下
字的字聯四等，因爲這些切下字常作四等牙喉音字的切下字。以"輒"爲切
下字的字聯三等，因爲"輒"字可作三等牙喉音字的切下字。

　　鹽韻系重紐絕大多數已經沒有對立，對立的重紐僅 1 對，即：黶/於琰：
奄/於檢。

5.4.2　《音注》重紐反切的結構特點

　　以上羅列了《音注》重紐及其重紐韻舌齒音的分佈情況，可以發現，重紐
韻舌齒音和重紐韻大都無法系聯。我們認爲運用反切結構分析法可以解決
這一問題。以下先給出《音注》重紐反切結構類型表，請看表 5.53。下表
中，首列列出切上字音類，首行列出切下字音類，表心是被切字的統計，表心
上格顯示 A 類被切字出現的次數，下格顯示 B 類被切字出現的次數，空格
表示沒有出現相應的反切結構。如表心第一行第一列，表示 A-AA 型反切
有 93 條，B-AA 型反切有 2 條，最右列和最下行是合計情況，均以上下格分
類統計。

表 5.53　《音注》重紐反切結構類型表

	A	J	Sj	S	L	T	W	B	C	I	II	IV	合計
A	93	65	52	9	11	6		7	1			6	250
	2	2	4		3			14				2	27
B	5			1	1			4				1	12
	2		1		2	2	10	114			1	1	133
C	22	15	44	11	15	5		9	5	1		3	130
	5	3	10		37	6	26	149	29	2		3	270
I	12	4	3	2	2			2	1	2	1	4	33
							1	13	1	9	3	1	28
II													0
											1		1
IV	4	2	1						1			3	11
												3	3
合計	136	86	100	23	29	11	0	22	8	3	1	17	436
	9	5	15	0	42	8	37	290	30	11	5	10	462

　　根據上表的統計,《音注》重紐反切中,重四被切字共有 436 例,重三被切字共有 462 條,兩者合計 898 條。

　　從上表可以看出《音注》重紐反切結構的幾個特點:

　　(1)當切上字爲 A 類時,被切字絕大部分是 A 類,如果用 X 表示任意切下字,則公式 AX＝A,例外情況有 27 條:

　　B-AA:緡/彌賓(6892);緡/彌頻(6900);邠/彌頻(7122)。B-AJ:妖/一遙(6062)。B-ASj:彗/延芮(1100);泌/毗至(7015);淠/必至(8510)。B-AL:應:一陵(499);應:一凌(7423);猘/征例(4885);睿/知蕝(7683)。B-AB:鞁/平義(3445);歆/尹今(4300);諿/匹鄙(4712);稟/必錦(4814);喋/直禁(4915);異/平祕(5431);瞼/力儉(6089);窆/必驗(6167);濞/匹備(6806);轡/平祕(7107);邠/卑旻(7173);邠/卑巾(7173);緡/彌巾(7784);糒/平祕(9558)。B-AIV:餲/一結(1434);瘈/一計(3586)。

　　上述 27 條例外反切中,有些反切可能文字有誤,如:邠/彌頻;瞼/力儉。有些則是實際語音開始出現變化的表現,如:餲/一結。其它反切中,由於"匹"字歸類不一,故造成部分例外。

　　當切上字是 B 類時,被切字絕大部分是 B 類,如果用 X 表示任意切下

字,則公式 BX＝B。例外情況有 9 條:A-BA:芈/眉婢（108）;埤/皮弭
（2003）;弭/眉比（7510）;佶/極吉（8308）;詰/極吉（8349）。A-BS:標/彼小
（5573）。A-BL:甄:側鄰（5703）;鑷/彼列（又）（5573）。A-BB:眭:宜爲
（3382）;庳/皮靡（9084）。A-BR:瑟/色櫛（135）。A-BIV:裨/彼迷（7147）。

上述 12 條例外反切中,"鑷/彼列"可能文字出現錯訛;"裨/彼迷"以四
等齊韻下字切支韻字,可能是實際語音發生變化的表現。

《音注》重紐反切中,切上字爲 A、B 時共有反切 422 條,這 39 條例外只
佔 9％。也就是説,當切上字爲重紐韻時,91％的重紐反切能夠根據切上字
來決定它的歸屬。切上字還可能是其它類別:當切上字爲 C 時,A 類與 B 類
被切字出現的比例是 130:270,這表明,切上字爲 C 類時被切字偏向 B 類;
當切上字爲 I 類時,A 類與 B 類被切字的比例是 33:28,兩者基本持平;當
切上字爲 II 類時僅有 1 例,無法看出其傾向;當切上字爲 IV 類時,A 類與 B
類被切字的比例是 11:3,這表明,切上字爲 IV 類時,被切字傾向爲 A 類。
總的來看,當切上字爲非重紐韻時,切上字不能很好地決定被切字重紐的歸
屬。換言之,能夠根據切上字區分被切字重紐歸屬的反切有 250＋133＝
383 條,佔《音注》全部重紐反切的 43％。

（2）當切下字的聲母爲 A、J、Sj 和 S 時,被切字絕大部分是 A 類,如果用
X 表示切上字,則公式 X（A/J/Sj/S）＝A。例外情況有 29 條,其中 B-AA、
B-AJ、B-ASj 等 8 條反切在上面已經出現過,不再羅列。其它 21 條例外反
切是:B-BA:汴/皮面（7135）;邠/悲頻（7152）。B-BSj:稟/彼甚（1232）。B-
CA:轎/旗妙（570）;耆/渠伊（2216）;媛/于絹（2306）;爲/于季（6663）;瑗/于
絹（7219）。B-CJ:妖/於遙（107）;楗/渠延（672）;龡/許延（4907）。B-CSj:
揭/其逝（672）;讞/魚戰（又）（815）;夭/於紹（970）;爲/于瑞（982）;堰/於扇
（2524）;瘥/於佳（又）（3248）;擅/於至（4323）;噞/魚戰（4516）;唁/魚戰
（5511）;洎/渠至（8575）。

當切下字的聲母爲 B 類、W 時,被切字絕大部分是 B 類,用公式表示即
X（B/W）＝B。例外情況有 22 條,其中 4 條 A-BB 型反切上面已經出現過,
不再羅列,其它 18 條例外反切是:A-AB:比/毗義（71）;挹/一及（192）;泆/
弋乙（5147）;裨/頻眉（7166）;必/支筆（7701）;必/皮筆（又）（7701）;陴/頻眉
（9292）。A-CB:訐/居竭（728）;愔/於今（1291）;酳/士覲（又）（1434）;企/欺
冀（1907）;跂/渠宜（1985）;掾/于眷（2974）;厭/於檢（又）（3559）;遺/于僞
（5908）;愔/於禽（8446）。A-IB:扁/補辨（406）;編/補辨（2572）。

《正義》重紐反切中,切下字爲 A、J、Sj、S、W、B 的反切一共有 723 條,上

述 51 條例外只佔 7％，即此時 93％的重組反切能夠根據切下字區分開。

但是，當切下字的聲母爲 L 時，A 類與 B 類被切字的比例是 29：42，這表明，當切下字的聲母爲 L 時，被切字傾向是 B 類；當切下字的聲母爲 T 時，A 類與 B 類被切字的比例是 11：8，這表明，當切下字的聲母爲 T 時，被切字傾向是 A 類。此時切下字的聲母類型不能很好地區分被切字的重組歸屬。

從上表可以看出，切下字還可能是 C、I、II、IV 等非重組韻，它們以非重組韻切重組字，可能表明語音的發展演變，其中當切下字爲 C、I、II 類時，被切字偏向 B 類，當切下字爲 IV 類時，被切字偏向 A 類。除去這 85 條以非重組韻爲切下字的反切，其他 813 條重組反切中能夠根據切下字的聲母類型區分的有 723-51＝672 條，佔《音注》全部重組反切總數的 83％。

綜上，我們發現：(1)當切上字爲 A 或 B 時，切上字決定被切字的重組歸屬，具體就是 AX＝A，BX＝B。(2)當切下字爲 A、J、Sj、S、W、B 時，切下字的聲母類型決定被切字的重組歸屬，具體就是 X(A/J/Sj/S)＝A，X(B/W)＝B。(3)相對於切上字的韻母類型，切下字的聲母類型可以更好地區分重組歸屬，而且切下字的聲母類型大致可以分成兩類：章、精組、以母字一類，它們常作 A 類被切字的切下字。云母字一類，它們常作 B 類被切字的切下字。來母、知組字徘徊在 A、B 兩類之間，沒有明顯的傾向性。莊組下字則因材料所限，暫闕。

5.4.3　來母與知組的搖擺性

來母的搖擺性上已述及，我們接下來作進一步的考察。表 5.53 中，重組被切字用來母作切下字的共有 71 例，其中仙韻系 26 例，真、諄韻系 17 例，鹽韻 12 例，祭韻 8 例，脂韻系 5 例，侵韻系 2 例，紙韻各 1 例。可見，重組被切字的來母下字並沒有集中分佈在某個韻或韻攝中，那麼，重組被切字中以來母爲切下字的這 71 例是根據什麼來確定其歸屬的呢？

考察所有以來母爲切下字的 71 例重組被切字的切上字，我們發現，以 A、B、I 類爲切上字的重組反切基本上可以通過切上字區分開：以 A 類爲切上字的 14 例，A 類與 B 類被切字的出現情況是 11：3；以 B 類爲切上字的 3 例，A 類與 B 類被切字的出現情況是 1：2；以 I 類爲切上字的 2 例，全部爲 A 類被切字。如果以 L 代表來母，則 AL＝A，BL＝B，IL＝A。以上述三類爲切上字的重組反切共計 19 例，其中可以通過切上字區分的 15 例，佔總數的 79％。而對於切上字爲 C 類且切下字爲來母的重組反切則無法根據切上字區分,因爲 CL＝A(15)∶CL＝B(37),儘管此時偏向 B 類,但是 15 例 A 類被切字佔總數的 29%,無論是從比例上還是從絕對數量上看都不能處理爲例外。進一步考察 15 例 A 類被切字發現,其中以母字 12 例,滂母字 2 例,見母字 1 例。

上述分析表明,以來母爲切下字的重紐反切中,當切上字爲 A、B、I 類時大都根據切上字確定其歸屬;當切上字爲 C 類時,被切字偏向爲 B 類,但例外不少;來母的搖擺性主要體現在以 C 類爲切上字的重紐反切中。

再看知組。表 5.53 中,重紐被切字用知組作切下字的共有 19 例,其中支韻系 6 例,宵韻系 5 例,沁韻 3 例,獮韻 2 例,真、脂、葉韻各 1 例。可見,重紐被切字的知組下字並沒有集中分佈在某個韻或韻攝中,那麼,重紐被切字中以知組爲切下字的這 19 例是根據什麼來確定其歸屬的呢?

考察所有以知組爲切下字的 19 例重紐被切字的切上字,我們發現,以 A、B 類爲切上字的重紐反切基本上可以通過切上字區分:以 A 類爲切上字的 6 例,全部爲 A 類被切字;以 B 類爲切上字的 2 例,全部爲 B 類被切字。如果以 T 代表知組,則 AT＝A,BT＝B,沒有例外。而對於切上字爲 C 類且切下字爲知組的重紐反切則無法根據切上字區分,因爲 CT＝A(5)∶CT＝B(6)。

綜上,切下字爲來母或知組的重紐反切中,當切上字爲 A、B、I 類時,根據切上字可以確定其被切字的歸屬;當切上字爲 C 類時,根據切上字也無法確定被切字的歸屬;來母、知組的搖擺性主要體現在以 C 類爲切上字的重紐反切中。

5.4.4 《音注》重紐韻舌齒音的歸屬

上文已經提及,本書在重紐韻舌齒音的歸屬問題上採取黃笑山的意見,以下統計了《音注》傳統重紐八韻系及其舌齒音的反切下字的聲母類型,得表 5.54,我們可以在此基礎上檢驗《音注》中重紐韻舌齒音的歸屬是否支持這一説法。

表 5.54 《音注》重紐韻舌齒音的反切下字聲母類型

	A	J	Sj	S	L	T	R	W	B	C	I	II	IV	合計
Sj	6	58	220	8	40	11		1	12	8	8	3	5	380
S	7	55	23	148	47	11		2	4	3	3	1	2	306
L	3	7	32	5	19	28		2	9	2	6		2	115

續表

	A	J	Sj	S	L	T	R	W	B	C	I	II	IV	合計
T		20	31	4	66	48		3	12	9	3		1	197
R		1	9	3	22	2	12		18	1	9			77
合計	16	141	315	168	194	100	12	8	55	23	29	4	10	1075

從上表可以看出:(1)章組被切字的切下字除本身外,主要集中在以母、來母,絕不用莊組作切下字,少用云母、B類字。精組被切字的切下字除本身外,主要是以母、章組和來母,也絕不用莊組下字,少用云母、B類字作切下字,這進一步説明精、章組、以母的關係密切,結合上述精、章組和以母絕大多數作A類被切字的切下字這一事實,可以肯定這幾組聯繫A類。(2)莊組被切字的切下字除去本身外,主要是來母和B類,絕不用A類下字,少用精、章組和以母作切下字,所以莊組跟B類相聯是有道理的。(3)來母被切字的切下字除去本身外,主要是章、知組。其中,切下字爲A類、以母、章組及精組的有47例,切下字爲B類和云母的11例。這似乎表明,來母是偏向A類的。但上已論及,來母下字中分別作A類與B類被切字切下字的比例是29:42,此時來母又偏向B類,可見來母搖擺在A、B兩類之間。(4)知組被切字的切下字除去本身外,主要是來母和章組。其中,切下字爲以母、章組及精組的有55例,切下字爲B類和云母的15例,此時知組偏向A類。又上已提及,知組下字分別作A類與B類被切字切下字的比例是11:8,此時知組也偏向A類。

綜上,從反切結構分析的角度看,《音注》中重紐韻舌齒音的歸屬情況是:舌齒音精、章組、和以母跟重紐A類一致,舌齒音莊組和云母和重紐B類一致,知組則偏向重紐A類,來母搖擺在兩類之間。這跟黃笑山的意見大體相合。

第6章 《史記》三家音注反切結構的比較

以上章節分別討論了裴駰《集解》、司馬貞《索隱》、張守節《正義》三家系統的反切,本章主要從被切字、切上字、切下字、切上、下字決定被切字情況、三家音注中的新型反切結構、重紐反切結構以及重紐韻舌齒音的歸屬等角度對三家系統反切進行比較,從而歸納出三家系統反切在結構上的異同。

6.1 被切字的比較

本節比較三家反切中被切字的音節系統,主要從聲、韻、調等角度進行考察。

6.1.1 被切字聲母的比較

先給出三家反切中被切字聲母出現情況的總表,主要是各類被切字聲母出現的數量及各自佔總數的百分比,請看表 6.1:

表 6.1

		P	T	L	Tr	S	R	Sj	K	H	W	J	總計
集解	數量	31	17	9	17	32	11	20	36	41	4	5	223
	比例	14	8	4	8	14	5	9	16	18	2	2	100
索隱	數量	144	115	29	79	144	68	82	179	143	6	16	1005
	比例	14.3	11	3	8	14.3	7	8	18	14.2	0.6	1.6	100
正義	數量	153	88	49	76	137	46	110	182	151	10	32	1034
	比例	15	8	5	7	13	4	11	18	15	1	3	100

由上表可以看出:

(1)不論哪一系統的反切,被切字主要集中在唇牙喉音及精組字。這個現象並不能說明注者重點關注這幾類字,因爲從搭配關係上看,唇牙喉音及精組本身能拼合的韻類就多,即各個系統中上述幾類字由於搭配能力强,因而出現幾率大。

(2)三家反切中云、以、來、日母被切字出現數量及比重都最少。

(3)《集解》被注字中没有幫母字,這不是系統的空缺,而是材料處理所致。因爲《集解》直音中出現幫母被切字,比如"傅/附"。

6.1.2　被切字韻母的比較

先給出三家反切中被切字韻母出現情況的總表,請看表 6.2,表格中給出各類被切字韻母出現的數量及佔總數的百分比:

表 6.2

	集解		索隱		正義	
	數量	比例	數量	比例	數量	比例
通攝	13	6	47	4	62	6
江攝	2	0.9	22	2	10	1
止攝	18	8	117	12	203	19
遇攝	16	7	78	8	62	6
蟹攝	28	13	90	9	96	9
臻攝	9	4	60	6	81	7.8
山攝	34	15	178	18	128	12
效攝	22	10	82	8	60	6
果攝	7	3	24	2.4	24	2
假攝	6	3	27	2.7	24	2
宕攝	12	5	57	5.7	72	7
梗攝	19	8.5	61	6	64	6
曾攝	2	0.9	18	1.8	23	2
流攝	10	4.4	40	4	49	4.7
深攝	3	1.3	16	1.6	23	2
咸攝	22	10	88	8.8	54	5.2
總計	223	100	1005	100	1034	100

從上表可以看出,三家反切系統的被切字都涉及到了所有韻攝,從系統的角度看並没有出現空缺。比較一致的是,三家反切中止、山攝被切字出現

數量最多,而江攝被切字出現最少,這種現象可能跟止、山攝字本身出現幾率較多而江攝字出現幾率較少有關,因爲從聲韻搭配的角度看,止、山攝字比江攝字的搭配能力要强很多。

6.1.3 被切字聲調的比較

接下來從聲調的角度比較三家反切的被切字,下表是三家反切中被切字聲調出現情況的總表,請看表 6.3,表格中給出各類被切字聲調的數量及佔總數的百分比:

表 6.3

	集解		索隱		正義	
	數量	比例	數量	比例	數量	比例
平聲	68	30	270	27	356	34
上聲	52	23	177	18	186	18
去聲	57	26	343	34	321	31
入聲	46	21	215	21	171	17
總數	223	100	1005	100	1034	100

由上表可知,三家的被切字從聲調的角度比較看不盡一致:

(1)《集解》與《正義》反切表現一致:被切字中出現最多的都是平聲字,其次是去聲字,平、去聲字出現的總和佔總數的一半以上,入聲被切字出現數量都最少。

(2)《索隱》反切中,被切字出現最多的是去聲字,平、去聲字出現在總和也佔總數的一半以上,不過出現數量最少的不是入聲被切字,而是上聲被切字。

(3)整體上看,三家反切中,被切字主要集中在平、去聲字,上、入聲字出現數量相對較少。這種情況也跟各類聲調的搭配能力有關,在《廣韻》系統中,平聲韻 57 韻,上聲韻 55 韻,去聲韻 60 韻,入聲韻 34 韻,因而平、去聲韻字出現的幾率較其它兩類多也不足爲奇。

以上從聲、韻、調三個角度考察比較三家系統中的被切字,我們發現,各個系統中並沒有出現空缺,被切字中從聲母的角度看脣牙喉音字及精組字出現較多,從韻母的角度看止、山攝字出現最多,從聲調的角度看平、去聲字出現最多。這種現象並不說明注者重點關注這幾類被切字,而是由於這些類型本身搭配能力就强,出現幾率較大。

以下統計了在同一語境下,針對同一個被注字三家中至少有兩家都對該字有注音的情況①:

一方面,被注字一共 457 字,其中音韻地位一致的 350 字,佔據總數的 77%,這說明三家音注中注音一致性是主要的,儘管注音方式可能不盡一致。有以下幾種情況:(1)都是反切,但切語用字不一致。比如"蛾",《索隱》"牛綺反",《正義》"魚起反"。"洨",《集解》引徐廣音作"下交反",《索隱》"户交反"。"狙",《集解》"七預反",《索隱》"七豫反"。(2)都是直音,有注音字完全一致的情況,比如"鋒",《索隱》《正義》都是"音峯"。有注音字不一致的情況,比如"汜",《集解》"音汜",《索隱》"音似"。(3)一爲直音,一爲反切。比如"句",《索隱》"音鉤",《正義》"古侯反"。"蚡",《集解》"音鼢",《索隱》"扶粉反"。(4)一爲"音某某之某",一爲反切。比如"傳",《集解》音"檄傳"之"傳",《正義》"丁戀反"。(5)一爲通假,一爲直音。比如"稽",《集解》"讀曰夏",《索隱》"音夏"。(6)一爲如字,一爲反切。比如"芮",《索隱》"如字",《正義》"仁鋭反"。

另一方面,音韻地位不一致的 107 字,佔據反切總數的 23%。這些注音有差異的原因大體有以下幾方面:(1)被注字多音,各家取音不一致。此類情況共有 78 字,佔據總數的 73%。比如"繇",《集解》"音遙",《正義》"音由"。"鞠",《集解》"求六反",《索隱》"居六反"。(2)被注字本質上不同。此類情況有 20 字,佔據總數的 19%。比如"瘠",《集解》引徐廣音作"一作'脊',音才亦反",《索隱》"讀如音"。(3)注音字差異預示著語音的演變。此類情況共 6 字,佔據總數的 5%強。比如"郪",《索隱》"七絲反",《正義》"七私反",切下字一爲之韻開口"絲"字,一爲脂韻開口"私"字,如果司馬貞、張守節的時代之、脂韻已經合併,則兩家注音實爲同音。"洧",《集解》"于鬼反",《索隱》"于軌反",切下字一爲上聲尾韻"鬼",一爲上聲上聲旨韻"軌",如果司馬貞的時代脂、微韻的合口已經合併,則上述兩家注音實爲同音。(4)切語用字疑誤,此類情況共 3 字。比如"蹋",《集解》"徒獵反",《索隱》"徒臘反",《集解》"徒獵反"中的"獵"字疑是錯字,應爲"臘"。如是,則兩家實爲同音。

然而,注者選擇哪些字作注,不選擇哪些字作注,注解哪些字最多,注解哪些字較少,仍是有原因的。主要有以下幾個方面:

(1)多音多義字

儘管音義關係絶不是一對一的關係,但一般而言,多音字中每個音讀承

---

① 統計數字包含直音或紐四聲等注音情況。

載著不同的意義,因而多音字會影響到對原文的理解,注者關注多音字,主要是從疏通文意的角度考慮。如"比"字,《廣韻》有 5 個音讀,其各自承載在意義不盡一致:並母脂韻一讀,"和也,並也"義;幫母旨韻一讀,"校也,並也"義;並母至韻一讀,"近也"義;幫母至韻一讀,"近也,併也"義;並母質韻一讀,"比次"義。三家音注中,"比"字的注音共出現 27 次,其中"比"字作幫母至韻一讀出現 16 次,幫母旨韻一讀 9 次,並母質韻一讀 2 次,注者反復注音"比"字,意在告訴讀者此字存在多種讀音,不同的讀音承載在不同的意義,需要結合語境來辨別。又如"遺"字共出現注音 5 次,都作以母至韻讀,作"贈送"或"遺留"解。

(2)冷僻字

冷僻字影響到原文理解不言而喻,注解冷僻字主要也是從疏通文意的角度考慮。常見的冷僻字主要是人名或地名等專有名詞。比如"潧",一共出現 4 次注音,都是滂母至韻,其中 3 次都是對人名注音。又如"費"字,一共出現 8 次注音,都是幫母至韻,都是對人名或地名的注音。

(3)外來字

有些字是其它民族語言中使用的文字,因而需要對這些字作注以便讀者清楚其音義。比如"閼氏"的"閼"字,三家共注音 19 次,其中 10 次讀作影母仙韻,其中 6 次是對地名"閼與"的注音,4 次是對"閼氏"的注音。另有 9 次讀作影母曷韻,大都是對人名"閼于"的注音。

6.2 切上字的比較

本節主要從開合、洪細、等第、韻類及聲調等角度考察比較三家系統中切上字在不同時期區分被切字的情況以及切上字在各個時期的結構特點。

6.2.1 切上字對被切字區分性的比較

6.2.1.1 從開合角度看切上字的區分性

先從開合角度看切上字對非唇音被切字的區分性,表格中的區分度是指用於開口反切的開口上字數量與開口上字總數的百分比,或用於合口反切的合口上字數量與合口上字總數的百分比。以《集解》非唇音反切爲例,開口上字共計 100 例,其中 66 例用於開口反切,則 66％的切上字區分被切字的開合。合口上字共計 92 例,其中 27 例用於合口反切,則 29％的切上字區分被切字的開合。表6.4是各類切上字在三家系統反切中開合區分度的比較：

表6.4

切上字	開口反切	合口反切
	開口	合口
《集解》	66％	29％
《索隱》	68％	58％
《正義》	72％	46％

由上表可以看出，各類切上字在三家系統反切中的表現不盡一致：相同的是，不論哪一系統的反切，開口上字的區分度普遍高於合口上字的區分度；不同的是，從《集解》到《索隱》再到《正義》，開口上字的區分度越來越高，而合口上字的區分度卻沒有呈現遞增的傾向，《索隱》中合口上字的區分度要高於其它兩個系統中合口上字的區分度。

6.2.1.2 從洪細角度看切上字的區分性

再從洪細角度看切上字對被切字的區分性，表格中的區分度是指用於洪音反切的洪音上字數量與洪音上字總數的百分比，或用於細音反切的細音上字與細音上字總數的百分比。表6.5是各類切上字在不同系統反切中洪細區分度的比較：

表6.5

切上字	洪音反切	細音反切
	洪音	細音
《集解》	83％	75％
《索隱》	90％	79％
《正義》	90％	89％

由上表可以看出，各類切上字在不同系統反切中的表現較爲一致：首先，不論哪一系統的反切，洪音上字的區分度普遍高於細音上字的區分度；其次，從歷時的角度觀察可知，洪、細音上字的區分度都呈現遞增的趨勢；最後，不論洪音上字還是細音上字，其各自的區分度都維持在一個較高的水平，即洪、細音上字都能較好地區分被切字的洪細。

6.2.1.3 從等第角度看切上字的區分性

接下來從等第角度看切上字對被切字的區分性，表格中的區分度是指用於某一類反切的同類上字數量與該類上字總數的百分比。比如，I 類上字的區分度指的是用於 I 類反切的 I 類上字數量與 I 類上字總數的百分比。表 6.6 是各類切上字在不同系統反切中等第區分度的比較：

表 6.6

切上字	I 類反切	II 類反切	IV 類反切	A 類反切	B 類反切	C 類反切
	I 類	II 類	IV 類	A 類	B 類	C 類
《集解》	75％	11％	11％	24％	15％	59％
《索隱》	74％	10％	16％	42％	13％	74％
《正義》	75％	26％	35％	55％	30％	80％

由上表可以看出，各類切上字在不同系統反切中的表現不盡一致：

相同的是，不論哪一系統的反切，I、C 類上字的區分度偏高，II、IV 類上字的區分度偏低，且 I、C 類上字的區分度要遠高於其它上字的區分度。這說明，相對於其它上字，I、C 類上字能較好地區分被切字的等第。

不一致的是，從《集解》到《索隱》再到《正義》反切，I 類上字的區分度基本不變，而其它上字的區分度均有變化。具體情況是：從《集解》到《索隱》反切，A、C 類上字的區分度變化最大，其它上字的區分度則跟之前基本持平；從《索隱》反切到《正義》反切，II、IV、B 類上字的區分度變化最大，而 A、C 類上字的區分度變化不大。

上述現象表明：首先，不論哪一系統的反切，I、C 類上字的使用量要多於其它上字，而 II、IV 類上字的使用量要遠少於其它上字。其次，從《集解》反切到《索隱》反切，A、C 類上字的使用量大大增加，其它上字的使用量則變化不大。而從《索隱》反切到《正義》反切，II、IV、B 類上字的使用量增加較多，而 A、C 類上字的使用量相對增加較少。

6.2.1.4 從韻類的角度看切上字的區分性

接下來從韻類的角度看切上字對被切字的區分性，表格中的區分度指的是用於某類反切的同類切上字數量與該類上字總數的百分比。如下表《集解》反切中，用於止攝反切的止攝上字共 3 例，而《集解》中止攝上字共 35 例，則止攝上字的韻類區分度是 9％（3/35）。表 6.7 是各類切上字在各個系統反切中韻類區分度的比較：

表 6.7

被切字	切上字	《集解》	《索隱》	《正義》
通攝	通攝	0	25％(9/36)	28％(11/39)
江攝	江攝	0	0	100％(1/1)
止攝	止攝	9％(3/35)	18％(30/171)	33％(52/156)
遇攝	遇攝	3％(3/91)	5％(21/380)	6％(21/337)
蟹攝	蟹攝	0	12％(4/33)	27％(10/36)
臻攝	臻攝	0	8％(7/86)	19％(14/75)
山攝	山攝	33％(3/9)	23％(7/30)	27％(17/64)
效攝	效攝	0	0	100％(5/5)
果攝	果攝	17％(1/6)	15％(2/13)	17％(2/12)
假攝	假攝	0	8％(1/12)	38％(3/8)
宕攝	宕攝	10％(2/20)	4％(3/75)	14％(12/87)
梗攝	梗攝	25％(3/12)	12％(5/42)	13％(7/53)
曾攝	曾攝	0	0	4％(5/114)
流攝	流攝	0	5％(2/37)	3％(1/37)
深攝	深攝	0	0	100％(5/5)
咸攝	咸攝	0	0	100％(5/5)

由上表可以看出,各類上字的韻類區分度不盡一致:

首先,從《集解》反切到《索隱》反切再到《正義》反切,能夠區分被切字韻類的上字越來越多,且大多數上字的韻類區分度呈現出遞增的趨勢。

其次,江、效、深、咸攝上字的區分度表現一致:它們在前兩個系統中都不能區分被切字的韻類,而到了《正義》反切中,其韻類區分度均爲100％。可見,在前兩個系統中,江、效、深、咸攝反切迴避使用跟被切字同攝的切上字,而到了《正義》反切中,江、效、深、咸攝反切則只使用跟被切字同攝的切上字。

再者,止、遇攝上字在三個系統中都能區分被切字的韻類,且這一區分度歷時地看呈現出遞增的趨勢;而梗攝上字在三個系統中也都能區分被切字的韻類,但歷時地看它的區分度卻呈現出遞減的趨勢。

最後,山、宕攝上字的區分度歷時地看呈現出先降後升的趨勢,果攝上字的區分度在三個系統中基本不變,蟹、臻攝上字在《集解》反切中沒有韻類區分度,而在後兩個系統中韻類區分度都不低且逐步遞增。

6.2.1.5　從調類的角度看切上字的區分性

最後從調類的角度看切上字對被切字的區分性，表格中的區分度指的是用於某調類反切的同調類上字的數量與該調類上字總數的百分比。以《集解》反切爲例，用於平聲反切的平聲上字共 29 例，而《集解》中平聲上字共 108 字，則平聲上字的調類區分度是 27％（29/108）。表 6.8 是各類上字在各個系統反切中調類區分度的比較：

表 6.8

被切字	切上字	《集解》	《索隱》	《正義》
平聲反切	平聲	27％（29/108）	23％（103/450）	28％（138/487）
上聲反切	上聲	17％（11/65）	13％（40/298）	10％（24/252）
去聲反切	去聲	27％（3/11）	31％（17/55）	40％（21/53）
入聲反切	入聲	15％（6/39）	16％（33/202）	12％（29/242）

由上表可以發現，各類上字在各個系統中的調類區分度不盡一致，具體情況是：首先，不管哪一系統，平、去聲上字的區分度要普遍高於上、入聲上字的區分度。其次，去聲上字的區分度相對高於其它上字，這可能跟去聲字不常作反切上字有關。最後，歷時地看，上聲上字的區分度逐步遞減，而去聲上字的區分度逐步遞增，平、入聲上字的區分度則有起伏，平聲上字的區分度是先落後起，而入聲上字的區分度則先起後落。

6.2.2　切上字結構特點的比較

以下主要從聲母、開合、洪細、等第、韻類和聲調等方面比較三家系統中切上字與被切字的關係，從而歸納出切上字在各個不同歷史時期的結構特點。

6.2.2.1　切上字的一致性

三家音切反切系統中，切上字的一致性表現在以下幾個方面：

（1）從聲母角度看，切上字決定被切字的聲母，符合傳統反切“上字去聲定清濁”的原理。三家音注反切系統中，切上字決定被切字聲母的比例都在90％左右。

（2）從開合角度看，部分切上字與被切字的開合一致，遇攝上字既作開口反切的切上字又常作合口反切的切上字，它的這一特性影響到切上字與被切字開合一致的比例。遇攝是獨韻攝，沒有開合對立，對遇攝的不同處理影響切上字與被切字開合一致的程度。比如，如果將遇攝中模、魚韻處理爲開口,則切上字與開口反切的開合一致的比例會大幅提升。同時,切上字與合口反切的開合一致的比例會大幅下降。

(3)從洪細角度看,大多數的切上字與被切字的洪細一致。三家音注反切系統中,切上字都傾向跟被切字的洪細一致。

(4)從等第角度看,部分切上字與被切字的等第一致,這種性質在不同的反切中表現不一:非三等反切傾向於用非三等上字,其中主要是一等上字,三等反切傾向於用三等上字,其中主要是 C 類上字。

(5)從韻類角度看,切上字傾向跟被切字韻類不一致。不過,三家音注反切中,都有部分切上字的韻類跟被切字完全一致,它們都遵循"同韻異調"原則。切上字從韻類角度看呈現集中分佈的態勢:它們大都來自上古魚鐸陽、之職蒸部字;絕大多數是陰聲韻字,在陽、入聲韻中,收-ŋ尾、-k尾的字明顯多於收-n尾、-t尾的字,其中收-k尾的字又比收-ŋ尾的字要多,而收-m尾、-p尾字最少。

(6)從調類角度看,切上字傾向跟被切字的聲調不一致。平聲上字用得最多,去聲上字用得最少。三家音注反切系統中,都有部分切上字與被切字聲調一致的反切,這些反切絕大多數遵循"同韻異調"的原則。

6.2.2.2　切上字的差異性

三家音注反切系統中,切上字的性質也存在差異性,主要表現在:

(1)從開合上看,切上字與被切字開合一致的比例在逐步上升。《集解》反切中,這一比例爲47%,到《索隱》反切中上升爲49%,而到《正義》反切中上升至52%。如果説在前兩個系統中,切上字傾向跟被切字的開合偏向不一致的話,那麼,到了《正義》反切中,切上字跟被切字的開合偏向一致。

(2)從洪細上看,切上字與被切字洪細一致的比例也在逐步上升。《集解》反切中,這一比例爲78%,到《索隱》反切中上升爲83%,而到《正義》反切中上升至89%。

(3)從等第上看,切上字與被切字等第一致的比例也在逐步上升。《集解》反切中,這一比例爲34%,到《索隱》反切中上升爲46%,而到《正義》反切中上升至51%。

(4)從韻類上看,切上字與被切字韻類一致的反切佔總數的比例在逐步上升。集解》反切中,這一比例僅爲7%,到《索隱》反切中上升爲8%,而到《正義》反切中上升至17%。

上述差異表明,切上字與被切字一致的比例在以上幾個方面都出現了上升的趨勢,這説明,從《集解》到《索隱》再到《正義》,反切的和諧程度逐步上升,而且幾乎覆蓋到了所有方面。

(5)從調類上看,一方面,《集解》中切上字與被切字聲調一致的反切其切上字與被切字都遵循"同調異韻"的原則,沒有例外。而在後兩個系統中都出現了例外,即出現了切上字與被切字調類、韻類完全一致的反切。如《索隱》中的"鄉曉陽/香曉陽亮來漾(1965);污影模/烏影模故見暮(2145)",《正義》中的"煖曉元,泥緩/喧曉元遠云阮,云願(1196);已以止,以志/以以止爾日紙(1818)(佚)"。

另一方面,在《索隱》、《正義》反切系統中,出現了切上字與被切字用字完全一致的反切。如《索隱》反切中的"苦溪姥,溪暮/苦溪姥,溪暮桔匣姥(1440)",《正義》反切中的"上禪養,禪漾/上禪養,禪漾掌章養(261);女泥語,泥御/女泥語,泥御慮來御(26);積精真,精昔/積精真,精昔賜心真(327);相心陽,心漾/相心陽,心漾匠(1447);從從鍾,清鍾,從用/從從鍾,清鍾,從用用以用(又)(發字例17)"。

由於切上字或被切字的多音性質,上述反切可以不處理爲"同調異韻"原則的例外。值得重視的是這種反切形式的出現,一般認爲只有到了《集韻》中纔出現這種切上字與被切字用字完全一致的反切,而上述分析表明,這種反切形式在《索隱》、《正義》反切中就已經出現。

6.3 切下字的比較

本節主要從切下字的聲母分佈情況這一角度對三家音注反切展開比較。考察比較表 2.1、3.2、4.2 可知,在三家音注反切系統中,切下字聲母的分佈情況有同有異。

6.3.1 切下字聲母分佈的一致性

三家音注反切系統中,切下字聲母分佈的一致性主要表現在以下幾個方面:

(1)切下字喜用牙喉音與來母字。

對大多數被切字而言,除去本組下字外,切下字都主要集中在見、曉組及來母。關於切下字聲母集中分佈在喉牙音的原因,陸志韋(1963:345)在分析《王三》反切的用字規律時認爲"因爲喉牙音聲母容易從切下字中拋棄",至於來母,陸氏認爲"邊音像是一個中間性的音,可以隨意使用,不集中在哪一類的被切字上"[1]。我們認爲陸氏的意見是很有見地的。不過值得

指出的是,從中古往後的語音系統看,牙喉音能夠拼合的韻母最全,不像其它聲母那樣受限制:脣音聲母若拼開口下字,就不拼合口下字;舌音聲母若拼一、四等下字,則不拼二、三等下字。因而,切下字喜用牙喉音字跟牙喉音字本身較多且分佈較廣有關。

(2)大多數反切中切下字可以跟被切字聲母同組,但一般要避免完全一致。

一方面,除去來、日、云、以母反切外,其它反切中都出現切下字跟被切字同聲組的情況,且大多數量多,比重大。這表明,這些反切在選用切下字時,本組下字也是重點選用對象。這種選用與被切字同聲組切下字的現象主要是反切和諧的表現。一般而言,被切字的聲母由切上字決定,當切下字與被切字同聲組時,意味著切下字跟切上字也同聲組,切上、下字同聲組應該是反切和諧的需要。

另一方面,切下字跟被切字同聲組時一般要避免完全一致。以幫母反切為例,其切下字可以是幫組字,它可以是滂、並、明母字,但一般要避免是幫母字。這種現象表明,反切用字一方面需要考慮和諧,另一方面也要有一定的區分度,且符合人們發音習慣的需要。試想一下,如果切上、下字的聲母完全一致,則發音人在發完上字的時候,發下字時又得重複一遍發上字時的動作,這種重複性的發音動作不符合發音省力原則,因而要迴避。而選用與被切字同聲組且在發音部位或發音方法上跟被切字不一致的字,則既能達到反切和諧的目的,又能符合發音省力的原則,可謂一舉兩得。

(3)來、云、以母反切迴避或很少用本組下字。

三家反切系統中,來、云、以母反切迴避或很少用本組下字。《集解》反切中,來、云、以母反切迴避使用本母下字;《索隱》反切中,來、云、以母反切中都迴避使用本母下字;《正義》反切中,來、云母反切中都迴避使用本母下字,以母反切中僅出現 3 例以母下字。

(4)云、以母反切中都沒有出現來母、曉組下字。

三家音注反切系統中,云、以母反切中都沒有出現來母、曉組下字,是為例外。不過,這可能跟三家音注中云、以母反切用例較少有關。

(5)莊組下字出現數量非常少。

三家反切系統中,莊組下字出現數量都非常少。《集解》中沒有出現莊組下字。《索隱》中僅出現 1 例莊組下字,《正義》中僅出現 5 例莊組下字。對於這一現象,我們認為首先跟莊組字的捲舌性質有關,因為捲舌動作不容易忽略,捲舌聲母不容易從切下字中拋棄。其次,莊組的拼合能力本身有限,莊組字本身就少。

(6)切下字的聲母大體上分爲兩組。

三家反切系統中,切下字的聲母都呈現出分組的趨勢,大體上分成兩組:其中幫、見、曉、精、章組、日母及以母爲一組,端、知、莊組及云母爲另一組,來母則處在兩者之間。其中,幫、見、曉組字互爲切下字,精、章、以母字也互爲切下字,以母跟曉組字關係密切,這幾組字爲一組;端、知、莊組及云母爲另一組,它們基本上不用精、章、以母字作下字。來母則處在兩者之間,來母下字幾乎作所有反切的切下字。

6.3.2 切下字聲母分佈的差異性

三家音注反切系統中,切下字的分佈也存在差異,主要有:

(1)個別反切中切下字與被切字的聲母完全一致,但三家的表現不一。

《集解》反切中,滂、日母反切各有 1 例與被切字聲母完全一致的切下字,不過滂母下字"沛"兩讀,作幫母讀時則跟被切字聲母不一致;《索隱》反切中,見母反切中有 3 例見母下字,幫母反切中有 2 例幫母下字,滂、並、定、從、心、章、羣母反切各有 1 例與被切字聲母完全一致的切下字。《正義》反切中,以母反切中有 3 例以母下字,而幫、滂、並、心、生、羣、匣母反切中各有 1 例與被切字聲母完全一致的切下字。

(2)莊組下字的表現不一。

《集解》反切中沒有出現莊組下字;《索隱》反切中,莊組下字作莊組反切的切下字,被切字是莊母陽韻"莊"字;《正義》反切中,莊組下字出現 5 例,其被切字全部爲二等字。

(3)來母下字的表現不一。

《集解》反切中,來母與知、莊組關係密切,來母偏向與跟知、莊組字一組;《索隱》反切中,來母下字搖擺在兩組之間,沒有明顯的偏向;《正義》反切中,來母反切的切下字除去知組外,主要是章、見、曉、精組下字,來母偏向跟章組等一組。

6.4 切上下字與被切字情況一致的比較

本節從聲母、開合、洪細、等第、韻類、聲調等角度比較三家反切中切上、下字與被切字一致的情況。表 6.9 是三家反切中切上、下字與被切字情況一致的總表。表格中,"聲母"欄中"91"表示 91% 的切上字與被切字的聲母一致,"0.9"表示僅 0.9％的切下字聲母跟被切字一致,餘可類推。

表 6.9

	聲母		開合		洪細		等第		韻類		聲調	
	上字	下字	上字	下字	上字	下字	上字	下字	上字	下字	上字	下字
集解	91	0.9	47	91	78	97	38	92	7	98	22	96
索隱	89	1.2	49	81	83	96	48	91	8	97	19	94
正義	91	1.1	52	79	89	98	60	92	17	98	21	95

6.4.1 切上、下字與被切字聲母一致情況的比較

三家反切中,切上字與被切字聲母一致的比例都大大超過切下字與被切字聲母一致的比例,這表明,三家反切都由切上字決定被切字的聲母。歷時地看,切上字決定被切字聲母的比例總體持平。

6.4.2 切上、下字與被切字開合一致情況的比較

一方面,三家音注非唇音反切中,切下字與被切字開合一致的比例都大大超過切上字與被切字開合一致的比例,這表明,三家反切系統中,都由切下字決定被切字的開合。另一方面,歷時地看,切上字與被切字開合一致的比例在逐步上升,而切下字與被切字開合一致的比例在逐步下降,這表明,從《集解》到《索隱》再到《正義》反切,切上字表現被切字開合的功能在逐步加強,而切下字表現被切字開合的功能在逐步減弱。

6.4.3 切上、下字與被切字洪細一致情況的比較

一方面,三家反切中,切下字與被切字洪細一致的比例都大大超過切上字與被切字洪細一致的比例,這表明,三家反切系統中,都由切下字決定被切字的洪細。另一方面,歷時地看,切上字與被切字洪細一致的比例在逐步上升,而切下字與被切字洪細一致的比例也大體呈上升的趨勢,這表明,切上、下字都越來越能表現被切字的洪細,這是反切和諧在洪細上的表現。

6.4.4 切上、下字與被切字等第一致情況的比較

一方面,三家反切中,切下字與被切字等第一致的比例都大大超過切上字與被切字等第一致的比例,這表明,三家反切系統中,都由切下字決定被切字的等第。另一方面,歷時地看,切上字與被切字等第的比例在逐步上

升,而切下字決定被切字等第的比例則總體持平。這表明,切上字越來越能表現被切字的等第,切上字的等第與切下字一致的比例越來越高,這是反切和諧在等第上的表現。

6.4.5 切上、下字決定被切字韻類一致情況的比較

一方面,三家反切中,切下字與被切字韻類一致的比例都大大超過切上字與被切字韻類一致的比例,這表明,三家反切系統中,都由切下字決定被切字的韻類。另一方面,歷時地看,切上字與被切字韻類一致的比例在逐步上升,而切下字與被切字韻類一致的比例則總體持平。

6.4.6 切上、下字與被切字聲調一致情況的比較

一方面,三家反切中,切下字與被切字聲調一致的比例都大大超過切上字與被切字聲調一致的比例,這表明,三家反切中,都由切下字決定被切字的聲調。另一方面,歷時地看,切上、下字與被切字聲調一致的比例都總體持平,這表明,切上字在聲調的選擇上並沒有跟切下字趨向一致。

6.5 新型反切結構的比較

以上章節已經對《史記》三家音注中的新型反切進行了統計與分析,本節主要從新型反切的分佈、來源及用字情況等方面展開比較,限於篇幅,本節只考察切上字與切下字等第完全一致的反切。

6.5.1 新型反切分佈情況的比較

表 6.10

反切類型	開/合	《集解》	《索隱》	《正義》
I-I I	開	5/34(14.71)①	19/146(13.01)	28/113(24.78)
	合	1/14(7.14)	3/102(2.94)	11/84(13.09)
II-II II	開	3/32(9.38)	15/123(12.19)	22/82(26.83)
	合	/	/	/

① "/"之前的數字表示 I-I I 新型反切總數,"/"之後的數字表示被切字與切下字均爲開口一等字的反切總數,括弧中的數字是上述兩個數字的百分比,下同。

續表

反切類型	開/合	《集解》	《索隱》	《正義》
IV-IV IV	開	4/27(14.81)	12/65(18.46)	27/71(38.03)
	合	/	/	/
A-AA	開	6/29(20.69)	65/134(48.51)	112/181(61.88)
	合	/	2/62(3.23)	4/56(7.14)
B-BB	開	3/10(30)	6/33(15.15)	7/30(23.33)
	合	/	/	2/10(20.00)
C-CC	開	1/10(10)	25/70(35.71)	30/114(26.32)
	合	3/22(13.64)	22/126(17.46)	44/152(28.95)
總計	開	22/142(15.49)	142/570(24.91)	226/591(38.24)
	合	4/36(11.11)	27/290(9.31)	61/302(20.20)

從表 6.10 可以發現以下特點：

（1）歷時地看，《史記》三家音注中，不論是從總量考察還是從細類分析，新型反切的數量及佔比大體呈上升的趨勢，表明從《集解》到《索隱》再到《正義》，新型反切出現的幾率越來越大。又，不論新型反切的細類如何，歷時地看，《正義》中的新型反切數量及佔比大體都高於前兩者。

（2）合口反切中出現新型反切的幾率普遍低於開口反切，這跟本書不考慮遇攝字作爲切上字有直接關係，鑒於遇攝字經常作切上字的反切傳統，如果將遇攝上字考慮進去，則上述結論會有變化。

（3）從等第的角度看，切上字與切下字均爲三等字時，更有可能出現新型反切，其中又以 A-AA 型反切最爲常見。切上字與切下字均爲非三等字時，II-II II 型反切中出現新型反切的幾率要低於其它兩種類型。

6.5.2　新型反切來源情況的比較

表 6.11　《集解》中新型反切的來源情況

反切類型	開/合	總量	裴駰自注	徵引前注	徵引來源
I-I I	開	5	3	2	徐廣 2[1]
	合	1	1	0	

---

[1]　表示徵引徐廣的反切 2 條，徵引 1 條的反切不標數字，下同。

續表

反切類型	開/合	總量	裴駰自注	徵引前注	徵引來源
II-II II	開	3	3	0	
	合	/			
IV-IV IV	開	4	1	3	鄭氏、徐廣 2
	合	/			
A-AA	開	6	3	3	郭璞、徐廣 2
	合	/			
B-BB	開	3	1	2	徐廣 2
	合	/			
C-CC	開	1	0	1	徐廣
	合	3	2	1	徐廣
總計	開	22	11	11	徐廣 9、郭璞、鄭氏
	合	4	3	1	徐廣

　　由表 6.11 可知,《集解》中共有上述新型反切 26 條,其中裴駰自注反切
14 條,徵引前人反切 12 條,徵引反切佔據新型反切總數的 46.15%。徵引
反切中,最常見的是徐廣的反切。

表 6.12　《索隱》中新型反切的來源情況

反切類型	開/合	總量	司馬貞自注	徵引前注	徵引來源
I-I I	開	19	17	2	韋昭、呂忱
	合	3	3	0	/
II-II II	開	15	12	3	劉伯莊、韋昭、呂忱
	合	/	/	/	/
IV-IV IV	開	11	9	2	鄒誕生、《說文》
	合	/	/	/	/
A-AA	開	65	55	10	劉伯莊 3、徐廣 2、顏游秦 2、鄒誕生、郭璞、王劭
	合	2	2	0	/
B-BB	開	6	4	2	劉伯莊 2
	合				/

續表

反切類型	開/合	總量	司馬貞自注	徵引前注	徵引來源
C-CC	開	25	18	7	韋昭 2、劉伯莊、吕忱、鄒誕生、服虔、《説文》
	合	22	19	3	劉伯莊、韋昭、《別録注》
總計	開	141	115	26	劉 7、韋 5、鄒 3、吕 2、顏 2、徐 2、《説文》2、其它 3
	合	27	24	3	劉伯莊、韋昭、《別録注》

　　由表 6.12 可知，《索隱》中共有上述新型反切 168 條，其中司馬貞自注反切 139 條，徵引反切 29 條，徵引反切佔據新型反切總數的 17.27％。徵引反切中，最常見的是劉伯莊、韋昭的反切。

表 6.13　《正義》中新型反切的來源情況

反切類型	開/合	總量	張守節自注	徵引前注	徵引來源
I-I I	開	28	28	0	
	合	11	11	0	
II-II II	開	24	24	0	
	合	/	/	/	
IV-IV IV	開	27	27	0	
	合	/	/	/	
A-AA	開	112	111	1	劉伯莊
	合	4	4	0	
B-BB	開	7	7	0	
	合	2	2	0	
C-CC	開	30	30	0	
	合	44	44	0	
總計	開	228	227	1	劉伯莊
	合	61	61	0	

　　由表 6.13 可知，《正義》中共有上述新型反切 289 條，其中張守節自注 288 條，徵引劉伯莊反切 1 條。

　　從新型反切的來源看，《集解》、《索隱》中都有引自前人的新型反切，而《正義》中的新型反切則幾乎都是張守節自注。這一現象跟三家音注中的整體注音情況一致,即:《集解》中注音有許多徵引反切,大都來自徐廣;《索隱》中也有不少徵引反切,大都來自劉伯莊、韋昭等;《正義》中的反切幾乎都是張守節自注,偶有徵引前人反切的情況。

6.5.3 "準直音"型反切的比較

6.5.3.1 "準直音"型反切總量的比較

《集解》中,包括切上字爲遇攝字在內的"準直音"型反切共有 8 條,佔據《集解》反切總數 223 條中的 3.59%。它們是:莽/莫朗(2200);芒/莫卬(2327);適(謫)/丁革(2886);到/經鼎(330);澠/縣善(2295);俉/五故(1340);鄔/烏古(2027);陆/去車(3034)。

《索隱》中,包括切上字爲遇攝字在內的"準直音"型反切共有 14 條,佔據《索隱》反切總數 1005 條中的 1.39%。它們是:裁/在代(3011);瓚/殘岸(集序 5);惡/烏故(510);苦/苦楛(1440);睚/崖實(2415);瘕/加雅(2803);見/賢徧(1921);芈/彌是(1691);臏/頻忍(2162);徇/句俊(1694);遺/唯季(2353);披/皮彼(1101);遒/酒尤(1473);鄉/香亮(1965)。

《正義》中,包括切上字爲遇攝字在內的"準直音"型反切共有 87 條,佔據《正義》反切總數 1034 條中的 8.41%。《正義》中的"準直音"型反切曾在上文 4.3.2 節中羅列過,廖秋華(2020)[①]一文亦可參看。

上述統計分析表明,《集解》、《索隱》中,"準直音"反切的分佈及佔比基本持平,而到了《正義》中,"準直音"型反切的佔比有了較大提高,表明此類新型反切越來越可能出現。

6.5.3.2 "準直音"型反切中被切字與切上字聲調關係的比較

以下是《史記》三家音注中"準直音"型反切中被切字與切上字的聲調關係總表,《集解》表中第一行表示切上字,第一列表示被切字,餘可類推。

表 6.14

《集解》						《索隱》						《正義》				
	平	上	去	入	合計		平	上	去	入	合計		平	上	去	入	合計
平	0	1	0	1	2	平	0	1	0	0	1	平	0	11	6	2	19
上	3	0	0	1	4	上	4	0	1	0	5	上	17	0	2	1	20

---

① 廖秋華《〈史記正義〉中的新型反切結構》,《古漢語研究》,2020 年第 2 期,74—85 頁。

續表

《集解》						《索隱》						《正義》				
去	0	1	0	0	1	去	7	1	0	0	8	去	23	1	0	7	31
入	1	0	0	0	1	入	0	0	0	0	0	入	14	0	3	0	17
合計	4	2	0	2	8	合計	11	2	1	0	14	合計	54	12	11	10	87

由表 6.14 可知,一致的是,"準直音"型反切中被切字與切上字的聲調都不一致,切上字大都是平聲字。不一致的是,《索隱》中,入聲反切沒有出現"準直音"型反切,去、入聲上字也不用於去、入聲反切。而《正義》中沒有上述反切結構特點的限制,23 例去聲反切中有 7 例切上字是入聲字,14 例入聲反切中有 3 例切上字爲去聲字。

6.6　重紐反切結構特點與重紐韻舌齒音歸屬的比較

本節比較三家反切系統中的重紐反切結構特點以及重紐韻舌齒音歸屬問題。可以發現,三家反切系統在這兩方面一致性是主要的,不過也存在差異。

6.6.1　重紐反切結構特點的比較

6.6.1.1　重紐反切結構特點的一致性

三家反切中,其重紐反切在結構上的一致性主要表現在:

(1)一般而言,當切上字爲 A 類或 B 類時,由切上字決定被切字的歸屬,如果用 X 表示任意切下字,則 AX＝A,BX＝B。當切上字爲 C 類時,被切字偏向 B 類。當被切字爲 I、II、IV 類時,由於量少而無法看出被切字的傾向。

(2)當切下字的聲母爲 A、S、Sj、T、B、W 時,切下字的聲母類型決定被切字的歸屬,即 X(A/S/Sj/T)＝A,X(B/W)＝B。當切下字爲 IV 類時,被切字的歸屬不明顯。

(3)切下字的聲母類型比 A、B 類上字更能區分重紐反切的歸屬。

(4)切下字中都沒有出現莊組下字。

6.6.1.2　重紐反切結構特點的差異性

三家反切中,其重紐反切在結構上的差異主要有:

(1)《集解》重紐反切中,沒有出現 C、II、IV 類切下字,而《索隱》、《正義》

重紐反切中,當切下字爲 C 類時,被切字都偏向 B 類。

(2)《索隱》、《正義》重紐反切中,當切下字爲 II 類時,被切字都爲 A 類,不過《索隱》中只有 1 例,可能爲偶出。

(3)《集解》中沒有出現以來母爲切下字的重紐反切,《索隱》中以來母爲切下字的重紐反切偏向 B 類,而《正義》中以來母爲切下字的重紐反切歸屬不一,當切上字爲 A、B 類時可以根據切上字確定其歸屬;當切上字爲 C 類時,無法確定被切字的歸屬;來母的搖擺性體現在以 C 類爲切上字的重紐反切中。

6.6.2 重紐韻舌齒音歸屬的比較

三家反切中,重紐韻舌齒音的歸屬較爲一致:重紐韻舌齒音的聲母類型大致可以分成兩類:章、精組、以母字一類,它們跟 A 類被切字關係密切,莊組、云母字一類,它們跟 B 類被切字關係密切。差異是:《集解》、《索隱》重紐韻舌齒音中,知組、來母下字則偏向 A 類。而《正義》重紐韻舌齒音中,知組和來母搖擺在 A、B 兩類之間,沒有明顯的偏向。

以上我們主要從六個角度考察比較了三家反切系統,我們發現,三家反切系統中一致性是主要的,但也存在著一定的差異性,這些差異表明實際語音開始逐步發生變化,這種變化體現在不同的反切結構中。

第7章 《史記》三家音注與《資治通鑒音注》反切結構的比較

本章主要從反切結構的角度比較《史記》三家音注與《音注》的反切系統。我們的著眼點是：從《史記》三家音注到《音注》，反切結構有沒有變化，如果有變化，這種變化的原因是什麼？能否從中分析出語音發展變化的端倪？由於上一章節已經對《史記》三家音注進行了內部比較，發現其反切結構大同小異，本章我們將《史記》三家音注作爲一個整體，以《正義》作爲參比對象與《音注》進行比較。

7.1 被切字的比較

本節比較兩家反切中被切字的音節系統，主要從聲、韻、調等角度進行考察。

7.1.1 被切字聲母的比較

先給出兩家反切中被切字聲母出現情況的總表，主要是各類被切字聲母出現的數量及各自佔總數的百分比，請看表 7.1：

表 7.1

		P	T	L	Tr	S	R	Sj	K	H	W	J	總計
正義	數量	153	88	49	76	137	46	110	182	151	10	32	1034
	比例	15	8	5	7	13	4	11	18	15	1	3	100
音注	數量	815	641	347	370	827	317	566	1197	915	49	210	6254①
	比例	13	10	5	6	13	5	9	19	15	0.7	3.3	100

---

① 《音注》的不重複反切，之前統計爲 6271 條，經後期進一步核實，實爲 6254 條。

由上表可以看出：

(1)兩家反切中,被切字涉及到了所有聲組,没有出現系統空缺。被切字主要集中在唇牙喉音及精組字。這個現象並不能説明注者重點關注這幾類字,因爲從搭配關係上看,唇牙喉音及精組本身能拼合的韻類就多,即上述幾類字由於搭配韻母能力强,因而出現幾率大。

(2)兩家反切中云、以、來母、莊組被切字出現數量及比重都最少。

7.1.2　被切字韻母的比較

先給出兩家反切中被切字韻母出現情況的總表,請看表 7.2,表格中給出各類被切字韻母出現的數量及佔總數的百分比：

表 7.2

	正義		音注	
	數量	比例	數量	比例
通攝	62	6	340	5
江攝	10	1	95	1.5
止攝	203	19	656	10.5
遇攝	62	6	436	7
蟹攝	96	9	604	9.6
臻攝	81	7.8	506	9
山攝	128	12	975	16
效攝	60	6	476	7
果攝	24	2	137	2
假攝	24	2	135	2
宕攝	72	7	428	7
梗攝	64	6	468	7
曾攝	23	2	138	2
流攝	49	4.7	264	4
深攝	23	2	142	2.2
咸攝	54	5.2	454	7.2
總計	1034	100	6254	100

從上表可以看出,兩家反切系統的被切字都涉及到了所有韻攝,從系統

的角度看並沒有出現空缺。比較一致的是,兩家反切中止、山、蟹攝被切字出現數量最多,而江攝被切字出現最少,這種現象可能跟止、山、蟹攝字本身出現幾率較多而江攝字出現幾率較少有關,因爲從聲韻搭配的角度看,止、山、蟹攝字比江攝字的搭配能力要強很多。

7.1.3　被切字聲調的比較

接下來從聲調的角度比較三家反切的被切字,下表是三家反切中被切字聲調出現情況的總表,請看表 7.3,表格中給出各類被切字聲調的數量及佔總數的百分比:

表 7.3

	正義		音注	
	數量	比例	數量	比例
平聲	356	34	2060	33
上聲	186	18	1244	20
去聲	321	31	1797	29
入聲	171	17	1153	18
總數	1034	100	6254	100

由上表可知,兩家音注中的被切字從聲調的角度比較看表現一致:被切字中出現最多的都是平聲字,其次是去聲字,平、去聲字出現的總和佔總數的 60% 左右,入聲被切字出現數量都最少。這種情況也跟各類聲調的搭配能力有關,在《廣韻》系統中,平聲韻 57 韻,上聲韻 55 韻,去聲韻 60 韻,入聲韻 34 韻,因而平、去聲韻字出現的幾率較其它兩類多也不足爲奇。

以上從聲、韻、調三個角度考察比較兩家音注系統中的被切字,我們發現,各個系統中並沒有出現空缺,被切字中從聲母的角度看唇牙喉音字及精組字出現較多,從韻母的角度看止、山、蟹攝字出現最多,從聲調的角度看平、去聲字出現最多。這種現象並不說明注者重點關注這幾類被切字,而是由於這些類型本身搭配能力就強,出現幾率較大。

7.2　切上字的比較

本節主要從聲母、開合、洪細、等第、韻類和聲調等方面比較兩家反切中切上字與被切字的關係,從而歸納出切上字在各個不同歷史時期的結構特點。

7.2.1　切上字的一致性

兩家反切系統中,切上字的一致性表現在以下幾個方面:

(1)從聲母角度看,都由切上字決定被切字的聲母。切上字決定被切字聲母的比例都在 90％左右。

(2)從開合角度看,都有過半的切上字與被切字的開合一致,遇攝上字既作開口反切的切上字又常作合口反切的切上字,它的這一特性影響到切上字與被切字開合一致的比例。

(3)從洪細角度看,絕大多數的切上字與被切字的洪細一致。兩家反切系統中,切上字跟被切字的洪細一致的比例都在 85％以上。

(4)從等第角度看,都有 51％的切上字與被切字的等第一致,這種決定性在不同的反切中表現不一:非三等反切傾向於用一等上字,三等反切傾向於用 C 類上字。

(5)從韻類角度看,切上字傾向跟被切字韻類都不一致。不過,兩家反切中,都有部分切上字的韻類跟被切字完全一致,都遵循“同韻異調”的原則。切上字從韻類角度看呈現集中分佈的態勢:它們大都來自上古魚鐸陽、之職蒸部字;絕大多數是陰聲韻字,在陽、入聲韻字中,收-ŋ尾、-k尾的字明顯多於收-n尾、-t尾的字,其中收-k尾的字又比收-ŋ尾的字要多,收-m尾、-p尾的字最少。

(6)從調類角度看,平聲上字用得最多,去聲上字用得最少。兩家反切系統中,切上字傾向跟被切字的聲調不一致,但都有部分切上字與被切字聲調一致的反切,這些反切絕大多數遵循“同調異韻”的原則。

(7)兩個系統中都出現了切上字與被切字調類、韻類完全一致的反切。如《正義》中的“煖曉元,泥緩/喧曉元遠云阮,云願(1196);《音注》的“污影模/烏影模故見暮(1224)”。

(8)兩個反切系統中都出現了切上字與被切字用字完全一致的反切。其中《正義》反切 5 條:上禪養,禪漾/上禪養,禪漾掌章養(261);女泥語,泥御/女泥語,泥御慮來御(26);積精實,精昔/積精實,精昔賜心實(327);相心陽,心漾/相心陽,心漾匠(1447);從從鍾,清鍾,從用/從從鍾,清鍾,從用用以用(又)(發字例17)。《音注》反切 2 條:趨清虞/趨清虞玉疑燭(3234);從從鍾,清鍾,從用/從從鍾,清鍾,從用用以用(4056)。

7.2.2　切上字的差異性

三家音注反切系統中,切上字的性質也存在差異性,主要表現在:

(1)從開合上看,切上字與被切字開合一致的比例在逐步上升。《正義》非唇音反切中,這一比例爲52%,到《音注》上升至61%。

(2)從洪細上看,切上字與被切字洪細一致的比例稍有下降。《正義》反切中,這一比例爲89%,而到《音注》反切中下降至85%。

(3)從韻類上看,切上字與被切字韻類一致的的比例在下降。《正義》反切中,這一比例爲17%,而到《音注》反切中僅爲8%。

(4)從調類上看,切上字與被切字聲調一致的比例在逐步上升。《正義》反切中,這一比例僅爲21%,而到《音注》反切中上升至32%。

上述數據表明,一方面,從《正義》到《音注》,切上字越來越在開合、聲調上與被切字一致,反切在開合、聲調方面越來越和諧。另一方面,切上字與被切字在洪細、韻類上一致的比例在逐步減弱。

7.3　切下字的比較

本節主要從切下字的聲母分佈情況這一角度對兩家反切展開比較。考察比較表4.2、5.9可知,在兩家反切系統中,切下字聲母的分佈情況有同有異。

7.3.1　切下字聲母分佈的一致性

兩家反切系統中,切下字聲母分佈的一致性主要表現在以下幾個方面:

(1)切下字喜用牙喉音與來母字,不過都有例外。對於大多數反切而言,兩家反切的切下字主要集中在牙喉音和來母。

(2)大多數反切中切下字可以跟被切字聲母同組,但是一般要避免完全一致。一方面,除去來、日、云、以母反切外,其它反切中都出現切下字跟被切字同聲組的情況,且大多數量多,比重大。另一方面,切下字跟被切字同聲組時一般要避免完全一致。

(3)來、云、以母反切迴避或很少用本組下字。《正義》反切中,來、云母反切中都迴避使用本母下字,以母反切中僅出現3例以母下字。《音注》反切中,云母反切迴避使用本母下字,而來母反切中僅1例來母下字,以母反切中僅6例以母下字。

(4)莊組下字出現數量非常少且主要用於本組反切。《正義》中僅出現 5 例莊組下字,《音注》反切中僅出現 43 例莊組下字。莊組下字在兩家反切中的出現數量都遠低於其它聲組。而且兩家反切中,莊組下字都主要用於莊組反切。

(5)切下字的聲母大體上分爲兩組。兩家反切系統中,切下字的聲母都呈現出分組的趨勢,大體上分成兩組:其中幫、見、曉、精、章組、日母及以母爲一組,莊組及云母爲另一組。其中,幫、見、曉組字互爲切下字,精、章、以母字也互爲切下字,日母主要作精、章組反切的切下字,而以母跟曉組字關係密切,這幾組字爲一組;莊組及云母爲另一組,它們基本上不用精、章、以母字作下字。

7.3.2　切下字聲母分佈的差異性

兩家反切系統中,切下字的分佈也存在差異,主要有:

(1)《正義》反切中,來母反切完全迴避來母下字,云、以母反切迴避來、曉組下字。《音注》反切中,來母反切傾向於不用來母下字。

(2)個別反切中切下字與被切字的聲母完全一致,但兩家的表現不一。

《正義》反切中,切下字聲母跟被切字完全一致的反切 10 條,其中以母反切 3 條,幫、滂、並、心、生、羣、匣母反切中各有 1 條。《音注》反切中,切下字聲母跟被切字完全一致的反切 85 條,其中:見 22、匣 10、羣 7、章 7、以 6、滂 5、並 3、端 3、溪 2、疑 2、曉 2、禪 2、幫、明、透、定、來、知、精、影。相比而言,《音注》反切中切下字聲母跟被切字完全一致的反切在分佈範圍上更廣。

(3)莊組下字的表現不一。

《正義》反切中,莊組下字出現 5 例,其被切字全部爲二等字,且全部爲莊組字,不過從韻類角度看沒有什麼規律。《音注》反切中,莊組下字出現 43 例,其被切字既有二等字,又有三等字,且主要是三等字。莊組下字主要作莊組反切的切下字,此外用於見組反切 4 例,知、精組反切各 2 例,幫組反切 1 例。從韻類的角度看,30 例用於三等反切的莊組下字中,用於臻韻反切的 16 例,侵韻反切 6 例,魚韻反切 5 例,之韻反切 2 例,職韻反切 1 例。12 例用於二等反切的莊組下字中,用於山韻反切 3 例,銜、鹽、江韻反切各 2 例,皆、麥、靜韻反切各 1 例。

(4)端、知、來母下字的表現不一。

《正義》反切中,端、知組、來母下字偏向跟章組等聲組爲一組,而《音注》反切中,端、知組、來母下字徘徊在兩大聲組之間。

7.4 切上下字與被切字一致情況的比較

本節從聲母、開合、洪細、等第、韻類、聲調等角度比較兩家反切中切上、下字與被切字一致的情況。表 7.4 是兩家反切中切上、下字與被切字一致情況的總表。表格中，"聲母"欄中"91"表示 91％的切上字與被切字的聲母一致，"1.1"表示僅 1.1％的切下字聲母跟被切字一致，餘可類推。

表 7.4

	聲母		開合		洪細		等第		韻類		聲調	
	上字	下字	上字	下字	上字	下字	上字	下字	上字	下字	上字	下字
正義	91	1.1	52	79	89	98	60	92	17	98	21	95
音注	88	1.4	61	95	85	97	51	92	8	96	32	94

7.4.1 切上、下字與被切字聲母一致情況的比較

兩家反切中，切上字與被切字聲母一致的比例都大大超過切下字與被切字聲母一致的比例，這表明，兩家反切都由切上字決定被切字的聲母。

7.4.2 切上、下字與被切字開合一致情況的比較

一方面，兩家非唇音反切中，切下字與被切字開合一致的比例都大大超過切上字與被切字開合一致的比例，這表明，兩家反切系統中，都由切下字決定被切字的開合。另一方面，歷時地看，切上字與被切字開合一致的比例在逐步上升，而切下字與被切字開合一致的比例也在逐步上升，這表明，切上、下字都越來越表現被切字的開合，這是反切和諧在開合上的表現。

7.4.3 切上、下字與被切字洪細一致情況的比較

一方面，兩家反切中，切下字與被切字洪細一致的比例都大大超過切上字與被切字洪細一致的比例，這表明，兩家反切系統中，都由切下字決定被切字的洪細。另一方面，歷時地看，切上字與被切字洪細一致的比例有所下降，而切下字與被切字洪細一致的比例則大體持平，這表明，切上字表現被切字洪細的功能有所減弱。

7.4.4 切上、下字與被切字等第一致情況的比較

一方面,兩家反切中,切下字與被切字等第一致的比例都大大超過切上字與被切字等第一致的比例,這表明,兩家反切系統中,都由切下字決定被切字的等第。另一方面,歷時地看,切上字與被切字等第一致的比例下降明顯,而切下字決定被切字等第一致的比例則總體持平,這表明,切上字表現被切字的等第的功能逐步減弱。

7.4.5 切上、下字與被切字韻類一致情況的比較

一方面,兩家反切中,切下字與被切字韻類一致的比例都大大超過切上字與被切字韻類一致的比例,這表明,兩家反切系統中,都由切下字決定被切字的韻類。另一方面,歷時地看,切上字與被切字韻類一致的比例下降明顯,而切下字與被切字韻類一致的比例則總體持平,這表明切上字表現被切字韻類的功能減弱明顯。

7.4.6 切上、下字與被切字聲調一致情況的比較

一方面,兩家反切中,切下字與被切字聲調一致的比例都大大超過切上字與被切字聲調一致的比例,這表明,兩家反切中,都由切下字決定被切字的聲調。另一方面,歷時地看,切上字與被切字聲調一致的比例上升明顯,而切下字與被切字聲調一致的比例總體持平,這表明,切上字表現被切字聲調的能力逐步提高。

7.5 新型反切結構的比較

本節比較兩家音注中的新型反切結構,比較對象局限在切上字與切下字等第完全一致的反切。主要從新型反切的分佈情況、新型反切的來源、"準直音"型反切等方面展開比較。

7.5.1 新型反切分佈情況的比較

以下是兩大音注中新型反切結構的分佈情況,請看表 7.5:

表 7.5

反切類型	開/合	《正義》新型反切數量 及其佔比(%)	《音注》新型反切數量 及其佔比(%)
I-I I	開	28/113(24.78)①	220/898(24.50)
	合	11/84(13.09)	57/685(8.32)
II-II II	開	22/82(26.83)	31/559(5.55)
	合	/	/
IV-IV IV	開	27/71(38.03)	103/553(18.63)
	合	/	8/62(12.90)
A-AA	開	112/181(61.88)	444/949(46.79)
	合	4/56(7.14)	19/290(6.55)
B-BB	開	7/30(23.33)	43/236(18.22)
	合	2/10(20.00)	2/59(3.33)
C-CC	開	30/114(26.32)	184/562(32.74)
	合	44/152(28.95)	110/714(15.41)
總計	開	226/591(38.24)	1025/3757(27.28)
	合	61/302(20.20)	196/1810(10.83)

從上表可以發現以下特點:

(1)歷時地看,從《正義》到《音注》,不論是從總量考察還是從細類分析,新型反切的數量及佔比大都呈下降的趨勢,表明從《正義》到《音注》,新型反切出現的幾率在逐步減少,尤其是在 II-II II、IV-IV IV、B-BB 型反切中,這種下降趨勢很明顯。

(2)合口反切中出現新型反切的幾率普遍低於開口反切,這跟本書不考慮遇攝字作爲切上字有直接關係,鑒於遇攝字經常作切上字的反切傳統,如果將遇攝上字考慮進去,則上述結論會有變化。

(3)從等第的角度看,切上字與切下字均爲三等字時,更有可能出現新型反切,其中又以 A-AA 型反切最爲常見。切上字與切下字均爲非三等字時,II-II II 型反切中出現新型反切的幾率一般要低於其它兩種類型。

---

① "28"表示"I-I I"型開口反切中出現新型反切的數量,"113"表示被切字與切下字均爲一等開口字的反切總數,括號中的數字"24.78"則是新型反切的佔比情況,下同此。

7.5.2　新型反切來源情況的比較

《正義》中新型反切的來源情況上表 6.13 已經羅列,此不贅述。《正義》中的反切幾乎都是張守節自注,偶有徵引前人反切的情況。表 7.6 是《音注》中新型反切的來源情況:

表 7.6　《音注》中新型反切的來源情況

反切類型	開/合	總量	胡三省自注	徵引前注	徵引來源
I-I I	開	220	209	11	顏師古 4①、李賢 2、司馬康 2、徐鍇 2、司馬貞
	合	57	57	0	/
II-II II	開	31	29	2	顏師古、杜佑
	合	/	/	/	/
IV-IV IV	開	103	94	9	顏師古 4、丁度、何超、李賢、司馬貞、徐鍇
	合	8	8	0	/
A-A A	開	444	418	26	顏師古 13、丁度 2、陸德明 2、司馬光等 2、李賢、呂忱、裴松之、司馬康、司馬貞、徐廣、張揖
	合	19	18	1	張守節
B-BB	開	43	43	0	/
	合	2	2	0	/
C-CC	開	184	172	12	顏師古 4、丁度 2、裴松之 2、李賢、宋祁、無名氏、鄒誕生
	合	110	107	3	孟康、徐廣、顏師古
總計	開	1025	965	60	顏 26、李 5、丁 5、司馬康 3、徐鍇 3、司馬貞 3、裴 3、陸 2、司馬光等 2、杜、何、呂、徐廣、張揖、宋、鄒、無名氏
	合	196	192	4	顏、張、孟、徐

《音注》中的反切大都是胡三省自注,但也有徵引前人反切的情況,徵引前人反切共計 64 例,其中主要是徵引顏師古《漢書注》中的反切。

7.5.3　"準直音"型反切的比較

7.5.3.1　"準直音"型反切總量的比較

《正義》中,包括切上字爲遇攝字在內的"準直音"型反切共有 87 條,佔

---

① 表示徵引顏師古的新型反切 4 條,僅 1 條的後面不標數字,下同此。

據《正義》反切總數 1034 條中的 8.41％。《音注》中的“準直音”型反切 106
條,佔據《音注》反切總數 6254 條中的 1.69％。這表明,從《正義》到《音注》,
“準直音”型反切出現的幾率明顯下降。

7.5.3.2 “準直音”型反切中被切字與切上字聲調關係的比較

以下是兩大三家音注中“準直音”型反切中被切字與切上字的聲調關係
總表表 7.7,除去表頭後的表中第一行表示切上字,第一列表示被切字,餘
可類推。

表 7.7

	《正義》					《音注》				
	平	上	去	入	合計	平	上	去	入	合計
平	0	11	6	2	19	4	10	1	4	19
上	17	0	2	1	20	14	4	3	3	24
去	23	1	0	7	31	41	10	0	0	51
入	14	0	3	0	17	11	0	1	0	12
合計	54	12	11	10	87	70	24	5	7	106

由上表可知,一致的是,“準直音”型反切中被切字與切上字的聲調大都
不一致,遵循“上下字不得同調”的原則,切上字大都是平聲字。不一致的
是,《音注》中出現 4 例“同音反切”(詳上 5.3),它們並不遵循“上下字不得同
調”的原則。另外,《正義》中,切上字爲去、入聲字的比例不少,而到了《音
注》中,去、入聲作切上字的情況大大降低。

7.6 重紐反切結構特點與重紐韻舌齒音歸屬的比較

本節比較兩大音注中的重紐反切結構特點及重紐韻舌齒音的歸屬問
題。我們發現,兩家反切系統在這兩方面一致性是主要的,不過也存在
差異。

7.6.1 重紐反切結構特點的比較

7.6.1.1 重紐反切結構特點的一致性

兩家反切中,其重紐反切在結構上的一致性主要表現在:

(1)一般而言,當切上字爲 A 類或 B 類時,由切上字決定被切字的歸

屬,如果用 X 表示任意切下字,則 AX＝A,BX＝B。當切上字爲 C 類時,被切字偏向 B 類。當切上字爲 I 類時,被切字偏向 A 類。切上字很少爲 II 類,此時難以看出被切字的偏向。

(2)當切下字的聲母爲 A、S、Sj、T、B、W 時,切下字的聲母類型決定被切字的歸屬,即 X(A/S/Sj/T)＝A,X(B/W)＝B。當切下字爲來母時,被切字偏向 B 類。

(3)切下字的聲母類型比 A、B 類上字更能區分重紐的歸屬。

(4)切下字中都沒有出現莊組下字。

7.6.1.2　重紐反切結構特點的差異性

兩家反切中,其重紐反切在結構上的差異主要有:

(1)《正義》重紐反切中,當切下字爲 IV 類時,被切字偏向不明顯,而《音注》重紐反切中,當切下字爲 IV 類時,被切字偏向 A 類。

(2)《正義》重紐反切中,當切下字爲 II 類時,被切字爲 A 類,而《音注》重紐反切中,當切下字爲 II 類時,被切字偏向 B 類。

(3)《正義》重紐反切中,當切下字爲 T 組時,被切字全爲 B 類,而《音注》重紐反切中,當切下字爲 T 組時,被切字偏向 A 類。

7.6.2　重紐韻舌齒音歸屬的比較

兩家反切系統中,重紐韻舌齒音的歸屬較爲一致:重紐韻舌齒音的聲母類型大致可以分成兩類:章、精組、以母字一類,它們跟 A 類被切字關係密切,莊組、云母字一類,它們跟 B 類被切字關係密切。差異是:《正義》重紐韻舌齒音中,知組和來母搖擺在 A、B 兩類之間,沒有明顯的偏向。《音注》重紐韻舌齒音中,來母搖擺在 A、B 兩類之間,而知組則偏向 B 類。

以上我們主要從切上字、切下字、切上下字與被切字一致情況、新型反切結構、重紐反切結構及重紐韻舌齒音的歸屬等角度考察比較了《正義》與《音注》兩家反切系統,我們發現,兩家反切系統中一致性是主要的,但也存在著一定的差異性,這些差異表明實際語音開始逐步發生變化,這種變化體現在不同的反切結構中。

第8章 結 語

音注是研究漢語語音史的重要材料，這些材料很大部分來自經史的注解。注解類材料往往是大宗材料，但由於其隨文注音的性質，它們大都不成系統。有的大宗材料也可能覆蓋整個音系，但由於歷史音系的傳承性，單純系聯或比較反切還不能充分反映語音演變的全部信息。反切系聯或比較只注意音類的分合而無法關注切合關係，它們對諸如聲韻如何配合、介音的歸屬以及這種切合關係所蘊涵的語音學意義等關注不夠。反切結構分析能較好地解決這些問題，它通過分析切上、下字的特點以及它們之間的搭配關係，不僅能捕獲傳統研究中容易忽略的語音信息，而且能探尋語音發展演變的事實與規律。

本書主要運用反切結構分析法對《史記》三家音注以及《資治通鑒音注》進行分析比較，在此基礎上得出《史記》三家音注與《資治通鑒音注》在反切結構上的異同，從中窺探出背後的語音事實與規律。

本書在研究視角上有如下創新：首先，將《史記》三家音注分開研究，注意比較三家音注的異同。其次，將《史記》三家音注以及《資治通鑒音注》承襲前人的音注分開處理，注意比較各家自注的音切與其承襲前人音切的異同。再次，考察《史記》三家音注與《資治通鑒音注》反切中切上下字與被切字的關係，歸納出新型反切結構，離析出同一系統中的不同反切層次。最後，就《史記》三家音注與《資治通鑒音注》音切中的重紐問題進行分析比較。在研究方法上，本書運用反切結構的分析方法處理音注材料，能較好地適應音注材料隨文作注的特性。

本書的研究結論有以下幾點：

第一，四大音注中自注音切與徵引前人音切的比較方面：(1)《史記》三家音注對前人的音切大都不再加注，對其徵引的反切大體持肯定態度。裴駰、徐廣音系在聲韻系統上大同小異，裴駰《集解》中徵引徐廣音切大大超出裴駰自注的音切，這表明裴駰音對徐廣音的沿襲，裴駰音確實是在徐廣音基礎上"增演"而成。(2)胡三省自注音切與其徵引前人音切在反切用字的音韻地位上總體一致,但胡氏直接採用前人音切的數量非常少,對於前人音切他大都採取更換切上字或切下字或切上下字都更換的方式,但一般而言並不影響其各自的音韻地位。胡氏没有徵引裴駰《集解》的反切,對司馬貞《索隱》、張守節《正義》中的反切大體持肯定態度,而對徐廣《史記音義》、史炤《通鑑釋文》的音切則傾向於否定。

第二,四大音注中的新型反切結構及其比較方面:(1)四大音注中都出現了"等第及開合一致"型、"準直音"型等新型反切,而且歷史地看,從《集解》到《索隱》,從《索隱》到《正義》,出現新型反切的幾率越來越大。但從《正義》到《資治通鑑音注》,則出現此類新型反切的幾率大大下降。在不考慮遇攝切上字的前提下,當切上字與切下字均爲三等 A 類字時,更有可能出現新型反切,即 A-AA 類新型反切最爲常見。(2)《集解》、《索隱》中的新型反切都有徵引自前人的反切,而《正義》中則幾乎都是張守節自注反切。《集解》中的新型反切大都來自徐廣,《索隱》中的大都來自劉伯莊、韋莊等。《資治通鑑音注》中的新型反切也有源自前人的反切,大都出自顏師古的《漢書注》。(3)"準直音"型反切大都遵循"上下字不得同調"的原則,且切上字常爲平聲字。《索隱》、《正義》、《資治通鑑音注》中都出現了被切字與切上字用字完全一致的"重字型"反切,此類反切不宜簡單看作切字訛誤,需藉助反切規則與文獻仔細鑑別。《資治通鑑音注》中甚至出現了被切字與切上字完全同音的反切,即"同音反切",它違背了"準直音"反切"上下字不得同調"的原則,這些特殊的反切類型加深了我們對當時反切面貌的整體認識。

第三,《史記》三家音注及反切結構的比較方面:(1)三家音注中,被注字無論從聲韻調任一方面,都難以發現明顯的作注規則。注音者選擇注音的對象主要集中在多音字、冷僻字和外來字上。(2)切上字在一定程度上能表現被切字的開合、洪細與等第,且歷時地看這種表現能力越來越强,表明反切在開合、洪細與等第上表現得越來越和諧。切上字表現被切字韻類與聲調的能力較弱,當切上字與被切字韻類一致時大都遵循"同韻異調"的原則,切上字與被切字調類一致時大都遵循"同調異韻"的原則,不過少數情況下會出現切上字與被切字聲韻完全一致的反切。(3)切下字的聲母除去本身外,主要集中在見、曉組和來母,很少出現莊組。切下字的聲母大體可以分成兩組,切下字的聲母可以跟被切字同組,但一般要避免完全一致。莊組下字的表現不一,在《集解》中不出現莊組下字,《索隱》中僅 1 例,《正義》中出現 5 例,一致的是在後兩者中莊組下字都用於莊組反切,不同的是《索隱》中的莊組被切字爲三等字,而《正義》中的莊組被切字全部爲二等字。(4)在重組反切結構特點上,一致性的是:1)當切上字爲 A 類或 B 類時,由切上字決定被切字的歸屬,如果用 X 表示任意切下字,則 AX＝A,BX＝B。當切上字爲 C 類時,被切字偏向 B 類。2)當切下字的聲母爲 A、S、Sj、T、B、W 時,切下字的聲母類型決定被切字的歸屬,即 X(A/S/Sj/T)＝A,X(B/W)＝B。3)切下字的聲母類型比 A、B 類上字更能區分重組的歸屬,切下字中都沒有出現莊組下字。不一致的是:1)《集解》重組反切中,沒有出現 C、II、IV 類切下字,而《索隱》、《正義》重組反切中,當切下字爲 C 類時,被切字都偏向 B 類。2)《索隱》、《正義》重組反切中,當切下字爲 II 類時,被切字都爲 A 類,不過《索隱》中只有 1 例,可能爲偶出。3)《集解》中沒有出現以來母爲切下字的重組反切,《索隱》中以來母爲切下字的重組反切偏向 B 類,而《正義》中以來母爲切下字的重組反切歸屬不一:當切上字爲 A、B 類時可以根據切上字確定其歸屬;當切上字爲 C 類時,無法確定被切字的歸屬;來母的搖擺性體現在以 C 類爲切上字的重組反切中。(5)在重組韻舌齒音歸屬上,一致的是:重組韻舌齒音的聲母類型大致可以分成兩類:章、精組、以母字一類,它們跟 A 類被切字關係密切,莊組、云母字一類,它們跟 B 類被切字關係密切。不一致的是:《集解》、《索隱》重組韻舌齒音中,知組、來母下字則偏向 A 類。而《正義》重組韻舌齒音中,知組和來母搖擺在 A、B 兩類之間,沒有明顯的偏向。

　　第四,《史記》三家音注與《資治通鑒音注》的反切結構比較方面:(1)都有過半的切上字能表現被切字的開合、洪細與等第,而切上字表現被切字韻類與調類的能力較弱。(2)歷時地看,切上字表現被切字開合的能力越來越强,而切下字在表現被切字開合能力也越來越强,切上下字在開合上越來越和諧。切上字表現被切字洪細、等第的能力有所削弱,而切下字表現被切字洪細、等第的能力基本持平。切上字表現被切字聲調的能力明顯加强,而切下字表現被切字聲調的能力總體持平。(3)切下字的聲母分佈情況總體跟《史記》三家音注的情況一致。(4)在重組反切結構特點上,一致的是:1)重組現象並沒有消失,個別重組還存在對立,重組現象仍可區分。2)在重組類別的區分問題上,其表現基本上跟《史記》三家音注中的情形一致:當切上字爲 A 類或 B 類時,由切上字決定被切字的歸屬。當切下字的聲母爲 A、S、Sj、T、B、W 時,切下字的聲母類型決定被切字的歸屬,即 X(A/S/Sj/T)＝A,X(B/W)＝B。切下字的聲母類型比 A、B 類上字更能區分重組的歸屬,切下字中都沒有出現莊組下字。(5)在重組韻舌齒音的歸屬上,一致的是:其聲母類型大致可以分成兩類:章、精組、以母字一類,它們跟 A 類被切字關係密切,莊組、云母字一類,它們跟 B 類被切字關係密切。不一致的是:1)當切下字爲 IV 類時,被切字偏向不一,前者偏向不明顯,後者偏向 A 類。2)當切下字爲 II 類時,前者被切字爲 A 類,後者被切字偏向 B 類。3)當切下字爲 T 組時,前者被切字全爲 B 類,後者被切字偏向 A 類。4)知組和來母下字的表現不一:前者搖擺在 A、B 兩類之間,没有明顯的偏向。後者中來母下字搖擺在 A、B 兩類之間,而知組下字則偏向 B 類。

不足之處在於:本書的重點與難點是試圖從反切結構中窺探出語音發展演變的事實與規律,從反切結構的角度對已有音系構擬展開評述,並對個別韻攝的擬音進行探討。本書有這方面的討論,但由於本人水平有限,時間緊迫,此類論述不多,亮點較少。此外,本書的數據處理著重在定量統計上,還應考慮數理統計法以得出更科學的結論。這些希望能夠留待以後好好努力,繼續鑽研。

參考文獻

[1] [宋]陳彭年等編《宋本廣韻》(第 3 版),江蘇教育出版社,2008。

[2] [宋]丁度等編《集韻》,上海古籍出版社,1985。

[3] [清]段玉裁撰《説文解字注》,上海古籍出版社,1981。

[4] [元]胡三省撰《通鑒釋文辯誤》,《資治通鑒附録》,《資治通鑒》(第 20 冊),中華書局,1956。

[5] [唐]陸德明撰《經典釋文》,中華書局,1983。

[6] [宋]司馬光編著、[元]胡三省音注《資治通鑒》,中華書局(全 20 冊本),1956。

[7] [漢]司馬遷撰《史記》,中華書局(全 10 冊本),1959。

[8] [漢]司馬遷撰《史記》,中華書局(點校本二十四史修訂本),2014。

[9] [清]阮元校刻《十三經注疏》,中華書局,1980。

[10] [漢]許慎撰、[宋]徐鉉校定《説文解字》,中華書局,1963,(2010 年重印)。

[11] 安平秋 2017 《當代〈史記〉研究者的典範——〈宋人著作五種徵引史記正義佚文考索〉序》,《渭南師範學院學報》,第 13 期。

[12] 蔡夢麒 2007 《〈説文解字〉字音注釋研究(上、下)》,齊魯書社。

[13] 蔡夢麒、夏能權 2009 《〈王三〉〈廣韻〉小韻切語異同比較》,《古漢語研究》,第 1 期。

[14] 蔡夢麒、夏能權 2014 《〈王韻〉〈廣韻〉反切注音比較研究》,商務印書館。

[15] 陳亞川 1982 《反切比較法例説》,《中國語文》,第 2 期。

[16] 程金造 1960 《史記會注考證新增正義之來源與真僞》,《新建設》,第 2 期。

[17] 程金造 1962 《史記〈正義〉、〈索隱〉關係證(上)》,《文史哲》,第 6 期。

[18] 程金造 1985 《史記管窺》,陝西人民出版社。

[19] 崔芸 2004 《〈史記〉"三家注"研究》,暨南大學碩士學位論文。

［20］大島正二 1972 《〈史記〉索隱正義音韻考》,《東洋學報》,第 3 號。

［21］大島正二 1973 《〈史記〉索隱正義音韻考——資料表》,《北海道大學文學部紀要》,第 2 號。

［22］鄧可人 2021 《〈史記〉三家注之音義匹配研究》,華中科技大學碩士學位論文。

［23］鄧强 2012 《〈資治通鑒釋文〉所反映的宋代"濁音清化"》,《古漢語研究》,第 1 期。

［24］丁邦新 2008 《中國語言學論文集》,中華書局。

［25］丁聲樹、李榮 1981 《古今字音對照手册》,中華書局。

［26］東玲 2005 《史記正義反切研究》,北京師範大學碩士學位論文。

［27］董同龢 1948 《廣韻重紐試釋》,《中央研究院歷史語言研究所集刊》,第十三本。

［28］董同龢 2004 《漢語音韻學》,中華書局。

［29］董玉琨 1990 《史記三家注的假借字調查》,《開封教育學院學報》,第 3 期。

［30］范新幹 2000 《輕唇音聲母發端於南朝之宋考》,《人文論叢》2000 年卷,武漢大學出版社。

［31］范新幹 2002 《東晉劉昌宗音研究》,崇文書局。

［32］方心棣 1995 《〈史記〉三家注通假瑣議》,《安徽教育學院學報》,第 3 期。

［33］馮玉濤 1998 《史記三家注"直音"作用淺析》,《寧夏大學學報（社科版）》,第 4 期。

［34］馮燕 1997 《論莊組字與重紐三等韻同類説》,《漢語音韻學論文集》,首都師範大學出版社。

［35］高本漢 1940 《中國音韻學研究》,趙元任、羅常培、李方桂合譯,商務印書館。

［36］耿振生 2004 《20 世紀漢語音韻學方法論》,北京大學出版社。

［37］郭錫良 1986 《漢字古音手册》,北京大學出版社。

［38］韓丹、許建平 2020 《敦煌寫本 P.2833〈文選音〉重字反切考》,《敦煌研究》,第 2 期。

［39］賀次君 1982 《日本〈史記會註考證〉增補〈史記正義〉的真偽性問題》,《文史》,第十四輯,中華書局。

［40］賀次君 2019 《史記書錄》,中華書局。

［41］胡安順 2002 《反切簡論》,《陝西師範大學繼續教育學報》,第 2 期。

［42］胡安順 2003 《音韻學通論》,中華書局。

［43］黃淬伯 2010 《慧琳一切經音義反切考》,中華書局。

［44］黃淬伯 2010 《唐代關中方言音系》,中華書局。

［45］黃典誠 1994 《〈切韻〉綜合研究》,廈門大學出版社。

［46］黃典誠 2003 《黃典誠語言學論文集》,廈門大學出版社。

［47］黃坤堯 1987 《史記三家注異常聲紐之考察》,《臺灣師範大學國文學報》,第 16 期。又,《聲韻論叢》,第一輯,1994。

［48］黃坤堯 1991 《徐廣音系分析》,《香港中文大學中國文化研究所學報》,第 22 卷。

［49］黃坤堯 1993 《史記三家注異常韻母及聲調之考察》,《東方文化》,第 2 期。

［50］黃坤堯 1994 《〈史記〉三家注之開合現象》,《中國語文》,第 2 期。

［51］黃坤堯 1997 《音義闡微》,上海古籍出版社。

［52］黃坤堯 1999 《〈史記〉三家注的重紐現象》,《中國語言學報》,商務印書館。

［53］黃笑山 1991 《〈切韻〉和中唐五代音位系統》,廈門大學博士論文;又,文津出版社,1995。

［54］黃笑山 1994 《試論唐五代全濁聲母的"清化"》,《古漢語研究》,第 3 期。

［55］黃笑山 1996a 《〈切韻〉三等韻的分類問題》,《鄭州大學學報》,第 4 期。

［56］黃笑山 1996b 《于以兩母和重紐問題》,《語言研究》增刊。

［57］黃笑山 1997 《〈切韻〉于母獨立試析》,《古漢語研究》,第 3 期。

［58］黃笑山、李秀芹 2007 《〈經典釋文〉重紐反切的統計及結構特點》,《浙江大學學報》,第 5 期。

［59］黃笑山 2008 《切韻 27 聲母的分佈》,《漢語史學報》,第七輯,上海教育出版社。

［60］黃笑山 2012 《〈切韻〉三等韻 ABC——三等韻分類及其聲、介、韻分佈和區別特徵擬測》,《中文學術前沿(第五輯)》,浙江大學出版社。

［61］黃易青 2011 《從宋跋本王仁煦〈刊謬補缺切韻〉看脣音字的開合》,《北京師範大學學報(社會科學版)》,第 2 期。

［62］簡啟賢 2003 《〈字林〉音注研究》,巴蜀書社。

[63] 江灝 1982 《〈資治通鑒音注〉音切研究》,湖南師範大學碩士學位
　　　論文。

[64] 江灝 1985 《資治通鑒音注反切考》,《古漢語論集》,湖南教育出版社。

[65] 蔣希文 1994 《徐邈反切系統中特殊音切舉例》,《中國語文》,第 3 期。

[66] 蔣希文 1995 《徐邈音切研究》,貴州教育出版社。

[67] 雷勵 2012 《〈廣韻〉、〈集韻〉反切上字的開合分佈》,《語言科學》,第
　　　4 期。

[68] 李方桂 1980 《上古音研究》,商務印書館。

[69] 李若暉 1996 《瀧川資言所輯〈史記正義〉佚文平議》,《湖南大學學
　　　報》,第 1 期。

[70] 李榮 2020 《切韻音系》,商務印書館,又,科學出版社,1956。

[71] 李榮 2014 《音韻存稿》,商務印書館。

[72] 李秀芹 2006 《中古重紐類型分析》,浙江大學博士學位論文。

[73] 李秀芹 2008 《慧琳〈一切經音義〉重紐反切結構特點》,《語言研究》,
　　　第 4 期。

[74] 李秀芹 2010 《論〈經典釋文〉重紐中的例外反切》,《西南交通大學學
　　　報》,第 5 期。

[75] 李秀芹 2011 《〈王仁煦刊謬補缺切韻〉中重紐的反切結構特點》,《鄭
　　　州航空工業管理學院學報》,第 3 期。

[76] 廖秋華 2014 《從反切結構看重紐舌齒音的歸屬——以〈史記正義〉爲
　　　例》,《語言研究》,第 4 期。

[77] 廖秋華 2015 《史記三家音注之特殊音切舉例》,《浙江樹人大學學
　　　報》,第 6 期。

[78] 廖秋華 2016 《空間量形容詞的變讀》,《中國語文》,第 4 期。

[79] 廖秋華 2018 《徐廣、裴駰音系異同考》,《浙江樹人大學學報》,第
　　　3 期。

[80] 廖秋華 2020 《〈史記正義〉中的新型反切結構》,《古漢語研究》,第
　　　2 期。

[81] 廖秋華 2021 《〈史記索隱〉中的新型反切結構》,《語言研究》,第 2 期。

[82] 廖秋華 2021 《從胡三省自注反切與徵引反切的比較看他的審音標
　　　準》,《漢語史學報》,第二十四輯,上海教育出版社。

[83] 廖秋華 2023 《〈史記正義〉反切中"開合一致原則"的成立範圍》,《語
　　　言研究》,第 4 期。

[84] 廖秋華 2024 《〈資治通鑒音注〉所反映的重紐韻舌齒音的歸屬》,《中國語言學報》,第 22 期。

[85] 林强偉 2019 《〈資治通鑒音注〉因襲訂補〈史記〉三家注研究》,華中師範大學碩士學位論文。

[86] 林序達 1982 《反切概説》,四川人民出版社。

[87] 劉一夢 2012 《史記正義音系性質研究》,安徽大學碩士學位論文。

[88] 劉一夢 2014 《〈史記〉三家注音切疑誤考》,《漢字文化》,第 1 期。

[89] 龍宇純 1965 《例外反切的研究》,《"中央研究院"歷史語言研究所集刊》,第 36 卷(上)。

[90] 龍異騰 1988 《〈史記〉索隱正義反切考》,四川大學碩士學位論文。

[91] 龍異騰 1994 《史記正義反切考》,《貴州師範大學學報》,第 1 期。

[92] 陸華 2002 《〈資治通鑒釋文三十卷〉音切研究》,廣西師範大學碩士學位論文。

[93] 陸華 2004 《〈資治通鑒釋文〉音切反映的宋代音系——聲類的討論》,《柳州師專學報》,第 3 期。

[94] 陸華、李業才 2008 《〈資治通鑒釋文〉音切反映的宋代音系韻類考》,《柳州師專學報》,第 5 期。

[95] 陸志韋 1947 《古音説略》,《燕京學報》專號之二十,又《陸志韋語言學著作集(一)》,中華書局,1985。

[96] 陸志韋 2003 《古反切是怎樣構造的》,《陸志韋集》,中國社會科學出版社,又《中國語文》,1963 年第 5 期。

[97] 羅常培 1931 《切韻魚虞的音值及其所據方言考》,《中央研究院歷史語言研究所集刊》第二本第三分;又《羅常培語言學論文集》,商務印書館,2004。

[98] 瀧川資言著、小澤賢二録文、袁傳璋校點 2019 《唐張守節史記正義佚存》,中華書局。

[99] 馬君花 2008a 《〈資治通鑒音注〉音系研究》,首都師範大學博士學位論文。

[100] 馬君花 2008b 《胡三省〈資治通鑒音注〉輕唇音的研究》,《寧夏大學學報》,第 2 期。

[101] 馬君花 2008c 《胡三省〈資治通鑒音注〉及其語音特點》,《圖書館理論與實踐》,第 2 期。

[102] 馬君花 2009a 《胡三省〈資治通鑒音注〉中的重紐問題》,《寧夏師範

學院學報》,第 5 期。

[103] 馬君花 2009b 《論〈資治通鑑音注〉聲母系統反映宋末元初的幾個方音特點》,《漢字文化》,第 3 期。

[104] 馬君花 2010a 《〈資治通鑑音注〉特殊音切韻母關係的研究》,《畢節學院學報》,第 12 期。

[105] 馬君花 2010b 《論〈資治通鑑音注〉韻母系統所反映宋末元初方言特點》,《北方民族大學學報》,第 5 期。

[106] 馬君花 2010c 《〈資治通鑑音注〉音系性質的研究》,《圖書館理論與實踐》,第 1 期。

[107] 馬君花 2011a 《〈資治通鑑音注〉知照合流問題的研究》,《漢字文化》,第 5 期。

[108] 馬君花 2011b 《〈資治通鑑音注〉音系特點研究——兼與江灝先生商榷》,《寧夏大學學報》,第 3 期。

[109] 馬君花 2012 《中古入聲韻在〈資治通鑑音注〉中的演變》,《畢節學院學報》,第 2 期。

[110] 麥耘 1992 《論重紐及〈切韻〉的介音系統》,《語言研究》,第 2 期。

[111] 麥耘 1994 《〈切韻〉二十八聲母說》,《語言研究》,第 2 期。

[112] 麥耘 1999 《隋代押韻材料的數理分析》,《語言研究》,第 2 期。

[113] 麥耘 2003 《關於"益"、"石"分合的涵義和〈切韻〉的重紐——與張光宇先生商榷》,《語言研究》,第 1 期。

[114] 麥耘 2022 《中古音系研究框架——以介音爲核心,重紐爲切入點》,《辭書研究》,第 2 期。

[115] 歐陽戎元 2010 《裴務齊正字本〈刊謬補缺切韻〉的反切上字》,《語言研究》,第 3 期。

[116] 潘悟雲 2000 《漢語歷史音韻學》,上海教育出版社。

[117] 潘悟雲 2011 《反切行爲與反切原則》,《中國語文》,第 2 期。

[118] 平山久雄 1975 《〈史記正義〉"論音例"的"清濁"》,《東洋學報》,第 56 卷。

[119] 平山久雄 1990 《敦煌〈毛詩音〉殘卷反切的結構特點》,《古漢語研究》,第 3 期。

[120] 平山久雄 1995 《中古漢語魚韻的音值——兼論人稱代詞"你"的來源》,《中國語文》,第 5 期。

[121] 平山久雄 1997 《重紐問題在日本》,《平山久雄語言學論文集》,商務

印書館,2005。

[122] 平山久雄 2009 《敦煌〈毛詩音〉反切中的"類一致原則"及其在韻母擬音上的應用》,《中國語文》,第 6 期。

[123] 平山久雄 2010 《敦煌〈毛詩音〉反切中的"開合一致原則"及其在韻母擬音上的應用》,《中國語文》,第 3 期。

[124] 平山久雄 2012 《敦煌〈毛詩音〉殘卷裏直音注的特點》,《中國語文》,第 4 期。

[125] 平山久雄 2012 《漢語語音史探索》,北京大學出版社。

[126] 平山久雄 2018 《敦煌〈毛詩音〉音韻研究》,好文出版。

[127] 阮廷賢、儲泰松 2012 《唇音分開合試證》,《古漢語研究》,第 3 期。

[128] 孫建元 1996 《宋人音釋研究》,南京大學博士學位論文。

[129] 孫建元 1998 《呂祖謙音注三種研究》,《廣西師範大學學報(社科版)》,第 4 期。

[130] 孫建元 2000 《宋人音釋的幾個問題》,《廣西師範大學學報(社科版),第 1 期。

[131] 邵榮芬 1995 《〈經典釋文〉音系》,學海出版社。

[132] 邵榮芬 1997 《〈五經文字〉的直音和反切》,《邵榮芬音韻學論集》,首都師範大學出版社。

[133] 邵榮芬 2008 《切韻研究(校訂本)》,中華書局。

[134] 邵榮芬 2010 《漢語語音史講話(校正本)》,中華書局。

[135] 邵榮芬 2011 《〈集韻〉音系簡論》,商務印書館。

[136] 申雅莎 1998 《史記三家注音注研究》,韓國梨花女子大學碩士學位論文。

[137] 申雅莎 2002 《史記三家注中所反映的濁音清化現象》,《語言研究》特刊。

[138] 沈建民 2007 《〈經典釋文〉音切研究》,中華書局。

[139] 孫立政 2020 《史記》三家注音注校議,《勵耘語言學刊》,第 2 期。

[140] 唐作藩 2002 《音韻學教程》(第三版),北京大學出版社。

[141] 唐作藩 2011 《漢語語音史教程》,北京大學出版社。

[142] 田大憲 1996 《新發現的〈史記正義〉佚文考》,《人文雜誌》,第 4 期。

[143] 田奉良 2008 《〈王三〉介音及相關問題研究》,浙江大學碩士學位論文。

[144] 王華寶 2003 《〈史記〉三家注音切疑誤辨證》,《中國典籍與文化》,第 1 期。

[145] 王力 1980 《漢語史稿》(重排本),中華書局。

[146] 王力 2008 《漢語語音史》,商務印書館。

[147] 王爲民 2012 《上古漢語元音音位研究——兼論切韻的元音音位系統》,三晉出版社。

[148] 王曦 2014 《試論歷史語音研究中多音字常讀音考察的方法——以〈玄應音義〉中多音字常讀音研究爲例》,《古漢語研究》,第 3 期。

[149] 吳澤順、夏菁菁 2012 《〈史記〉三家注音訓材料整理與研究》,《勵耘學刊(語言卷)》,第 2 期。

[150] 蕭黎明 2008 《張守節〈史記正義〉聲類考》,《銅仁學院學報》,第 5 期。

[151] 小澤賢二 2014 《〈史記正義〉佚文在日本之傳存》,《信陽師範學院學報(哲學社會科學)》,第 1 期。

[152] 徐朝東 2004 《蔣藏本〈唐韻〉異常音切考察》,《中國語文》,第 2 期。

[153] 徐朝東 2007 《蔣藏本〈唐韻〉撰作年代考》,《古籍整理研究學刊》,第 3 期。

[154] 徐通鏘 1996 《歷史語言學》,商務印書館。

[155] 許樹妙 2016 《東晉三家經師音注的反切結構研究》,浙江大學碩士學位論文。

[156] 謝美齡 1990 《慧琳反切中的重紐問題》,《大陸雜誌》,第 81 卷,第 1、2 期。

[157] 薛鳳生 1999 《漢語語音史十講》,華語教學出版社。

[158] 楊劍橋 1998 《漢語現代音韻學》,復旦大學出版社。

[159] 楊郁 2012 《宋元史學家胡三省及其〈資治通鑒音注〉版本》,《圖書與情報》,第 3 期。

[160] 楊軍 2007 《〈韻鏡〉校箋》,浙江大學出版社。

[161] 楊軍、黃笑山、儲泰松 2017 《〈經典釋文〉反切結構的類型、層次及音韻性質》,《歷史語言學研究》,第十一輯。

[162] 楊軍 2022 《〈七音略〉校箋》,鳳凰出版社。

[163] 殷煥先 1979 《反切釋要》,山東人民出版社。

[164] 游尚功 1988 《司馬貞〈史記索隱〉聲類》,《貴州大學學報》,第 1 期。

[165] 游尚功 1991 《〈史記索隱〉中的“濁上變去”》,《遵義師專學報》,第 2 期。

[166] 游尚功 1995 《張守節〈史記正義〉中的重紐》,《黔南民族師專學報》,

第 1 期。

[167] 尤德艷 2001 《〈史記正義佚存〉真偽辨》,《南京師範大學文學院學報》,第 2 期。

[168] 余迺永 1995 《釋重紐》,《語言研究》,第 2 期。

[169] 余迺永 2008 《新校互注宋本廣韻》,上海人民出版社。

[170] 袁傳璋 2000 《程金造之"〈史記正義佚存〉偽託説"平議》,《台大歷史學報》,第 25 期。

[171] 袁傳璋 2016 《宋人著作五種徵引〈史記正義〉佚文考索》,中華書局。

[172] 張常明 2009 《〈資治通鑒音注〉版本考》,《圖書館工作與研究》,第 6 期。

[173] 張光宇 1990 《切韻與方言》,台北商務印書館。

[174] 張光宇 1992 《"益、石"分合及其涵義》,《語言研究》,第 2 期。

[175] 張慧美 1988 《朱翱反切中的重紐問題》,《大陸雜誌》,第 76 卷,第 4 期。

[176] 張世祿 2020 《漢語史講義》,申小龍整理,東方出版中心。

[177] 張渭毅 2002 《〈集韻〉的反切上字所透露的語音信息(上)》,《南陽師範學院學報(社會科學版)》,第 1 期。

[178] 張渭毅 2002 《〈集韻〉的反切上字所透露的語音信息(中)》,《南陽師範學院學報(社會科學版)》,第 3 期。

[179] 張渭毅 2002 《〈集韻〉的反切上字所透露的語音信息(下)》,《南陽師範學院學報(社會科學版)》,第 5 期。

[180] 張衍田 1985 《史記正義佚文輯校》,北京大學出版社;增訂本,中華書局,2021。

[181] 鄭林嘯 2009 《反切比較的步驟和原則——以〈篆隸萬象名義〉注音研究爲例》,《語言研究》,第 3 期。

[182] 鄭林嘯 2011 《〈篆隸萬象名義〉所反映的重紐韻舌齒音的歸屬》,《語言科學》,第 6 期。

[183] 鄭林嘯 2019a 《〈篆隸萬象名義〉反切上字取字規律初探》,《語言科學》,第 2 期。

[184] 鄭林嘯 2019b 《也論〈篆隸萬象名義〉中的重紐》,《語言研究》,第 2 期。

[185] 周法高 1975 《三等韻重唇音反切上字研究》,《中國語言學論文集》,聯經出版事業公司。

［186］周祖謨 1966 《〈顔氏家訓·音辭篇〉注補》,《問學集》,中華書局。

［187］周祖謨 1983 《唐五代韻書集存》,中華書局。

［188］朱曉農 1989 《北宋中原韻轍考——一項數理統計研究》,語文出版社。

［189］竺家寧 1995 《試論重紐的語音》,《中國語文》,第 4 期。

［190］竺家寧 1997 《重紐爲古音殘留説》,《聲韻論叢》,第 6 輯,學生書局。

附錄一　空間量形容詞的變讀①

一、引　言

胡三省《資治通鑒音注》(以下簡稱《音注》)中有關"高"的 55 條音注材料令人關注。這些材料都由胡氏本人作注,"高"字出現的語境幾乎一致,都出現在諸如"(浮圖)高九十丈"、"(鳳闕)高二十餘丈"等類型的"(NP)＋高＋數＋量"的格式中。然而值得注意的是,胡氏本人的音注卻並不完全一致。其中,"高"音"居傲翻"19 例,音"居號翻"11 例,音"古號翻"9 例,音"古犒翻"5 例,音"居報翻"4 例,音"居奧翻"2 例,音"工號翻"、"古報翻"、"古到翻"、"居豪翻"各 1 例,音"去聲"1 例。例如:

(1)九月,甲申,莽起九廟于長安城南,黃帝廟方四十丈,高十七丈,餘廟半之,制度甚盛。《音注》:高,居傲翻。(38-1223②)

(2)太武殿基高二丈八尺,縱六十五步,廣七十五步,甃以文石。《音注》:高,居號翻。(95-3007)

(3)又鑄黃龍、鳳皇各一,龍高四丈,鳳高三丈餘,置內殿前。《音注》:高,古號翻。(73-2322)

(4)又鑄銅爲九州鼎及十二神,皆高一丈,各置其方。《音注》:高,古犒翻。(205-6499)

(5)爲九層浮圖,掘地築基,下及黃泉;浮圖高九十丈,上刹復高十丈,每夜靜,鈴鐸聲聞十里。《音注》:高,居報翻。(148-4628)

(6)其東則有鳳闕,高二十餘丈。《音注》:高,居豪翻。(21-698)

(7)房玄齡等議,以爲:"漢長陵高九丈,原陵高六丈,今九丈則太崇,三仞則太卑,請依原陵之制。"《音注》:高,去聲。(194-6114)

上述音注中,除了音"去聲"1 例外,其餘材料中反切上字"居、古、工"屬

---

① 本文曾發表在《中國語文》,2016 年第 4 期。
② 數字表示《資治通鑒》原書第 38 卷,1223 頁,後做此。

中古見母,反切下字中"傲"、"號"都有平、去兩讀,"犒、報、奧、到"都只有去聲一讀,"豪"字屬平聲。"高"字《廣韻》只收平聲豪韻一讀,《集韻》則除去平聲豪韻一讀外,還有去聲號韻一讀,釋爲"度高曰高"。那麼,胡氏音注中"高"到底該怎麼讀? 其意義又如何? 分析"高"字出現的上下語境,可知"高"都出現在"(NP)＋高＋數＋量"的格式中,那麼處在這一格式中的各個成分又有什麼特點呢? 除了"高"之外,是否還有其他詞可以進入這一格式? 它們是否有共同之處? 本文試就這些問題作一分析。

二、"高"讀去聲表"度高"義

我們認爲,胡氏音注中"高"應該取去聲一讀,表"度高"義,理由有以下幾個方面:

1)從胡氏音注反切用字習慣及音注材料的一致性看,"高"字應念去聲,表"度高"義。

胡氏關於"高"的音注中,"傲"字《集韻》雖有平去兩讀,但是平聲讀法不常用,通常情況下只是作"敖"字的借字,所以 19 例"居傲翻"極有可能是去聲。"號"字《廣韻》收平、去兩讀,且平、去兩讀都常用,平聲表"呼號、哭號"義並不比去聲"名號、號稱"義罕見,然而韻書中"號"是去聲韻目,這樣看來很難説其作下字時作平聲還是去聲。查胡氏音注,"號"字作切下字的音注材料一共有 25 條,去除 21 條注"高"的材料外,另外 4 條材料如下:

(8)蘇君今日降,明日復然;空以身膏草野,誰復知之!《音注》:膏,古號翻。(21-711)

(9)願以臣等膏鼎鑊,則朝廷自然雍穆矣。《音注》:膏,居號翻。(89-2829)

(10)但念諸君捐軀命,膏草野,而賞不酬勳,以此痛心耳。《音注》:膏,居號翻。(219-7022)

(11)張存敬攻定州,義武節度使王郜遣後院都知兵馬使王處直將兵數萬拒之。《音注》:郜,居號翻。(262-8536)

《廣韻》"膏"字平、去兩讀,平聲義爲"脂也",去聲義爲"澤也,肥也"。《詩·曹風·鳲鳩》:"芃芃黍苗,陰雨膏之。"(386-a-7①)《釋文》:"膏,古報

---

① 十三經引例據清阮元《十三經注疏》,北京:中華書局 1980 年影印本,以"頁/欄/卷"標注出處,依次表示全書統一的頁碼、欄數、原來的卷次。

反。"(6/5/4①)《禮·内則》:"脂膏以膏之。"(1461-c-27)《釋文》:膏之,古報反。(12/14/14)又按,劉鑑《經史動靜字音》:"凡脂膏之膏則讀平聲,用以潤物曰膏,則讀去聲。"②上述 4 例中,"膏"字 3 見,都出現在"膏+名"的結構中,當作"潤也,澤也"解,作去聲讀。"鄗"字《廣韻》有去、入兩讀,去聲義爲"國名,在濟陰。又姓,晉有高昌長鄗玖"。入聲義爲"國名"。例(11)中"鄗"屬人名用字,當取去聲一讀。

上述 4 條音注中,被切字都作去聲讀,它們跟 21 條"高"字音注一樣都是胡氏一人作注,都用"號"字作反切下字。我們認爲,從作注者的用字習慣看,胡氏音注中取"號"字去聲一讀的可能性很大。又上述胡氏關於"高"的音注中,例(7)直接注爲"高,去聲",此例出現的環境跟其它"高"是一致的,既然此處胡氏注爲"去聲",其它"高"字應該也讀去聲。另一方面,胡氏在一處關於"高"的注解中,直接提到"高"作"度高曰高"解。即:

(12)初,魏之居北荒也,鑿石爲廟,在烏洛侯西北,以祀其先,高七十尺,深九十步。《音注》:度高曰高,音居號翻。度深曰深,音式禁翻。(124-3899)

2)從表空間維度詞語的系統性考慮,"高"字也應念去聲,表"度高"義。

"長寬高"是空間的三維,"高"是其中一維,如果胡氏音注中"高"字讀去聲,那麼同樣與空間維度相關的其他詞如"長、廣、深、厚"等出現在諸如"(NP)+長/廣/深/厚+數+量"格式中應該也讀去聲。事實又如何呢?我們在胡氏的音注中找到了一些相關材料。

胡氏關於"長"字的音注材料有 980 條,其中出現在"(NP)+長+數+量"格式中的"長"字有 39 例,其注音"直亮翻"33 例,"知兩翻"2 例,"直兩翻"、"尺亮翻"、"互亮翻"、"真亮翻"各 1 例。例如:

(13)或説王曰:"先吳軍時,彗星出,長數尺,然尚流血千里。今彗星竟天,天下兵當大起。"《音注》:長,直亮翻。(19-618)

上述音注中,有 36 條音注以"亮"爲反切下字,可以肯定爲去聲讀法,以"兩"爲反切下字的音注僅 3 條,而"兩"字《廣韻》也有去聲漾韻一讀,因而出現在"(NP)+長+數+量"格式中的"長"字應該讀去聲。

胡氏關於"廣"的音注材料有 26 條,都出現在諸如"(NP)+廣+數+丈/寸/步/里"的"(NP)+廣+數+量"的格式中,其注音"古曠翻"24 例,"苦

---

① 《經典釋文》引例據唐陸德明撰、徐乾學通志堂本,北京:中華書局,1983 年版,以"卷/頁/行"標注出處,依次表示陸氏原書卷次及各卷獨立的頁碼,每頁以 22 行計。

② 張玉書等編《新修康熙字典》,上海書店出版社,1988 年版,第 1053 頁。

曠翻"1例,"又讀如字"1例,大多没有釋義,其中1例釋爲"東西曰廣,南北曰衺",1例釋爲"度之廣深也",1例加按語"近世學者多各以音如字讀之"。例如:

(14)張儀乃朝,見楚使者曰:"子何不受地?從某至某,廣衺六里。"《音注》:廣,古曠翻,又讀如字。(3-91)

(15)泚内以長安爲憂,乃急攻奉天,使僧法堅造雲梯,高廣各數丈,裏以兕革,下施巨輪,上容壯士五百人;城中望之恼懼。《音注》:高,居傲翻。廣,古曠翻。近世學者多各以音如字讀之。(229-7373)

"廣"字《廣韻》有上、去兩讀,上聲表"大也,闊也",去聲未收義。《集韻》中"廣"字有"居曠切"去聲讀法,表"度廣曰廣"。可見胡氏音注中,"廣"字應該讀作去聲,表示"度廣曰廣"。其中的"又讀如字"是上聲讀法,取的是"近世學者"的注音,而胡氏認爲應該取去聲讀法,因而將去聲一讀排在首位。

胡氏關於"深"的音注材料共有28條,都出現在"(NP)＋深＋數＋量"的格式中,其注音"式禁翻"16例,"式浸翻"9例,"式鴆翻"2例,"悉禁翻"1例。例如:

(16)單于知漢軍勞倦,自將五萬騎遮擊貳師,相殺傷甚衆;夜,塹漢軍前,深數尺,從後軍急擊之,軍大亂;貳師遂降。《音注》:深,式禁翻。(22-736)

(17)夏,五月,山陽、濟陰雹如雞子,深二尺五寸,殺二十餘人,飛鳥皆死。《音注》:深,式浸翻。(25-816)

上述音注中,反切下字除去"鴆"字外,"禁、浸"兩字《廣韻》都有平、去兩讀,很難定奪屬平聲還是去聲。不過,這兩個字的去聲讀法更常用,而反切用字如果多音,習慣取常用讀法。《廣韻》"深"有平、去兩讀,平聲用"針"作切下字,去聲用"禁"作切下字,且《廣韻》中"深"字去聲一讀的反切正是"式禁切"。總之,胡氏音注中"深"字也應讀去聲。此外,28條關於"深"的注釋中,有3條胡氏還給出了釋義,其中兩條爲"度深曰深",一條爲"度之廣深也"。《集韻》中"深"有平去兩讀,讀去聲時正是"度深曰深"義。

胡氏關於"厚"的音注材料有4條,都出現在"(NP)＋厚＋數＋量"的格式中,其注音"胡茂翻"、"户遘翻"、"户豆翻"、"户茂翻"各1例。例如:

(18)壬寅,敬瑭引兵會契丹圍晉安寨,置營于晉安之南,長百餘里,厚五十里,多設鈴索吠犬,人跬步不能過。《音注》:長,直亮翻。厚,户茂翻。(280-9149)

上述音注中,反切下字"茂、遘、豆"都屬去聲候韻,可以肯定胡氏音注中

"厚"字讀去聲無疑。《廣韻》中"厚"字有上、去兩讀，上聲"胡口切"，義作"厚薄，又重也"；去聲"胡遘切"，"厚薄"義。《集韻》中"厚"也有上、去兩讀，釋義同《廣韻》，未見"度厚曰厚"的釋義方式。

綜上，表示空間維度的詞語"長、廣、深、厚"都出現在"（NP）＋長/廣/深/厚＋數＋量"的格式中，在胡氏的音注中都讀去聲，大多爲"度某曰某"，我們認爲，從系統的角度考慮，胡氏音注中表另一維度的"高"也應該讀去聲，表"度高曰高"。

3）古代文獻中有上述表空間維度的詞念去聲且表"度量"義的記載。

《周禮・天官・凌人》："漢禮器制度，大盤廣八尺，長丈二尺，深三尺，漆赤中。"（671-a-5）《釋文》："凡度長短曰長，直亮反。度淺深曰深，尺鴆反。度廣狹曰廣，光曠反。度高下曰高，古倒反。相承用此音。或皆依字讀，後放此！"（8/8/7）

《儀禮・聘禮》："所以朝天子，圭與繅皆九寸，剡上寸半，厚半寸，博三寸，繅三采六等，朱白蒼。問諸侯，朱綠繅，八寸。皆玄纁系，長尺，絢組。"（1072-c-24）《釋文》："厚，戶豆反。"（10/19/2）《釋文》："長，直亮反，又如字。"（10/19/3）

《左傳・隱元年・都城過百雉注》："一雉之牆，長三丈，高一丈。"（1716-a-2）《釋文》："長，直亮反，又如字。高，古報反。又如字。"（15/3/3）

上述文獻用例表明，陸氏將"高"等表達空間維度的詞語都注音去聲，都爲首音，是陸氏肯定的音讀，又讀如字則是存留他人音注以廣見聞。

以上我們從三方面論證了胡氏音注中"高"字應念去聲表"度高"義。需要指出的是，對"高"等表空間維度的系列詞變讀去聲表"度量"義這一現象，現存最早、最系統的記載出自陸德明的《經典釋文》。不過，上述陸氏注釋《周禮・天官・凌人》條"相承用此音"的說法表明，這類現象讀去聲是相承而來的，而且就在陸德明的時代，已經有人不讀去聲而"或皆依字讀"了。黃坤堯指出，《禮記・雜記下》："厚一寸"一句，《釋文》不作音，敦煌《禮記音》殘卷則注"賢苟反"，其堅持讀 A 音（按，即上聲）與陸氏不同（黃坤堯，1997：100-101）。此外，李榮研究表明，"長"字去聲一音隋代詩文沒有用爲韻腳（李榮，1982：221）。《廣韻》中也沒有"高"等作去聲讀時表"度量"的記載，《集韻》由於收音比較廣泛，也可能承自《釋文》，因而收有這些音義。總的來看，《釋文》中"高"類詞的去聲一讀缺乏他書的佐證，陸氏只是"相承用此音"。

而到了胡三省時代，這類字不少學者已經不讀或者不全讀去聲了，胡氏"近世學者多各以音如字讀之"的說法已經表明上述變讀現象的衰微。上述胡氏關於"長"的字注音中"知兩翻"、"直兩翻"雖然可能讀作去聲,但"兩"的常用讀音是上聲,因而這 3 條反切也可能反映時音不讀"長"字去聲了。

總之,這類現象讀去聲應是相承而來,在陸氏時代已經有人不讀去聲。因而在仍用去聲區別動詞等義的胡三省時代,有學者將"高廣長深厚"不讀去聲就不足爲奇。而胡三省這樣的音注,應該是遵循讀書音的傳統,並非當時漢語的實況。

三、"(NP)+高/長/廣/深/厚+數+量"格式中各成分的特點

1)NP 和"數+量"

從上述用例的語境看,"高/長/廣/深/厚+數+量"格式實際上大多承前省略名詞性成分 NP,如例(1)中"高"字前省略"黃帝廟"、例(13)中"長"字前省略"彗星",例(14)中"廣袤"字前省略"地",例(16)中"深"字前省略"塹",例(18)中"厚"字前省略"營"。再看格式中的數量結構,這裏的量詞都是諸如"丈、尺、寸、里、步、仞"等度量衡單位,因而我們可以稱這一結構爲表示度量衡的數量結構。

2)高/長/廣/深/厚

以上我們已經證明,格式中"高/長/廣/深/厚"等詞語都表示空間維度,都讀作去聲,都表"度量、丈量"義。那麼,處在這一格式中的"高"等表示空間度量義的詞語的詞性怎麼界定呢?

關於"高長廣深厚"等性質的討論,前修時賢已多有研究。主要觀點有二:1. 周法高承襲陸德明《經典釋文》的意見,認爲變讀去聲者爲動詞(周法高,1962:73)。2. 黃坤堯則認爲變讀去聲者爲名詞,他指出:"本類 A 音(按,即平聲)表出某種屬性,B 音(按,即去聲)後帶數量詞,指某種屬性所達致之程度。陸氏所謂'度高下曰高'並非指量度之動作,而系指高度。"(黃坤堯,1997:97)楊永龍亦認爲"'形+數量'中正向的'形'其實並不表示正向屬性,而是顯示維度",換言之,"'形'並不表示屬性,已經名詞化"。(楊永龍,2011:500)王月婷也指出,變讀去聲的"高長廣深厚"系形容詞的名物化,其地位相當於名詞。(王月婷,2012:25)

周氏有關"形容詞變讀去聲者爲動詞"的觀點是很有見地的,形容詞變讀作動詞的情況的確存在。例如"遠"字,作一般形容詞時,表"疏也,對近之稱",于阮切。而變讀作去聲時爲動詞,表"疏之曰遠",於眷切。《論語·雍也》:"敬鬼神而遠之。"(2479-b-6)《釋文》:"而遠,于萬切。"(24/7/5)不過,跟"高長廣深厚"變讀不同的是,"遠"字是一般形容詞的變讀,不是度量形容

詞的變讀。而且,黃坤堯指出:"'廣'、'厚'二字有時活用作動詞,《釋文》仍讀 A 音(按,即平聲)。"(黃坤堯,1999:100)以此證明,該類用例的去聲一讀並非記錄動詞。黃先生給出的例子是:

《孝經·廣要道章》邢疏:"廣宣要道以教化之,則能變而爲善也。"又云:"申而演之,皆云廣也。"(2556-b-6)其中"廣"字是形容詞活用作動詞,但《釋文》並不注音。

《詩·周南·關雎》序:"先王以是經夫婦,成孝敬,厚人倫,美教化,移風俗。"(270-c-1)《釋文》:"音後,本或作序,非。"(5/2/2)其中的"厚"是動詞,《釋文》亦作 A 音。

我們認爲,"高、長、廣、深、厚"作一般形容詞時大多作非去聲讀,不專門注音,作度量形容詞時則因"名物化"而變讀作去聲,去聲是"高"類詞"名物化"的形式標記。當"高"等度量形容詞"名物化"後,格式"(NP)+高/長/廣/深/厚+數+量"從句法角度分析只能是主謂結構,如例(3)中"龍高四丈"只能分析成爲"龍高/四丈。"

然而,現代句法分析中對"龍高四丈"可以有不同的分析法:最常見的分析認爲"龍高四丈"是主述補結構,"龍"作主語,"高"是形容詞,後接數量結構作謂語。另一種分析認爲"龍高四丈"是主謂結構,"龍高"是偏正結構作主語,"四丈"則是它的陳述語,"高"爲名詞,作主語中心語。從語義上看,"龍高"可以理解爲"龍的高度",而且當前面的 NP 爲單音節時,在韻律上也傾向于把"龍高"讀在一起,構成一個音步,因此"龍高四丈"似乎可以直接分析爲"龍高/四丈"。

不過,楊永龍指出,該格式中的 NP 並非都是單音節的,而且"先秦表達度量時,還可以用'名+數+量'直接描寫,其中沒有形容詞"。因而,"'名+形+數+量'中的'名'應該是主語,而不是定語"。(楊永龍,2011:511)上述用例中,處在"NP+高/長/廣/深/厚+數+量"格式中的 NP 可以是單音節的,如例(2)中的"基"、例(12)中的"廟"等,也可以是雙音節的,如例(5)中的"上刹"、例(13)中的"彗星",甚至可以是多音節的,如例(1)中的"黃帝廟"、例(4)中的"九州鼎及十二神"。那麼,當 NP 爲雙音節或多音節時,格式"NP+高/長/廣/深/厚+數+量"不能作上述諸如"龍高/四丈"那樣的分析。然而,NP 的音節數量並不影響"高"類詞是度量名詞的定性。例(15)"高廣各數丈"中,"各"字已經是副詞性的了,此時的"高廣"在句中作主語。但是,例(4)"皆高一丈"、例(5)"上刹復高十丈"中的副詞"皆、復"都用在 NP 和"高"之間,似乎此時的"高"是謂語中心語。事實上,例(4)中"皆高一丈"

是承前省略主語的主謂謂語句,"九州鼎及十二神"是句子主語,"高一丈"作謂語,"皆"當然用在謂語前。而"高一丈"可分析爲主謂結構作謂語,其中"高"名物化後作主語。例(5)"上刹復高十丈"可作類似的分析。亦即,格式"NP＋高/長/廣/深/厚＋數＋量"中,不管 NP 的音節數量如何,都可以將格式"高/長/廣/深/厚＋數＋量"分析爲主謂結構整體作謂語,在這個結構中,名物化的"高"類詞作主語。

跟"龍高四丈"相關的結構有如"道高一尺"、"魔高一丈"、"技高一籌"、"才高八斗"、"樹高千丈"、"日高三丈"等,這些用例也都能進入"NP＋高＋數＋量"這一格式,但這些結構中的"高"都不變讀,那麼既然進入的是同一格式,爲什麼"龍高四丈"中的"高"要變讀而這些"高"卻不變讀呢?

"道高一尺"、"魔高一丈"中的"高"是"增加、增高"義,"技高一籌"中的"高"作"超過、超出"解,"才高八斗"的"高"作"達到,高達"解,這些"高"含有的語義特徵是[＋比較],而"龍高四丈"中的"高"作"高度"解,它含有的語義特徵是[＋度量],至於"樹高千丈"、"日高三丈"等結構中的"高"雖有[＋度量]語義,但那是晚出的現象,是在"高"等詞"名物化"的去聲標記消失以後才出現的。

四、空間量形容詞的變讀範圍

李宇明把"計量事物的長度(包括長短、高低、深淺、遠近、粗細等)、面積、體積(包括容積)以及事物間距離的量範疇"稱爲"空間量"(李宇明,1999:12)。我們可以借用李宇明"空間量"的概念,稱呼上述"高長廣厚深"等詞爲空間量形容詞。

上古表示空間度量義的形容詞除"高長廣厚深"外,至少還有"方、尊、崇、博、修、袤、重"等。那麼,這些詞是否可以進入"NP＋形＋數＋量"這一格式? 如果可以,是否也跟"高"等一樣變讀去聲而"名物化"呢?

我們先看胡氏《音注》中的情況,見表 1:

表 1　《音注》對"NP＋形＋數＋量"格式中其它度量形容詞的注音情況

被注字	注音次數	對出現在"NP＋形＋數＋量"格式的形容詞的注音次數
方	6	0
尊	0	0
崇	0	0
博	0	0

續表

被注字	注音次數	對出現在"NP＋形＋數＋量"格式的形容詞的注音次數
修	0	0
重	466	0
袤	13	10

其中,胡氏"方"字都注爲平聲,且都不出現在"NP＋方＋數＋量"的格式中。"重"字注爲"直用翻"、"除用翻"、"音輕重之重"等讀去聲的音注220條,但都不出現在"NP＋重＋數＋量"的格式中。"袤"字注音14條,其中"音茂"13條,"莫候翻"1條,其中2條注音"音茂"、1條"莫候翻"都是對人名的注音,其餘10條"音茂"則都是對出現在"(NP)＋袤＋數＋量"格式中的"袤"字注音。例如:

(19)虎使尚書張羣發近郡男女十六萬人,車十萬乘,運土築華林苑及長牆於鄴北,廣袤數十里。《音注》:袤,音茂。(97-3078)

(20)二月,戊辰,魏築長城,自赤城西至五原,延袤二千餘里,備置戍卒,以備柔然。《音注》:袤,音茂。(119-3753)

值得指出的是,"廣袤"、"延袤"表面上看是雙音節詞,其實是兩個形容詞並列,代表兩個不同的計量維度。又,"袤"字《廣韻》收去聲候韻一讀,釋作"東西曰廣,南北曰袤"。《集韻》除去聲候韻外,還收有平聲侯韻一讀,釋作"長衣"。

再看陸德明《經典釋文》對這些字的注音情況,見表2:

表2 《經典釋文》對"NP＋形＋數＋量"格式中其它度量形容詞的注音情況

被注字	注音次數	對出現在"NP＋形＋數＋量"格式的形容詞的注音次數
方	147	0
尊	61	0
崇	24	0
博	78	0①
修	109	0
重	342	0
袤	8	7

---

① 《周禮·冬官考工記·匠人》:"輻長一柯有半,其博三寸,厚三之一。"(934-a-42)《疏》:"輻厚一寸也,故舊書'博'或爲'搏',杜子春云當爲'博'。"《釋文》:"搏,徒丸反"(9/29/6),這不是對"博"的注音。

其中,《經典釋文》對"袤"字注音 8 次,都注爲"音茂",其中有 7 次是對進入"(NP)＋袤＋數＋量"格式中的"袤"字注音。

通過查閱胡氏《音注》和陸德明《經典釋文》對"方、尊、崇、博、修、袤、重"等進入"NP＋方/尊/崇/博/修/袤/重＋數＋量"這一格式時的注音情況,我們發現,除去"袤"字外,其它字都沒有注音。可見它們都作如字讀,那爲什麼這些進入同一格式的詞都不變讀而"高"等卻要變讀呢?

我們認爲,"方尊崇博修重"雖然也是度量,但和"高"等空間量重在維度不同。因而,跟變讀有關、可以進入這個格式裏的形容詞,更準確的語義特徵不是 A[＋度量],而是 A[＋空間]或 A[＋維度],即不是"度量形容詞",而是具有空間語義特徵的度量形容詞。至於"袤"字,本應進入"高廣"類形容詞,不過"袤"平聲音讀不常見,意義也跟"度量"義不符,"袤"字很可能只有去聲一讀。查《釋文》可以發現,"袤"字並沒有變讀的情況出現。

五、餘　論

上古"高下"、"長短"、"廣狹"、"深淺"、"厚薄"成對出現,以上我們已經證明了表空間度量的"高"、"長"、"廣"、"深"、"厚"等正向形容詞上古有去聲讀法且表示"度量"義,不過相應的"下"、"短"、"狹"、"淺"、"薄"等負向形容詞都沒有變讀成去聲且表"度量"義的記載,而且都不能進入"NP＋形[＋度量]＋數＋量"的格式中,無論是在韻書還是相關文獻中都沒有發現①。原因何在呢?沈家煊認爲,這是由於正向的形容詞更具有感知上的顯著性,比負向的形容詞更能引起注意或更值得注意:長的東西"很有"長度,短的東西"缺乏"長度。"長"比"短"也更容易認知(沈家煊,1999:180)。從標記理論看,這幾對詞中能夠變讀的是無標記的,不能變讀的是有標記的。漢語顯然以顯著者爲無標記的,所以我們會説"有多高、有多長、有多深、有多厚",或者"高一尋、長八尺、廣八丈、厚三寸、深三尺",卻不大説"有多低、有多短、有多淺、有多薄"或者"低一尺、短一尺、淺一尺、薄一尺"。一旦這麼説了,一定是有預設的或者是有比較的,比如説"那山很低",才會問"有多低"、"低多少"等等。成對出現的時候往往是無標的在前,有標的在後,除非有特殊需要(如寫詩),所以常見的是"高低、長短、廣狹、深淺、厚薄"②。

---

① 上古即使説明負向意義也用正向的形容詞,如《國語‧魯語下》:客曰:"人長之極幾何?"仲尼曰:"僬僥氏長三尺,短之至也。長者不過十之,數之極也。"其中"短之至也"是説最矮,但其體矮到什麼度量,仍用"長三尺"而不是"短三尺"。

② "短長"等也用,但在表達上有些微不同。

　　必須指出,本文所説的表空間語義特徵的度量衡類形容詞存在去聲變調的現象,只是諸多變調構詞情況中較有規律的一種類型,文章旨在説明這種音變與語法範疇之間存在一定的關聯,並非凸顯這種變讀的特殊性。

參考文獻

陳彭年 2008 《宋本廣韻》(第 3 版),南京:江蘇教育出版社。

丁度 1985 《集韻》,上海古籍出版社。

黄坤堯 1997 《音義闡微》,上海古籍出版社。

李榮 1982 《音韻存稿》,北京:商務印書館。

李宇明 1999 《論空間量》,《語言研究》第 2 期。

陸德明 1983 《經典釋文》,北京:中華書局。

阮元 1980 《十三經注疏》,北京:中華書局。

沈家煊 1999 《不對稱和標記論》,南昌:江西教育出版社。

司馬光編著、胡三省音注 1956 《資治通鑑》,北京:中華書局。

王月婷 2012 《從古漢語異讀看"名物化"的形式標誌》,《西南交通大學學報(社會科學版)》第 6 期。

楊永龍 2011 《從"形+數量"到"數量+形"——漢語空間量構式的歷時變化》,《中國語文》第 6 期。

張玉書 1988 《新修康熙字典》,上海書店出版社。

周法高 1962 《中國古代語法(構詞編)》,臺北:"中央研究院"歷史語言研究所。

後　記

拙著出版在即,有必要對一直以來的學習工作作一總結,曬曬心路歷程,因而有了下面的文字。

我生性好静,不喜吵鬧,教書育人做研究寫文章一直以來是我的志向。我性格直爽,不善交際,在自己喜歡的領域做點自己喜歡的事情是我的人生信條。我天資愚鈍,學養不足,作爲一個研究者存在天然的缺陷,奈何我運氣超好,當年承黃笑山師不棄收入門下。至今仍記得當年老師在辦公室問我今後的職業意向,我信誓旦旦地説想一直做學問。話説出來容易,要做到卻並不容易。由於基礎薄弱,忝列先生門下期間,大多數時間我都在安安静静地聽,很少發表自己的看法,即便在老師的多次鼓勵下也是如此。陸儉明先生有言,求知上應該做到:勤字當頭、鍥而不舍、臉皮要厚。我自覺勤字尚可,也有些許堅持,但臉皮則有點薄,不懂的地方不敢露怯去請教他人。

感恩我遇到了人生路上的良師黃笑山先生。先生是那種善於發掘每個學生特點的老師,能真正做到因材施教。曾有人問黃門弟子爲何都各有自己的研究方向並且在各自的領域還小有名氣,我想這跟老師善於識別學生有很大關係吧。先生是真正的學者,食堂吃飯、馬路散步、公園遊玩、師門沙龍時甚至外出開會的旅途中,我們談論最多的還是學術問題。記得有一次我打電話請教老師怎麽閱讀專業書籍,老師在電話中不厭其煩地指導我,最後竟然打了一個多小時纔結束。跟老師微信聊天,他常常指導我怎樣做學問,怎樣思考問題,怎樣把道理講清楚,怎樣把論文寫好。先生是純粹的學者,他對名利的淡薄以及對人生的豁達態度,幾乎影響了我們每一個學生。十分感謝老師費心盡力爲拙著賜序並給予很多溢美之詞,我想説,謝謝老師,您辛苦啦!

拙著是在博士論文《〈史記〉三家音注與〈資治通鑒音注〉的比較研究》的基礎上修訂擴充而成。2014年博士順利畢業後,我斷斷續續地對博士論文進行了反復多次的修改,主要增加了新型反切結構等方面的梳理分析,於2021年申請到國家社科基金後期資助項目。書稿歷經前後十餘年的修改,儘管還很不完善，但已經是我目前學力的最大呈現。它有多大學術價值不敢説，但自認給人以參考還是可以的，希望讀者朋友不吝賜教，指出拙著的不足，提升我的學術水平。

感謝碩士生導師孫建元先生，他是我學術路上的領路人、監護人。只要寫了論文，我都會發給孫老師看看，他經常能很快發現其中的問題，並指出修改的方向。感謝馮蒸先生、楊軍先生、儲泰松先生、蔡夢麒先生、黃仁瑄先生，他們或者無私提攜後輩，或者無私分享研究資料，或者提供最新的學術信息，或者關心拙著的出版情況。我願藉此機會向他們表達誠摯的謝意！

感謝所在單位各級部門領導對拙著的關心與支持。感謝浙江大學出版社宋旭華老師，感謝答辯委員會及匿名評審專家的評閱意見，他們的批評督促使我把書稿修改得更好。感謝同門的兄弟姐妹，和諧的師門關係讓我們能夠互幫互助，共同成長，不定期的沙龍報告讓我們能夠取長補短，共同進步。

感謝我的家人，特別是我的妻子，這些年她承擔了太多太久，尤其是在小孩的學業、教育問題上，她幾乎獨自承擔默默付出。希望本書的出版可以略微彌補這些年我對他們的虧欠吧。

廖秋華

2025 年 6 月 25 日於杭州